A
Odisseia
do Sagrado

Dados Internacionais de Catalogação na Publicação (CIP)
(Câmara Brasileira do Livro, SP, Brasil)

Lenoir, Frédéric
  A odisseia do sagrado : a grande história das crenças e das espiritualidades / Frédéric Lenoir ; tradução de Francisco Morás. – Petrópolis, RJ : Vozes, 2024.

  Título original: L'odysseé du sacré : la grande histoire des croyances et des spiritualités des origines à nos jours

  ISBN 978-85-326-6811-0

  1. Espiritualidade 2. Mito – Filosofia 3. Religião 4. Sagrado I. Título.

24-212387   CDD-200

Índices para catálogo sistemático:

1. Religião   200
Eliane de Freitas Leite – Bibliotecária – CRB 8/8415

FRÉDÉRIC LENOIR

A Odisseia do Sagrado

A GRANDE HISTÓRIA DAS CRENÇAS
E DAS ESPIRITUALIDADES

Tradução de Francisco Morás

© Éditions Albin Michel, 2023.

Tradução do original em francês intitulado *L'odyssée du sacré – La grande histoire des croyances et des spiritualités des origines à nos jours.*

Direitos de publicação em língua portuguesa – Brasil:
2024, Editora Vozes Ltda.
Rua Frei Luís, 100
25689-900 Petrópolis, RJ
www.vozes.com.br
Brasil

Todos os direitos reservados. Nenhuma parte desta obra poderá ser reproduzida ou transmitida por qualquer forma e/ou quaisquer meios (eletrônico ou mecânico, incluindo fotocópia e gravação) ou arquivada em qualquer sistema ou banco de dados sem permissão escrita da editora.

CONSELHO EDITORIAL	PRODUÇÃO EDITORIAL
Diretor Volney J. Berkenbrock	Aline L.R. de Barros Marcelo Telles Mirela de Oliveira
Editores Aline dos Santos Carneiro Edrian Josué Pasini Marilac Loraine Oleniki Welder Lancieri Marchini	Natália França Otaviano M. Cunha Priscilla A.F. Alves Rafael de Oliveira Samuel Rezende Vanessa Luz
Conselheiros Elói Dionísio Piva Francisco Morás Gilberto Gonçalves Garcia Ludovico Garmus Teobaldo Heidemann	Verônica M. Guedes

Secretário executivo
Leonardo A.R.T. dos Santos

Diagramação: Editora Vozes
Revisão gráfica: Nilton Braz da Rocha
Capa: Nathália Figueiredo

ISBN 978-85-326-6811-0 (Brasil)
ISBN 978-2-226-43820-1 (França)

Este livro foi composto e impresso pela Editora Vozes Ltda.

Sumário

Introdução, 9

PARTE I
A AVENTURA ESPIRITUAL DA HUMANIDADE, 21

1 PRÉ-HISTÓRIA: O ALVORECER DO SAGRADO 23
Os primeiros rituais funerários 25
Caçadores-coletores e animismo 32
Arte rupestre e arte parietal 44

2 MUDANÇA DO NEOLÍTICO E PROTO-HISTÓRIA:
NASCIMENTO DOS DEUSES 53
As sociedades orais agrárias 53
Dos espíritos aos deuses: os politeísmos antigos 68

3 AS RELIGIÕES DO MUNDO ANTIGO: MITOS, SACRIFÍCIOS
E CÓDIGOS MORAIS 79
As grandes narrativas mitológicas. 79
O sagrado e o profano 89
O sacrifício 95
Assim na terra como no céu: política e códigos morais. 100

4 A GUINADA AXIAL: UMA REVOLUÇÃO ESPIRITUAL 109

Uma busca íntima do sagrado 111
Mestres e discípulos 113
Zoroastrismo, judaísmo e Jesus 114
Filosofia grega 131
Sabedorias chinesas 143
Hinduísmo 156
A sabedoria de Buda 165

5 MAGIA, FEITIÇARIA E EXORCISMO 173

O que é a magia? 174
Magia e religião 174
A feitiçaria 182
Possessões, exorcismo e adorcismo 189

6 EXPANSÃO GLOBAL DAS RELIGIÕES DE SALVAÇÃO 193

Budismo 193
Cristianismo 209
Islã 235

7 A GUINADA DA MODERNIDADE: O CRER IMPLODIDO E RECOMPOSTO 263

Iluminismo: espírito crítico e autonomia do sujeito 264
Individualização, globalização e secularização 271
Reações identitárias e fenômenos sectários 277
Espiritualismo e espiritismo: a vingança do espírito sobre a matéria. 289
Nascimento do movimento espiritualista 289
A relação com os mortos nas tradições religiosas 291
O espiritualismo moderno: de Swedenborg às irmãs Fox 293
O espiritismo: de Vitor Hugo a Allan Kardec e Carl Gustav Jung .. 295
O retorno do esoterismo 299

Parte II
Por que o ser humano é um animal espiritual?, 325

1 O divino em nós 329
   Animismo: a essência do ser humano é sua corporeidade..... 329
   O próprio do homem: *homo spiritus* 331

2 Uma crença ilusória: a crítica materialista 337
   Feuerbach: a religião como alienação antropológica......... 338
   Marx: a religião fruto e cúmplice da alienação econômica 341
   Nietzsche: a religião como alienação teológica em
   vista de um mundo do além 343
   Freud: a religião como alienação psíquica 348
   A religião como alienação intelectual: o positivismo
   de Comte a Dawkins............................... 353

3 A experiência espiritual....................... 357
   Carl Gustav Jung: reabilitação da experiência interior 359
   Viktor Frankl: a experiência do sentido 371
   Henri Bergson e o fato místico 375
   André Comte-Sponville: uma espiritualidade ateia.......... 380

4 Os neurônios da fé 387
   Por que cremos?.................................... 389
   A força dos rituais 402
   A necessidade de sentido 408
   Futuro de uma ilusão ou persistência de uma necessidade
   fundamental?...................................... 415

Conclusão, 419
Agradecimentos, 447

Introdução

No princípio eram o medo e o encantamento. Assim nasceu o sentimento do sagrado. Destas emoções fundamentais surgiram a admiração, em seguida o questionamento. Começava assim a grande aventura filosófica e espiritual da humanidade.

Desde sua aparição, o *homo sapiens* organizou rituais funerários e gravou nas paredes das cavernas cenas simbólicas que evocavam uma forma de religiosidade ligada à natureza. Há mais de 5.000 anos, todas as civilizações se construíram ao redor de crenças e práticas religiosas. Mesmo que a religião tenha recuado acentuadamente na Europa ao longo dos últimos dois séculos, a humanidade conta hoje com mais de 6 bilhões de pessoas que reivindicam uma pertença religiosa, e, no Ocidente, nota-se a emergência de novas buscas espirituais mostrando que a necessidade de sentido e do sagrado ainda é forte.

Por que o ser humano é o único animal a ritualizar a morte? O único a construir edificações para prestar culto a forças invisíveis? O único a organizar sua vida em função de crenças no mundo do além ou em entidades superiores? O único a desenvolver um pensamento simbólico, uma linguagem abstrata e inventar grandes mitos e narrativas coletivas? Além de ser um animal político, o ser humano é também um animal espiritual e religioso.

Já que as palavras podem ter significações diferentes segundo os autores que as utilizam, é indispensável começar definindo o que se entende por religião, espiritualidade, crença sagrada, imanência, transcendência etc.

O que é a religião? A religião, *religio* do latim, poderia vir do verbo *relegere*, "compilar, observar, perscrutar com cuidado": observa-se com escrúpulo e atenção uma experiência interior ou um ensinamento recebido. O termo *religio*, no entanto, também poderia derivar do verbo *religare*, "religar, criar vínculos entre os seres humanos" e, neste caso, garantir a coesão de um grupo ao redor de crenças, práticas e valores comuns. Estas terminologias descrevem muito bem as duas dimensões essenciais da religião: sua dimensão interior e sua dimensão social. Por interessar-se pela vida em sociedade, a sociologia sempre privilegiou uma definição coletiva do fenômeno religioso. Assim, o fundador da sociologia, Émile Durkheim (1858-1917), definiu a religião como "um sistema solidário de crenças e práticas relativas às coisas sagradas"[1] que favorecem a integração e a regulação social. Sublinhemos que Durkheim não vincula a noção de sagrado à experiência individual do mistério, mas à sua dimensão cultural: é sagrado tudo aquilo que um grupo humano define como tal e o trata em separado para diferenciá-lo do profano. Ainda hoje a socióloga Danièle Hervieu-Léger define a religião como "toda forma de crença que se justifica inteiramente pela inscrição que ela reivindica numa linhagem crente"[2].

Estas definições funcionais da religião marcam, com razão, a dimensão coletiva do fenômeno religioso. Mas elas não qualificam o conteúdo da religião. A partir destas definições po-

---
1. DURKHEIM, É. *Les Formes élémentaires de la vie religieuse. Le système totémique en Australie*. Paris: F. Alcan, 1912, p. 65.
2. HERVIEU-LÉGER, D. *La Religion pour mémoire*. Paris: Cerf, 1993, p. 118.

demos dizer que qualquer crença coletiva, ou tudo aquilo que se reveste de um caráter sagrado para um grupo de indivíduos, é de natureza religiosa. Também o nacionalismo, o esporte, a música e a própria ciência podem ser considerados religiões a partir do momento em que se revestem de um caráter sagrado para uma coletividade, o que por vezes acontece. Assim, o campo religioso se dilui numa compreensão puramente funcional onde qualquer crença e sacralidade coletivas podem ser classificadas como religiosas. Por conseguinte, como já defendia o sociólogo alemão Max Weber (1864-1920), parece-me necessário definir a religião não apenas por sua função (criar vínculo social em torno de qualquer forma de crença ou sacralidade), mas também por seu conteúdo: a experiência ou a crença num mundo suprassensível ou em forças sobrenaturais.

Sublinhemos, por outro lado, que alguns indivíduos podem acreditar em forças invisíveis ou num mundo suprassensível sem necessariamente vincular-se a um grupo ou inserir-se numa tradição. Como classificar, pois, estas crenças solitárias, individuais?

Para elucidar estas questões capitais partirei daquilo que me parece ser o mais universal: a emoção diante do mistério do mundo e o questionamento sobre o enigma da existência. Como qualificar esta experiência emocional e este questionamento sobre o sentido? Duas palavras me parecem bem-adaptadas: espiritualidade e sagrado. Enquanto é um hominídeo dotado de um espírito (*homo spiritus*), podemos a partir de então dizer que o *homo sapiens* é um *homo spiritualis*: um homem espiritual. Esta dimensão espiritual, que lhe é singular, levou o ser humano a desenvolver uma racionalidade particular, capaz de abstração e de simbolização, e a perguntar-se sobre o mistério do mundo e o enigma da existência. Esta dimensão o levou também a fazer uma experiência fundamental: a do sagrado. Seguindo o filósofo e especialista das religiões, o alemão Rudolf Otto (1869-1917), eu particularmente entendo por "sagrado" a experiência íntima e desconcertante que qualquer ser humano pode fazer diante da beleza e do mistério da vida e do mundo. Esta experiência, como Otto o demonstra, é uma mistura de encantamento e medo, de amor e terror diante dessa imensidão cósmica que nos supera e nos engloba. Particularmente eu acrescentaria que o sentimento do sagrado também nasce da consciência de nossa finitude e da experiência da morte de nossos entes queridos. Se o *homo sapiens*, desde o seu aparecimento, ritualizou a morte, é porque ele tinha a sensação de estar diante de um evento de enorme importância, e porque não podia abandonar os restos mortais dos defuntos sem realizar poderosos ritos simbólicos. Estes ritos manifestam o caráter sagrado desse momento doloroso, angustiante e enigmático durante o qual nos perguntamos sobre a nossa finitude e um eventual porvir *post mortem* da alma.

Este sentimento íntimo do sagrado sem dúvida está na origem das religiões, mas igualmente pode muito bem existir junto a pessoas ateias ou que não aderem a nenhum dogma religioso. Albert Einstein claramente o evocou em *Como vejo o mundo*:

> Provo a mais forte emoção diante do mistério da vida. Este sentimento funda o belo e o verdadeiro, e suscita a arte e a ciência. Se alguém não conhece esta sensação ou não pode mais sentir admiração ou surpresa, é um morto vivo, e seus olhos doravante são cegos[3].

Se a dimensão espiritual do ser humano pode levá-lo a provar esta experiência íntima e universal do sagrado, ela também pode levá-lo a fazer a experiência ou a acreditar em forças

---

3. EINSTEIN, A. *Comment je vois le monde*. Paris: Flammarion, 2009, p. 9.

invisíveis suprassensíveis. É necessário, pois, distinguir os que fazem uma experiência espiritual sem acreditar num mundo suprassensível ou na imortalidade da alma dos que fazem esta mesma experiência íntima, mas pensando que existe um mundo suprassensível e uma alma imortal. Estas duas concepções filosóficas existem há milênios: a primeira é considerada "materialista" e a segunda "espiritual". Assim, na Antiguidade, Platão pode ser classificado como pensador espiritualista, já que ele acredita na existência da imortalidade da alma e num mundo divino invisível, e Epicuro como pensador materialista, já que nisto ele não acredita... o que não o impede de ser eminentemente espiritual. Hoje, o filósofo francês André Comte-Sponville também lembra com insistência o fato de que havia uma espiritualidade leiga, e até mesmo ateia, e que não deveríamos reduzir a espiritualidade (e eu acrescentaria a experiência do sagrado) à sua dimensão espiritual ou religiosa.

As definições que trago permitem evitar estas confusões e dar conta da grande diversidade de buscas espirituais contemporâneas no interior das quais podemos observar diferentes tipos de experiências e crenças, individuais ou coletivas, que postulam – ou não – a existência de um mundo invisível, e em virtude das quais acredita-se, ou não, numa vida após a morte. Poderíamos, pois, classificar algumas delas como materialistas ou espirituais... e religiosas, desde que estas experiências espirituais se inscrevam numa tradição ou numa dimensão coletiva.

Em suma, o *homo sapiens* é um animal espiritual suscetível de fazer uma experiência íntima do sagrado, que, por sua vez, pode inscrever-se numa filosofia materialista ou espiritualista. E, neste último caso, ela pode ser classificada como religiosa quando ela se insere num coletivo ou quando se refere a uma tradição. É a espiritualidade e o sentido do sagrado que são primeiros e universais. A concepção espiritualista, por sua vez, embora muito difundida, é compartilhada por um número menor de indivíduos. Assim, em última análise define-se a religião como um fenômeno cultural e social que reúne todos os indivíduos que compartilham uma concepção espiritualista do mundo.

Convém igualmente definir os termos "transcendência" e "imanência". Eu os emprego na presente obra como duas dimensões das correntes espiritualistas do mundo. O transcendentalismo é definido por uma concepção dualista do mundo, por uma separação ontológica entre o divino (que está além de tudo) e a criação. Este é tipicamente o caso do judaísmo, do cristianismo e do islã. Por outro lado, o imanentismo repousa sobre a ideia da presença do divino, de forças invisíveis ou do absoluto no próprio mundo (através das noções de alma do mundo, espíritos da natureza, mediações, *brahman*, natureza do Buda etc.). Este é o caso do animismo, do estoicismo, da maioria das espiritualidades orientais e das correntes esotéricas. A religiosidade mística tem a ver com o transcendentalismo, ao passo que o imanentismo depende de uma sabedoria ou do esotérico. Sem esquecer que, em muitas situações, existem cenários que incluem transcendência e imanência: Deus é simultaneamente exterior e transcendente ao mundo e presente nele através de suas energias (como é o caso na filosofia neoplatônica, na espiritualidade da natureza de Francisco de Assis, na cabala, na sofiologia dos ortodoxos russos, no panteísmo de Whitehead etc.).

Último ponto importante a especificar: a crença. Geralmente tendemos a equiparar a crença à religião, ou à espiritualidade. Nada é mais falso, e por duas razões. Primeira razão: "crer" é uma função afetiva e cognitiva do *sapiens*, que ultrapassa largamente o quadro das religiões. Os psicólogos demonstraram que a criança "crê" que seus pais são bons e que é esta crença que lhe permite agarrar-se a eles e a crescer. Muito frequentemente são as crenças profanas que embasam o vínculo social em nossas sociedades modernas, e cremos naquilo que a ciência nos diz sobre o infinitamente grande e o infinitamente pequeno, sem que nós mesmos tenhamos feito a demonstração. Em suma, o crer está em toda parte, e se eu quisesse começar por uma história das crenças teria que escrever uma breve história da humanidade, o que Yuval Noah Harari fez com propriedade em sua impressionante obra *Sapiens*, mostrando que as crenças, religiosas ou profanas, estão, desde sempre, no próprio fundamento de nossa vida coletiva. A segunda razão, como acabo de evocar, e como o veremos logo mais, a espiritualidade humana repousa primeiramente e acima de tudo sobre uma experiência íntima: a do sagrado. Este foi o sentimento que levou os humanos a construir as mais diversas crenças espiritualistas, e que se tornaram dogmas nas grandes religiões monoteístas. Reduzir a espiritualidade, ou o sagrado, às crenças, seria amputá-la de seu fundamento e limitá-la à sua dimensão religiosa. Meu argumento não é, pois, primeiramente o das crenças em geral, mas a busca espiritual, do sagrado e das crenças em forças sobrenaturais ou no mundo invisível, que ao longo da história assumiram formas muito variadas: dos xamãs da Pré-história às novas buscas de sentido contemporâneas, passando pelos grandes caminhos espirituais, esotéricos e religiosos do Oriente e do Ocidente, ou pela persistência do animismo, da magia e da relação com os mortos em toda a superfície do planeta. É esta análise do sagrado, constituída de experiências e de crenças, que pretendo compartilhar aqui.

Esta obra se divide em duas grandes partes: a primeira relata a grande aventura espiritual da humanidade, da Pré-história aos nossos dias. Aqui apresento notadamente – e é a tese central deste livro – como o sentimento do sagrado e a religiosidade se metamorfoseiam, em correlação com as transformações do modo de vida dos humanos.

Como logo adiante o veremos, é muito difícil datar o início desta aventura espiritual. Temos poucos indícios sobre o que poderiam ser os primeiros vestígios de um sentimento do sagrado ou de uma religiosidade ao longo do Paleolítico – o surgimento das sepulturas ou a arte parietal, por exemplo –, embora seja muito provável que nossos longínquos ancestrais acreditassem em forças invisíveis da natureza. Uma primeira grande guinada ocorreu na passagem do Paleolítico ao Neolítico, quando o *sapiens* abandona seu modo de vida nômade para sedentarizar-se. Os humanos progressivamente se desviaram então dos espíritos da natureza, com os quais se comunicavam, para prestar culto aos ancestrais, e posteriormente aos deuses e às deusas da cidade.

Um segundo advém com a invenção da escrita e com a formação das civilizações, e vê nascer as grandes religiões politeístas antigas com o advento dos códigos morais e do patriarcado, bem como a emergência dos rituais sacrificiais, das narrativas míticas e da diferenciação entre um mundo sagrado e um mundo profano.

Acontece em seguida, por volta de meados do primeiro milênio antes de nossa era, o que o filósofo alemão Karl Jaspers denomina "era axial da humanidade", ao longo da qual, na maior parte das grandes civilizações, ocorre uma verdadeira revolução espiritual, ligada ao desenvolvimento da consciência individual e da razão crítica entre as camadas cultivadas da população: *Upanixades*, jainismo e budismo na Índia; confucionismo e taoismo na China; grandes escolas de sabedoria filosófica na Grécia; zoroastrismo na Pérsia e profetas de Israel, e, muito mais tarde, a emergência de Jesus na Palestina e Maomé no Oriente Médio.

Última grande guinada histórica, enfim, a da modernidade a partir do Renascimento, que transforma progressivamente os modos de vida dos humanos à medida que progridem a individualização, a globalização do mundo e o espírito crítico, de onde nascerão a ciência, o capitalismo e um novo desenvolvimento tecnológico. Estas últimas transformações têm um impacto decisivo na espiritualidade e na religião: secularização, atomização do crer, espiritualidade *à la carte*, mas também reações religiosas identitárias e novas buscas de certezas. Na conclusão da obra nos perguntamos se a humanidade não estaria em vias de viver uma quinta grande guinada, com a crise ecológica e a transformação de nossos modos de vida ligados ao advento da digitalização, da inteligência artificial e do transumanismo. Quais poderiam ser as consequências desta nova revolução cultural e social sobre a nossa maneira de conceber e viver o sagrado?

Numa segunda parte desta obra nos colocamos a seguinte questão: Por que o *sapiens* é o único animal a desenvolver esta dimensão espiritual e religiosa?

Aqui, num primeiro momento, estudaremos o ponto de vista das diversas correntes espirituais e religiosas, e em seguida veremos os argumentos da crítica materialista moderna através dos pensamentos de Feuerbach, Nietzsche, Comte, Marx e Freud, que denunciam a ilusão religiosa e a alienação por ela provocada. Em seguida observaremos como alguns intelectuais do século XX, como Jung, Bergson ou Frankl, tentaram reabilitar a concepção espiritualista e a experiência espiritual, mostrando seu caráter universal e experiencial. Por último, nos debruçaremos sobre as últimas descobertas da psicologia cognitiva e das neurociências, para averiguar o que elas nos ensinam sobre o vínculo entre o nosso cérebro e as nossas crenças ou experiências espirituais e religiosas.

Este livro é fruto de trinta anos de pesquisas em filosofia, sociologia e história das religiões. Depois de minha tese de doutorado, intitulada "La Rencontre du bouddhisme et de l'Occident" [O encontro do budismo com o Ocidente], iniciada em 1988, de fato jamais cessei de questionar a espiritualidade e o fenômeno religioso por meio de pesquisas de campo, pesquisas teóricas, obras de divulgação, mas também enquanto diretor de três enciclopédias e da revista *Le Monde des religions,* ao longo de aproximadamente dez anos. Estes trabalhos me permitiram escrever a presente obra, bastante sintética, e enriquecer as reflexões mais recentes. Este livro, obviamente, não se pretende exaustivo. O tema é tão vasto que não poderia ser resumido, nem em milhares de páginas! Portanto, tive que fazer constantemente opções difíceis, e às vezes mal cheguei a aflorar longos momentos históricos ou temas importantes. Desta forma, me vi obrigado a renunciar a evocação de muitas tradições religiosas antigas (como as dos países escandinavos), ou deixar de lado muitos movimentos sincréticos contemporâneos. Nesta síntese, que engloba mais de cem mil anos de história das crenças e das espiritualidades, privilegiei as grandes guinadas e as correntes espirituais e religiosas que mais impactaram a consciência humana, bem como as crenças numa ordem ou num mundo invisível mais universais, como a astrologia, a magia e a bruxaria, ou a relação com os mortos.

De igual modo, na segunda parte, consagrada ao debate sobre a origem do sentimento do sagrado e do fenômeno religioso, priorizei os autores mais significativos, mas sempre atento a que todos os grandes olhares contraditórios se sentissem contemplados: o dos crentes e ateus, dos espiritualistas e materialistas, dos filósofos, psicólogos, sociólogos, economistas e neurocientistas.

Quaisquer que tenham sido as razões pelas quais o *sapiens* foi levado a fazer uma experiência do sagrado ou a crer em forças invisíveis, uma me parece certa: a espiritualidade. Para além das formas que ela possa assumir, trata-se de uma dimensão tão essencial do ser humano que realmente ela o acompanha desde a sua aparição, e sem dúvida o acompanhará ao longo de toda a sua aventura sobre este nosso belo planeta. E, diante de todos os desafios que a humanidade enfrenta hoje, a começar pelo da ecologia, um "suplemento de alma", como o dizia Bergson, uma elevação de nossa consciência moral e espiritual me parecem mais do que nunca necessários.

Parte I
A aventura espiritual da humanidade

1
Pré-história: o alvorecer do sagrado

A partir de quando o ser humano desenvolveu um sentimento do sagrado ou das crenças e rituais visando a religá-lo a um mundo invisível que o ultrapassa? Na ausência de qualquer vestígio escrito no período denominado "pré-histórico" (considera-se que a história começa com a invenção da escrita), é muito difícil responder a esta questão. A arqueologia certamente oferece alguns elementos, mas mais adiante veremos que é impossível tirar conclusões definitivas. Ainda assim, antes de nos dedicarmos ao tema, convém lembrar as grandes subdivisões cronológicas da Pré-história, pois, posteriormente, a elas nos referiremos com frequência.

A Pré-história começa com o surgimento do gênero *homo* – os australopitecos usam ferramentas – entre 3,3 e 2,8 milhões de anos na África Oriental; aproximadamente 2 milhões de anos na China, e por volta de 1,5 milhão de anos na Europa. As primeiras ferramentas usadas foram seixos moldados. Designa-se em seguida com o termo Paleolítico (era da pedra cortada) o longo período que se estende da aparição do gênero *homo* à grande revolução do Neolítico (por volta de 8.500 anos antes de nossa era), período em que os humanos vão mudar radicalmente de modo de vida para sedentarizar-se e praticar a agricultura e a criação de rebanhos. Ao longo de todo o Paleolítico os humanos viverão em pequenos grupos nômades, ou seminômades, ou como caçadores-coletores. Distingue-se em seguida quatro períodos dentro do Paleolítico, em função da evolução das ferramentas usadas. Ao Paleolítico arcaico, onde o *homo* utiliza seixos, vai suceder, por volta de 1,9 milhão de anos, o Paleolítico inferior, com a invenção de ferramentas afiadas bifacialmente, que servem para caçar animais selvagens, preparar alimentos ou confeccionar objetos. O homem de Neandertal surge por volta de 450.000 anos, e o domínio do fogo é atestado em todos os continentes a cerca de 400.000 anos. O Paleolítico médio começa por volta de 350.000 anos com a invenção de novas ferramentas, como pedras esculpidas fixadas em hastes de madeira, com o desenvolvimento de um artesanato a partir de ossos de animais ou de marfim, com o uso de ocre etc. O *sapiens* aparece na África, provavelmente por volta de 150.000 anos. Vem em seguida, por volta de 50.000 anos, o Paleolítico superior, com a invenção das armas de arremesso (arcos, lanças), com o desenvolvimento do artesanato feito com chifres e dentes de animais, com a aparição da arte rupestre e as primeiras estátuas de Vênus. É também neste período que o *sapiens* se espalha por todos os continentes e desaparecem todos os outros hominídeos (dos quais o Neandertal, a cerca de 35.000 anos).

A cerca de 12.000 anos antes de nossa era, uma transformação climática (fim da era glacial e subida das águas) força o *homo sapiens* a sair das cavernas e a construir as primeiras aldeias. Chamamos este breve período transitório de Mesolítico. Eis que emerge então, por volta de 8.500 anos antes de nossa era, a grande revolução do Neolítico, que leva o *sapiens* a mudar totalmente de modo de vida sedentarizando-se e dando início à prática da agricultura e à criação de rebanhos. Esta transição, que começa na Anatólia, se estende por vários milhares de anos, segundo as regiões do mundo (por volta de 6.500 anos na Grécia, 5.500 na China, 4.500 na América). Desde então vemos surgir ferramentas de pedra polida, a tecelagem, a cerâmica etc. A demografia aumenta sensivelmente, as aldeias crescem e se transformam em cidades, as sociedades humanas se complexificam e conhecem uma hierarquização crescente. Entre 3.300 e 3.000 anos antes de nossa era surge a escrita na Mesopotâmia, no Egito e na China: é o fim da Proto-história e o início da História. A história antiga é igualmente dividida em dois grandes períodos, que se diferenciam segundo os metais usados pelos humanos: a era do bronze (por volta de 3.000 anos na Anatólia, e 2.000 anos na China e na Europa) e a era do ferro (1.200 anos na Anatólia, 1.000 anos na Europa, 500 anos na China). Enfim, às vezes entende-se por "Pré-história" o período intermediário que vai da sedentarização à invenção da escrita (de 8.500 anos a cerca de 3.000 anos antes de nossa era).

Os primeiros rituais funerários

Assim como os primeiros vestígios de crenças num mundo invisível ou sobre-humano são incontestáveis no período proto-histórico, é igualmente difícil, como ainda o veremos, ter certezas sobre este tema ao longo do Paleolítico. Alguns historiadores das religiões e especialistas da Pré-história consideram que a aparição das primeiras sepulturas no Paleolítico médio já constitui prova de que os homens pré-históricos acreditavam na imortalidade da alma. Mas a maioria dos especialistas recusa esta ideia ou a apresenta de forma mais matizada. Para ser mais claro, convém distinguir três aspectos: a noção de sepultura, a noção de ritual simbólico associado à sepultura, e o ritual simbólico que reenvia a uma crença numa sobrevivência da alma após a morte.

Desde já lembramos que pouquíssimos restos humanos datando do período pré-histórico foram encontrados. Compreende-se mais facilmente este dado quando corpos são abandonados em seu ambiente natural: seus ossos então são rapidamente dispersados ou devorados por predadores, como é o caso de todos os animais. A descoberta de um esqueleto humano inteiro nem sempre é prova cabal da existência de uma sepultura: embora raro, um esqueleto também pode conservar-se e permanecer intacto quando se beneficia de um enterramento natural (por exemplo, um corpo caído numa cavidade estreita onde os predadores não conseguiram devorá-lo). Às vezes são igualmente descobertos esqueletos de animais pré-históricos perfeitamente preservados, notadamente em regiões geladas.

Segundo a definição exata oferecida pelo *Dictionnaire de la Préhistoire,* é possível falar em "sepultura" quando há um gesto funerário intencional: "Uma sepultura é um lugar onde são depositados os restos de um ou vários cadáveres, e onde existem suficientes indícios para que o arqueólogo possa identificar neste depósito a vontade de realizar um gesto funerário[4]". Estes indícios podem ser muitos: inumação ou cremação, alinhamento do defunto e posicionamento de seu corpo numa postura particular, presença de vegetais, adornos, ornamentos, ocre, armas, comida, objetos etc. Nenhuma sepultura apresenta todos estes indícios, mas todas comportam um ou vários. Tais indícios são portadores de uma significação simbólica: enterrar um corpo ou queimá-lo não tem o mesmo significado; revesti-lo de ocre vermelho ou direcioná-lo ou curvá-lo de determinada maneira comporta uma significação particular; o mesmo vale para os diversos objetos colocados ao lado do morto. A noção de sepultura implica, pois, a noção de gesto

---

4. LECLERC, J.; TARRÈTE, J. Verbete "Sépulture". *In*: LEROI-GOURHAN, A. (org.), *Dictionnaire de la Préhistoire*. Paris: PUF, 1994.

funerário que, por sua vez, comporta uma dimensão simbólica. É esta dimensão que permite afirmar que só existem sepulturas humanas. De fato, não encontramos nenhum indício de gestos funerários que comportem esta dimensão simbólica junto aos outros animais, incluídos os grandes símios. Às vezes temos indícios de que outros animais vão morrer em lugares específicos (pense-se nos famosos cemitérios de elefantes), mas eles não enterram nem queimam seus mortos, e tampouco os posicionam de determinada maneira, nem os colorem, nem colocam ao lado deles objetos (pedras, conchas, flores etc.). Em suma, somente o ser humano realiza ritos funerários.

Impõe-se em seguida a questão de saber se esses ritos traduzem uma crença na sobrevivência do defunto em outro mundo. Para ensaiar uma resposta, comecemos por um estudo sobre o que as escavações arqueológicas revelaram das sepulturas da Pré-história.

As mais antigas sepulturas

É difícil datar com segurança o surgimento dos primeiros ritos funerários. Com certeza não existe nenhuma sepultura no Paleolítico arcaico e inferior. A data da sepultura mais antiga é ainda muito discutida, e ela seria de aproximadamente 350.000 anos, isto é, do início do Paleolítico médio. Trata-se de um reagrupamento de ossos, de ao menos vinte e oito humanos, encontrados na caverna de Sima de los Huesos, na Província de Burgos, na Espanha. As escavações, iniciadas em 1976, mostraram que não se tratava de uma habitação, e que os ossos foram depositados naquele local de maneira intencional. Na caverna também foi encontrado um instrumento de pedra: uma ferramenta bifacialmente afiada, feita de quartzito cor-de-rosa, que nunca havia sido usada. Se a dimensão intencional daquele reagrupamento de corpos não oferece nenhuma dúvida, a dimensão simbólica, por sua vez, é pobre: somente esta ferramenta é associada aos ossos, que, por outro lado, estão todos misturados. Estaríamos diante de um simples gesto mortuário visando a livrar-se de restos mortais volumosos ou diante de uma verdadeira prática funerária? É muito difícil decidir, e é a razão pela qual considera-se que as primeiras sepulturas verdadeiras só aparecem mais tarde, em dois sítios arqueológicos em Israel: Mugharet es-Skhul (120.000 anos) e Djebel Qafzeh (92.000 anos). Em ambos os casos se trata do *homo sapiens*, último gênero de hominídeo surgido pouco tempo antes na África Oriental.

Estamos na presença de sepulturas em terreno aberto de indivíduos isolados, à exceção dos túmulos de uma jovem mulher e de uma criança no sítio arqueológico de Qafzeh. A posição do adulto parece ser o resultado de uma encenação e se assemelha a um corpo em posição fetal. Outra sepultura revela o corpo de um adolescente que foi inumado com um pedaço de chifre de cervo nas mãos. No sítio de es-Skhul também foi encontrada uma tumba de um indivíduo masculino de idade avançada, inumado com uma mandíbula de javali. A maior parte das outras sepulturas descobertas no Paleolítico médio diz respeito aos Neandertais, principalmente na França e no Iraque.

Os Neandertais enterravam seus mortos em cavernas ou abrigos sob rocha. Em muitas sepulturas há ossos de animais, chifres de cervos, restos de vegetais. As mais antigas sepulturas descobertas na Europa estão em Périgord: na caverna de Roc de Marsal, no sítio do Regourdou, em Montignac (distante 600 metros da caverna de Lascaux) e no grande sítio arqueológico de La Ferrassie, em Savignac-de-Miremont. Elas remontariam a aproximadamente 70.000 anos. Um único corpo encontrado está em posição fetal (Regourdou). A maioria foi inumada com ossos ou chifres de animais, às vezes com objetos, como as três grandes espátulas encontradas numa tumba da Ferrassie.

Uma das descobertas que mais inflamou os espíritos é a da tumba florida no sítio de Shanidar, no Curdistão iraquiano (60.000 anos). A paleontóloga Arlette Leroi-Gourhan comprovou a presença de madeira carbonizada, de raminhos de efedrina, bem como uma grande quantidade de flores ao redor do corpo do defunto (um homem com idade entre 30 e 45 anos): aquileias, centáureas, cardos de São Barnabé, jacinto-bravo, rosas trêmulas, cavalinhas – a maior parte destas flores eram conhecidas por suas virtudes medicinais.

Em razão do desaparecimento do homem de Neandertal, as sepulturas do Paleolítico superior (50.000 anos) dizem respeito sobretudo ao *homo sapiens* e quase sempre revelam a presença de muitos objetos de decoração: pérolas de marfim, conchas, dentes de animais etc. O sítio de Sungir, na Rússia, distante duzentos quilômetros ao leste de Moscou, revelou assim uma sepultura com 26.000 anos contendo dois corpos de crianças de aproximadamente 8 e 12 anos respectivamente, depositadas retilineamente cabeça com cabeça. Os corpos foram recobertos com ocre marrom e rodeados de inúmeras armas: nove dardos, três punhais e duas lanças de marfim. Junto a eles também foi encontrada uma estatueta de marfim representando um mamute e outra figurando um cavalo. Os dois corpos foram adornados com 250 caninos de raposa polar perfurados e 9.900 pérolas de marfim, adornos que presumivelmente estariam fixados nas vestes. Se cálculos atuais permitem afirmar ser necessária mais de uma hora de trabalho para fazer uma pérola idêntica, é possível supor que estas duas crianças pertenciam a um *status* social elevado; sem dúvida deviam ser filhos(as) de um importante chefe de clã.

O homem do Paleolítico acreditava na sobrevivência da alma?

Voltemos à questão inicial: As sepulturas da Pré-história provariam a crença numa sobrevivência *post mortem*? Em sua monumental *História das crenças e das ideias religiosas*, o historiador das religiões Mircea Eliade afirma: "Sinteticamente podemos concluir que as sepulturas confirmam a crença na sobrevivência[5]". Sua afirmação respalda-se em três observações principais: o fato de inúmeros corpos serem revestidos de ocre vermelho, cor que simboliza o sangue e, portanto, a vida; o fato de certos corpos terem sido depositados em posição fetal ou a cabeça orientada para o leste, que atestaria a crença num renascimento (o sol se levanta ao leste); e, enfim, a presença muito frequente de armas ou vestígios de caça indicariam que os vivos imaginavam que no outro mundo o defunto necessitaria deles para caçar ou se alimentar.

Privilegiando este último elemento, o grande especialista italiano da Pré-história, Emmanuel Anati, também concorda com este ponto de vista: "Sem dúvida podemos afirmar que o homem do Paleolítico médio acreditava na sobrevivência da alma comparativamente ao corpo[6]". Ele também enfatiza que o *sapiens* vai posteriormente utilizar, de maneira recorrente, o ocre vermelho, e ornará os túmulos com muitos adornos, atitude que reforça a convicção segundo a qual os nossos longínquos ancestrais acreditavam numa vida após a morte. Mas seria tão certo assim? A escolha do ocre vermelho pode ter outras razões: símbolo do amor, cor viva honorífica etc. Da mesma forma, a presença de armas ou de alimento não significa necessariamente que os vivos imaginassem que o defunto precisaria

---

5. ELIADE, M. *Histoire des croyances et des idées religieuses*. Paris: Payot, 1976, t. I, p. 23.
6. ANATI, E. "Les religions préhistoriques". *In*: LENOIR, F.; TARDAN-MASQUELIER, Y. (orgs.), *Encyclopédie des religions*. Paris: Fayard, 1997, t. I, p. 10.

deles para caçar ou alimentar-se no além. Também poderíamos imaginar que as armas e os restos de animais encontrados nos túmulos podiam ter uma dimensão honorífica e sentimental, bem como, aliás, o grande número de adornos, conchas, pérolas etc., que seguramente mostram o vínculo dos vivos com o defunto.

Quanto à disposição em posição fetal de alguns corpos, ela só diz respeito a uma minoria de casos, assim como o direcionamento do corpo para o Leste (sol nascente), que permanece muito aleatória. O inegável é que as sepulturas revelam ritos funerários que testemunham a importância que os homens e as mulheres da Pré-história davam à morte e o vínculo que tinham com seus entes queridos. Estes ritos mostram igualmente a exigência de um pensamento simbólico que associa determinados elementos (cor, objetos) aos corpos dos defuntos. Mas afirmar que essa simbólica é necessariamente de natureza religiosa, ou que ela significa forçosamente a crença num renascimento do defunto, sem dúvida é precipitar-se demais.

Como escreve a arqueóloga e antropóloga e diretora de pesquisas no CNRS Anne-Marie Tillier: "Se as práticas funerárias testemunham o caráter eminentemente social da morte – elas testemunham acima de tudo costumes partilhados por todos em relação aos mortos –, elas nada nos dizem a respeito das crenças dos vivos sobre a morte e sobre um eventual além"[7]. Opinião compartilhada por outro especialista, igualmente diretor de pesquisas no CNRS, Bruno Maureille, que considera que, a partir de 30.000 anos antes de nossa era, "o surgimento de algumas constantes nas posições dos corpos, a associação – não sistemática – de ocre, de alguns objetos, de oferendas fune-

---

7. TILLIER, A.-M. *L'Homme et la Mort. L'émergence du geste funéraire durant la préhistoire*. Paris: CNRS Éditions, 2009, p. 149.

rárias, de elementos de adorno com valores simbólicos e sociais não nos induzem a aceitar a ideia da existência de rituais funerários complexos. O mesmo vale para o Mesolítico. Para estes períodos antiquíssimos, no entanto, a hipótese de que estes rituais se baseavam numa crença no além não se enquadra nas ciências arqueológicas"[8]. Por outro lado, também não há provas de que estas crenças não tenham existido. Entre estas duas posições muito claramente opostas, eu tenderia a formular um juízo mais matizado: mesmo que vários indícios recorrentes (ocre vermelho, posição fetal, orientação do corpo, presença de armas ou alimentos...) possam fazer supor que a partir do Paleolítico médio alguns grupos humanos já acreditavam numa vida após a morte, no atual estágio de nossos conhecimentos nada permite afirmá-lo categoricamente. Se a arqueologia das sepulturas não oferece provas sobre esta questão, teríamos nós outros indícios que poderiam lançar luz sobre as crenças de nossos longínquos ancestrais?

Caçadores-coletores e animismo

Inúmeros indícios arqueológicos mostram que até o período da transição para a agricultura, isto é, até há uns 10.000 anos atrás, os seres humanos tiravam sua subsistência exclusivamente de recursos selvagens, mormente através da caça, da coleta ou da pesca. Partidos da África, estes povos nômades progressivamente se espalharam por todos os continentes. Deslocavam-se em função da caça: se um território não lhes oferecia mais alimento suficiente ou se revelasse hostil (climas extremos, catástrofes naturais), buscavam outro ambiente mais clemente. Seus espaços de vida eram rudimentares e pouco estruturados, e incessantemente lutavam para sobreviver diante de uma natureza imprevisível.

---

8. MAUREILLE, B. *Les Premières Sépultures*. Paris: Le Pommier, 2004, p. 122.

Escavações arqueológicas também permitem constatar que os primeiros caçadores-coletores viviam em pequenos grupos de ao menos uma dezena de pessoas em cavernas, em abrigos sob rochas ou cabanas edificadas com ossos de mamutes. Tais refúgios temporários lhes permitiam caçar animais selvagens e coletar vegetais segundo as estações. Todos os recursos naturais eram explorados por meio da caça, da pesca, da coleta, e às vezes do aproveitamento de animais em putrefação. É muito provável que algumas tribos deslocassem seus acampamentos várias vezes ao ano, que outras se reagrupassem no inverno e se dispersassem no verão, que outras ainda estabelecessem um campo de base e despachassem um pequeno grupo de caçadores a fim de prover de alimentos o próprio clã.

O clima demasiadamente severo ao longo das diferentes épocas glaciais impedia o crescimento abundante dos vegetais. Nestas circunstâncias, tipos diferentes de caça serviam de alimento: renas, mamutes, cavalos, bisões, auroques, focas ou pequenas aves ou animais (pássaros, lebres). Alguns animais como o urso, o lobo e a raposa também eram caçados com o objetivo de transformar suas peles em agasalho ou cobertor. Nenhuma parte do animal era desperdiçada: carne, pele, gordura e ossos, bem como ligamentos e nervos para fazer trançados, eram aproveitados. A caça exigia o fabrico de armas: bifaces, lanças com pontas de pedra, chuços com ponta de chifres. Outros materiais de origem mineral, vegetal e animal eram transformados em ferramentas ou objetos de arte: pequenas lascas de pedra serviam de triturador, ferramentas laminadas feitas de fragmentos retrabalhados eram moldadas, arcos e flechas foram posteriormente confeccionados.

Como mencionei na introdução, a evolução do modo de vida dos humanos está correlacionada com a evolução de suas crenças. Ora, a primeira grande transformação aconteceu na passagem do

Paleolítico para o Neolítico, quando o ser humano abandonou seu tradicional modo de vida em pequenos grupos de caçadores-coletores, nômades ou seminômades, para sedentarizar-se e tirar sua subsistência da agricultura e da criação de rebanhos. Isto está correlacionado, como o veremos mais adiante, com uma profunda mudança de suas crenças. Será que, na ausência de indícios arqueológicos suficientes e confiáveis, e para fazer-nos uma ideia das crenças dos humanos da Pré-história, não poderíamos estudar populações que ainda hoje vivem um modo de vida semelhante ao deles? Povos nômades e seminômades, caçadores-pescadores-coletores ainda existiam no final do século XIX, e ao longo de boa parte do século XX. Mesmo que hoje tais populações quase tenham desaparecido, os etnólogos observaram ao longo de mais de um século que certamente elas viviam de maneira bastante similar aos nossos ancestrais da Pré-história, com algumas exceções, nomeadamente relativas à flora e à fauna (os mamutes, por exemplo, já tinham desaparecido). Será que o estudo das crenças desses povos ditos "originários" não nos permitiria compreender o que poderiam ter sido as crenças de nossos longínquos ancestrais, que viviam mais ou menos segundo o mesmo modo de vida? O exercício pode parecer perigoso, mas não é menos interessante, e parece oferecer uma real plausabilidade. Tanto mais que os etnólogos frequentemente constataram – e isto a propósito de tribos presentes nos quatro cantos do planeta sem qualquer contato entre si – que esses povos originários compartilhavam uma crença comum: o animismo.

Animismo e xamanismo

O termo *animismo* foi forjado em 1871 pelo antropólogo Edward Tylor em sua obra *Primitive Culture* [Cultura primitiva]. Ele pode ser definido como a crença segundo a qual todos os seres vivos, mas também os elementos naturais, são dinamizados por uma alma, por um espírito ou por uma força vital invisível. A tese de Tylor suscitou um profundo interesse, mesmo sendo criticada, notadamente pelo caráter colonial do estudioso, que pretendia mostrar que essa crença "primitiva" tinha sido superada pelo politeísmo e, sobretudo, pelo monoteísmo, muito mais racional e maduro. Este julgamento de valor suscitou questionamentos na comunidade universitária sobre o uso do termo "animismo", e preferiu-se usar então outros conceitos para descrever a mesma realidade, como o de "xamanismo", sobre o qual retornarei mais adiante.

Entre os antropólogos contemporâneos, alguns tentaram reabilitar e enriquecer a noção de animismo, como Philippe Descola em sua obra *Par-delà la nature et la culture* (2005) [Para além da natureza e da cultura]. Para ele, o animismo repousa sobre esta afirmação: semelhança das interioridades e diferenças das fisicalidades entre humanos e não humanos (animais, vegetais, espíritos, objetos). Mesmo se a aparência e os costumes são muito diferentes, animais, plantas e elementos naturais (água, fogo, ar, rochas, montanhas etc.) também possuem uma alma ou um espírito e, portanto, uma interioridade similar à dos humanos: emoções e sentimentos, consciência e memória, desejos e aptidão em comunicar etc. Por conseguinte, é possível comunicar-se com eles – falar com eles e ouvir suas mensagens –, mas, como eles não têm a mesma forma de linguagem que a nossa, só podemos compreendê-los através de estados transformados de consciência, induzidos notadamente pelo transe e pela absorção de certas plantas alucinógenas.

Para compreender melhor essas crenças, eu me apoiarei aqui principalmente nos trabalhos de Roberte Hamayon, uma grande etnóloga francesa que observou povos caçadores-coletores da Sibéria, um território frio com clima próximo ao dos períodos glaciais do Paleolítico na Europa. "O caçador alimenta seus *ongon* [objetos representando os espíritos dos animais] a título preventivo, a fim de que eles não atrapalhem o andamento da caça ou da pesca, não assustem a caça, não enrolem as redes – escreve a etnóloga. Em geral a alimentação é feita em silêncio; se palavras são pronunciadas, o são em forma de ordem e não de oração [...]. Em caso de grande sucesso, o caçador agradece seus *ongon* com alimentos e belas palavras, lisonjeando-os e entretendo-os a fim de encorajar suas boas disposições; em caso de insucesso, redobra os esforços pressionando-os, mas também, se o infortúnio persistir, zangando-se contra o *ongon* que suspeita ser surdo ao seu bom tratamento, insultando-o, privando-o de comida, espancando-o e até mesmo destruindo-o [...]"[9].

Esta cena cotidiana junto aos evenques, povo de caçadores-coletores da floresta siberiana que acreditavam agir sobre os espíritos dos animais nutrindo-os, é típica de povos caçadores-coletores e da relação que tentam estabelecer com os espíritos dos animais que caçam. Uma das funções principais do membro da tribo dotado de capacidades de ver e falar com os espíritos consiste em conciliar os espíritos dos animais antes da caça e em agradecê-los após a caça. Pois, se o caçador-coletor se considera igual ao animal, ele deve, não obstante isso, matar suas presas para sobreviver. Ele explora a natureza colhendo plantas e usufruindo os recursos naturais. Esta dádiva o torna devedor junto aos espíritos. Daí a instauração de rituais no intuito de manter duravelmente esta relação, facilitar os intercâmbios e premunir os feiticeiros.

Junto aos evenques da Sibéria, cujo modo de vida tradicional perdurou até os anos de 1930, o xamã é o intermediário entre o mundo terrestre e o das "almas". O termo "xamã" aparece em 1675 nos escritos de um padre ortodoxo russo exilado

---

9. HAMAYON, R. *La Chasse à l'âme. Esquisse d'une théorie du chamanisme sibérien*. Nanterre: Société d'ethnologie, 1990, p. 407-408.

na Sibéria, e em seguida se expande aos outros povos siberianos antes de propagar-se mundo afora no final do século XIX. Ele é formado por verbos que designam movimentos rituais: "agitar-se", "mexer os pés" (raiz do termo *sama* em língua tungúsica), "fazer saltos", "saltar" (em língua iakoute) "dar cabeçadas" (em língua bouriata). Todos estes verbos evocam a noção de brincadeira, ilustrando a encenação do xamã e dos participantes que, nos rituais, imitam os comportamentos animais.

O xamã (ou a xamã) negocia com os espíritos com o objetivo de certificar-se de uma boa caça, permitir o nascimento de uma criança ou curar um membro da tribo. A subsistência do grupo depende desses intercâmbios. Práticas codificadas são encenadas antes da caça a fim de obter sucesso. Roberte Hamayon escreve:

> Eles deixam o urso devorar a presa flechada e, alguns tungúsicos e evenques, chegam inclusive a dispor no chão as espinhas mais finas dos peixes para os ratos – como que contribuindo para a cadeia alimentar, já que, de certa forma, viver de caça impõe inserir-se nela. De fato, a vida de caça repousa na aplicação de meios simbólicos para estabelecer, com as espécies animais, relações que justifiquem o consumo humano de sua carne. Estas relações são concebidas em base ao modelo das relações humanas. Elas são tornadas possíveis graças à ideia de que o corpo do animal, assim como o do ser humano, é "animado" por uma componente espiritual, que costumamos denominar respectivamente "espírito" e "alma" [...]. Ser caça para os espíritos das espécies selvagens é o preço da vida vivida, e a garantia da vida futura dos descendentes. Daí a ambivalência geral, cada um sendo devorador e devorado alternadamente. O consumo mútuo dos animais selvagens e dos humanos traz vida e morte alternadamente junto a uns e outros, alternadamente parceiros e objetos de intercâmbio entre si[10].

---

10. HAMAYON, R. "L'idée de 'contact direct avec des esprits' et ses contraintes d'après l'exemple de sociétés sibériennes". *Afrique & Histoire*, v. 6, 2006, p. 13-14.

Os caçadores dão um valor ritual às ossadas dos animais, em particular aos crânios, que conteriam as almas. Os ossos da caça são reunidos e postos num lugar elevado para que o espírito do animal possa recobrar vida e oferecer uma nova carne, ou são postos numa bolsa e pendurados numa árvore. Muitas ossadas de ursos foram assim encontradas em cavernas paleolíticas, possivelmente evocando oferendas ou rituais.

Os povos inuítes desenvolvem regras para garantir o bom andamento da caça: interdição de caçar por três dias após o falecimento de um humano ou proibição de consumir simultaneamente caça marinha e caça terrestre. Se as regras são desrespeitadas, como, por exemplo, entrar em contato com sangue menstrual, catástrofes se abaterão sobre as tribos: inundações, secas, doenças e morte. Quando os rituais não bastam para acalmar a cólera dos espíritos, o xamã assume o controle. Ele busca identificar então o causador dessa cólera: um rito de caça não respeitado, um tabu transgredido. Ele é apoiado por espíritos auxiliares, por exemplo, o "espírito animal", "aquele com quem ele sonha" junto aos indígenas da América do Norte, uma fêmea de alce ou renas junto aos povos da Sibéria. Em outras sociedades xamânicas, elementos naturais como a chuva ou o arco-íris funcionam como auxiliares.

Mediador em todos os sentidos do termo, o xamã confessa, cura doentes e viaja para o mundo invisível. Além disso, entra em relação com o reino animal através de cantos, palavras mágicas e rituais. A "dança em círculo" é praticada junto aos caçadores-coletores da Melanésia, da Eurásia Oriental e junto aos indígenas da Califórnia, visando a garantir a abundância da caça ou a acalmar a alma de um animal abatido. Todos os tipos de espíritos-guardiães habitam o imaginário das tribos, como o "Senhor das feras", que protege simultaneamente caçadores e caça. Os evenques da Sibéria respeitam rituais cotidianos para agir sobre os espíritos que povoam o seu entorno. Eles não matam suas presas sem negociar previamente: em troca de uma vida animal, é a força vital de um homem que será perfurada. Assim, o caçador não "mata"; ele "obtêm" uma caça que foi negociada com os espíritos animais. Como explica o sociólogo das religiões Yves Lambert,

> poderíamos falar de uma lógica do "tomar-devolver" na qual obtemos antes de ter que devolver, em oposição à lógica do "dar-receber" que caracteriza as religiões ulteriores, onde se oferece antes de receber[11].

Estes intercâmbios recíprocos permitem ao ser humano garantir sua subsistência expiando sua culpabilidade e, ao mesmo tempo, encontrar um sentido para as grandes questões da existência como o envelhecimento, o nascimento e a morte. Segundo Roberte Hamayon: "É necessário contrabalançar a captura da caça por uma dádiva em troca, transformá-la em parte de um sistema de intercâmbio. Este intercâmbio é concebido de forma muito concreta: assim como os humanos se alimentam da caça, da mesma forma os espíritos dos animais selvagens devem consumir a força vital dos humanos, devorando sua carne e sugando o seu sangue. É por essa razão que os humanos devem perder sua vitalidade ao longo dos anos, e acabam morrendo; é por essa mesma razão que não procuram alguém que se perdeu na floresta ou se afogou num curso d'água: os espíritos respectivos serão, segundo se pensa, reembolsados pela caça ou pelo peixe capturados pelos seres humanos"[12].

Os caçadores-coletores cultivam vínculos tão estreitos com os animais, e com seus espíritos, que chegam a reproduzir cenas bestiais, como combates, por ocasião de sessões de transe ou

---

11. LAMBERT, Y. *La Naissance des religions. De la préhistoire aux religions universalistes*. Paris: Armand Colin, 2007, p. 58.
12. HAMAYON, R. "L'idée de 'contact direct avec des esprits'... *Op. cit.*, p. 14.

dança. O xamã pode igualmente dissimular-se em animal: paramenta-se com pele de animal, usa trajes de mangas largas para evocar as asas de um pássaro, simula o berro ou a luta de machos rivais. Junto aos evenques da Sibéria, rituais de "renovação da vida" encenam caçadas imaginárias de renas e reproduzem os ciclos da vida. Na floresta equatorial, os pigmeus oferecem danças e cantos à floresta a fim de que ela se mostre novamente benfazeja. O conceito de interdependência é uma lei tácita. Estes povos comungam com o mundo sem recorrer a orações ou sacrifícios.

Embora todos os povos caçadores-coletores compartilhem a mesma concepção de mundo invisível, alguns se diferenciam acreditando na mobilidade das almas e dos espíritos. Assim, um defunto pode encontrar no além, por ocasião de seu sepultamento, as almas dos animais abatidos, como costumam pensar os ameríndios Wayuu, que vivem na fronteira entre a Colômbia e a Venezuela. A alma de um ser humano pode penetrar o espírito de um animal, ao passo que a alma de um animal pode atormentar um ser humano.

Nestas sociedades tradicionais o êxtase exerce um papel importante, como o resume Mircea Eliade: "Esse êxtase de tipo xamânico implica, por um lado, a crença em uma alma capaz de abandonar o corpo e de viajar livremente pelo mundo, e, por outro, a convicção de que, nessa viagem, a alma pode encontrar certos seres sobre-humanos e pedir-lhes ajuda e bênção. Esse êxtase xamânico implica além disso a possibilidade de 'possuir', isto é, de penetrar no corpo dos humanos, e igualmente de 'ser possuído' pela alma de um morto ou de um animal, ou ainda de um espírito ou de um deus"[13]. Daí o papel fundamental do xamã: além de sua função de curandeiro, ele é igualmente um sacerdote antes do tempo, um "profeta" que

---

13. ELIADE, M. *Histoire des croyances et des idées religieuses*. Paris: Payot, 2016, t. 2, p. 38.

viaja em outros mundos para comunicar-se com os espíritos. Estes poderes são múltiplos: o xamã pode transformar-se em animal, como vimos precedentemente, mas também agir sobre os elementos naturais (acalmar o vento, fazer chover) segundo as necessidades da tribo. Em suma: ele é um "interlocutor" com os espíritos que regem a vida dos seres humanos. O xamã é solicitado pela família de um doente, de um defunto, ou convocado pelos espíritos a fim de regrar um desequilíbrio.

Os rituais xamânicos são praticados individualmente ou coletivamente, e em lugares simbólicos (montanha, lago, floresta) ou na praça da aldeia. O xamã entra em contato com os espíritos através de cantos e ao ritmo de tambores, mas também por meio de plantas alucinógenas como a ayahuasca. Sua missão é substituir o participante ou o doente, cuja alma se desencaminhou ou foi levada por maus espíritos ao centro do universo. Às vezes lhe acontece de ter que juntar-se aos mortos, tanto para recuperar uma alma perdida quanto para acompanhar a de um defunto morto em condições hostis aos espíritos, certificando-se assim de que ela não virá atormentar os humanos. Para tanto o xamã entra em transe, estado modificado de consciência causado pelo transporte de sua alma para o além, e vai ao encontro dos espíritos destinados a ajudá-lo. Ele grita, se agita, se desloca à maneira do espírito animal visitado; às vezes também entra em convulsão. Em alguns casos é amarrado no intuito de garantir sua volta aos humanos. Uma vez retornado de seus "sonhos", o xamã narra sua viagem através das visões ou das revelações, e as mensagens codificadas dos espíritos acabam servindo de receituário. O transe é a porta de entrada do mundo invisível: graças à sua viagem cósmica, o xamã põe fim às desordens naturais e cura os seres vivos. É ele quem dirige o ritual do "girkumbi" junto aos evenques, exemplo típico de ritual-simulação no qual o xamã assume a aparência de um cervo fêmea para atrair o servo macho. Em outros ritos dos evenques, como o da "renovação da vida", anual, os membros da tribo são convidados a oferecer comida ou a apresentar pedidos às figuras que representam os animais que pretendem solicitar.

Dotar as forças da natureza de poderes espirituais

Como escreve o etnólogo contemporâneo Michel Perrin, "o xamanismo é um dos grandes sistemas imaginados pelo espírito humano, independentemente, em diversas regiões do mundo, e visa a dar sentido aos acontecimentos e agir sobre eles"[14]. Dotar as forças da natureza de poderes espirituais: muito provavelmente essa crença está presente na maioria das civilizações pré-históricas cuja sobrevivência depende da natureza. Contrariamente às sociedades neolíticas que progressivamente vão instaurando uma relação de dominação sobre a natureza, no Paleolítico e no Mesolítico os caçadores-coletores se percebem, sem dúvida, à semelhança das tribos de caçadores-coletores que foi possível observar, como uma espécie animal dentre as outras. Para sobreviver em seu meio ambiente, o caçador-coletor desenvolve um conhecimento aprofundado da natureza: observa os ritmos das estações, as migrações dos pássaros, os movimentos da caça. A natureza é preciosa: ela lhe permite sobreviver. "A terra é nossa bisavó e é sagrada. Cada passo dado sobre ela devia ser uma oração", declara o Sioux Oglala Black Elk, no século XIX. Já que tudo o que vive (humanos, animais, plantas, minerais) tem um espírito ou uma alma, todos os seres podem ter interações com os humanos, que são simples hóspedes da natureza, à semelhança dos animais, dos vegetais ou dos minerais. Os elementos da natureza dotados de espírito podem revelar-se extremamente poderosos, e inclusive maléficos. No entanto, continuam sendo iguais aos humanos, com um funcionamento similar: os espíritos têm necessidades

---

14. PERRIN, M. *Le Chamanisme*. Paris: PUF, 1995, p. 5.

vitais e dispõem de emoções. Eles também devem comer, ter sentimentos – bons ou maus – e negociar com os humanos para prover suas necessidades. Uma interação perpétua instaura-se entre os mundos visível e invisível, entre o natural e o sobrenatural.

Ao longo de toda a Pré-história, o humano vai se tornando cada vez mais inventivo, mas carecem-lhe os conhecimentos científicos para explicar a marcha do mundo. Por que o sol desaparece? Em quais circunstâncias uma tempestade se desencadeia? O que é que provoca a chuva? Sem dúvida, é para tranquilizar-se diante das contingências da natureza e para superar os mistérios que os rodeiam que os povos caçadores-coletores emprestam uma consciência às forças que ultrapassam seus entendimentos. Eles dão uma essência ao mundo invisível ao atribuir poderes sobrenaturais aos seres e aos elementos naturais. Mas também parece, ao menos em relação aos xamãs, que eles fazem uma experiência particular desse mundo invisível. É como se eles "sentissem" o sagrado, enquanto que os sacerdotes das sociedades antigas "farão" essa experiência por intermédio dos rituais sacrificiais, conforme a própria etimologia da palavra "sacrifício" ("fazer o sagrado"). É difícil saber se foram essas experiências vividas que originaram as crenças animistas ou se, ao contrário, ambas estavam totalmente embricadas. O fato é que provavelmente nossos antepassados nutriam crenças similares às dos povos caçadores-coletores mais próximos de nós, assim como um mesmo vínculo sagrado com a natureza, compartilhando principalmente três comportamentos específicos: um sentimento de união e de interdependência com a natureza; uma visão igualitária entre todos os seres vivos; ritos de identificação-simulação para comunicar-se com os espíritos. Consideremos agora, à luz das crenças e das práticas dos povos caçadores-coletores, as descobertas arqueológicas mais impressionantes do período pré-histórico: a arte parietal.

Arte rupestre e arte parietal

A expressão "arte rupestre" (do latim *rupes*, "rocha") designa o conjunto das obras de arte realizadas por seres humanos em rochas, geralmente a céu aberto. Emmanuel Anati recenseou em 2003 aproximadamente 45 milhões de pinturas e gravuras em rocha, divididas em 170.000 sítios, presentes em 160 países. Dois terços delas procedem de sociedades de caçadores-coletores; o restante é obra de pastores e agricultores. "São os mais volumosos arquivos que a humanidade possui sobre a sua própria história antes da invenção da escrita"[15], escreve Anati, que não hesita em qualificar os sítios de arte rupestre, notadamente as cavernas, como "catedrais", no sentido religioso do termo. Convém distinguir, dentro desta arte rupestre, a arte parietal (do latim *parietalis*, "relativo às paredes"), e arte em muros internos de cavernas, que surge ao longo do Paleolítico superior e da qual descobriu-se apenas algumas centenas de sítios. As mais antigas pinturas parietais desenhadas foram encontradas na Ilha de Celebes, na Indonésia, na caverna de Leang Bulu Sipong; através do teste com urânio-tório elas foram datadas de 43.900 anos. Na Europa, principalmente na França e na Espanha, foram recenseadas aproximadamente 350 cavernas decoradas, que datam do Paleolítico superior. As mais antigas sendo a caverna do Castillo (40.000 anos), na Província da Cantábria, e a caverna Chauvet, em Vallon-Pont-d'Arc, em Ardèche, França (36.000 anos), e a mais conhecida do grande público é sem dúvida a de Lascaux, na Dordonha, França (17.000 anos).

Apesar da grande diversidade de lugares e de épocas (*grosso modo*, de 40.000 a 15.000 anos), esta arte parietal pré-histórica, preservada graças ao seu enterramento em cavidades profundas e escuras, apresenta muitos pontos comuns: preeminência dos

---

15. ANATI, E. *Aux origines de l'art*. Paris: Fayard, 2003.

animais, sobretudo das grandes espécies – bisões, cavalos, renas etc.; contrariamente, pouquíssimas representações humanas, exceto impressões mais frequentes de mãos; presença de criaturas compósitas (semi-humanos/semianimais); abundância de sinais geométricos e raridade de cenários. Além de desenhos e pinturas, nota-se também a inserção de lascas ósseas nas fendas das paredes. A recorrência destes indícios e sua permanência em várias dezenas de milênios em lugares muito diferentes revelam a identidade das estruturas de pensamento ao longo de todo o Paleolítico superior, pelo menos na Europa. Estes dados nos permitiriam compreender as crenças e os mitos de quem pintou as paredes daquelas cavernas? Há mais de um século o tema é vivamente debatido pelos historiadores da Pré-história.

A arte pela arte

A primeira teoria, que continua tendo defensores, é a da arte pela arte: estas obras não exprimiriam nenhuma crença; manifestariam apenas o sentido artístico de seus autores por meio de uma mensagem puramente estética. Esta interpretação repousa sobre um argumento sólido: a maioria das pinturas nos aparece como belas e comoventes, e traduzem um elevado domínio do desenho, das proporções, da técnica usada.

Em Lascaux, por exemplo, existe um bisão pintado no alto da caverna que parece biforme quando observado de cima para baixo, mas cujas proporções são perfeitas quando olhado de baixo para cima. Esta teoria rapidamente suscitou muitas críticas: Por que penetrar as profundezas escuras das cavernas, às vezes de difícil acesso, para pintar obras que quase ninguém podia ver? Por que, igualmente, não representar cenas de vida dos humanos e de seu meio ambiente (paisagens estão totalmente ausentes)? Por outro lado, as observações etnológicas feitas ao longo dos séculos XIX e XX sobre os povos primitivos de caçadores-coletores mostraram que suas representações artísticas eram sempre vinculadas a práticas cultuais, revelando assim suas crenças religiosas. Por que haveria de ser diferente para os caçadores-coletores da Pré-história?

Totemismo e magia da caça

À teoria da arte gratuita sucedeu a teoria do totemismo, prática que podemos observar junto a alguns povos primitivos: um grupo de humanos estabelece uma correlação estreita entre ele mesmo e uma espécie animal, que vai tornar-se seu totem, e à qual atribui poderes e venera (e vai expressamente abster-se de caçá-la). Esta teoria suscitou não menos objeções do que a teoria da arte pela arte: os animais mais representados em determinadas cavernas (que deveriam ser os animais totêmicos do grupo que os pintou) às vezes aparecem feridos por armas de arremesso e, sobretudo, nenhuma caverna pintada é dedicada exclusivamente a uma única espécie animal, como deveria se esperar em caso de escolha de um animal totem. Tentou-se então elaborar uma teoria mais plausível: a da "magia da caça". Segundo esta teoria, agindo sobre a imagem pensava-se estar agindo sobre o tema representado. Como o escrevia em 1924 um de seus promotores, Henri Begouën, partindo das observações dos etnólogos sobre os povos primitivos

> podemos admitir, portanto, que os homens primitivos acreditavam, também eles, que o fato de representar um animal já o colocava, de alguma forma, sob a sua dominação, e que assim, senhores de sua imagem, de seu sósia, mais facilmente podiam tornar-se senhores do próprio animal[16].

Esta interpretação tem por mérito prestar conta da diversidade dos animais representados, dado que alguns são caça-

---

16. BEGOUËN, H. "La magie aux temps préhistoriques". *Mémoire de l'Académie des sciences, inscriptions et belles-lettres de Toulouse*, 12ᵉ série, t. II, 1924, p. 423.

dos e que tais pinturas são feitas no fundo de cavernas escuras, pois não eram destinadas a serem vistas: tratava-se apenas de influenciar magicamente a realidade através da sua representação. O objetivo teria sido agir sobre a caça, multiplicar a caça ou, ainda, eliminar os animais perigosos. Esta teoria, embora atraente em muitos aspectos, apresenta dois inconvenientes maiores. Primeiro: as escavações arqueológicas feitas nas entradas das cavernas, nos abrigos sob rocha ou nas cavernas que lhe são associadas, mostram que os animais consumidos nem sempre correspondem aos animais desenhados, como deveria ser o caso na teoria da magia da caça. Segundo inconveniente: esta teoria que se pretende global não leva absolutamente em conta as inúmeras outras representações visíveis nas cavernas: mãos, seres humanos, animais compósitos etc.

A interpretação estruturalista

Perante todas estas dificuldades, os especialistas, a partir de meados de 1960, desistem de encontrar uma explicação global. Uma larga maioria deles concorda sobre a dimensão religiosa ou mágica da arte parietal, mas se nega a compreendê-la. Mesmo assim, um bom número dentre eles se compromete, na perspectiva estruturalista dominante da época, a analisar as estruturas da organização das cavernas, evitando doravante qualquer comparação com os povos primitivos. Sob o impulso de dois eminentes pesquisadores, Annette Laming-Emperaire e André Leroi-Gourhan, todas as obras são então classificadas segundo os temas abordados, com sua distribuição espacial, sua eventual associação com outras pinturas, a morfologia das paredes sobre as quais elas são pintadas etc. Pela primeira vez recorre-se à estatística. Esta classificação minuciosa e metódica traz progressos consideráveis, notadamente a confirmação de que animais e símbolos não são divididos aleatoriamente. Descobre-se, por exemplo, que grandes bovinos e cavalos dominam largamente, e que frequentemente estão associados. Alguns veem aí uma lógica simbólica binária, fundada na diferenciação sexual, mas nem todos estão de acordo sobre quem, dentre cavalos e bovinos, representaria o princípio masculino e o princípio feminino. A única verdadeira conclusão a que se chegou é que é possível considerar, como o explica André Leroi-Gourhan, "o conjunto da arte paleolítica como a expressão de conceitos sobre a organização natural e sobrenatural (que era única no pensamento paleolítico) do mundo vivo"[17]. As crenças e a intenção dos autores destas obras continuam enigmáticas, assim como as razões que os estimularam a pintar o fundo de cavernas desabitadas.

A hipótese xamânica

Para tentar dar uma resposta a esta questão, alguns especialistas, a partir dos anos de 1950, baseando-se na observação de povos primitivos, haviam apresentado a hipótese de crenças e de rituais xamânicos. É o caso notadamente de Mircea Eliade e do arqueólogo da Pré-história, o alemão Horst Kirchner. Este último propôs uma interpretação xamânica de uma das cenas mais célebres de Lascaux: a de uma galeria inferior, de difícil acesso, onde se vê um bisão ferido direcionando seus chifres para um homem deitado, aparentemente morto, com cabeça de pássaro. Sua arma está apoiada contra o ventre da fera. Perto do homem há um pássaro pousado sobre uma vara, de cabeça idêntica à cabeça do homem.

A pintura foi geralmente interpretada como uma cena de caça: o homem foi mortalmente ferido após ter estripado o bisão. Mas como explicar o rosto igual ao do pássaro pousado sobre uma vara ao seu lado? Kirchner propôs ver nisto uma sessão xamânica:

---

[17]. LEROI-GOURHAN, A. *Préhistoire de l'art occidental*. Paris: Mazenod, 1965, p. 120.

o homem não está morto, mas em estado de transe e conectado ao seu espírito protetor (o pássaro) ao longo de sua viagem extática, durante a qual chama o espírito do bisão que irá abater.

Outros especialistas, como Andreas Lommel, retomaram esta teoria xamânica, mas sem qualquer ressonância; e foi necessário esperar então o final dos anos de 1980 para ver a hipótese tomar mais corpo com os trabalhos do estudioso da Pré-história sul-africano David Lewis-Williams. Este arqueólogo, especialista em arte parietal, estudava em paralelo os costumes de um povo primitivo da África do Sul, os bosquímanos, e se impressionou com os paralelos entre a expressão artística deste povo de caçadores-coletores e as pinturas dos humanos do Paleolítico superior. Seus trabalhos conseguem convencer um dos melhores especialistas mundiais da Pré-história, o francês Jean Clottes, curador-geral do patrimônio, presidente do comitê internacional de arte rupestre e primeiro cientista a ter estudado a caverna de Chauvet. Juntos eles publicaram em 1996 *Les Chamanes de la préhistoire* [Os xamãs da Pré-história], obra em que desenvolvem a hipótese xamânica, corroborando-a com muitos exemplos. Para eles, as pinturas que mostram os animais não representam os animais em si mesmos, mas os espíritos dos animais que os xamãs invocam e com os quais se comunicam em momentos de transes rituais, como os xamãs dos povos primitivos ainda hoje o fazem. Isto explicaria a razão pela qual estas pinturas não foram feitas em lugares habitados, ou em locais abertos, mas em cavernas profundas e escuras, inacessíveis aos não iniciados, ambientes que facilitariam entrar em transe graças à ausência de estímulos exteriores.

A publicação desta obra teve grande repercussão, mas também suscitou novas polêmicas, notadamente da parte dos que negam, *a priori*, qualquer comparatismo entre caçadores-coletores da Pré-história e povos primitivos observados por etnólogos.

A hipótese xamânica, como as precedentes, foi criticada também por não dar conta de todos os indícios encontrados nas cavernas. Jean Clottes publicou em 2011, pela Gallimard, um grande trabalho intitulado *Porquoi l'art préhistorique?* [Por que a arte pré-histórica?], no qual recapitula todas as teorias e mostra que se a hipótese xamânica é a que aporta mais argumentos para compreender a arte parietal, nem por isso é exclusiva, tampouco anula as outras. Se indubitavelmente os humanos da Pré-história não praticavam uma arte livre, não obstante isso eles buscavam uma qualidade estética, e os autores das pinturas obviamente tiveram uma formação técnica. As teorias do totemismo e da magia da caça têm seu total espaço no xamanismo, cujas expressões ainda encontramos em todo o planeta, mesmo se Clottes faz corretamente lembrar que o xamã não busca tanto pressionar o animal pelo ritual mágico quanto busca convencê-lo pelo diálogo.

O estruturalismo, por sua vez, situa-se em outro nível: no da busca do "como", e não do "porquê", sem contradizer em nada a hipótese xamânica. E Clottes conclui:

> A arte parietal dos tempos glaciais e as crenças que propiciaram sua realização tal como a conhecemos não se reduziriam a uma explicação simples, seja ela qual for. Estamos lidando com sociedades plenamente humanas, isto é, necessariamente complexas, que se esforçavam para compreender o mundo à sua maneira e para tirar dele o máximo proveito. Sua originalidade deve-se à exploração que fizeram do ambiente subterrâneo, onde suas obras e seus vestígios se conservaram incomparavelmente mais e melhor do que ao ar livre. Aparentemente elas possuíam crenças de tipo xamânico. Eis um quadro explicativo muito amplo. Ele não saberia explicar o detalhe das representações e sua exata significação, mas presta conta de uma grande variedade de observações que o tornam crível, e harmoniosamente se insere na panóplia das religiões humanas[18].

---

18. CLOTTES, J. *Pourquoi l'art préhistorique?* Paris: Gallimard, 2011, p. 280-281.

Uma revolução cognitiva

Mesmo que os elementos disponíveis continuem fugazes e muitas questões permaneçam vivas, parece ser possível fazer-nos uma ideia da religiosidade dos humanos do Paleolítico superior. Com o surgimento do *homo sapiens*, o ser humano conheceu uma verdadeira revolução cognitiva: novos modos de pensamento (capacidade de abstração, de associação, de simbolização, de síntese), necessidade de encontrar um sentido e de comunicar-se com seres imateriais etc.

Tudo parece indicar que essa revolução teve lugar em um curto espaço de tempo e num lugar específico: por volta de 70.000 anos antes de nossa era, na África Oriental e do Norte, berço do *sapiens*. Ninguém sabe como esta revolução cognitiva se realizou, mas é bastante provável que ela tenha encorajado o *sapiens* a percorrer o vasto mundo e a levar aos quatro cantos do planeta o seu modelo cultural e suas crenças.

Em sua obra *La Religion des origines* [A religião das origens], o especialista em Pré-história Emmanuel Anati assim escreve: "Quanto às origens do *homo sapiens*, as descobertas disseminadas em vários continentes parecem indicar que, partindo de seu local de origem, ele conseguiu uma expansão formidável. Em alguns milhares de anos, ele conquistou o mundo. É permitido supor que, em todo lugar em que se estabeleceu, ele carregou consigo suas capacidades e suas necessidades, sua bagagem intelectual, sua habilidade artística, suas crenças, sua capacidade de comunicar-se com o real e o imaginário. As matrizes originais da religião do *homo sapiens* teriam existido, pois, desde antes de sua grande expansão"[19]. Ora, esta religiosidade, com a qual o autor também concorda que era de tipo animista-xamânico, tornou-se assim a matriz

---

19. ANATI, E. *La Religion des origines*. Paris: Fayard, 1999, p. 103.

original de todas as religiões do mundo, oferecendo-lhes mitos e arquétipos comuns, antes de ser progressivamente suplantada pelas tradições religiosas históricas, como o veremos agora. Obviamente, trata-se de uma hipótese dentre outras, mas é a que me parece mais provável e a partir da qual continuarei minha exploração da odisseia do sagrado.

2
Mudança do Neolítico e Proto-história: nascimento dos deuses

Ao longo de dezenas de milhares de anos o ser humano viveu como caçador-coletor-pescador e muito provavelmente professava crenças animistas-xamanistas que mostravam seu vínculo vital com a natureza. Estas crenças e rituais visavam igualmente a conectar o mundo visível a um mundo invisível, povoado de espíritos com os quais era possível comunicar-se em determinados estados modificados de consciência. Será necessário aguardar uma profunda transformação dos modos de vida dos humanos para que surgissem as noções de divindades às quais fosse possível prestar culto e erigir santuários.

As sociedades orais agrárias

A história nos certifica de que nosso planeta regularmente conheceu fases de glaciação e aquecimento. A última era glacial teve início há aproximadamente 120.000 anos e terminou por volta de 15.000 anos atrás. Este aquecimento climático marca o fim do Paleolítico. As geleiras e a calota ártica derreteram, liberando milhões de toneladas de água. O nível dos oceanos subiu aproximadamente cento e vinte metros, submergindo territórios imensos. Apenas um exemplo para termos uma ideia dessa transformação: antes da elevação das águas, o Canal da Mancha não existia, e a Inglaterra fazia limite com o continente europeu. Em algumas regiões as costas mediterrâneas recuaram mais de cem quilômetros. Talvez isso nos possa ajudar a compreender a razão pela qual em todas as mitologias ulteriores haja o relato de um "dilúvio universal". Alguns animais, como o mamute, não sobreviveram a essa mudança brutal, e o ser humano teve que adaptar-se a um ambiente natural totalmente transformado.

Uma transformação dos modos de vida

Durante alguns milênios daquele período transitório entre o Paleolítico e o Neolítico, denominado Mesolítico, os caçadores-coletores, que percorriam a terra em busca de comida e viviam sob abrigos de rocha, aprenderam a adaptar-se ao novo meio ambiente e tiveram que mudar de regime alimentar para garantir a sobrevivência. O desaparecimento de caças maiores os obrigou a caçar coelhos, presas aquáticas, patos selvagens. E tiveram que construir casas, reagrupar-se, primeiramente em aldeolas de algumas habitações ao largo de cursos d'água, depois em vilarejos que se expandiram e se multiplicaram pelas encostas de vales e planaltos, onde cereais, leguminosas e caça proliferavam. Os primeiros traços destes reagrupamentos foram encontrados na Palestina, junto aos natufianos, uma civilização epipaleolítica do Levante (que extrai seu nome do Vale do Wadi Natuf), que se estabeleceu nas proximidades de Jericó, na Cisjordânia. Estes caçadores de pequenos herbívoros cultivavam cereais selvagens. Trata-se das primeiras mulheres e homens que construíram habitações duráveis e cultivaram cereais com o auxílio de ferramentas, como foices de pedra e pilões, usados para ceifar e moer grãos. É o início do Neolítico.

Partida do Levante, a sedentarização ganha progressivamente o resto do planeta: a Europa inteira, a China, a América Central e os Andes. E assim os caçadores-coletores começaram a cultivar a terra, preparar e cuidar do solo, e servir-se da carne, leite e lã de seus rebanhos. Transformaram-se assim em agricultores e criadores de rebanhos. Pela primeira vez o humano se mostra capaz de produzir sua própria comida em quantidade, e também de estocá-la. Da orla mediterrânea à Europa cereais são cultivados: essencialmente trigo e cevada, seguidos de fava, ervilha, papoula e linho, este último para confeccionar tecidos. Os primeiros traços da cultura do trigo, descobertos no Oriente Médio, datam de mais de 8.000 anos antes de nossa era.

Quanto às primeiras experiências de domesticação de animais, elas remontam ao Mesolítico: primeiramente a domesticação do cão, por volta de 15.000 anos antes de nossa era, que é treinado para a caça e para o combate, prestando-se também como sentinela para proteger os acampamentos contra animais selvagens ou roubos. Um vínculo de afeição une o cão aos seus donos, e estudos mostram que às vezes o animal se beneficiava de uma cerimônia de inumação semelhante à dos humanos. Outros animais também são domesticados, como a cabra, seguida pelo porco, em Jericó. Ovelhas oferecem lã, peles de bovinos são curtidas e criações alimentam populações com ovos, leite e carne. Sem esquecer que os animais também introduzem uma nova força muscular nas tarefas de lavoura, moagem e transporte. Algumas tribos, sobretudo as pastoris, se dedicavam a essa atividade de criação de rebanhos.

Libertar-se da natureza e transformá-la

Rompendo com o nomadismo, o homem se conscientiza de sua capacidade de transformar a natureza. E se dá conta que pode domesticar seu meio ambiente e suprir suas próprias necessidades. Sua sobrevivência não depende mais exclusivamente das condições naturais. Pouco a pouco ele se emancipa dos caprichos da natureza, controla suas fontes alimentares, mas também desenvolve as artes do fogo, da cerâmica e, mais tarde, da metalurgia, especialmente o bronze. Não obstante isso, as sociedades agrícolas dependem de suas colheitas. Enquanto a alimentação dos antigos forrageadores era variada, composta de uma infinidade de nutrientes presentes nas frutas, nos legumes, nas plantas, na carne, nos peixes e crustáceos, a nutrição dos agricultores se limita aos cereais cultivados, que por sua vez são submetidos aos caprichos climáticos. Já que as populações dependem de um único tipo de alimento para sobreviver, os episódios de secas provocam mais carestias. Sem esquecer que, enquanto os nômades eram mais facilmente poupados de epidemias, a sedentarização passa a favorecer mais a propagação de doenças.

Outrora predadores, os caçadores-coletores tornam-se agora produtores que constantemente renovam o que consomem (cereais, animais) tanto pela semeadura quanto pela criação de rebanhos. Desta forma os humanos não extraem mais seu alimento diretamente da natureza, mas são suas ações sobre ela que permitem alimentar-se. Para conseguir novos espaços de cultivo, florestas são derrubadas e caminhos florestais são abertos visando ao fornecimento de madeira e caça. A multiplicação das construções transforma o espaço, os rebanhos alteram a vegetação e áreas selvagens são reduzidas. A natureza não é mais apenas uma potência a respeitar, mas um bem do qual se pode dispor.

Os povos começam a afastar-se da natureza, fisicamente, mas também espiritualmente. É a partir de então que surge a ideia de uma separação entre o mundo humano e a natureza, e inclusive de uma superioridade do primeiro sobre a segunda. O nomadismo impede os homens de "criar sociedade"; já o cultivo da terra e a criação de rebanhos os obriga fixar-se na terra e a viver comunitariamente, instaurando o espírito de uma sociedade com seus modos de vida e suas culturas próprias. Uma nova organização social é criada, transformando a relação com a natureza: o animal domesticado se transforma agora em um bem de troca, enquanto que no Paleolítico os humanos se comunicavam com ele. É neste contexto que pela primeira vez aparecem as noções de verticalização e de hierarquização do mundo, como o explica a etnóloga Roberte Hamayon:

> À visão do caçador, visão horizontal e igualitária de um mundo povoado de espíritos animais que o homem trata como aliados e como parceiros, sucede uma visão vertical e hierárquica de um mundo dominado por instâncias superiores que convém venerar e invocar. Embora sempre haja uma troca com o mundo sobrenatural, não se trata mais de uma troca simétrica, pois já não é mais o animal em pé que implora o criador de rebanhos, mas a chuva, a pastagem, a serenidade que vão lhe permitir manter a expansão de sua tropa. Dispondo doravante de animais domésticos que podem servir-lhe de substituto, o criador os sacrifica aos seus ancestrais, implorando seus favores. É a ascensão do sacrifício e da oração[20].

O culto aos ancestrais

Esta sedentarização implica uma alteração das estruturas sociais – emergência da família nuclear da forma como a conhecemos – e das atitudes religiosas. Os povoados do Neolítico erguem grandes megalíticos em pedra (menir, cromeleques, dólmen), que servem de sepulturas, indestrutíveis e intemporais.

Eles pintam imagens que testemunham seu novo modo de vida: a figura de um bovino está muito presente – estatuetas, vasos que representam touros, lápides gravadas de cabeças de bovinos. O touro, animal forte, se torna um emblema da domesticação e do domínio dos humanos sobre o seu meio ambiente.

Nas aldeias aparecem os primeiros templos da história. O mais antigo conhecido é o de Göbekli Tepe, na atual Turquia, que data de 9.500 anos antes de nossa era. Ele é típico

---

20. HAMAYON, R. *La Chasse à l'âme. Esquisse d'une théorie du chamanisme sibérien... Op. cit.*, p. 634.

do Mesolítico, este período transitório de alguns milênios, no qual os humanos oscilam entre o modo de vida tradicional de caçadores-coletores e os inícios da criação de rebanhos e do cultivo agrícola, que impõem um modo de vida sedentária. As escavações revelam monumentos retangulares em forma de pilares assemelhando-se a um T e esculpidos com figuras de animais selvagens. Com uma altura de aproximadamente cinco metros, cada pilar pode pesar até sete toneladas. Milhares de indivíduos tiveram que unir suas forças para cortar aquelas estruturas megalíticas e erguê-las, mobilizando assim diferentes clãs de forrageadores. Apenas um objetivo extraordinário podia reunir tribos que ordinariamente disputavam entre si os recursos naturais: não tendo utilidades práticas, por exemplo, para proteger da chuva ou dos animais selvagens, é bem provável que a vocação daquelas estruturas tenha sido de ordem cultural.

O culto aos crânios

No Neolítico, o culto aos crânios é uma inovação maior na história da humanidade e na história das religiões. Ele se propaga no Oriente Médio e na Anatólia, antes de alcançar a Europa. Os crânios são objeto de um culto doméstico: depois de serem lavados, são esculpidos, pintados, e às vezes remodelados com gesso ou argila para dar-lhes um rosto: o de um ente querido ou de um parente. Os crânios personificam a presença de um ausente. Eles criam e mantêm um vínculo com as entidades do outro mundo. Por que exatamente o crânio? Sem dúvida por ser considerado a sede do espírito.

Esta concepção explica a tradição, nascida no Oriente Médio, dos "segundos funerais", também denominada cerimônia do "retorno dos mortos": exuma-se, alguns anos após a sua morte, o crânio de um defunto, visando a purificá-lo através de orações e a fim de que o morto possa tornar-se um ancestral. Só a partir de então ele poderá proteger o seu clã. Para manter a memória do ancestral e enraizar a linhagem num território, inuma-se os defuntos perto das casas, e até mesmo em seu interior. As impressionantes escavações ao redor da cidade antiga de Jericó e nas montanhas da Anatólia, realizadas nos séculos XIX e XX, descobriram no subsolo das habitações dezenas de cadáveres inumados um ao lado do outro e acompanhados de objetos pessoais. Trinta e dois corpos de um mesmo clã foram encontrados enterrados por estratos sobrepostos numa casa de Çatal Hüyük, na Anatólia.

Através do culto aos crânios nos é possível pensar que é o culto aos ancestrais que os humanos celebravam. O nômade não possuía terra a ser legada. Junto à sedentarização, porém, emergem também as noções de propriedade privada e herança. A propriedade privada também resulta de uma mutação social: a passagem da comunidade primitiva igualitária (Marx fala de um "comunismo primitivo") para a comunidade rural hierarquizada, dominada por famílias patriarcais que se apoderam do excedente agrícola. Os criadores sabem que legarão seus rebanhos e suas terras aos descendentes, assim como eles mesmos os herdaram. Eles se sentem simultaneamente devedores e responsáveis por sua linhagem e, portanto, precisam preservar: o ancestral torna-se o garante da linhagem, o "sábio", "sabedor do saber", e sua morte o faz oscilar para o mundo invisível. Desta forma ele se torna o intermediário privilegiado entre os humanos e os espíritos. A proximidade do ancestral, tanto por vínculos de sangue quanto por seu lugar na casa, garante uma relação direta com os espíritos e permite atribuir-lhe poder.

O culto aos ancestrais constitui assim uma etapa determinante na religiosidade humana, já que ele muda fundamentalmente a relação dos vivos com o mundo invisível. Sedentarizado, o ser humano não está mais totalmente inserido na natureza; doravante ele se concebe como uma entidade distinta.

E começa então a moldar entidades espirituais à sua imagem, mais próximas dele, que muitas vezes compartilharam o mesmo sangue: é o pai, o avô, o ancestral! Um ser identificável, e não mais espíritos que lhe fogem. O vínculo com as almas dos ancestrais substitui o vínculo com os espíritos dos animais. Este vínculo personalizado com as entidades sobrenaturais transforma profundamente a relação dos vivos com o outro mundo. Doravante o humano imagina que seu ancestral lhe será favorável e benevolente, já que oriundos da mesma linhagem. Isto, por um lado, permite ao ser humano garantir sua descendência e, por outro, que o ancestral não caia no esquecimento.

Com a sedentarização, as riquezas criam novas hierarquias. O poder já não pertence mais ao melhor caçador, mas aos chefes do clã, e pouco a pouco também o xamã vai perdendo suas prerrogativas; no máximo será consultado como terapeuta, para curas privadas. Agindo junto ao doente, o xamã manda sua alma consultar o ancestral escolhido para que ele faça um diagnóstico. Ele purifica o doente por meio de uma fumigação a fim de dissuadir os espíritos nocivos. No final, o xamã agradece ao ancestral e aos espíritos que o ajudaram especificando o que solicitam em troca (sacrifício, presentes etc.). O xamanismo original desaparece e evolui então em xamanismo pastoril.

Do culto à deusa mãe ao nascimento do patriarcado

No Neolítico, a partir do momento em que o ser humano começa a dominar a natureza, emerge nele a ideia de estar sendo dominado por entidades superiores do mundo invisível. O sistema de troca e de reciprocidade que, em pé de igualdade, havia-se unido aos espíritos, agora se verticaliza: no alto, a figura superior que convém venerar e louvar; no centro, o ser humano que presta um culto a estes seres superiores; na base, a natureza e os animais, doravante dominados. Toda a visão de mundo e de sociedades humanas é, a partir de então, transformada.

Com a sedentarização, o estatuto das mulheres evolui tanto na vida da comunidade quanto no culto religioso. Até então elas exerciam uma função fundamental na subsistência alimentar, ocupando-se notadamente na coleta de vegetais. Doravante elas participam no cultivo dos campos e às vezes se tornam até proprietárias. Elas também assumem o culto aos ancestrais, mantendo no interior da casa um pequeno altar doméstico. Sua posição social melhora, fato que explica as primeiras experiências de matrilocação, sistema que impõe ao marido habitar na casa de sua esposa.

Apesar do advento da agricultura e da constituição de estoques alimentares, as populações continuam submetidas aos caprichos da natureza (inundações, secas etc.). As trocas e as negociações com os espíritos da natureza e dos ancestrais, doravante praticadas apenas na esfera familiar, nem sempre são suficientes para garantir a clemência dos elementos. A partir de então as pessoas passam a confiar-se a um ser superior mais importante ainda, a deusa Mãe, primeira figura divina conhecida da história humana, que, enquanto responsável pela fecundidade, deve poder garantir a fertilidade dos campos. Seu culto, provavelmente surgido desde o final do Paleolítico, ganha realmente força no Neolítico e varia segundo os lugares e os períodos. Os atributos desta deusa da vida e da fecundidade, no entanto, permanecem sempre idênticos: ela é representada na maioria das vezes nua, pernas abertas, com formas opulentas revelando seus poderes nutricionais.

Vale lembrar que naquela época longínqua o mistério da procriação ainda permanecia indecifrado, e que a fecundidade da mulher se revestia de um caráter mágico e fascinante. As noções de fecundidade e de fertilidade se confundiam. As mulheres eram vistas como responsáveis pela abundância das colheitas, dado que somente elas pareciam exercer uma função na procriação. A mulher estava na origem da vida, garantindo a linhagem por sua "capacidade" reprodutora, mas igualmente na subsistência do grupo. Já que as mulheres eram as únicas a possuir este misterioso poder de criar a vida, as divindades só podiam ser à sua imagem.

Assim, não são as divindades masculinas, mas femininas, que substituem progressivamente os espíritos da natureza, como o atentam as representações e os objetos cultuais exumados pelas escavações realizadas ao longo do século XX no Oriente Médio. Os arqueólogos descobrem igualmente inúmeras estatuetas e amuletos femininos datando da civilização do Vale do Indo, situada ao oeste do subcontinente indiano, que desaparecerá no segundo milênio de nossa era. Na Sibéria Ocidental, estatuetas de mulheres, grosseiramente esculpidas, foram encontradas em nichos ocos perto de habitações, o que indica que estas deusas locais cuidavam dos humanos diariamente.

Inúmeros objetos cultuais que datam do Paleolítico superior foram exumados, notadamente esteatopigias, ditas "Vênus calipígias", representadas com vulvas hipertrofiadas, seios e ancas volumosos. Uma das Vênus mais célebres é a de Lespugue, datando de aproximadamente 25.000 anos, encontrada por ocasião das escavações realizadas em 1922 na caverna Rideaux, nos Pireneus.

Esta estatueta, esculpida no marfim de mamute, mede quinze centímetros de altura e representa uma mulher de proporções exageradas: sua pequena cabeça, cujas características faciais não são esculpidas, contrasta com os seios e nádegas volumosos. Outras Vênus, como a de Grimaldi, na Itália, ou a Vênus Gagarino na Rússia, reproduzem estas mesmas características. Mas nada prova formalmente que elas simbolizem deusas. À época os humanos estavam presumivelmente em uma religiosidade de tipo xamânico de intercâmbios com os espíritos da natureza, como o atesta a arte parietal, e é possível atribuir a estas poucas representações femininas uma dimensão puramente artística que, no entanto, simboliza a fascinação que a mulher exerça sobre os humanos como geradora de vida.

Com a sedentarização dos povos, em contrapartida, estas figurações femininas – deusas da fecundidade, deusas Terra ou Mãe – assumem um caráter religioso incontestável. No Neolítico anatoliano (e, alguns milênios mais tarde, na Europa), as únicas representações encontradas nos altares são as da deusa, muito frequentemente associada ao touro, símbolo de poder e virilidade. Esboça-se a primeira em vias de dar à luz, cercada de crânios de touro, ou pressionando seus seios, revelando assim seus poderes nutritivos. As figuras exclusivamente masculinas só representam entre 3 e 5% das esculturas. Segundo o historiador Pierre Lévêque, a deusa é integrada "a uma estrutura que podemos denominar 'Sagrada família neolítica', que não engloba nenhum deus masculino, mas uma deusa mãe, uma deusa filha e uma criança divina, às vezes com o tema da mãe fecundada por seu próprio filho"[21]. O historiador especialista em Pré-história Jacques Cauvin, por sua vez, escreve:

> A partir de então, o que vemos surgir pela primeira vez no Levante, por volta de 9.500 anos antes de nossa era, num contexto econômico de caça-coleta ainda inalterado, mas justamente às vésperas de sua transformação completa, são duas figuras simbólicas dominantes, a mulher e o touro, que conservarão seu destaque ao longo de todo o Neolítico e a era do bronze oriental, nomeadamente na religião do Mediterrâneo oriental pré-helênico[22]

---

21. LÉVÊQUE, P. "De la naissance des mythes à la religion grecque". *In*: DESCOULEURS, B.; NOUAILHAT, R. (orgs.). *Approches des religions de l'Antiquité*. Paris: Desclée de Brouwer, 2000, p. 23.
22. CAUVIN, J. *Les Premiers Villages de Syrie-Palestine du IXe au VIIe millénaire avant J.-C.* Lyon: Maison de l'Orient 4, 1978, p. 48.

As crenças na deusa Mãe se embasam em conhecimentos empíricos da natureza que os seres humanos adquiriram, notadamente sobre os movimentos do sol e da lua, o ciclo das estações, as migrações de alguns mamíferos ou pássaros. A deusa Mãe reúne em uma única divindade todos os espíritos da natureza nos quais os caçadores-coletores do Paleolítico acreditavam. Assim as estatuetas da deusa criança deixam supor que a concepção cíclica da vida se inspira do ciclo vegetal: o grão morre, depois renasce e se multiplica, variação do ciclo nascimento-morte-renascimento. Segundo a arqueóloga americana Marija Gimbutas, a simbólica da deusa estaria vinculada ao "mistério do nascimento e da morte, e também ao da renovação da vida – não somente a humana, mas toda forma de vida sobre a terra e na totalidade do cosmos"[23]. Em suma, um relato ilustrado em relação ao ciclo das estações e a renovação da vida.

O casal divino, composto pela deusa Mãe e pelo touro, cuida dos destinos dos homens ao longo de todo o Neolítico ocidental, mais tardio, e em seguida na era do bronze (de 2700 a 900 antes de nossa era), notadamente na civilização minoica, que se desenvolveu em Creta, a partir de 2700 a.C. Presidindo as vidas terrestre e celeste, ele "carrega em germe todas as construções religiosas ulteriores do pensamento mítico do Oriente e do Mediterrâneo"[24], segundo o historiador da Pré-história Jacques Cauvin. Esta capacidade de controlar simultaneamente fecundidade e fertilidade confere à deusa Mãe, associada ao poder do touro, o *status* de ser supremo, dominando o conjunto das crenças e sentando-se no topo do mundo invisível. À época, Deus é essencialmente feminino. Não por muito tempo...

---

23. GIMBUTAS, M. *Le Langage de la déesse*. Paris: Des femmes/Antoinette Fouque, 2006, p. 272.
24. CAUVIN, J. *Naissance des divinités, naissance de l'agriculture*. Paris: Flammarion, 1997, p. 54.

Desenvolvimento da economia e surgimento do patriarcado

Graças ao desenvolvimento das técnicas agrárias, os humanos prosperam e começam a comercializar, trocando o excedente com outros povoados. É o caso de Eridu, na Baixa-Mesopotâmia [hoje Iraque], primeira grande cidade conhecida, que conta com cerca de cinco mil habitantes no ano 4000 antes de nossa era. Novas classes sociais emergem: os comerciantes, que não cultivam a terra, mas se encarregam de escoar as colheitas, e os artesões, fabricando notadamente utensílios de couro, de argila e de bronze. Estes utensílios, pesados de manusear nos trabalhos do campo, geralmente são usados pelos homens. O excedente agrícola, que evita consagrar todo o tempo na produção de alimentos, engendra a emergência de uma economia de comércio e uma nova divisão do trabalho. Os comerciantes e os artesões praticam a troca, já que o sistema monetário ainda não existe. Oferece-se o que se tem em excesso e recebe-se em troca o que falta, por exemplo, cestas trançadas ou roupas em troca de produtos alimentícios. Progressivamente sistemas de equivalência vão surgindo, objetos vão se tornando pré-moedas: conchas ou pedaços de pano, e posteriormente metais preciosos, como a prata e o ouro.

As cidades-Estado, que são o equivalente a pequenos reinos independentes estabelecidos num território, com suas próprias instituições políticas e religiosas, se desenvolvem em toda a Mesopotâmia (Ur, Uruque, Nipur, Quis etc.), tendo à sua frente proprietários de terra e comerciantes. Estes mantêm sua boa fortuna erguendo os primeiros templos para honrar a deusa, mas também os novos deuses encarregados de cuidar das novas atividades humanas (comércio, artesanato, guerra). Dirigidas por estes homens poderosos, as sociedades se tornam progressivamente patriarcais. O homem-criador de riquezas se torna tão precioso quanto a mulher proprietária. Mas, sobretudo, descobre-se que a procriação não é mais tão somente uma questão feminina. Observando os rebanhos, notadamente a reprodução de bovinos, o homem compreende que ele também exerce um papel no ciclo da vida: sem seu sêmen as mulheres não podem engravidar. Segundo Mircea Eliade: "Se o osso e o sangue representavam até então a essência e a sacralidade da vida, doravante são o esperma e o sangue que os encarnam"[25]. A partir de então o macho afirma seu poder, ele que se julgava desprovido de qualquer utilidade nesse domínio. Uma vez dissipado seu mistério, a mulher perde pouco a pouco sua sacralidade. Como o resume o antropólogo inglês Edwin Oliver James:

> Com o conhecimento da criação de rebanhos e a domesticação dos animais, o papel do macho tornou-se mais claro no processo de geração e foi considerado vital ao se tornarem mais conhecidos os fatos fisiológicos relativos à paternidade. Naquele período atribuiu-se à deusa Mãe um parceiro macho que era seu filho ou seu amante, seu irmão ou seu esposo[26].

Esta tomada de consciência e estes novos poderes que os homens se atribuem na vida da cidade provocam uma mudança de comportamento fundamental na concepção do sagrado: dado que os machos são as principais fontes de riquezas e que exercem igualmente um papel na reprodução, eles querem doravante divindades à sua imagem. A deusa Mãe progressivamente desaparece do espaço público, mesmo se seu culto e o do touro perduram nos lares. Esta coabitação entre as divindades masculinas e a deusa suprema não é eterna. Em Eridu, a deusa Mãe e o Senhor touro continuam sendo celebrados, mas doravante sofrem a concorrência de outras divindades, notadamente Enki, que reina num templo majestoso. Ao longo

---

25. ELIADE, M. *Histoire des croyances et des idées religieuses. Op. cit.*, t. 1, p. 51-55.
26. JAMES, E.O. *Le Culte de la Déesse-Mère dans l'histoire des religions*. Paris: Le Mail, 1989, p. 247.

dos desenvolvimentos urbanos e da hierarquização dos deuses, a deusa Mãe é relegada à parte mais baixa do panteão divino.

O grande relato da criação na mitologia mesopotâmica, o *Enûma elish*, relata o combate do deus Marduk com Tiamat, personificação da deusa, que se conclui com uma derrota da segunda. Em muitos aspectos, este texto é uma ilustração do fato que os humanos daquelas épocas tinham consciência de que o culto da mulher estava fechado, e que a história se abria para uma cultura espiritual de virilidade e de proeza guerreira. Tiamat – que é simultaneamente uma extensão de água salgada e um dragão – estava na própria origem da vida dos deuses. A deusa foi mesclada às lutas entre as diversas gerações de deuses. Ela teve que enfrentar Marduk, que a abateu. Seu corpo foi decepado e serviu para a criação de um mundo sensível. Uma parte do corpo da deusa primitiva forma o firmamento celeste, ao passo que a outra foi utilizada para criar o fundo do oceano. Sua cauda tornou-se a Via Láctea. Por fim, Marduk fura os dois olhos de Tiamat: assim nasceram as duas fontes, a do Tigre e a do Eufrates.

Um episódio da mitologia grega traduz igualmente bem essa oscilação da sociedade em direção ao patriarcado: a lenda de Delfos. Procurando um lugar para erigir o seu santuário, Apolo, filho de Zeus, mata a serpente Píton, animal emblemático da deusa e filho de Gaia (a terra), que reina no território. A partir de então, os habitantes da cidade antiga veneram o novo deus vencedor e lhe erigem um templo. É numa cripta do edifício que mora a Pitonisa, uma sacerdotisa encarregada de proferir os oráculos, isto é, as palavras divinas de Apolo. Enquanto ainda mantém um lugar importante no tabuleiro sagrado a mulher está doravante ao serviço de um deus masculino. A deusa Mãe deixa espaço a um deus pai, prefigurando a inevitável erosão do feminino sagrado.

Ao contato com as primeiras religiões politeístas, notadamente na bacia mediterrânea, a deusa Mãe assumirá outras formas e outros nomes: Ishtar, Inanna, Ísis, Gaia, Cibele etc. Tantos rostos da Grande Deusa que se apagarão ao longo dos séculos. Ao mesmo tempo, os homens assumem o poder em quase todos os setores da organização da vida da cidade: político, econômico, militar e religioso. A mulher continua exercendo uma atividade agrícola, mas é seu marido que é dono da terra, e ela exerce essencialmente seus talentos na gestão da vida familiar. Todos os poderes sociais são assumidos por homens e, progressivamente, são igualmente os homens que asseguram a autoridade no seio das famílias. Assim nascem pouco a pouco, em quase todo o mundo, sociedades patriarcais. E os deuses substituem as deusas.

Dos espíritos aos deuses: os politeísmos antigos

Aumento demográfico e advento das cidades-Estado e impérios

A revolução agrícola transforma profundamente as sociedades humanas: a agricultura produz riquezas que doravante precisam de proteção e, por alimentar mais pessoas, inevitavelmente provoca uma expansão demográfica. Entre o ano 10000 e o início de nossa era, a população mundial não cessou de aumentar: ela passou de cinco a oito milhões de nômades para mais de duzentos e cinquenta milhões de habitantes sedentários. Os caçadores-coletores, que se dividiam em pequenos grupos de algumas dezenas de pessoas, pouco a pouco se instalaram em lugares fixos, e os clãs aumentaram. As aldeias se tornaram cidades cada vez mais populosas transformando-se em verdadeiras aglomerações necessitadas de meios de segurança e administração. O artesanato se desenvolveu, o trabalho dos metais tornou as ferramentas mais eficientes, a irrigação passou a ser praticada em larga escala, o cálculo e a escrita surgiram, a roda foi inventada. Estes formidáveis progressos técnicos favoreceram a emergência das religiões politeístas e os impérios, que, por sua vez, vão transformar a ordem do mundo.

As primeiras colônias reagrupavam algumas centenas de habitantes, como a de Jericó, em 8500 antes de nossa era. Posteriormente são vários milhares de indivíduos que vão povoar a cidade de Çatal Hüyük, na Anatólia Central, no ano 7000 antes de nossa era.

Ao longo dos milênios seguintes as cidades aumentaram ainda mais para reunir dezenas de milhares de pessoas e englobar numa mesma aglomeração uma infinidade de aldeias. Foi assim que se formou o primeiro reino egípcio no Vale do Nilo inferior, em 3000 antes de nossa era. Posteriormente os reagrupamentos de cidades e a concentração de habitantes não pararam de se expandir. Na Mesopotâmia, por volta de 2250 antes de nossa era, o Império Acádio contava com um milhão de habitantes e 5.400 soldados. Os primeiros megaimpérios, com vários milhões de indivíduos, surgiram no Oriente Médio entre os anos 1000 e 500 antes de nossa era: são os impérios neoassírio, persa e neobabilônico. Estas entidades eram dirigidas por um único chefe, que concentrava todos os poderes, e geralmente nomeava um de seus filhos como sucessor. Pouco a pouco, dinastias hereditárias se formaram. Este fenômeno se estende progressivamente a todo o planeta. Assim, a Dinastia Qin (221-207 a.C.), na China, reunia quarenta milhões de pessoas, e cem mil funcionários eram necessários para gerir a administração. No ano 27 antes de nossa era, Gaius Lulius Caesar Octavianus Augustus (Otaviano), o primeiro imperador romano, concentrava todos os poderes: chefe dos exércitos e da religião romana, ele detinha igualmente os poderes executivo, legislativo e judiciário. Em seu auge, o Império Romano se estendeu sobre a metade da Europa, sobre a África do Norte e sobre uma larga parte do Oriente Médio, e reunia mais de cem milhões de pessoas.

AS RELIGIÕES ANTIGAS DO ORIENTE PRÓXIMO E DO ORIENTE MÉDIO

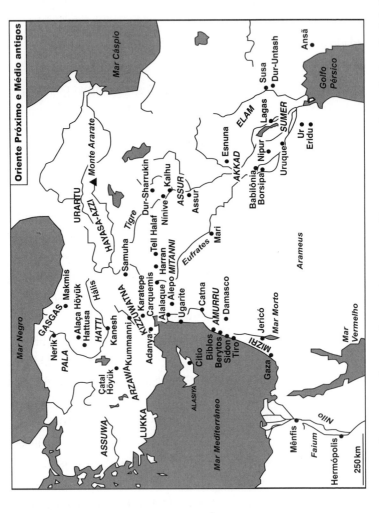

Este mapa recenseia os grandes centros religiosos dos impérios que coabitaram ou se sucederam desde o final do IV milênio a.C.

Os impérios tinham em comum duas características principais: agregavam pessoas de culturas diferentes que ocupavam territórios separados, e suas fronteiras podiam evoluir ao sabor das batalhas. A noção de conquista estava intimamente ligada à formação dos impérios, que, embora constituídos por um conjunto de estados, eram administrados por um poder central, tendo à sua frente um único homem: o imperador. Diante desta expansão de territórios e de necessidades humanas sempre mais prementes, rotas comerciais foram abertas para disponibilizar os gêneros alimentícios. Metais (ouro, prata, cobre, estanho) e pedras semipreciosas eram transportados por uma estrada que unia os montes de Pamir, ao Leste, à costa mediterrânea, ao Oeste, itinerário que será conhecido como a Rota da Seda. Além das matérias-primas, também os gêneros alimentícios eram transformados e circulavam, como o vinho ou o óleo de oliva, bem como produtos manufaturados, como o vidro. Estas redes de intercâmbios permitiam igualmente a circulação dos saberes técnicos e os conhecimentos.

Para proteger colheitas, rebanhos e indivíduos, as habitações eram fortificadas. As cidades eram construídas nas partes mais altas do território e defendidas por muralhas, já que as riquezas atraíam a cobiça, e reis buscavam ampliar seu poder anexando outros territórios. É o caso de Sargão da Acádia, cidade-Estado da Mesopotâmia, situada a uma vintena de quilômetros da Babilônia, que ao longo dos decênios conquistou todas as cidades da região, e outras. Foi assim que nasceu o primeiro Império Acádio de Sargão o Grande, por volta de 2250 anos antes de nossa era, e que se estendeu do Golfo Pérsico ao Mediterrâneo; era constituído pela Mesopotâmia, pelo Levante e algumas partes do Irã e da Turquia modernos. Os impérios assírios, hititas e babilônios se inscrevem no mesmo modelo. Doravante, em cada reino era necessário regular a repartição das terras, da água, administrar os conflitos e estabelecer regras sociais e comerciais.

O reagrupamento de cidades em impérios facilitou a difusão das normas e garantiu uma melhor gestão coletiva. Como o explica Yuval Noah Harari em sua obra *Sapiens*:

> Ideias, homens, mercadorias e técnicas são mais facilmente disseminadas nas fronteiras de um império do que numa região politicamente fragmentada. Muito frequentemente são os próprios impérios que partilham deliberadamente as ideias, as instituições, os costumes e as normas. Uma das razões é a preocupação em tornar a vida mais fácil. É difícil governar um império onde cada pequeno distrito tem seu conjunto de leis, sua forma de escrita, sua língua e sua moeda própria. A padronização era uma dádiva divina para os imperadores[27].

Invenção da escrita e da moeda

Para administrar sociedades cada vez mais complexas era indispensável poder classificar a infinidade de informações produzidas pela atividade humana. Como administrar as colheitas, recolher os impostos e dividir os bens sem um sistema suficientemente elaborado? É a invenção da escrita que vai revolucionar a gestão dos impérios, permitindo-lhes organizar suas atividades e guardar um registro de sua história. Os primeiros documentos escritos datam de 3.000 anos antes de nossa era. Trata-se de uma escrita fundada não em um alfabeto, mas em pictogramas representando objetos, lugares ou conceitos. Os sumérios são os primeiros a inventar uma escrita cuneiforme ao compor sinais sobre tabuletas de argila húmida com a ajuda de uma ponta afinada em forma de cunha. Seu método mistura dois tipos de sinais: números e símbolos, que vão ajudar a administração da cidade. Essa escrita parcial não possibilita ainda redigir leis, poesias ou tratados de filosofia: ela permite calcular, mas não consegue expressar os sentimentos nem os pensamentos da alma humana.

---

27. HARARI, N.Y. *Sapiens: une brève histoire de l'humanité*. Paris: Albin Michel, 2015, p. 236.

Para os intercâmbios comerciais daquela época os sumérios desenvolveram a primeira moeda da história: a cevada. Um copo padronizado cheio de grãos de cevada representa então um "*siclo*", o equivalente a um litro. As primeiras peças metálicas surgem em 640 antes de nossa era na Anatólia Ocidental, por iniciativa do rei Aliates II da Lídia e seu filho Creso. Os intercâmbios comerciais e a administração dos impérios eram facilitados pela criação de escritas complexas inventadas no Egito com os hieróglifos, por volta de 3.000 antes de nossa era, ou na China e na América Central, por volta de 1.000 anos antes de nossa era. Estas invenções vão ter uma influência determinante na propagação de mitos e religiões.

O panteão divino

Se a sociedade foi transformada pela revolução agrícola e pelo desenvolvimento das cidades, e posteriormente pelos impérios, o mesmo aconteceu com a religião. Enquanto as tribos viviam em pequenos bandos num território que não ultrapassava algumas centenas de quilômetros, os espíritos locais eram suficientes para garantir sua proteção. Venerava-se o espírito animal que estava nas proximidades, que podia ser caçado, e uma infinidade de crenças se desenvolveram segundo as características específicas de cada território. Com a criação dos reinos e dos impérios, surgiu a necessidade de remeter-se a divindades mais poderosas, que podiam reinar sobre um território muito mais vasto. Passava-se assim de uma religião oral agrária para uma religião politeísta estática: os ancestrais e os espíritos declinavam em benefício de um panteão divino; os fenômenos naturais doravante eram personificados por deuses classificados segundo sua atribuição divina. Esta promoção dos deuses foi a principal mudança engendrada pelos progressos técnicos.

Na maioria dos impérios os habitantes tornaram-se, portanto, politeístas (do grego *polu*, "inúmeros", e *theos*, "deus"): eles acreditavam em vários deuses de aparência humana. Cada cidade era colocada sob a proteção de uma divindade em particular, destinada a cuidar dela. É o caso de Inana, em Uruque, ou de Enlil, em Nipur. Divindades locais podiam ser veneradas por várias cidades ou por um corpo de profissão específica. Em Eridu os habitantes prestavam um culto à deusa suprema, bem como a vários deuses, dentre eles Enki, deus das águas doces e do ordenamento do território, ao qual era dedicado um templo imponente, situado no coração de um verdadeiro complexo sagrado, compreendendo altares e mesas de oferendas, mas também um terraço e três escadarias para chegar ao seu cume. Mesmo que as trocas "dar-receber" se perpetuassem, a natureza da relação entre os seres humanos e os deuses evoluiu. As divindades guardavam características humanas, por sua aparência ou por suas emoções, mas elas se tornaram onipotentes e imortais. Quanto mais vasto o império e mais importante o poder do rei, mais os templos deviam ser imponentes a fim de abrigar deuses onipotentes. Logo que uma cidade passava para as mãos de um inimigo, os indivíduos deviam respeitar os deuses do império que os havia vencido, mas nem por isso abandonavam seus deuses locais. Além do fator riqueza-território, as tensões também aumentavam em razão da pressão demográfica, das desigualdades sociais e das lutas de poder. Guerras assolavam, potencializadas pela invenção de carros de combate e equipamentos de infantaria, como o capacete e a couraça. Quanto mais dominantes e ameaçadores eram os impérios, mais era necessário contrapor-lhes um deus igualmente poderoso. Os reinos colocavam-se então sob a proteção de um deus principal. Em certos territórios, como no Egito, uma mesma divindade era venerada em todo o país, como era o caso dos deuses Hórus, Rá, ou da deusa Ísis.

Regularmente, os filhos dos reis herdavam o poder; é o início da realeza. Mas também o início de um vínculo particular que se instaurava entre os reis e as divindades. O poder de uns recairia sobre os outros, e a vitória de um rei resultaria de uma vontade divina. Era em nome dos deuses que se lutava. E os deuses dos reis vencidos eram progressivamente abandonados, como na Mesopotâmia, sob a tutela persa (539-330 a.C.), na grega (330-141 a.C.), depois em Esparta (de 141 a.C. a 244 d.C.). Quando os reinos perdiam sua influência, a aura dos deuses empalidecia, e as divindades da Mesopotâmia eram relegadas então ao nível de deuses estrangeiros, como os Baals arameus ou Ísis, a Egípcia.

À medida que a sociedade seguia estruturando-se em diferentes classes sociais, o panteão divino acompanhava a mesma evolução hierárquica: como os reis faziam-se rodear de uma corte, os grandes deuses se desvencilhavam da grande quantidade das divindades e faziam-se cercar de assistentes e conselheiros advindos das deidades subalternas. Assim, no ano 2600 antes de nossa era, na Mesopotâmia, uma tabuleta de argila recenseia 560 nomes de deuses. À frente da lista está o deus An, simbolizado pelo touro. Aquele que mais tarde se tornará Anu, considerado deus demiurgo da civilização suméria, merece um templo à sua imagem: grandioso. Por conseguinte, para afirmar o poder de um deus, ou seja, de um soberano, templos cada vez mais imponentes eram construídos. Verdadeiras cidades no centro da cidade, alguns templos, como o de Enki, em Eridu (3500 a.C.) ou o de Amon, em Tebas, e tornaram-se domínios autossuficientes com habitações para os servidores do deus, oficinas de artesãos e comércios. Em se organizando, o panteão divino se reduziu, e a religião universalizou-se. Como o explica o historiador Jean Bottéro: "Os reis, desde Sargão o Grande, chefiam enormes concentrações de territórios; imensa é a autoridade deles [...]. Assim vemos surgir, no mundo superior, uma aspiração ainda mais decidida à monarquia: tenta-se concentrar nas mãos de um único personagem sobrenatural a autoridade suprema sobre o universo inteiro"[28]. Os panteões

---

28. BOTTÉRO, J.; KRAMER, S.N. *Lorsque les dieux faisaient l'homme. Mythologie mésopotamienne.* Paris: Gallimard, 1989, p. 69.

das cidades se misturam e se fundem, formando "uma corte celeste restrita[29]", acrescenta Yves Lambert.

Na Grécia, no período clássico (séculos V e VI a.C.), apesar da desintegração do mundo grego em cidades independentes, e não obstante as guerras fratricidas, um forte sentimento de unidade resistia: os homens dispunham do mesmo panteão, dos mesmos deuses, dos mesmos rituais, de santuários comuns. Eles compartilhavam os doze deuses do Olimpo, à frente de todos Zeus, deus supremo, deus da justiça e da tempestade. Mesmo sem ter criado nem as divindades nem os mortais, Zeus era considerado pai dos deuses e senhor absoluto do universo.

Ao nível local, cada corporação tinha o seu patrono: Poseidon para os marinheiros, Ares para os soldados, Atena para os artesões, Hermes para os viajantes e comerciantes... Dava-se muita importância aos cultos agrários. No Egito, no final do IV milênio antes de nossa era, um poder centralizador administrava o país. Mas a disparidade religiosa ainda prevalecia, cada cidade e cada aldeia podendo venerar o seu próprio deus. As famílias mais ricas muito frequentemente impunham o seu deus à comunidade. Diferentes configurações eram possíveis: uma cidade podia venerar um deus local, mas igualmente o de outras cidades, e alguns deuses eram venerados em todo o país, como o deus falcão Hórus, considerado deus real por excelência, e Rá, deus sol, soberano dos deuses e pai do faraó. Mesmo apresentando características humanas (bons, coléricos, magnânimos etc.), os deuses não eram de natureza idêntica aos humanos: eram onipotentes e imortais. Com exceção de Sargão o Grande, que reivindicava ter sido criado pela deusa Ishtar para fundar a Dinastia Acádia, em 2300 antes de nossa era, nenhum soberano ousava proclamar-se deus.

Na Babilônia e na Assíria, em 1100 antes de nossa era, o território de um deus podia inclusive ultrapassar as fronteiras

---

29. LAMBERT, Y. *La Naissance des religions... Op. cit.*, p. 235.

de um país para ocupar o universo inteiro. Marduk, "soberano dos deuses e do mundo", representava sozinho todos os deuses. Essa tendência henoteísta (do grego *heis theos,* que significa "um deus") vai aparecer progressivamente junto aos povos antigos que dedicavam um culto a um deus particular, sem, no entanto, negar a existência de outras divindades. Encontramos indícios destas crenças henoteístas na Bíblia, que relata que Abraão, patriarca dos hebreus, fez uma aliança com YHWH, uma divindade mais poderosa do que as outras, escolhendo assim selar seu destino e o de seus descendentes a uma única divindade, que séculos mais tarde se tornará o Deus único de Moisés. Esta crença em um Deus supremo, superior a todos os outros, constitui de fato o embrião do monoteísmo. À imagem de uma lápide do rei babilônio Hamurabi, no século XVII antes de nossa era, que designa Anu como o "rei dos deuses".

O poder do clero

Com o advento do reino dos deuses, o culto aos espíritos e aos ancestrais se marginalizou: muitos humanos se desviaram então de suas antigas crenças, já que doravante precisavam de uma religião que os unificasse, por meio de ritos, festas e templos comuns. Isto implicou uma administração religiosa, composta de sacerdotes detentores de poderes sempre maiores para administrar simultaneamente os negócios da cidade e dos deuses. Ao complexificar-se, os ritos precisavam de outros espaços e de outros intermediários. Face a este *corpus* cada vez mais denso, o povo foi se tornando paulatinamente mais dependente do clero. Enquanto antes ele mesmo podia realizar certos ritos simples e depositar suas oferendas nos santuários, o surgimento dos grandes templos doravante o obriga a passar pelos sacerdotes para ter acesso aos deuses. Alguns rituais só podiam ser praticados por pessoas iniciadas, e o povo passou a não ter mais acesso a todas as salas do templo nem a todos os santuários. Espaços comuns de orações substituíram então os altares privativos das casas, e os sacerdotes passaram a exercer um papel de "profissionais dos deuses", institucionalizando a relação com as divindades.

Uma "burocracia sacerdotal" instalou-se. Os templos se tornaram passagens obrigatórias para a população, impressionada pelos mistérios e pelos poderes celestes. Intermediário entre o mundo terrestre e o divino, o sacerdote é aquele que convive com o divino no dia a dia e que o coloca ao alcance de todos. Os sacerdotes são assim divididos entre o alto clero, proveniente da aristocracia, que se beneficia de privilégios e recursos e preside nos grandes templos, e o baixo clero, relegado a uma localidade ou a intervir a pedido do povo para administrar as oferendas e os descontentamentos. Esta separação varia sensivelmente segundo os países. No Egito, os sacerdotes eram divididos em várias categorias: os "puros", únicos autorizados a adentrar nos santuários, os "pais divinos", que os assistem, e os "servidores do deus", que executam tarefas subalternas. Na parte mais baixa da hierarquia, adivinhos e exorcistas oficiavam na parte externa dos templos, dirigindo-se diretamente aos particulares, de quem cobravam suas prestações. Meio-xamãs, meio-sacerdotes, eles eram o vínculo privilegiado para alcançar os favores dos deuses. Eram consultados em qualquer decisão importante: em caso de eventual doença, de um evento inabitual, de desgraça, e às vezes, como na Mesopotâmia, eram tão numerosos quanto os sacerdotes.

As relações com os deuses eram marcadas por esta administração religiosa e pelo poder dos reis e imperadores aureolados de um poder divino. O clero, na maioria das vezes, dependia do rei, que por sua vez encarnava o divino. Cada um fazia passar ao outro a responsabilidade de um infortúnio que atingisse o reino. Pouco a pouco, através das classes sociais, foi se instaurando uma hierarquia entre os humanos, principalmente entre os sacerdotes, os reis que disputam os impérios e os próprios deuses que lutavam para tomar conta da nova ordem terrestre.

3

As religiões do mundo antigo: mitos, sacrifícios e códigos morais

Com o desenvolvimento de cidades, reinos e impérios, o sagrado passou a manifestar-se essencialmente pelas religiões, isto é, pelas crenças e rituais coletivos que impregnavam toda a sociedade e permitiam que um grande número de indivíduos compartilhasse convicções e valores comuns. Percebe-se assim que toda civilização era conduzida por um pensamento e por práticas religiosas que constituíam sua argamassa. As religiões do mundo antigo apresentavam cinco traços típicos, que se tornarão uma constante do fenômeno religioso: a crença em entidades superiores – deuses e deusas – às quais, como acabamos de ver, pedia-se proteção e assistência; a existência de mitos que fundamentavam as crenças coletivas; a distinção entre sagrado e profano; a instauração de ritos sacrificiais para honrar os deuses; o estabelecimento de leis e códigos morais fundados na transcendência, que legitimavam também o poder político. No capítulo precedente já abordamos a primeira dimensão, qual seja, a crença em deuses e deusas. Consideremos agora as outras quatro dimensões fundamentais das religiões.

As grandes narrativas mitológicas

Todas as religiões da humanidade se apoiam em grandes relatos míticos. Com a revolução cognitiva, 70.000 anos antes de nossa era, o ser humano adquiriu faculdades linguísticas que permitiram elaborar e difundir relatos imaginários pela palavra, favorecendo o intercâmbio das informações e o desenvolvimento de redes de cooperação entre os povos. Muito provavelmente foi assim que os primeiros mitos começaram a ser criados e difundidos. Em seguida, pela necessidade de unir os povos por ocasião da criação das primeiras sociedades complexas, sobretudo a partir do Neolítico, eles foram se multiplicando. Estes grandes relatos míticos respondem a pelo menos cinco necessidades fundamentais: oferecer uma explicação ao mistério do mundo e aos males que assolam os humanos; criar um vínculo social; legitimar um poder político ou justificar as desigualdades sociais; legitimar interditos e códigos morais; permitir que os humanos aceitem a própria condição mortal.

Oferecer uma explicação ao mistério do mundo e ao problema do mal

Como o lembra Mircea Eliade, "o mito narra uma história sagrada; ele relata um acontecimento ocorrido no tempo primordial, o tempo imaginário 'dos inícios'"[30]. Esta antiguidade do mito, que se perde na noite dos tempos, lhe confere uma legitimidade que ninguém ousa contestar. Trata-se sempre de uma história que coloca em cena os questionamentos dos indivíduos sobre os inúmeros mistérios do universo e os males que os afligem. "Quando os deuses faziam o homem, seu trabalho era pesado: grande, em verdade, era a labuta dos deuses, pesado seu trabalho, infinito seu labor. Pois os grandes deuses Anunáqui impunham aos deuses mais jovens Igigi trabalhos forçados"[31]. Este extrato é tirado do *Poema dos Muito Sábios*, escrito em acádio no século XVIII antes de nossa era, que re-

---

30. ELIADE, M. *Aspects du mythe*. Paris: Gallimard, 1963, p. 15.
31. Poema de Atrahasis, ou dos Muito Sábios, 1-6. *In*: Bottéro, J.; Kramer, S.N. *Lorsque les dieux faisaient l'homme... Op. cit.*, p. 530.

presenta um dos primeiros relatos mitológicos. De acordo com este texto, à origem, não existiam as Águas (Nammu), que engendraram o Céu (Anu) e a Terra (Ninhursag). De sua união nasceu Enlil e Enki. Os três grandes deuses (Anu, Enlil e Enki) se reuniram em conselho para conceber o mundo, a função e o lugar dos diversos elementos que o constituem, quais sejam, a natureza, o cosmos e o ser humano. Depois de 2.400 anos, uma classe de deuses inferiores, os Igigi, rebelou-se, cansada de ocupar-se da administração das três divindades. Enki propôs então criar um ser para garantir essa tarefa no lugar dos deuses. Este ser foi criado com a argila misturada ao sangue e à carne de um deus sacrificado. Assim nasceu o ser humano, concebido à imagem dos deuses, mas sem seus poderes, tampouco a imortalidade deles.

Infelizmente, o humano se reproduziu muito rapidamente e continuamente brigou e perturbou tanto a tranquilidade dos deuses quanto o equilíbrio do mundo. Estes últimos decidiram então erradicá-lo. Mas nem secas, nem epidemias, nem catástrofe alguma superou a raça humana; então os deuses fizeram uso do dilúvio. Tomado de misericórdia por um homem diferente dos outros, o Supersábio Atrahasis, Enki ordenou-lhe, através de um sonho, que construísse um barco. O dilúvio durou seis dias e submergiu a terra sob as águas. Somente Atrahasis se salvou[32]. Uma vez cessadas as chuvas, ele esperou sete dias para enviar uma pomba em busca de terra firme. Em vão! Na terceira tentativa, o pássaro, dessa vez um corvo, não voltou. É o prenúncio da existência de terra firme. Atrahasis se acreditou salvo por este bom presságio, mas provocou a fúria dos deuses. Mais uma vez, Enki intercedeu junto ao seu irmão Enlil para estimulá-lo a salvar o ser humano, embora aconselhando-o a

---

32. Cf. BOTTÉRO, J.; KRAMER, S.N. *Lorsque les dieux faisaient l'homme...* *Op. cit.*, p. 563-567.

controlar o número de seus congêneres. Desde então, algumas mulheres passaram a ser estéreis, e a morte às vezes ceifaria as crianças. Através do *Poème du Supersage* – que inspirou o relato do Dilúvio e da arca de Noé no Gênesis –, os humanos tentaram explicar a criação do mundo, mas também os mistérios da vida, da morte e dos flagelos que os atingiam. A primeira função dos relatos mitológicos, portanto, era contar e explicar, mas igualmente sacralizar as respostas dadas.

Conectar os seres humanos

A segunda função, tão essencial quanto a primeira, é criar o vínculo social. Oferecendo uma representação do mundo comum a todos os membros de uma mesma cultura, os mitos contribuem para a união dos povos. O humano, com efeito, precisa compartilhar um imaginário coletivo, acreditar nas mesmas histórias que seus semelhantes: para tanto, nada melhor do que as narrativas mitológicas! Embora diferentes, elas também variam segundo os tempos e os lugares. Estas construções imaginárias, esta "argamassa mítica que une grandes somas de indivíduos", segundo a expressão de Yuval Noah Harari, pouco a pouco vai determinando a cultura dos povos. Como o explica acertadamente o autor de *Sapiens*, com a expansão da raça humana ligada ao advento das sociedades agrárias, em seguida dos impérios,

> as pessoas inventaram histórias de grandes deuses, de mães-pátrias e sociedades anônimas objetivando garantir os vínculos sociais necessários. Enquanto a evolução humana seguia sua habitual velocidade de caramujo, a imaginação construía surpreendentes redes de cooperação e de massa como jamais antes sobre a terra[33].

Antes de recobrir uma dimensão nacionalista ou econômica na era moderna, as primeiras grandes narrativas da humani-

---

[33]. HARARI, Y.N. *Sapiens: une brève histoire de l'humanité...* Op. cit., p. 131.

dade eram todas de natureza religiosa e política, duas dimensões intimamente interligadas. Embora os mitos evoluam, eles compõem um *corpus* homogêneo e moldam pouco a pouco uma visão de mundo não apenas coletiva, mas mais global também. Em qualquer idade nos curvamos diante destas normas simultaneamente sociais e divinas. Na Grécia, por exemplo, desde o final do século IV antes de nossa era, a mitologia se torna um saber "oficial", um cânon, bem como fonte de poder das elites intelectuais e políticas.

Legitimar o poder político

Esta é uma das funções principais das narrativas míticas: dar legitimidade a uma certa ordem social dominante, sobretudo se percebida como injusta ou desigual. Na Índia védica (1500-1000 a.C.) acreditava-se que as forças cósmicas foram as responsáveis pela criação de castas superiores e inferiores. Estes *varnas*, mencionados no *Hymne à Purusha* do *Rig-Veda*, um dos quatro grandes textos canônicos do hinduísmo, moldaram o universo a partir do corpo de um ser primordial, o Purusha: de sua boca "saíram" os brâmanes (sacerdotes), de seus braços os *kshatriyas* (guerreiros), de suas coxas os *vaishyas* (camponeses e comerciantes) e de suas pernas os *shudras* (operários, servidores).

Este sistema de castas surgiu por volta do ano 3000, quando os indo-arianos invadiram o subcontinente indiano. Os invasores impuseram uma hierarquia social dentro da qual se reservaram, obviamente, os melhores postos. Para sufocar eventuais revoltas das populações subjugadas, criaram uma sociedade dividida em castas, proibindo qualquer relação entre elas, legitimada por narrativas mitológicas. Assim, um evento histórico se transforma numa realidade divina e, a partir de então, ele passa a ter uma autoridade intemporal.

Legitimar os códigos morais

As narrativas míticas também permitem legitimar tanto os interditos quanto os códigos morais. No sudeste da Ásia e na Oceania os mitos das origens do mundo frequentemente têm como ponto comum o tema do casal primordial Céu-Terra, ou os "Pais do mundo", que se separam para criar a humanidade. Embora os relatos variem segundo as ilhas, eles contam histórias que aconselham o que fazer para agradar os espíritos da natureza, mas especificam igualmente as proibições, visando a não perturbar a ordem das coisas. São os primeiros tabus. Na Polinésia, de onde se origina o termo *tabu*, esta proibição diz respeito ao que contém o poder divino, o *mana*. Qualquer transgressão perturba o equilíbrio do mundo, com o risco de que os flagelos caiam sobre os humanos. Isso dá origem a um conjunto de normas que é absolutamente necessário respeitar no dia a dia. Assim, junto aos esquimós, por exemplo, as peles do leão-marinho, mamífero de inverno, não devem ser postas em contato com as peles de rena, animal de verão, já que esta prática pode perturbar o ciclo das estações.

Aceitar nossa finitude

As narrativas míticas têm ainda por objetivo fazer o humano compreender que ele deve aceitar seus limites e sua condição mortal. Um dos melhores exemplos é oferecido pela *Epopeia de Gilgamesh*, um dos mais antigos textos da humanidade (redigido por volta do século XVIII a.C.). Gravada em plaquetas de argila em acádio, a *Epopeia de Gilgamesh* evoca a busca da imortalidade através das aventuras épicas de Gilgamesh, rei de Uruk (Mesopotâmia). Diante desse herói tirano, os deuses decidem enviar-lhe um rival, Enkidu, para humilhá-lo. Este último é tão poderoso quanto Gilgamesh e vive de forma selvagem nas estepes. Sabendo da existência deste gigante, Gilgamesh lhe envia uma cortesã encarregada de civilizá-lo pelos prazeres do amor e tirar-lhe assim toda a ferocidade. Mas Enkidu decide ir para a cidade de Uruk a fim enfrentar o rei. Ninguém sai vencedor do confronto, e os dois heróis, iguais em força, estabelecem enfim uma amizade mútua, felizes por terem encontrado um parceiro à altura. Juntos farão proezas, e até derrotam o monstro Humbaba, guardião da montanha e da floresta das resinosas onde os deuses vivem. Por ocasião do retorno, ambos são celebrados como heróis, mas Gilgamesh rejeita Ishtar, deusa do amor e da guerra, provocando a ira dos deuses. Estes decidem punir sua arrogância matando Enkidu. Magoado pela perda do amigo e temendo a própria morte, Gilgamesh parte em busca da imortalidade. Em vão! Moral da história: o ser humano deve aceitar a sua condição e jamais considerar-se um deus.

Embora os mitos muito provavelmente tenham surgido no Paleolítico, a função da escrita exerceu um papel fundamental na difusão deste imaginário comum. No início ela serviu essencialmente para fins de gestão dos templos, notadamente para recensear as cabeças dos animais sacrificados, mas também para decodificar em forma de relatos os vínculos entre os deuses do panteão. No Egito, no final do III milênio antes de nossa era, os *Textos das pirâmides*, gravados nas paredes da pirâmide do Faraó Unas, em Saqqarah, oferecem algumas pistas sobre a vida após a morte; é a mais antiga coletânea funerária da humanidade.

Apropriando-se da escrita, os sacerdotes se tornaram os principais mestres das civilizações antigas. Contrariamente ao povo, que se esforçava para prover as próprias necessidades, os clérigos dispunham de tempo para ler, escrever, refletir sobre o universo dos deuses e o mundo dos humanos.

Mitologia e religião na Grécia antiga

Grande parte do imaginário de nossa civilização ocidental foi influenciada pelos mitos bíblicos (eles mesmos herdados de mitos persas e mesopotâmicos mais antigos) e gregos. Na Grécia antiga, aos poucos a cultura mítica foi se propagando e gradualmente foi mudando o jogo. Ao longo do período helênico, que se estende da conquista de Alexandre (331-323 a.C.) à dominação romana (31 a.C.), as cidades gregas se estruturam em suas bases religiosas para determinar um modelo de sociedade. Não obstante a explosão geográfica, política (cada cidade gozava de uma relativa independência), e até linguística, os povos das cidades gregas se forjavam referências coletivas graças às narrativas mitológicas. "Os gregos possuem os mesmos deuses, narram sobre eles mitos em grande parte semelhantes, suas ações rituais assumem as mesmas formas, dispõem de santuários comuns (tal como Olímpia e Delfos)[34]", resume o historiador Pierre Brulé. Acentuando a ordem que emerge do Caos, o elemento primordial que precede a origem do mundo, a aparição dos Titãs e os deuses, a imponente mitologia grega indicava os comportamentos a serem adotados para viver mais harmoniosamente. Ela se impunha como uma espécie de código moral, que vincula as noções de interesse geral e de pátria à autoridade divina. Ela se torna uma disciplina escolar e uma matéria prestigiosa, tornando-se lei tácita. As elites se apoiavam nestes mitos fundadores para estabelecer o conceito de cidadão. Restava simplificar e organizar um tronco comum, pois cada uma das inúmeras cidades-Estado tinha o seu mito fundador e sua divindade protetora, embora às vezes com explicações contraditórias.

As obras de Homero e de Hesíodo vão sintetizar tudo isso. Se a existência de Homero nunca foi provada, a tradição o representa como um aristocrata e um *aedo*, um poeta nômade

---

34. BRULÉ, P. *La Cité grecque à l'époque classique*. Rennes: Presses universitaires de Rennes, 1994, p. 2.

que canta seus versos dedicados às epopeias heroicas que construíram a Grécia antiga. Sua *Odisseia* é um relato de aventuras fundado na perigosa volta de Ulisses ao seu reino de Ítaca, após uma errância de dez anos. A *Ilíada* é um poema de vinte e quatro cantos que relatam a Guerra de Troia, as façanhas de Heitor e, sobretudo, de Aquiles. Os deuses são onipresentes nestes poemas: eles observam os humanos se destruindo, tomam partido e defendem seus vencedores, brincam com eles ou os ajudam em alguns prodígios, e até fazem intervenções nos conflitos. Definitivamente, são deuses que vivem como humanos. Hesíodo, por sua vez, é um poeta beócio do final do século VIII antes de nossa era, oriundo do mundo camponês, sem grande influência, mais terra a terra do que Homero. Sua *Teogonia* relata o nascimento da "raça sagrada dos Imortais ainda vivos" e estabelece a genealogia dos deuses do Olimpo. Na obra *Os trabalhos e os dias*, Hesíodo escreve o grande poema da condição humana dirigindo-se ao seu irmão, aos reis e, através do mesmo, à condição de todos os humanos. Ele oferece sua visão da cidade e da justiça, descreve os trabalhos agrícolas, explica como fazer frutificar as culturas (as "obras") e estabelece o calendário das festas e dos dias bons e ruins. Esboçando as difíceis condições da existência do ser humano, Hesíodo celebra o trabalho como um modelo de virtude e fundamento da justiça. Para ele, Zeus sempre acaba recompensando a boa conduta e castiga a má. "O que é comum aos dois autores é o desejo de ilustrar a onipotência dos deuses e a necessidade da piedade. Suas contribuições não são um simples ornamento, mas elas estruturam a visão de mundo e a vida dos gregos"[35], resume Yves Lambert.

À margem desta literatura, eventos religiosos permitem reforçar também os vínculos entre as populações. É o caso das

---

35. LAMBERT, Y. *La Naissance des religions... Op. cit.*, p. 271.

Panateneias, estas festas anuais que celebram o nascimento e a vitória sobre os Gigantes da deusa Atena, protetora de Atenas. Mas também as Grandes Panateneias, organizadas de quatro em quatro anos. Elas incluem festivais de poesia e música, provas esportivas (luta, pentatlo, corrida de tocha, corrida de escudeiros, exercícios militares, concursos de beleza dentre os atletas e a tão esperada corrida de tração animal). O apogeu das Grandes Panateneias é a procissão do *péplos*, do nome da roupa tecida usada em grandes pompas e com a qual se enfeita uma estátua de Atena a título de oferenda. Além do júbilo e da comunhão do povo ateniense, as Panateneias também servem para mostrar às potências vizinhas a força da cidade e sua unidade. Os jogos de Olímpia vão ainda mais longe: eles não dizem respeito apenas a uma cidade, mas à Grécia inteira. Os participantes e os espectadores acorrem do país inteiro para concorrer em diversas justas esportivas durante um período de trégua sagrada. Nada como estas provas para confrontar-se com adversários, já que estas provas se desenrolam sob a arbitragem dos deuses: além das qualidades pessoais do vencedor, a vitória é considerada uma dádiva dos deuses. Esta honra recai sobre toda a cidade. Por fim, as artes também participam da unificação da sociedade grega. O teatro, e mais especificamente a comédia, procedem das festas de Dioniso e de seus personagens mascarados que parodiam algumas divindades. A tragédia, surgida em Atenas nos séculos VI-V antes de nossa era, encena os mitos, numa espécie de "teatro-liturgia".

Colocando as bases de uma ordem social ao redor de valores comuns, os mitos vão fazer da religião um dos maiores fatores de unificação das sociedades humanas, juntamente com a moeda e os impérios. Quaisquer que sejam as transformações que as farão oscilar, as civilizações se beneficiarão assim de fundações sólidas, não erigidas por homens, mas por uma autoridade suprema invisível.

O sagrado e o profano

Graças aos mitos, os humanos encontram explicações sobre as origens do mundo e o enigma da vida. O *mito* suscita igualmente, pelo rito, uma implicação (no sentido de uma participação) das comunidades na história sagrada. Estas histórias que narram os acontecimentos vividos pelos deuses e pelos heróis divinos elevam o humano acima de sua condição profana. Esta demarcação entre o sagrado e o profano é uma característica essencial de toda religião. O sagrado designa o que é santo e reenvia a uma dimensão diferente da vida corriqueira. Ele se opõe ao profano, que não é diretamente ligado ao divino, e que se encontra diante ou fora do templo (do latim *pro*, "diante", e *fanum*, "templo"). Neste contexto religioso, como o diz Mircea Eliade, na sequência de Émile Durkheim que forjou este conceito, "a primeira definição que podemos dar do sagrado é que ele se opõe ao profano"[36]. Esta evidência abriga uma infinidade de sutilezas, tanto que as duas noções se opõem e se completam nas diferentes crenças religiosas. Para o antropólogo Roger Caillois, o profano, nesta distinção, é percebido como o "mundo onde o fiel se dedica livremente às suas ocupações, onde ele exerce uma atividade sem consequência para a sua salvação, um domínio onde o medo e a esperança o paralisam alternadamente, onde, como que à beira de um abismo, a menor discrepância no menor de seus gestos pode irremediavelmente despistá-lo"[37]. O profano está vinculado, pois, à noção de ignorância e vacuidade, ao passo que o sagrado protege a existência humana do vazio e da morte.

A sacralização do tempo

É primeiramente a noção de temporalidade que é afetada por esta distinção entre o profano (tempo fútil) e o sagrado

---

36. ELIADE, M. *Le Sacré et le Profane*. Paris: Gallimard, 1965, p. 16.
37. CAILLOIS, R. *L'Homme et le Sacré*. Paris: "Folio essais", 1988, p. 23.

(tempo divino). O homem conhece sua presença efêmera sobre a terra. Ele se pergunta sobre sua própria vinda ao mundo e sobre o que o espera do outro lado. Ele encontra respostas nas teogonias, essas narrativas mitológicas que descrevem e explicam a formação do mundo. No livro do Gênesis (1,5; 1,8; 1,13...) palavras emergem como um refrão para evocar a criação de Deus: "Houve uma noite, houve uma manhã: foi o [primeiro...] dia..." A existência humana é dominada pelo tempo, ritmada pelo dia e pela noite, pelas trevas e pela luz. As estações, o ciclo lunar, os dias servem de ponto de ancoragem à sacralização: festas, rituais, orações etc. O ritual dá ritmo à jornada, ao ano. Os dias de festas religiosas contrastam com as outras jornadas do calendário: o *feriado* se opõe ao *trabalho*, ou ao ordinário. No mundo cristão, as atividades profanas dos comerciantes são, por exemplo, limitadas pelo caráter sagrado do calendário dos domingos e dias de festa, feriados.

Toda cultura ou religião busca assim marcar o tempo, o do nascimento e o da morte, das grandes etapas de uma vida, para fugir da angústia. Dessacralizado, o tempo torna-se sombrio, quase assustador. O tempo sagrado é circular, balizado pelos ritos que permitem repetir as cenas míticas. Cada cerimônia que reatualiza um acontecimento sagrado ancora o ser humano em sua história e o ajuda a encontrar o seu lugar nos ciclos naturais. Este tempo cíclico mantido pelos ritos, pelas tradições e pelas narrativas míticas é caracterizado por um eterno retorno onde passado, presente e futuro se confundem, a exemplo da Festa das Lupercálias celebrada em honra a Faunus, deus dos rebanhos e dos pastores, que encerrava o ano religioso da Roma antiga. A cada ano, no dia 15 de fevereiro, ao amanhecer, dois grupos de jovens se reuniam no Lupercal. É nessa caverna, ao sopé do Monte Palatino, que a legendária loba havia aleitado os gêmeos Rômulo e Remo, fundadores da cidade. Depois de sacrificar um cabrito, cuja pele cortavam em tiras, e após vestir-se com uma simples pele de cabra, os "lupercos" [lobos] corriam ao redor do Palatino e açoitavam com suas tiras todos as pessoas que encontravam. Destinada a reavivar a fecundidade da natureza, esta festa simbolizava o renascimento e permitia ao povo purificar-se das ofensas cometidas contra os deuses. O tempo sagrado alterna com os tempos profanos, mais lineares e monótonos, consagrados ao trabalho e à vida cotidiana. Esta atividade humana pode revelar-se fútil se não estiver voltada para o divino, sem referência mítica para dar uma significação à existência. O tempo sagrado é absoluto e eterno, ao passo que o tempo profano é secular e temporal.

A sacralização do espaço

Sagrado e profano também se opõem em sua relação ao espaço. Já no Paleolítico, os caçadores-coletores veneravam espaços sagrados no interior dos quais deixaram pinturas rupestres; geralmente tratava-se de montanhas que surgiam de maneira espetacular no coração de áreas desérticas, como o sítio de Uluru, na Austrália, o sítio de Brandberg, na Namíbia, ou as falésias do Drakensberg, na África do Sul. Na cosmogonia dos povos do Neolítico, divindades poderosas reinavam sobre um espaço estruturado. Lugares delimitados se tornavam sagrados: templos, santuários, mas também objetos como relíquias de santos, livros ou pedras. Frequentar edificações religiosas e submeter-se aos ritos permite entrar no domínio do sagrado. No Japão, os *torii*, portões erguidos na entrada dos santuários xintoístas, marcam desta forma a entrada no espaço sagrado. A manifestação do sagrado sempre aparece através de um acontecimento fundador: profecia, revelação, aparição de um deus etc. Esta sequência engendra cultos, ritos ou tradições que formam a "esfera do sagrado".

Mircea Eliade denomina "hierofania" a irrupção do sagrado no mundo profano, termo criado em seu *Tratado de história das religiões* a partir do termo "hierofante" (do grego *hieros*, "sagrado", e *phanios*, "que aparece"). Ele explica que o ser humano se instala em um território buscando um ponto fixo a partir do qual traça linhas diretrizes. Uma esfera se estende ao redor desse ponto central que permite delimitar o que pertence ao ser ou ao nada, e ao sagrado irradiar-se. O espaço profano, por sua vez, é homogêneo, desprovido de pontos fixos. Ele pode ser delimitado, mas a ausência de pontos de referência fundadores impede de orientar-se. Ele não está voltado para os céus; simplesmente responde a uma necessidade prática. Assim, o sagrado ocupa um espaço luminoso e central que orienta e reconforta, ao passo que o espaço profano, mais obscuro, é relegado à periferia.

O puro e o impuro

Sagrado e profano não devem ser confundidos, ao risco de alterar sua natureza. Segundo Émile Durkheim, que tratou longamente desta questão, os dois gêneros não podem aproximar-se e conservar ao mesmo tempo a natureza própria de cada um. São os ritos, os interditos e os tabus que permitem instaurar uma separação entre as duas noções. O ser humano deve então optar entre o respeito ao interdito ou sua transgressão. Muitas tribos primitivas lançavam mão de interditos para evitar a contaminação de objetos ou lugares sagrados. Os tabus separavam o clã de pessoas, lugares ou objetos considerados perigosos. Como já o invoquei, nas sociedades polinésias, o conceito de *tapu* (ou tabu) faz referência a um interdito ligado ao sagrado. Trata-se de uma restrição espiritual para preservar um lugar, como o túmulo dos ancestrais, ou uma pessoa, como um líder de alto escalão que não deve ser tocado. Inclusive uma palavra pode ser proibida de ser mencionada, como a última pronunciada por um rei em seu leito de morte, ou o nome da doença que o levou. O nome da Dinastia Pomare, que reinou de 1788 a 1880 de nossa era, no Taiti, significa "tosse noturna" (*pô*, "noite", *mare* "tosse"), foi escolhido por Pomare I em homenagem à sua filha, vítima de tuberculose. As palavras *pô* e *mare* formaram o termo *tapu*. Assim, violar um *tapu* desencadeia um castigo infligido por forças sobrenaturais, e não por humanos. Pescar num lago *tapu* causa doença ou morte.

Em todas as religiões, os interditos exercem um papel primordial para preservar o sagrado de contaminações profanas, para distinguir o puro e o impuro, o lícito e o ilícito (mundo muçulmano). As proibições determinam as relações entre os humanos e delimitam também as fronteiras entre os humanos e os deuses. Uma distância deve ser mantida entre os seres investidos de santidade e o povo considerado "pária". O grande sacerdote dos cafres, etnia da África Austral, não deve entrar num recinto mortuário enquanto o defunto não for julgado benéfico. Ele também não deve percorrer caminhos que levam a valas onde se decompõem cadáveres ou visitar cemitérios. Um indivíduo que viola um tabu ou um interdito é impuro, e seu contato é perigoso. Inúmeros ritos de purificação foram instaurados para eliminar a impureza após a transgressão de um interdito, ou para expiar um pecado. Na Roma antiga, o rito da lustração permitia purificar as pessoas ou as coisas contaminadas por diversas ações impuras, como um crime ou a manipulação de um cadáver, através da aspersão de água com o auxílio de um ramo de louro ou de oliveira.

As fronteiras entre o puro e o impuro são porosas: o que é puro pode tornar-se impuro, e o impuro pode ser purificado através de um processo de purificação. Um dos exemplos de impureza ou interdito mais difundido é o que afeta a mulher menstruada. Ele ilustra perfeitamente a interação entre as noções de puro e impuro, o sangue sendo simultaneamente associado à impureza e à força sagrada. Em muitas culturas a mulher menstruada é considerada impura, razão pela qual ela deve afastar-se das coisas sagradas. Na Roma antiga, Plínio o Velho atormentava a mulher em período de menstruação com os mais horrendos estigmas: "O contato com o corrimento menstrual da mulher azeda o vinho novo, murcha as colheitas, seca as sementes nos jardins, derruba os frutos das árvores, embaça a superfície dos espelhos, embota o aço, enfraquece o brilho do marfim, mata as abelhas, oxida o ferro e o bronze, causa cheiro tão horrível que infesta qualquer ambiente. Cães que lambem esse sangue ficam loucos, e suas mordidas tornam-se venenosas, como é o caso da raiva"[38]. Entretanto, simultaneamente após essa acusação terrível, Plínio realça o poder do sangue menstrual das mulheres:

> O Mar Morto contém muito sal; ele só pode ser extraído da água com um fio embebido no fluido contaminado de sangue menstrual. Um único fio de roupa infectado é suficiente. A roupa, tocada pela mulher menstruada quando a lava ou a ferve na água, escurece. O poder das mulheres é tão mágico no período de suas regras que já foi dito que as tempestades de granizo e as tormentas se afastam se o sangue menstrual for exposto aos relâmpagos[39].

Os rituais permitem obter ou reencontrar a pureza para entrar em contato com o divino. O profano deve se separar de suas impurezas, de suas "partes mortas", por exemplo, em se cortando os cabelos ou as unhas dos pés, ou ainda em mergulhando num "banho de arrebatamento" por ocasião do sacrifício hindu da *soma*, bebida oferecida aos deuses a fim de que eles conservem sua condição de imortais. Banhando-se, o sa-

---

38. PLINE l'Ancien, *Histoire naturelle*. Paris: Gallimard, 2013, VII, XIII, p. 64.
39. *Ibid.*, XXVIII, XXIII, p. 77.

crificante mergulha no sagrado e pode dirigir-se às divindades; saindo, ele reencontra sua condição profana e a partir de então ele pode reassumir o seu lugar na coletividade.

O sagrado suscita medo e respeito. Ele se opõe ao caos ao permitir que o ser humano acesse outra dimensão diferente da condição do mundo efêmero e profano em que sua existência transcorre. O mundo sagrado estrutura os vínculos com seus semelhantes, com a natureza e com os deuses, assim como acalma suas angústias e satisfaz suas expectativas. Mesmo quando as sociedades se afastam das tradições religiosas, sua herança inconsciente permanece moldada por essa noção de sagrado, que se apõe ao que parece ter um valor supremo, não negociável, como a justiça e os direitos humanos em nossas sociedades ocidentais modernas (mesmo que nem sempre, longe disso, elas estiveram à altura dessa pretensão).

O sacrifício

Quando as divindades substituem os espíritos, o ser humano se sente investido de uma missão importantíssima: manter a ordem do mundo. Face à magnitude dessa tarefa, as simples orações são insuficientes. O sacrifício, que implica oferecer simultaneamente alguma coisa e privar-se de algo, afigura-se como oblação última feita aos deuses.

Dar para receber

O antropólogo Marcel Mauss, considerado o pai da etnologia francesa, define o sacrifício como um "ato religioso que, pela consagração de uma vítima, modifica o estado da pessoa moral que o realiza, ou de certos objetos pelos quais ela se interessa"[40]. Os sacrifícios animais são os mais comuns, visto que

---

40. HUBERT, H.; MAUSS, M. *Essai sur la nature et la fonction du sacrifice.* Paris: PUF, 2016, p. 58.

se acredita que a força vital do animal morto circula através da oferenda e do consumo de sua carne. Os dons devem estar à altura desses deuses onipotentes que cuidam da ordem cósmica. Para satisfazê-los e obter em troca seus favores, sacrifica-se o que se tem de mais precioso: é, por exemplo, o melhor animal do rebanho que o criador oferece; uma rês que ele alimentou e não um animal selvagem.

Destinado aos espíritos, e posteriormente aos deuses, o rito do sacrifício é um ato coletivo que envolve todo o clã ou grupo, como o observou Marcel Mauss. Este aluno e sobrinho de Émile Durkheim decodificou o processo do ritual do *potlatch*, praticado pelas tribos siberianas, ameríndias e do Oceano Pacífico. Nesta cerimônia, uma pessoa oferece à outra um objeto em função da importância que lhe atribui, e recebe em troca um bem de igual importância. Com os deuses o procedimento é o mesmo, exceto quando se oferece um objeto por um benefício. Por isso os doadores competem entre si por generosidade, já que, segundo Marcel Mauss, "qualquer oferenda deve ser feita de forma usurária"[41]. Em suma: quanto mais se oferece, mais se recebe. O ritual do *potlatch* se parece com a transação dar-receber entre proprietários: os humanos que possuem bens materiais e os espíritos ou deuses, verdadeiros proprietários de tudo o que existe sobre a terra. Portanto, é a eles que urge dirigir-se para obter ganho de causa. Menosprezá-los, ao contrário, além de representar um risco demasiado, é inclusive perigoso. "O *potlatch* produz um efeito não apenas nos homens que competem entre si por generosidade, não somente nos objetos que trocam ou nos alimentos que consomem, não apenas nas almas dos mortos que prestam assistência e cujos nomes carregam, mas produz um efeito também na natureza. As trocas de

---

41. MAUSS, M. *Essai sur le don. Forme et raison de l'échange dans les sociétés archaïques*. Paris: L'Année sociologique, 1923-1924, p. 108.

presentes entre os homens, *namesakes*, homônimos dos espíritos, estimulam os espíritos dos mortos, dos deuses, das coisas, dos animais, da natureza a serem 'generosos com eles'"[42], conclui o antropólogo.

Dos sacrifícios de animais aos sacrifícios humanos

Nada é suficiente para satisfazer os deuses. Assim sendo, ao longo dos milênios observa-se uma escalada sacrificial. Uma tabuinha datando do século III antes de nossa era faz um balanço do rebanho sacrificado em um ano, no templo de Anu, em Uruk: 18.000 ovelhas, 2.580 borregos, 720 bois e 300 vitelos, consumidos ou vendidos para as necessidades do templo. Sempre mais desejosos de agradar suas divindades protetoras, os humanos não impõem limites ao próprio fervor. O sacrifício sangrento de animais é um rito teatralizado nas religiões antigas. O animal deve ser perfeito; exclui-se os raquíticos, os doentes ou velhos. Uma vez sangrado, o mamífero é esquartejado, e sua carne é dividida entre os deuses, os sacerdotes e os fiéis. Este ritual não permite apenas que os indivíduos criem um diálogo com os deuses, mas também solda a sociedade ao redor de um evento excepcional e de uma crença comum. A própria narrativa bíblica coloca em cena inúmeros sacrifícios de animais, dos quais os mais conhecidos são os de Abel e de Abraão.

Na Roma antiga, a *suovetaurília*, um dos ritos mais sagrados, era muito popular junto à população. Este sacrifício de purificação consistia em conduzir três animais (um porco, uma ovelha e um touro) ao lugar que se pretendia purificar por ocasião de uma procissão dedicada ao deus Marte. Uma vez dadas três voltas ao redor do lugar a ser abençoado, os animais eram abatidos com uma pancada no occipício. Em sua obra *De re*

---

42. *Ibid.*, p. 53-54.

rustica, um tratado de agricultura escrito por volta do ano 160 antes de nossa era, Catão o Velho explica que no momento de golpear o animal um sacerdote reza a seguinte oração ao deus Marte: "Marte, nosso pai, eu te conjuro a ser propício a mim, a minha casa e a minha gente; é nesta intenção que fiz passear uma tríplice vítima ao redor de meus campos, de minhas terras e de meus bens, a fim de que excluas, afastes e desvies as doenças visíveis e invisíveis, a esterilidade, a devastação, as calamidades e as intempéries; a fim de que faças crescer e prosperar meus frutos, meus grãos, minhas vinhas e minhas plantações; a fim de que conserves o vigor de meus pastores e de meus rebanhos, e que concedas saúde e prosperidade a mim, a minha casa e a minha gente. Assim, para purificar meus campos, minhas terras e meus bens, e para fazer um sacrifício expiatório, digna-te aceitar estas três jovens vítimas que vou imolar. Marte, nosso pai, aceita com este objetivo estas três jovens vítimas"[43]. Esta cerimônia pública acontecia todos os lustros, mas podia igualmente acontecer na esfera privada por ocasião das *ambarvalias*, festas rurais celebradas a cada ano em honra a Ceres, deusa da agricultura, das colheitas e da fertilidade, com o objetivo de obter boas colheitas. Também se organizava uma *suovetaurília* quando um templo era destruído, no intuito de purificar o lugar sobre o qual ele seria reconstruído, ou para abençoar um exército que partia para a guerra.

Apesar da pompa destes rituais, sacrificar o melhor animal do rebanho jamais terá a mesma força, o mesmo prestígio do que matar um irmão, um pai ou um parente próximo. O sacrifício humano representava o dom supremo. Na Anatólia Oriental, escavações revelaram os primeiros vestígios de sacrifícios humanos no sítio neolítico de Çayönü, entre os séculos

---

43. CATON l'Ancien. *De re rustica*. Paris: Firmin-Didot, 1864, CXLI.

IX e VII antes de nossa era. Os arqueólogos descobriram uma lápide gravada com uma cabeça humana manchada de sangue, visivelmente utilizada em sacrifícios humanos. Hipótese corroborada pela exumação de outras sepulturas que continham crânios humanos nas proximidades da lápide.

Na Antiguidade, os sacrifícios humanos eram praticados tanto na Europa (notadamente junto aos celtas) e na Mesoamérica quanto na China da Dinastia Shang (aproximadamente 1570-1045 a.C.), ou junto às primeiras tribos dogons da África. Nas civilizações pré-colombianas, os olmecas (aproximadamente 1200-300 a.C.) realizavam sacrifícios de homens e mulheres no alto de suas pirâmides sagradas. Os astecas generalizaram estas cerimônias sangrentas, chegando a matar milhares de vítimas anualmente. O modo operacional mais difundido e mais espetacular era a cardiactomia (ablação do coração depois de estripar a vítima com o auxílio de uma faca de sílex ou de obsidiana). O autossacrifício, que consiste em cortar uma parte de seu corpo (orelhas, língua e pênis majoritariamente) para oferecer o próprio sangue a uma divindade também era comum.

Para os mesoamericanos, os deuses não concediam gratuitamente seus favores; estes sacrifícios permitiam, pois, "reembolsá-los" pelos esforços realizados na criação do mundo e do sol. Urgia "alimentá-los" com o sangue dos sacrifícios – o sangue era considerado uma fonte de energia divina – a fim de garantir a ordem cósmica. Face à magnitude desses massacres divinos, os astecas guerreavam com o único propósito de fazer prisioneiros, que em seguida eram sacrificados. Estes combates entre cidades vizinhas eram denominados "guerras das flores". Eles tiveram origem no reinado de Montezuma I (de 1440 a 1469 de nossa era), principal fundador do Império Asteca. Naquela época, uma grande fome, que durou vários anos, açoitou com força total o povo asteca. Face àquele caos, os dignatários pensavam que os deuses, famintos, castigavam os humanos lhes infligindo os mesmos males. As guerras serviam desde então para saciar os deuses embebendo-os de sangue. Além dos prisioneiros sacrificados, outras vítimas eram escolhidas com cuidado, de acordo com os rituais: podia tratar-se dos guerreiros mais valorosos ou mais belos. As crianças igualmente eram sacrificadas sobre o altar do deus da chuva, Tlaloc, pois os astecas pensavam que suas lágrimas fariam enfim chover. Quanto aos escravos, eles também participavam dessa tradição: eram sacrificados tanto para acompanhar no além seus patrões quanto para serem doados em oferenda por diferentes profissões, como, por exemplo, os comerciantes, que assim pensavam estar garantindo a própria boa sorte.

Além de sua virtude religiosa, o sacrifício humano favorecia a coesão do grupo. Quer se tratasse de um rito iniciático ou de uma oferenda final, esses atos transgressivos, de elevado valor emocional, transcendiam o indivíduo e o reconectavam com o seu clã. Além disso, segundo o filósofo René Girard, o sacrifício também era um meio de desviar a violência, inerente ao ser humano, direcionando-a para um bode expiatório[44]. Desta forma todas as tensões internas eram, por conseguinte, transferidas, de maneira coletiva, para o sacrificado.

Assim na terra como no céu: política e códigos morais

A formação dos impérios demandava a criação de complexas organizações sociais, políticas e religiosas. Regras e crenças semelhantes eram introduzidas para unir os habitantes de várias cidades e de diferentes culturas. Diante do imponente panteão divino, os povos necessitavam de crenças comuns que favorecessem a coesão social e que progressivamente levassem a

---

44. GIRARD, R. *La Violence et le Sacré*. Paris: Grasset, 1972.

uma moral universal. O sagrado cimentava a sociedade. Já que os reis obtinham sua legitimidade dos deuses, deviam zelar pela glória desses deuses. Quer lutassem ou governassem, sempre o faziam em nome de seus deuses. Quanto mais ferozes se prefigurassem as guerras, redobrados teriam que ser os esforços dos reis para poder beneficiar-se dos favores divinos, mesmo antes do início dos combates. A competição que imperava entre os humanos se alargava até o céu, como o explica Yves Lambert:

> Sobre uma das mais antigas inscrições conhecidas, Entemena, rei de Lagas (2404-2375 a.C.), definia-se como "o paladino de *Enlil*" "o caro eleito de *Nanshe* (uma deusa suméria)" e "o grande vigário de *Ningirsu* (deus da cidade)", isto é, seu braço direito, seu sacerdote[45].

Mandatos celestes

Reinar supõe ser eleito por seu deus protetor. A sociedade inteira se estruturava ao redor dessa relação entre os deuses e seus "instituídos de poder", os reis. Eram os reis que nomeavam os sacerdotes e financiavam os templos, e eram os sacerdotes que confortavam a legitimidade dos reis dando graças por suas vitórias ou fragilizando-os, às vezes, lançando o opróbrio sobre a conduta do rei. O clérigo tornava-se uma força capaz de influenciar a vida política, como é o caso de Tebas, por volta de 1300 antes de nossa era, quando os sacerdotes do templo de Amon incitavam o povo a revoltar-se contra Akhenaton. Uma relação complexa mantida por conveniências, comprometimentos e conflitos se estabelecia entre os poderes civil e religioso: os deuses, os reis e os sacerdotes aumentavam em poderio quando se punham em acordo.

Na China, a responsabilidade do imperador era imensa: de sua sabedoria dependiam não apenas a sobrevivência e a feli-

---

45. LAMBERT, Y. *La Naissance des religions... Op. cit.*, p. 229.

cidade de seu povo, mas também a harmonia entre o mundo terrestre e o mundo celeste. O imperador obtinha seu poder e sua legitimidade de uma ordem sobrenatural. Ele recebia o mandato celeste, ou o direito de governar, do próprio céu, segundo a cosmologia chinesa, que estabelecia uma correlação entre os acontecimentos celestes, terrestres e humanos. O ser humano ficava entre o céu e a terra; sua função era tentar entender esta ordem universal e cuidar dela. A estrela polar servia de morada ao imperador celeste, o Filho do Céu, ao passo que no centro da terra, representada como um disco plano, reinava um imperador terrestre, espécie de sósia terrestre do Filho do Céu. "O soberano que reina por virtude é semelhante à estrela polar – diz Confúcio. Ele se mantém imóvel no centro do mundo, e tudo gira regularmente ao seu redor"[46]. A força divina escolhia assim um único homem para reinar em seu nome sobre a terra, sobre "tudo o que está debaixo do céu".

Este mandato celeste (*Tianming*, que literalmente significa "debaixo do céu") aparece a partir da Dinastia Zhou (1046-256 a.C.). Os Zhou destituíram os reis Shang por levarem uma vida de luxúria, imoral, que os tornava inaptos a guardar o seu mandato celeste. Esta legitimidade sagrada conferida aos imperadores repousava sobre quatro princípios: é o céu que concede ao soberano o direito de reinar; só existe um céu, portanto, um único imperador; este último conserva seu direito de reinar desde que o mereça por suas virtudes pessoais; nenhuma dinastia tem um direito permanente de governar. O papel do imperador era manter a harmonia entre o cosmos e a terra. Ele era o chefe supremo da família real, da nobreza, do Estado, do poder judiciário e da hierarquia religiosa. Cada uma de suas decisões devia ser tomada para servir aos melhores interesses de seu povo. Garante moral da

---

46. SAUSSURE, L. de. "Le système astronomique des Chinois". *Archives des sciences physiques et naturelles*, v. 1, mai.-jun. 1919.

sociedade, ele devia dar prova de uma ética infalível. Se não cumprisse sua missão de garante da boa ordem cósmica, o imperador deixava de ter a bênção do céu. Ele perdia o poder de governar, e seu império sofria terríveis catástrofes: epidemias, terremotos, inundações, e até o movimento dos astros podia ser alterado.

A astrologia

Para ajudar os monarcas a decifrar as vontades divinas, alguns sacerdotes praticavam a astrologia (em grego, "discurso sobre os astros"): eles observavam o céu, morada dos deuses, mas também a lua, o sol, os planetas. Os movimentos dos astros, representando divindades, eram considerados mensagens divinas endereçadas aos homens. Na Mesopotâmia desenvolveu-se uma ciência astral cuja missão principal era ajudar o rei a governar o país, pelo menos até meados do primeiro milênio antes de nossa era. Os astrólogos deviam prever catástrofes, invasões estrangeiras, fomes ou epidemias. Eles orientavam o rei quanto ao momento mais oportuno de desencadear uma ação importante, por exemplo, de iniciar uma importante ofensiva. O soberano também podia apresentar uma questão específica aos astrólogos, cuja resolução dependia de uma prática de adivinhação clássica: observar o céu para ler nele a resposta dos deuses. Cada acontecimento celeste era interpretado como um sinal dos deuses endereçado ao rei, sempre em vista de beneficiar seu governo terrestre. Em todo o império, correspondentes anotavam as próprias observações dos ciclos e fenômenos celestes e os colocavam em correlação com os acontecimentos terrestres, como, por exemplo, o nível das águas ou o preço das cotações do trigo. Tais anotações eram agrupadas em uma imensa coleção intitulada *Enuma Anu Enlil*. Os astrólogos reais se referiam a esta obra para interpretar os sinais do presente e predizer o futuro. Na China, a astrologia também era usada como um instrumento político.

Funcionários imperiais decodificavam os fenômenos celestes para ajudar o soberano a tomar decisões segundo a ordem cósmica. No continente africano, também o Egito desenvolveu um verdadeiro sistema astrológico. A data exata da enchente do Nilo era determinada pela observação da posição das estrelas. Sacerdotes-astrônomos estudavam os planetas e sacerdotes prediziam o oráculo ao faraó desde a 12ª dinastia.

O faraó: deus encarnado

As lutas de poder cadenciavam a vida dos povos do Egito antigo, que à época flertava com a teocracia. De essência divina, o faraó era o garante da ordem social e cósmica. Mesmo existindo vários mitos sobre as origens do mundo, a cosmogonia egípcia repousava sobre a crença numa ordem universal, instaurada pelo demiurgo e regularmente ameaçada pelo caos. O Criador encarregava seu filho e sucessor, o primeiro faraó, a fazer respeitar esse delicado equilíbrio, garantindo não apenas a piedade dos humanos para com os deuses, mas também a justiça entre eles. Deus encarnado, o faraó administrava os negócios da cidade e os dos deuses, ao sabor das transformações da sociedade. Todos os poderes eram concentrados em suas mãos.

Akhenaton vai apoiar-se nesta onipotência para introduzir sua reforma religiosa. Em 1330 antes de nossa era, este homem que se chamava Amenófis foi coroado com o nome de Amenófis IV. O Egito, à época, estava em plena expansão e sob o domínio do clero de Tebas, capital do país. As três principais escolas teológicas – Mênfis (Ptah), Heliópolis (Rá) e Tebas (Amon) – defendiam as cores de seu protetor e tentavam impô-lo como o deus universal. Desde o início de seu reinado, desejando libertar-se da tutela do grande sacerdote e do culto aos antigos deuses, Amenófis IV rebatizou-se e se fez denominar Akhenaton ("aquele que é útil a Aton"); ele pregava uma nova religião e instituiu um culto a um deus único, Aton. E fez construir então, em honra a este último, um imponente templo em Amarna, que passou a ser a nova capital que ele denominará Akhetaton. No templo construído por Ahenaton, Aton era apresentado sob a forma de um disco solar. Sob o reinado de Akhenaton, os nomes dos antigos deuses, em particular o de Amon, foram sistematicamente apagados dos monumentos. Sob a influência do clero, Tutancâmon, seu sucessor, pôs fim a esta visão monoteísta, aboliu o culto a Aton e restaurou os antigos cultos.

Lei divina e códigos morais: de Hamurabi a Moisés

O lugar central da religião implicava igualmente uma moralização da vida pública. Assim, é nos templos que são formulados os primeiros códigos morais: as boas condutas e os interditos. Na Mesopotâmia, "cartas" [magnas] enumeravam as boas ações para agradar aos deuses: não mentir, ser honesto, respeitar o próximo, ajudar os outros... Um dos códigos mais célebres é o do rei da Babilônia Hamurabi, que fez gravar 282 leis sobre uma lápide de 2,25 metros de altura. Este código de Hamurabi, editado por volta de 1760 antes de nossa era, é o mais antigo *corpus* jurídico conhecido em sua totalidade. Mais do que uma simples lista de regras a respeitar, ele se pretende um modelo de sabedoria para guiar as gerações futuras. Ele instrui a população sobre temáticas tão diferentes como o roubo, o trabalho, o comércio, o casamento, o divórcio, as agressões físicas à pessoa, as taxas salariais, as compras de escravos etc.

Esta coletânea de jurisprudência começa com uma apresentação da criação do mundo pelas três principais divindades do panteão mesopotâmico (Anu, Enlil e Marduk). Estes últimos encarregaram Hamurabi a "proclamar o direito no país, para eliminar os maus e os perversos, para que o forte não oprima o fraco". Os aproximadamente trezentos julgamentos, que embasam a ordem social babilônica, repousam sobre princípios universais de justiça ditados pelos deuses. Princípios que permitem aos humanos cooperar ao redor do mesmo sistema de valores e regras morais comuns. Progressivamente, estes preceitos sociais e coletivos vão favorecer a emergência de uma moral pessoal apoiada num vínculo mais pessoal entre um deus e seu fiel. Se a noção de salvação ainda não existe, doravante o indivíduo sabe distinguir o bem do mal e agir no interesse da cidade.

Com o estabelecimento desses códigos éticos, o "sentimento religioso" se reforça, prefigurando uma religião na qual os deuses protegem os bons e punem os maus. Assim, o homem começa a carregar a reponsabilidade de suas desgraças. Não há mais simplesmente um conjunto de rituais a respeitar a fim de não irritar os espíritos, como junto aos caçadores-coletores. Doravante os deuses podem intervir e castigar os maus crentes, instaurando as noções de culpa e pecado. Os flagelos naturais, as péssimas colheitas, as doenças e, de maneira geral, as desgraças que afligem os humanos não são mais vistas como uma fatalidade, ou como a ausência de uma contrapartida para com os espíritos da natureza, mas como uma sanção imposta em razão de uma falta cometida pelos humanos contra os deuses. Para premunir-se contra os caprichos e os castigos divinos é necessário, portanto, cumprir os deveres religiosos. Já que esses deuses se assemelham aos humanos, emprega-se as mesmas estratégias usadas com os humanos: são implorados, lisonjeados, invocados com oferendas e orações. Os humanos, em última análise, devem curvar-se diante das recomendações divinas. O exemplo mais conhecido é o relato bíblico (em Êxodo e Deuteronômio) que narra o episódio dos dez mandamentos. No deserto dos madianitas, a leste do Jordão, YHWH, o deus dos hebreus, aparece pela primeira vez a Moisés, sob a forma de uma sarça ardente. Ele o encarrega de libertar o seu povo, as doze tribos hebraicas, perseguidas e escravizadas pelo Faraó Ramsés II. Forçado pelas dez pragas que afligem consecutivamente o povo egípcio, o faraó deixa os hebreus partirem. Conduzidos por Moisés, eles atravessam o país e vagueiam em pleno deserto em busca da Terra Prometida, ao pé do Monte Sinai. Lá, Deus entrega a Moisés o Decálogo, seus dez mandamentos gravados nas tábuas da Lei:

> Eu sou o Eterno, teu Deus, que te fez sair do país do Egito, de uma casa de escravos.

Tu não terás outro deus senão eu. Não farás nenhum ídolo, nem qualquer imagem daquele que está nas alturas no céu, ou sobre a terra, ou sob as águas debaixo da terra. Tu não te prostrarás diante deles, não os adorarás; pois eu, o Eterno, teu Deus, sou um Deus ciumento que persegue o crime dos pais nos filhos até a terceira e a quarta gerações, contra quem me ofende; e estendo minha benevolência à milésima, para os que me amam e guardam os meus mandamentos.

Tu não invocarás o nome do Eterno, teu Deus, em apoio à mentira; pois o Eterno não deixa impune aquele que invoca o seu nome para mentir.

Pense no dia do Sabat para santificá-lo. Durante seis dias trabalharás, e te ocuparás de todos os teus negócios; mas o sétimo dia é a trégua do Eterno, teu Deus; não farás nenhum trabalho, tu, teu filho nem tua filha, teu escravo macho ou fêmea, teu rebanho, nem o estrangeiro que está entre os teus muros. Pois em seis dias o Eterno fez o céu, a terra, o mar e tudo o que eles contêm, e descansou no sétimo dia; é por isso que o Eterno abençoou o dia do Sabat e o santificou.

Honra teu pai e tua mãe, a fim de que teus dias se prolonguem sobre a terra que o Eterno teu Deus te dará.

Não cometas homicídio.

Não cometas adultério.

Não cometas furto.

Não lança contra teu próximo um falso testemunho.

Não cobiça a casa de teu próximo; não cobiça a mulher de teu próximo, nem seu escravo nem sua escrava, seu boi nem seu asno, nem nada do que pertence ao teu próximo[47].

Trata-se aqui de um pacto concluído entre Deus e seu povo, condição *sine qua non* para que este último possa chegar a Canaã, a Terra Prometida. Desobedecer constitui um pecado. Apesar disso, impacientes, os hebreus começam a duvidar da palavra de Moisés e das promessas desse deus invisível. Então, com a ajuda de Aarão, irmão de Moisés, eles constroem um bezerro de ouro, símbolo da idolatria, que começam a adorar, desprezando o segundo mandamento. Furioso, Deus os condena a vagarem pelo deserto por quarenta anos. Mensageiro de Deus, guia dos hebreus, o Profeta Moisés tem um lugar particular na história das religiões, pois ele reúne duas dimensões habitualmente separadas: política e religiosa, enquanto guia político e religioso do povo hebreu.

---

47. *Houmach. In*: SAFRA, E.J. Paris: Mesorah Publications, 2015, p. 486.

4

A guinada axial: uma revolução espiritual

Entre os anos 800 e 200 antes de nossa era, o mundo conheceu a maior transformação espiritual de sua história com o nascimento das religiões universalistas e a filosofia. Segundo o historiador Marcel Gauchet, "com o Estado e seu imperativo expansionista, a dimensão e o horizonte do universal fazem irrupção no campo da experiência humana. Tremendo abalo e, talvez, a mais formidável onda de choque espiritual da história"[48]. Novos modos de pensamento emergiram quase simultaneamente em várias partes do planeta. Período em que talvez se tenha constituído a mais profunda revolução espiritual da humanidade desde que os humanos passaram a ritualizar a morte ou a pintar as paredes das cavernas. Vários milênios após a revolução neolítica, a relação com a religião passa a evoluir de maneira considerável: os seres humanos, depois de terem pensado o mundo, doravante começam a refletir sobre o próprio destino pessoal. A humanidade desperta então para novas religiões e espiritualidades, herdeiras daquelas da Antiguidade,

---

48. GAUCHET, M. *Le Désenchantement du monde. Une histoire politique de la religion.* Paris: Gallimard, 1985, p. 64.

mas doravante incorporando-lhes a noção de salvação individual; daí a expressão "religiões de salvação".

O psiquiatra e filósofo alemão Karl Jaspers qualifica esta revolução espiritual de "era axial". Ele empregou pela primeira vez esta expressão em sua obra *Origem e sentido da história* em 1949. Emprestada do filósofo alemão Friedrich Hegel, esta noção de "era axial" ou "era eixo" (*Achsenzeit* em alemão) significa a emergência de uma nova relação com o saber e com o religioso. "A era axial, este prodigioso, este instante único que dura alguns séculos jorra de três fontes: a China, as Índias e o Ocidente"[49], resume Jaspers. Este último observa também que estas revoluções se produziram de maneira concomitante em diversos lugares do mundo, sem explicar a causa. Na Pérsia, Zoroastro prega uma religião monoteísta que coloca em evidência a salvação individual, ao mesmo tempo que em Israel se propaga o profetismo. Na Grécia, os filósofos privilegiam a explicação racional dos mitos e se perguntam sobre o sentido da existência humana, ao passo que na Índia védica emergem os *upanixades*, o bramanismo, o budismo e o jainismo. Na China, Confúcio e Lao-Tsé revolucionam a compreensão do homem e do mundo: Confúcio desenvolvendo uma moral humanista, resumida por seu célebre preceito "quem é severo consigo mesmo e indulgente com os outros evita descontentamentos"; Lao-Tsé, autor presumido do *Tao Te King*, funda o taoismo, uma religião e filosofia formada na união de forças opostas, o *yin* e o *yang*, e visando a alcançar a harmonia perfeita entre o ser humano e a natureza. Embora vivendo a milhares de quilômetros uns dos outros, todos estes sábios contestam a ordem estabelecida pelas ortodoxias religiosas e suas normas rituais.

---

49. JASPERS, K. *Bilan et Perspectives*. Paris: Desclée de Brouwer, 1956, p. 28.

Uma busca íntima do sagrado

Por milênios, com efeito, as religiões politeístas haviam considerado a felicidade do ponto de vista do clã, depois da cidade. A partir da era axial o ser humano passa a reconhecer sua individualidade. Sua salvação se conjuga agora com o "eu". Funcionários, artesões, comerciantes, pessoas letradas, todos contribuem para que o indivíduo seja, pela primeira vez, percebido como uma entidade autossuficiente. Esta individualização da sociedade muda profundamente o sentimento religioso: o ser humano começa a pensar sobre si mesmo e sobre sua realização aqui na terra e na felicidade *post mortem*. O indivíduo, para ser feliz, necessita menos de ritos oficiais e mais de um conhecimento profundo sobre si mesmo, sobre as leis da vida, sobre sua relação pessoal com Deus fundada num ato de fé e de amor. Uma intuição se desenvolve: agindo acertadamente o indivíduo poderá ter acesso a uma felicidade eterna, que as religiões monoteístas vão denominar paraíso, e o hinduísmo, o budismo e o jainismo vão denominar *nirvana*. Para libertar-se de seus pecados ou de seus deméritos, urge que o sujeito siga regras éticas. E isto não para agradar aos seus superiores, mas para conformar-se com as leis supramundanas, absolutas e universais que, no *post mortem*, representarão o critério da retribuição da alma.

Esta noção de ética é determinante em todas as religiões de salvação que se constroem em referência ao bem e ao mal. Ela se traduz por uma boa conduta nas religiões monoteístas (zoroastrismo, judaísmo, cristianismo, islã), nas quais o Deus único é quem ordena o caminho a seguir e recompensa ou pune os atos, destinando os justos ao paraíso e os pecadores ao inferno; e depende do karma nas religiões ditas kármicas (hinduísmo, budismo), que consideram o destino de um ser consciente de acordo com o caráter positivo ou negativo de suas ações e segundo uma justiça imanente universal.

Desta forma a espiritualidade pessoal torna-se a fonte da vida moral e oferece uma nova visão do além: é possível encontrar a felicidade eterna vivendo uma vida ética e justa. E a espiritualidade deixa de ser privilégio de elites para tornar-se o apanágio de todos. Aqui só contam as grandezas do coração.

Com as religiões de salvação, o religioso deixa parcialmente de ser exclusividade dos sacerdotes. Desenvolvendo seus conhecimentos e reforçando o seu domínio sobre a natureza, o ser humano passa a relativizar a ação dos deuses e seus intermediários. Os profetas preconizam uma nova via de acesso à salvação não mais fundada em ritos oficiais, mas numa relação pessoal com a divindade por meio de atos de fé e de amor, e os sábios recomendam um melhor conhecimento de si e uma ética justa. Doravante não são mais os rituais dos sacerdotes, mas a moralidade do indivíduo, sua fé e sua própria disciplina de vida que o levam à salvação. Não se trata mais de "fazer o sagrado" (segundo a etimologia latina do termo "sacrifício"), mas de vivê-lo: cada indivíduo pode e deve criar seu próprio "diálogo" com o absoluto ou com a divindade de sua escolha. Isto passa pelo conhecimento e pelo respeito às leis divinas ou do universo, por um aperfeiçoamento espiritual. Na Grécia, os filósofos de diversas escolas introduziram as noções de "vida boa" e "vida feliz". Eles eram influenciados por alguns cultos iniciáticos, denominados mistérios, realizados ao abrigo dos olhares, e abertos a todos os que falassem grego, inclusive os escravos, embora não pudessem construir templos e realizar cultos oficiais. Um dos mais antigos, o culto a Orfeu, era um rito de purificação por intermédio do jejum, do ascetismo e da iniciação. O objetivo era permitir que o iniciado se lembrasse da parte divina presente nele e, por conseguinte, que ele pudesse ter acesso ao mundo divino.

Contrariamente aos rituais muitas vezes incompreensíveis dos sacerdotes, estes cultos propunham uma experiência espiritual mais íntima. Os panteões divinos das religiões politeístas, resultantes da revolução neolítica, passam a sentir-se ameaçados. Quer se tratasse de religiões monoteístas, fundadas na crença em um deus único, ou de religiões karmáticas, todas elas recorriam a uma entidade única e universal. No zoroastrismo esse deus ou esse princípio organizador de tudo chama-se Ahura Mazda, no judaísmo YHWH, junto ao filósofo grego Heráclito ou aos estoicos se chama *logos*, Tao junto aos chineses, ou ainda *brahman* junto aos hindus. Cada ser humano é visto enquanto criado à imagem de Deus (monoteísmo) ou enquanto uma parcela da alma universal (religiões kármicas e pensamento grego).

Mestres e discípulos

A salvação individual e a relação pessoal que se instaura com Deus ou com o absoluto transformam a prática religiosa. Os sacerdotes ou a elite já não dispõem mais do domínio absoluto dos rituais, razão pela qual novos cultos se desenvolvem. Os ritos ligados à natureza são abandonados, os sacrifícios de animais nas religiões agrárias e politeístas deixam de ter continuidade, exceto no judaísmo e mais tarde no islã, como, por exemplo, o sacrifício do cordeiro. Monopolizado até então por um punhado de mediadores, o culto se democratiza. E a busca de sentido passa a implicar todas as classes. Seja qual for a riqueza material, todos os humanos são afetados pelas sanções e pelos benefícios de uma vida moral e religiosa e buscam aperfeiçoar a própria espiritualidade. As provações já não são mais consideradas castigos divinos, mas etapas na realização espiritual. A fé passa a ser manifestada por formas menos ritualizadas. Na Índia, muitos ascetas passaram a afastar-se dos ritos e assumir os ensinamentos espirituais retirando-se para a floresta.

Mas, se a relação com o divino passa a ser mais íntima, mais pessoal, e às vezes à margem da administração religiosa, a iniciação espiritual, por outro lado, ainda necessita de intermediários para ser transmitida e praticada. Em todas as tradições religiosas os mestres espirituais vão substituir assim os sacerdotes ou assumir um lugar importante ao lado deles. É o caso, por exemplo, do mestre ou do "diádoco" (o sucessor) junto aos gregos; do "homem verdadeiro" ou do "homem das receitas" no taoismo; do *tsadiq* ou do justo no judaísmo. E quem diz mestre diz discípulos. Assim, novas instituições religiosas e espirituais passam a estruturar-se com o objetivo de enquadrar o ensinamento do mestre, que não temia afastar-se da ortodoxia antiga para difundir suas próprias interpretações dos textos sagrados. Neste sentido, não é a função hierárquica que define o mestre, mas sua própria experiência espiritual, em geral desenvolvida oralmente por ele. Desta forma ele oferece um ensinamento mais pessoal, mais introspectivo e mais experimental do que a opressão ritualista oferecida pelos sacerdotes.

Esta liberdade de interpretação e de transmissão suscitou, no entanto, inevitáveis tensões. Assim, a ascensão dos impérios, abalando a ordem social, coincidiu com o crescimento dos monoteísmos e das "sabedorias" universais. Estamos na era dos grandes pensadores e profetas, cujas instituições e ensinamentos sobre esta nova relação com a espiritualidade e a religião vão perdurar por milênios.

Zoroastrismo, judaísmo e Jesus

No Oriente Médio nascem quase que concomitantemente duas grandes tradições monoteístas universalistas: o judaísmo e o zoroastrismo. Trata-se de novas religiões que vão evocar a possibilidade de uma salvação individual ligada à observância de regras morais transmitidas por Deus por meio de seus enviados: os profetas.

A revolução zoroastriana

Uma das primeiras religiões a evocar a noção de salvação na história é o zoroastrismo, que surgiu na Pérsia entre os séculos IX-VII antes de nossa era. À época, tanto na Pérsia como alhures os sacrifícios se multiplicavam. Geralmente eram solicitados por famílias aristocráticas e administrados por sacerdotes, que eram os únicos a falar a língua sagrada. O povo sentia-se excluído desta liturgia complexa e custosa. Foi então que um reformador religioso chamado Zoroastro (Zaratustra, em persa) pôs-se a criticar as práticas religiosas e a pregar a simplificação da antiga cosmogonia politeísta. O contexto no qual o zoroastrismo emergiu é polvilhado de zonas sombrias; poucos documentos históricos permitem ancorá-lo com certa precisão no tempo e num espaço geográfico delimitado. A data de nascimento de Zoroastro não é consensual; alguns até duvidam de sua existência. Para muitos analistas, o personagem Zoroastro emerge como uma espécie de ficção literária (como Moisés ou Abraão): reivindica-se um ancestral prestigioso para dar uma profundidade histórica a uma mutação em vias de realizar-se. Contrariamente a Jesus ou a Buda, seus discípulos nada registraram de seus ensinamentos. As primeiras menções do personagem aparecem nos escritos de Xanto o Lídio, no século V antes de nossa era. Posteriormente os relatos gregos o descrevem como o iniciador de Pitágoras, fato que não foi provado.

Muitos mistérios envolvem as origens deste profeta persa, cujas ideias inovadoras teriam iniciado sua difusão através do *Avesta*, o texto sagrado do zoroastrismo. As partes mais antigas deste texto, os *Gathas*, são constituídas de dezessete hinos escritos no estilo dos antigos poemas religiosos, em avéstico arcaico, e teriam sido redigidos pelo próprio Zoroastro. Durante seus longos retiros no deserto ele se teria perguntado sobre as origens do mundo, sem medo de reconsiderar a organização divina, muito embora sem questionar a religião oficial da Pérsia antiga. Sua primeira visão lhe teria surgido por ocasião de uma dessas sessões meditativas: os exércitos do Bem e do Mal envolvem-se numa batalha feroz, com a vitória final das forças luminosas sobre forças sombrias. Esta luta entre o reino da Luz e o reino das Trevas vai tornar-se um dos pilares de sua doutrina. Uma segunda visão lhe aparece: dessa vez, é um ser luminoso, o Espírito Santo, que o guia até o céu para encontrar o Senhor sábio, Ahura Mazda (daí o nome mazdeísmo dado ao zoroastrismo em sua forma antiga). Zoroastro teria tido muitas outras visões do Deus supremo na década seguinte a essas visões. Em mais de sete ocasiões Ahura Mazda o teria iluminado sobre o futuro do ser humano e do universo, e sobre o sentido da existência.

Desde o início, o visionário Zoroastro criou inimigos: declarando que mais ninguém, a não ser Ahura Mazda, é digno de adoração, ele desestabilizou os fiéis devotados ao panteão divino. Os clérigos, em particular, não viram com bons olhos esse profeta que prega a relação direta entre o fiel e seu deus, e que questiona os sacrifícios realizados pelos sacerdotes. Perseguido e caçado, Zoroastro encontra refúgio em um pequeno reino de Balkh, na Báctria, onde recebe o patrocínio do soberano Vishtaspa, que se converteu para a "Boa Religião". Seus ensinamentos pouco a pouco foram sendo difundidos por toda a Pérsia e influenciaram a humanidade.

Se, nas religiões politeístas, a ideia de um deus supremo, superior aos outros, já havia surgido, Zoroastro vai ao cerne da questão ao fazer de Ahura Mazda o deus único e ao transformar as antigas divindades em entidades subalternas. Onisciente e onipotente, Ahura Mazda é o criador do universo; ele gerencia os negócios humanos atribuindo recompensas ou infligindo castigos. Ele mantém uma relação íntima com seus fiéis, que entram em contato com ele através de suas ações pessoais e não mais por rituais praticados por sacerdotes. Como mencionamos acima, o zoroastrismo repousa sobre dois princípios: o Bem e o Mal. Ahura Mazda está na origem de tudo o que é bom e luminoso, ao passo que Ahriman é o espírito destruidor. Uma luta os opõe. Mas esse combate não é eterno, e esse dualismo é atenuado pela dominação de Ahura Mazda, que é assistido em sua missão por seres angélicos representando valores morais, os *Amesha Spentas* ou "Imortais generosos": a Justiça, o Bom Pensamento, a Potência, a Piedade e a Imortalidade. À imagem de seu deus, os fiéis devem escolher seu campo e adotar comportamentos éticos. Por exemplo, cuidar do próprio rebanho e não maltratar os animais, lutar contra qualquer forma de opressão, rejeitar a idolatria e fazer o bem à sua volta. Zoroastro pede também a Ahura Mazda que "dê ao indigente que vive corretamente a melhor parte" (*Yasna*, 53,9). A doutrina zoroastriana pode ser resumida em três termos: Bons pensamentos / Boas palavras / Boas ações (*Humata / Hukhta / Huvarshta*).

A vida *post mortem* depende dos atos e decisões dos fiéis, cujo destino é o paraíso ou o inferno. As boas ações dos fiéis passam então a ser motivadas não somente pela vontade de livrar-se dos castigos divinos ou das sanções dos homens, mas visam igualmente salvar a alma: Zoroastro promete a todos os seres humanos a imortalidade. A liberdade de escolha está no centro do zoroastrismo: é a conduta moral de cada um, na vida cotidiana, que pode levar à felicidade eterna ou à perdição.

Oferecendo aos seres humanos uma imortalidade não desvinculada da responsabilidade de seus atos, Zoroastro inaugura uma das primeiras religiões éticas na história da humanidade. Ele introduz a revolucionária noção de livre-arbítrio. Seguindo a via do Bem, o ser humano pode libertar-se dos condicionamentos, independentemente de sua classe social ou origem geográfica. Desta forma os fiéis são encorajados a fazer uso do discernimento, mas estimulados também a seguir muitas regras que os auxiliam a fazer boas escolhas. Sacrifícios mais sangrentos são proscritos, embora incontáveis formas de ritos sejam criadas para comemorar a ação de Deus e permitir que os discípulos alcancem o paraíso. Por exemplo: sendo o fogo sagrado, um fogo deve estar permanentemente aceso em cada templo; outro exemplo: os mortos não devem ser nem incinerados nem enterrados, mas entregues aos abutres sobre torres; outro aspecto importante, reservado agora aos sacerdotes: cabe-lhes realizar os ritos, interpretar as revelações de Zoroastro e guiar os crentes na via do Bem. Com o objetivo de conquistar as massas, o profeta busca converter os reis: o zoroastrismo é a primeira religião da dinastia aquemênida de Ciro I, por volta do ano 600 antes de nossa era; posteriormente, sob o reinado de Dario I, em 522 antes de nossa era, o zoroastrismo tornou-se religião de Estado.

O profetismo judaico

Um Deus único, uma religião de salvação e universal: estas características do zoroastrismo se encontram no judaísmo, que, segundo a cronologia bíblica, seria a mais antiga das grandes religiões monoteístas. Segundo esta fonte (não existe nenhuma fonte externa ao relato bíblico), é por volta do século XVIII antes de nossa era, à época em que o rei da Babilônia Hamurabi unificou a Mesopotâmia, que o deus YHWH e Abrão selaram uma aliança. Deus ordena que Abrão, com sua família, saia de Ur, cidade de seus ancestrais, na Caldeia, para conduzir um povo para Canaã, a Terra Prometida: "Térah tomou seu filho Abrão, seu neto Lot, filho de Haran e sua nora Sarai, mulher de seu filho Abrão, que saíram com eles de Ur dos caldeus para irem à terra de Canaã" (Gn 11,31). YHWH oferece a Abrão essa terra que se estende do Nilo ao Eufrates e lhe promete uma grande descendência, logo a ele que nem podia ter filhos. Com essa aliança, Abrão passa a chamar-se Abraão, o "pai de uma multidão de nações" (Gn 17,5). O pai dos hebreus inicia então uma longa viagem, passando por Harran, na Mesopotâmia, por Siquém e pelo Egito, culminando em Canaã. No caminho Abraão pratica rituais e sacrifícios próprios aos povos de língua semítica de sua terra de origem: ergue altares de pedra, reconhece árvores sagradas, como o carvalho de Moré, onde o patriarca encontra o seu deus, YHWH.

YHWH passa a ser então o deus do povo de Israel, mas coexiste com outras divindades, e não é ainda concebido como um deus único e universal. Este "javismo primitivo", anterior ao exílio do povo de Israel na Babilônia, não é ainda monoteísta. Apesar da ausência de informações sobre a religião dos hebreus até o Êxodo, por volta do século XIII antes de nossa era (é necessário esperar o Gênesis, primeiro livro da Bíblia, escrito por volta do século VI antes de nossa era, para saber mais sobre sua epopeia), é bastante provável que os hebreus dessem muita importância à função do profeta. Abraão, assim como todos os profetas dos povos semíticos, não é um adivinho: ele é um *nabi*, aquele que recebe a mensagem de Deus (que lhe fala em sonho ou num transe) e a comunica ao povo. Essas revelações divinas não se destinam pessoalmente a ele, mas a todo o povo. As ações individuais, a justiça e a moral assumem mais importância do que os ritos e os sacrifícios. Na qualidade de profeta, Abraão é denominado patriarca na tradição judaica, ou seja, um ancião com quem YHWH selou uma aliança. Esse "pacto" entre YHWH e Abraão é confirmado com Isaac e Jacó, descendentes de Abraão, e renovado quando os hebreus, reunidos por Moisés, aceitam os mandamentos de Deus.

Segundo a Bíblia – cujo relato é considerado uma grande fábula pela maioria dos exegetas contemporâneos –, a história de Moisés desenrolou-se por volta de 1.250 anos antes de nossa era, junto ao povo hebreu, à época reduzido à escravidão por Ramsés II, faraó do Egito. Para evitar que se tornassem excessivamente numerosos, o faraó teria ordenado o massacre dos meninos hebreus. Para livrar Moisés desse destino, sua irmã o colocou numa cesta de vime, enquanto bebê ainda, e lançou-o no Rio Nilo. A filha do faraó o encontrou e deu-lhe o nome de Moisés, que em hebraico significa "salvo das águas". Nas sendas de Abraão, anos mais tarde, Moisés selou um novo pacto com Deus: e assim fez sair o povo hebreu do Egito, conduzindo-o através do deserto à Terra Prometida. Desta forma ele se transformou num novo profeta, pastor de seu povo, capaz de entender e de restituir aos seres humanos as mensagens divinas. Sendo o único a ter visto YHWH face a face e ter-lhe falado, Moisés é considerado o maior de todos os profetas pelos judeus.

É vagando por um êxodo de quarenta anos pelo deserto que Moisés recebeu, no Monte Sinai, as tábuas da Lei, as instruções morais de Deus.

Essas revelações de Deus a Moisés, que narram o início do judaísmo, estão registradas na Torá, os cinco primeiros livros da Bíblia. O primeiro, o Gênesis, narra a história da criação do mundo e dos pais fundadores do povo hebreu (Abraão, seu filho Isaac e seu neto Jacó). Os quatro outros livros reconstituem as vicissitudes do povo de Israel ao longo daqueles quarenta anos de perambulação pelo deserto, bem como os ensinamentos divinos transmitidos a Moisés. Cansados pelo longo calvário do êxodo, os hebreus duvidaram de Moisés e de seu deus, e passaram a adorar outras divindades, como o exemplifica o bezerro de ouro que fabricaram na ausência de Moisés. Por meio desse culto eles passaram a questionar a aliança selada com o deus único, embora tenham sido punidos por idolatria. Especialista das origens da Bíblia, o historiador, filósofo e epígrafe André Lemaire faz o seguinte esclarecimento: "O caráter deste javismo primitivo é de difícil entendimento. Nada, no entanto, indica que ele tenha sido monoteísta; ele era mais monolátrico, com um culto anicônico (destituído de representações figuradas), comportando bênçãos e sacrifícios de comunhão no quadro de um santuário com altar, lápide(s) e sarça sagrada"[50]. Muitas outras vezes os hebreus tombarão nestas "pequenas imperfeições" politeístas, mas em todas elas sofrerão a punição desse deus exclusivo.

O livro de Josué relata a instalação no país de Canaã dos doze filhos de Jacó, também conhecidos por Israel. Estes doze são apresentados como fundadores das doze tribos de Israel. Estas tribos serão unidas pelo Rei Davi, cujo reinado é atestado por uma lápide aramaica do século IX antes de nossa era, a estela de Tel Dan, que menciona a "casa de Davi", em seguida por seu filho Salomão, por volta de 970 antes de nossa era. Embora não haja nenhuma fonte fora da Bíblia sobre a sua realeza, Salomão é conhecido por sua sabedoria. Ele construiu um templo em Jerusalém para centralizar o culto ao deus YHWH, mas igualmente construiu santuários dedicados a outros deuses. Esta tentação politeísta provocará a ira de Deus e a divisão de seu povo. A partir do século VIII antes de nossa era, os hebreus se organizaram em dois reinos: o reino de Israel, ao Norte, invadido pelos assírios por volta de 720 antes de nossa era, e o reino de Judá, nas imediações de Jerusalém, ao Sul. É neste último que o Rei Josias (640-609 a.C.) fez uma reforma religiosa combatendo a tentação politeísta dos hebreus. Assim, "foram retirados do templo do Eterno todos os objetos destinados ao culto a Baal, a Asherá e a todo o exército celeste. Ele

---

50. LEMAIRE, A. *Naissance du monothéisme, point de vue d'un historien*. Paris: Fayard, 2003, p. 40.

os fez queimar fora de Jerusalém [...]. E pôs fim aos sacerdotes dos ídolos, instituídos pelos reis de Judá" (2Rs 23,4-5). Josias centralizou igualmente o culto no Templo e impôs o respeito estrito aos mandamentos. O reino foi atacado em 587 pelo Rei Nabucodonosor II. Jerusalém e o Templo foram destruídos, e muitos hebreus foram deportados para a Babilônia. Eles permaneceram uns cinquenta anos no exílio antes de poder voltar para Jerusalém, no tempo do Rei Ciro II, da Pérsia.

Este período marcou profundamente o povo hebreu, que dele vai extrair sua matéria para compor seus primeiros livros sagrados. Redigida durante e depois do exílio, a Torá traz a marca desse cativeiro; alguns de seus capítulos são fortemente influenciados por relatos mesopotâmicos anteriores e, sem dúvida também, pelo zoroastrismo. Assim, o mito do dilúvio (Gn 6–8) parece confundir-se com o canto XI da *Epopeia de Gilgamesh* e com o *Poema dos Muito Sábios,* datando do século XVIII antes de nossa era. Nestas duas fontes, *o* ou *os* deuses se arrependem de ter criado o ser humano e decidem fazer desaparecer sua espécie, com a exceção de um justo, encarregado de construir uma arca ou um barco para nele amontoar casais de animais e aves. O dilúvio dura seis dias e sete noites na *Epopeia de Gilgamesh* e no *Poema dos Muito Sábios*; quarenta dias e quarenta noites na Bíblia. Depois da cessação das chuvas, os dois heróis ainda esperam alguns dias antes de enviar aves à procura de terra por abrigo. Outras semelhanças polvilham estes textos fundadores, como o mito da criação do primeiro homem com barro ou argila, atestado no Egito, na Grécia e nas margens do Tigre e do Eufrates. Ou o relato da Torre de Babel, que evoca os zigurates, edifícios religiosos mesopotâmicos, erguidos em andares, e mais particularmente o Etemenanki, o zigurate dedicado ao deus Marduk, construído na área sagrada da Babilônia. Outra aproximação: o papel reservado aos anjos bíblicos, os *querubins*, alados como os *karibu* mesopotâmicos, dos quais emprestam seus nomes.

Foi no retorno do exílio que os hebreus estabeleceram essa hierarquia angélica, calcada sobre as crenças mesopotâmicas, fazendo do querubim o intermediário entre o céu e a terra. O querubim ilustra a nova relação entre o povo hebreu e Deus. Durante este afastamento, os hebreus se perguntaram sobre as razões daquilo que lhes parecia ser um castigo divino. Consultaram então os profetas, que apresentaram hipóteses sobre aquele furor divino e novamente os profetas advertiram o perigo da tentação de voltar ao politeísmo circundante. Na volta do exílio, o segundo Isaías, profeta anônimo, escreveu em nome de "YHWH, rei de Israel": "Eu sou o primeiro e o último, fora de mim não há deus" (Is 44,6).

É durante a deportação para a Babilônia que foram fixadas as bases do judaísmo, uma religião ética ao redor de um Deus único e universal. A religião passa a ser então menos sacrificial e mais espiritual; ela se torna também uma questão individual que torna o fiel responsável por seus atos e exige dele um grande senso moral. Além dos textos proféticos, textos de sabedoria e poéticos de grande profundidade espiritual vão enriquecer o *corpus* bíblico, como o Eclesiastes ou os Salmos, atribuídos a Davi: "Como a corça suspira pelas águas correntes, assim minha alma suspira por ti, meu Deus. Minha alma tem sede de Deus, do Deus vivo; quando entrarei para comparecer diante de Deus?" (Sl 42,2-3). "Envia tua luz e tua verdade: elas me guiarão, me farão chegar à tua montanha santa, e eu te celebrarei com a cítara, Deus, meu Deus!" (Sl 43,3-4). Ou ainda o Cântico dos Cânticos (4,9-16), este magnífico poema, que exprime através da linguagem amorosa o vínculo de amor íntimo que une Deus à alma:

Tu deliciaste meu coração, minha Irmã, minha Esposa, roubaste meu coração com um só de teus olhares, com uma só joia de teu colar.
Quão belo teu amor, minha Irmã, minha Esposa! É melhor que o vinho, teu amor! E o odor de teu perfume, mais aromático que todos os bálsamos!
Teus lábios, minha Noiva, destilam doçura; mel e leite são tua língua, e o odor de tuas vestes têm a fragrância do Líbano;
Minha Irmã, minha Esposa, [tu és] um jardim fechado, uma fonte trancada, uma nascente selada;
tuas plantas são um pomar de romãzeiras e de outros frutos deliciosos, de alfenas e nardos;
nardo e açafrão, canela e cinamomo, toda espécie de árvores de incenso, mirra e aloés, com todos os bálsamos preciosos;
uma fonte de jardim, um poço de água viva, um riacho que desce do Líbano!
Desperta, Vento Norte; vem, Vento do Sul!
Vem soprar no meu jardim, para que se espalhem seus aromas!
Que meu Amado venha ao seu jardim e coma de seus deliciosos frutos!

Vivendo entre os estrangeiros, os hebreus começam a ajustar a própria identidade: na ausência de templo, eles se reúnem para rezar em lugares que se tornarão sinagogas; os rabinos codificam leis alimentares, o *shabbat* (dia sem trabalho consagrado ao descanso e à oração), a circuncisão (ablação do prepúcio), no livro que vai chamar-se Levítico. Os sábios de Israel comentam estes textos posteriormente, a partir do século II de nossa era até o século VI, e lhe acrescentam uma parte numa nova coletânea: o Talmud. Esta "Lei oral", que constitui a principal coletânea de comentários à Torá (a Lei escrita), tem por objetivo guiar o fiel em sua prática, ajudá-lo a aplicar as leis divinas em sua vida cotidiana. O Deuteronômio, quinto livro da Torá, é constituído de um longo discurso ao povo que se prepara para entrar na Terra Prometida e culmina com a morte de Moisés. Ele contém notadamente uma das orações mais emblemáticas da liturgia judaica: "Ouve, Israel, O Eterno nosso Deus, o Eterno [é] único. Amarás o Eterno teu Deus de todo teu coração, de toda tua alma e de todas as tuas faculdades" (Dt 6,4-5). É a oração que aparece nos pequenos rolos de pergaminho inseridos na *mezuzá*, estes pequenos objetos fixados nas soleiras da porta, que representam o vínculo entre os judeus e a Torá.

Construído inicialmente por Salomão no século X antes de nossa era, em seguida destruído pelo Rei Nabucodonosor II em 587 antes de nossa era, o templo de Jerusalém é reconstruído pelos judeus quando retornam de seu cativeiro babilônico, por volta de 536 antes de nossa era. Ele é dedicado ao Deus único. Muitos sacrifícios rituais novamente são aí praticados. Em meados do século V, o sacerdote e escriba Esdras nele reúne o povo para estabelecer a Lei e proclamar a Torá. Ele lista as regras a seguir, ou seja, 613 mandamentos, para comportar-se religiosamente, proibindo, por exemplo, os casamentos com mulheres estrangeiras e estabelecendo a fronteira estrita entre o que é puro e o que é impuro. Como a maioria das outras tradições daquela época, os cadáveres e o sangue das menstruações constituem as principais impurezas: é prescrito evitar qualquer contato com um cadáver ou uma mulher menstruada, sob pena de tornar-se impuro, sem nenhuma explicação clara sobre as razões. O culto no Templo é garantido por muitos sacerdotes que pouco a pouco reassumem seu poder, como nas outras religiões, e reconstituem assim uma classe sacerdotal. Esta administra igualmente os negócios da cidade, assistida pelo Sinédrio, um conselho de anciões cujos membros são recrutados dentre as famílias sacerdotais e os ricos proprietários. Os profetas perdem importância em relação ao Templo, que paulatinamente vai assumindo maior importância. A ideia do julgamento pessoal e de um além dividido entre o paraíso e o inferno é difundida no século II antes de nossa era, sob o reinado guerreiro da dinastia selêucida.

Diversas correntes coexistem ao redor do Templo. Elas têm em comum a crença em YHWH e respeitam a Torá, embora suas práticas divirjam e crenças secundárias emerjam. Um judaísmo multiforme se desenvolve. A gestão do Templo é garantida pelos saduceus, oriundos do clero e da aristocracia. Eles respeitam os mandamentos enunciados pela Torá escrita e descartam os provenientes da Torá oral. Os fariseus, mais numerosos e oriundos do povo, são menos rigoristas: eles seguem a tradição tanto escrita quanto oral. São messiânicos e esperam que um "filho de Davi" estabeleça o reinado de Deus sobre a terra. Outras correntes se criam fora da autoridade do Templo: um movimento místico, constituído de seitas judaicas, se entrega à magia, ao passo que os essênios vivem em comunidades segundo um modo de vida ascético. Quanto aos zelotes, hostis à ocupação romana, pregam a violência armada em nome de Deus. No início de nossa era, o judaísmo é uma constelação de grupos rivais, todos reivindicando-se o mesmo Deus, YHWH.

Jesus

Herdeiro direto do judaísmo, mas também influenciado pelo pensamento grego, o cristianismo se funda no ensinamento de um único homem: Jesus. Este profeta judeu não prega apenas a salvação como Buda, ou a existência de um deus supremo como Zoroastro. Ele é muito mais do que isso para os cristãos: é o Filho de Deus e o salvador do mundo, segundo a palavra do Evangelho de João: "Deus não enviou seu Filho ao mundo para julgar o mundo, mas para que o mundo seja salvo por Ele" (Jo 3,17).

Nossa era começa teoricamente com o nascimento de Jesus, mas Jesus teria nascido mais presumivelmente entre o ano 4 e 6 antes de nossa era, na Palestina. Poucos dados informam sobre a infância e a adolescência de Jesus (os denominados "anos escondidos", segundo a tradição cristã); seus discípulos começam a registrar sua vida essencialmente a partir do momento em que o profeta começa sua missão.

Não tendo Jesus deixado nenhum escrito, para rastrear seu percurso e demonstrar sua existência os historiadores só contam com documentos redigidos por terceiros. As primeiras menções de Jesus aparecem junto aos historiadores romanos. Em seus *Annales*, Tácito (entre 112 e 120) delineia a história de Roma e evoca a execução de Jesus sob Pôncio Pilatos. Em 112, o procônsul Plínio o Jovem descreve as práticas dos cristãos numa carta ao Imperador Trajano: "Eles costumam reunir-se em dia fixo antes do nascer do sol e dirigem um canto a Cristo como a um deus (*quasi deo*)" (*Cartas*, X, 97). Menções a Jesus aparecem igualmente no Talmud da Babilônia, que fala da atividade do curandeiro, taxada de magia, de um certo *Yeshu*, bem como na obra de Flávio Josefo, as *Antiguidades judaicas*, redigida por volta do ano 93. Quanto às fontes cristãs que detalham a vida e o ensinamento de Jesus, as mais antigas são as epístolas de Paulo (catorze lhe são atribuídas, das quais sete com certeza, escritas pelos anos 50-51, portanto, uns vinte anos depois da morte de Jesus).

Nascido em Tarso, na Cilícia, entre o ano 5 e 15, numa família judia, este jovem intelectual fariseu tornado cristão é o primeiro "escritor" do cristianismo nascente e o zelador mais célebre da Igreja de Antioquia. Mesmo não tendo conhecido Jesus "segundo a carne" (2Cor 5,16), Paulo difunde a mensagem daquele que morreu "por nossos pecados e ressuscitou para nossa justificação" (Rm 4,25). Simbolizando o encontro de três culturas (judaica, grega, romana), Paulo de Tarso, denominado o "apóstolo dos gentios", isto é, dos pagãos, está convencido de que não é forçosamente necessário ser judeu para tornar-se cristão, abrindo assim novas perspectivas para o cristianismo.

Sob a missão paulina, esta nova religião se difundirá pela Ásia Menor, passará pela Grécia e chegará a Roma.

Mas voltemos a Jesus. Ele cresce em Nazaré, um pequeno povoado da Galileia. É educado na fé judaica por Maria e José, seus pais, que praticam a circuncisão, respeitam o *shabbat* e vão em peregrinação ao Templo por ocasião das festas. Jesus é instruído na escola da sinagoga e forma-se na mesma profissão de seu pai: carpinteiro. Segundo os evangelhos, o Arcanjo Gabriel teria aparecido a Maria para anunciar-lhe que ela seria a mãe do Salvador da humanidade. Jesus é batizado nas margens do Jordão por João Batista, um profeta judeu com o qual viverá por alguns anos. A Palestina do tempo de Jesus vive sob a dominação do Império Romano desde o ano 63 antes de nossa era. É neste contexto que Jesus, com uma idade aproximada de 30 anos, dá início às suas pregações itinerantes. Ele prega a não violência, o amor ao próximo e a igualdade entre os indivíduos; dirige-se primeiro aos necessitados que, segundo Jesus, serão os primeiros a entrar no Reino de Deus. Por ocasião de seu conhecido sermão das bem-aventuranças, Ele redefine a felicidade segundo as leis do Reino dos Céus (Mt 5,1-12) [Lc vai falar em "Reino de Deus", mas com o mesmo significado].

> Ao ver as multidões, Jesus subiu à montanha, e, sentando-se, seus discípulos se aproximaram dele. Tomando a palavra, Ele os ensinava dizendo:
> Bem-aventurados os que têm um coração de pobre, porque deles é o Reino do Céus.
> Bem-aventurados os mansos, porque possuirão a terra.
> Bem-aventurados os aflitos, porque serão consolados.
> Bem-aventurados os famintos e sedentos de justiça, porque serão saciados.
> Bem-aventurados os misericordiosos, porque obterão misericórdia.
> Bem-aventurados os corações puros, porque verão a Deus.

> Bem-aventurados os artífices da paz, porque serão chamados filhos de Deus.
> Bem-aventurados os perseguidos por causa da justiça, porque deles é o Reino dos Céus.
> Bem-aventurados sois vós quando vos insultam, vos perseguem e mentindo dizem coisas contra vós por minha causa.
> Alegrai-vos e regozijai-vos, porque grande será a vossa recompensa nos céus: foi assim, com efeito, que perseguiram os profetas que vos precederam.

Rodeado por um primeiro círculo de doze homens (simbolizando sua vontade de reunir as doze tribos de Israel), mas também por mulheres, Jesus leva um modo de vida errante. Além de seus ensinamentos, realiza sinais miraculosos curando surdos, cegos, leprosos. Diz-se Enviado de Deus, seu Filho, mesmo que nunca se tenha pretendido Deus. Quando o sumo-sacerdote do sinédrio lhe pergunta: "És o Cristo, o Filho do Bendito?", Jesus responde sem rodeios: "Eu o sou" (Mc 14,61-62). Embora Jesus frequente as sinagogas, os judeus piedosos o censuram por sua liberdade interpretativa da Lei, notadamente quando questiona o *shabbat* ou se recusa a condenar o adultério, segundo a Lei mosaica. Jesus parece então colocar-se, para grande desgosto dos chefes religiosos, acima do fundador do judaísmo. Ele denuncia a aplicação demasiadamente rigorosa da Torá: "Assim anulais a Palavra de Deus pela tradição que vos foi transmitida", diz Jesus aos fariseus e aos saduceus (Mc 7,13). Para Ele, as legislações estabelecidas fizeram esquecer o sentido primeiro da Torá: realizar a vontade divina através do amor a Deus e ao próximo. A Lei encontra sua realização e sua superação no amor. Os escribas multiplicam críticas contra este pregador insolente, que sequer pode reivindicar para si o título de mestre em teologia. O povo, por sua vez, espera mais uma libertação política e social para livrar-se do invasor romano do que uma libertação exclusivamente religiosa. Incomodando os poderes em vigor, tanto judeus quanto romanos, Jesus foge de apedrejamentos em várias ocasiões. Ignorando os perigos e convencido de sua missão divina, Ele multiplica suas pregações e ações para difundir sua mensagem, a exemplo do episódio, no átrio do Templo de Jerusalém, quando derruba as bancas dos mercadores que vendem oferendas e proclama o fim do Templo "feito por mãos humanas" (Mc 14,58). É neste momento que Ele assina sua sentença de morte.

Na véspera de sua prisão, Jesus convoca seus doze apóstolos para uma última refeição, a Ceia: Ele parte o pão e compartilha o vinho segundo a tradição judaica, mas acrescenta estas frases enigmáticas: "Tomai, comei, isto é o meu corpo"; em seguida, estendendo-lhes o cálice de vinho: "Bebei dele todos, pois isto é o meu sangue, o sangue da Aliança, derramado por muitos, para o perdão dos pecados" (Mt 26,26-28). Traído por seu discípulo Judas, Jesus é preso na mesma noite pelos servos dos sumos sacerdotes, em seguida entregue ao procurador romano Pôncio Pilatos que o condena à crucificação. No dia seguinte é executado perto das muralhas de Jerusalém e sepultado. Jesus morre no ano 30 de nossa era, poucas horas antes do *shabbat* e das celebrações da Páscoa judaica. Mas, segundo os evangelhos, seus discípulos encontram seu túmulo vazio no domingo, e muitos discípulos o viram ressuscitado.

É somente depois de sua ressurreição que os discípulos lhe conferem o título de Cristo, isto é, o Messias esperado pelo povo judeu; mesmo que este Messias não seja um messias temporal vindo para liberar o povo judeu do jugo dos romanos, mas um messias espiritual que veio para libertar todos os humanos da escravidão interior. Doravante Ele é o Senhor, elevado acima dos profetas. Buscando alargar o alcance ético e universalista do judaísmo, Jesus se apresenta como modelo do caminho que cada indivíduo deve seguir na busca da salvação. Sua mensagem é revolucionária, e às vezes subversiva, notadamente quando prega igual dignidade entre todos os seres humanos e afirma que, no Reino de Deus, "os últimos serão os primeiros e os primeiros serão os últimos" (Mt 20,16). Também prega o perdão, a não violência e coloca a liberdade de cada indivíduo acima de tudo, recusando o determinismo social, ético ou religioso. Cada indivíduo pode escolher a via da salvação e abrir-se à perspectiva de uma vida eterna: "Quem escuta a minha palavra, e acredita naquele que me enviou, tem a vida eterna" (Jo 5,24). Mas, segundo as palavras do Evangelho de João, é sobretudo o amor que Jesus coloca acima de qualquer outro mandamento: "Quem não ama não conheceu a Deus, porque Deus é amor" (1Jo 4,8). O que fará o filósofo Baruch Spinoza, no século XVII, dizer: "Cristo inscreveu para sempre, no fundo dos corações, a Lei divina"[51].

Filosofia grega

No século VI a.C., a Grécia, pátria dos deuses do Olimpo, adotou a era axial pelo viés da filosofia e não pela via religiosa como no Oriente Médio. Novos conhecimentos fundados na razão e na observação do mundo circunstante levaram os gregos a repensar o porquê do universo e a duvidar das cosmogonias e tradições nas quais até então acreditavam. Seguiu-se então um profundo questionamento dos valores. A mitologia grega se encheu de relatos que explicam a criação do mundo, nascido do Caos, mas, desde o século VI antes de nossa era, os pensadores começaram a acrescentar respostas racionais a este mistério. A racionalidade discursiva passou a superar o mito.

---

51. SPINOZA, B. *Traité théologico-politique*. In: *Oeuvres complètes. Op. cit.* cap. V. p. 675.

Os primeiros físicos

Antes de implantar-se duravelmente em Atenas, foi nas cidades gregas da Ásia Menor, na costa jônica, que a filosofia emergiu; de lá ela vai agitar o mundo. Os primeiros filósofos questionaram a natureza do universo (a *phisis*), daí a sua denominação: "fisiólogos". Viajantes, depararam-se com outras culturas, mudando radicalmente a forma como estas viam o mundo. Trata-se de sábios, engenheiros, astrônomos e letrados que se interrogavam continuamente sobre qualquer tema: dos eclipses do sol e da lua, das matemáticas e das figuras geométricas aos fenômenos meteorológicos. Segundo o filósofo e helenista francês, especialista em mundo grego, Jean-Pierre Vernant: "O evento da cidade não marca apenas uma série de transformações econômicas e políticas: ele implica uma mudança de mentalidade, uma descoberta de outro horizonte intelectual, uma elaboração de um novo espaço social, centrado na *Ágora*, a praça pública. [...] A secularização, a racionalização e a geometrização do pensamento, bem como o desenvolvimento de um espírito de invenção e de crítica foram implementados por meio da *práxis* social no exato instante em que eram expressos, junto aos físicos da Escola de Mileto, numa teoria da natureza"[52]. Os pensadores mais conhecidos são Tales (entre 625-547 a.C.), um dos "Sete Sábios da Grécia", famoso por ter predito um eclipse solar, e seus discípulos Anaximandro e Anaxímenes; eles moravam em ricas cidades portuárias, como Mileto, que à época contavam com 60.000 habitantes. Os portos daquelas cidades conectavam todos os países do Mediterrâneo. Os incessantes intercâmbios de mercadorias e informação que neles aconteciam favoreciam a abertura de espírito. Nestas cidades, o debate público e conflitante, bem

---

52. VERNANT, J.-P. *Les Origines de la pensée grecque*. In: *Oeuvres. Religions, Rationalités, Politique*. Paris: Seuil, 2007, t. I. p. 156-157.

como a livre-discussão e o confronto de argumentações contrárias se constitui em verdadeiro esporte local. A razão supera tudo, inclusive as narrativas sobre as origens do cosmos.

Fundador da Escola de Mileto, Tales excluía qualquer criação divina do universo e fez da água um elemento matricial da vida. Para Anaxímenes, a entidade primordial era o ar; Anaximandro, por sua vez, voltava-se para o infinito. Estas contradições não incomodavam absolutamente estes filósofos denominados milesianos [ou pré-socráticos]. Eles, ao contrário, eram parte integrante do debate e participavam na confrontação das ideias, próprias desta corrente de pensamento. Para eles, o indivíduo não era mais um servidor dos deuses, mas um ser que pensa por si mesmo. Em última análise, "os filósofos jônicos abriram a via que a ciência, em seguida, simplesmente seguiu"[53], resume o filósofo escocês John Burnet.

Não longe da Grécia, em Crotona, no sul da Itália, Pitágoras (entre 580-495 a.C.) imaginava que a lei do universo se encontrava nos números, que estes eram qualidades divinas, que simbolizavam os vícios e as virtudes. Em Éfeso, Heráclito (entre 544-480 a.C.) falava do Fogo-*Logos* como princípio organizador de todas as coisas. *Logos* podia significar a palavra, mas mais profundamente a razão criadora de sentido. Graças a essa palavra impregnada de razão, o indivíduo pensava, refletia e decidia por si mesmo como explicar a realidade. Ele não se reenviava mais aos deuses. Influenciada pelas hipóteses de Heráclito, a filosofia grega verá no *Logos* o princípio supremo que rege o universo, a força das ideias segundo Platão. Mais tarde, no século I de nossa era, o filósofo judeu Fílon de Alexandria o designará como o pensamento ou a Palavra de Deus. Fílon influenciará o Evange-

---

53. BURNET, J. *L'Aurore de la philosophie grecque*. In: VERNANT, J.-P., "Du mythe à la raison. La formation de la pensée positive dans la Grèce archaïque", *Annales*, n. 2, 1957, p. 183.

lista João que associará o *Logos* à segunda pessoa da Santíssima Trindade, ou seja, a Jesus Cristo. Apesar das diversas correntes de pensamento, os filósofos partilhavam a ideia de um princípio primordial único. Para Heráclito, o universo, continuamente mutante, era movido por forças contrárias e complementares (noite e dia, vida e morte etc.). De seus confrontos nasceram a harmonia e a unidade. "O mundo não foi criado por nenhum deus nem por nenhum homem. Ele sempre foi, é e será um fogo eternamente vivo que se acende e se apaga segundo leis determinadas [...]. Os contrários são *unos* e a mais bela harmonia é a que nasce das dissonâncias"[54]. Xenófanes (entre 570-475 a.C.) afirmava a unidade do princípio divino. Grande viajante, exilado de Cólofon, sua cidade natal sob o domínio persa, e fundador da Escola Eleática, ele desenvolveu a intuição de um Deus-Uno e pregava o abandono do politeísmo fazendo troça da antropomorfização dos deuses:

> No entanto, se os bois, os cavalos e os leões
> Tivessem também mãos, e se com suas mãos
> Soubessem desenhar, e soubessem moldar
> As obras que, com arte, apenas os homens moldam,
> Os cavalos forjariam deuses equinos,
> E os bois dariam aos deuses formas bovinas:
> Cada um desenharia para o seu deus a aparência
> Imitando o andar e o corpo de cada um[55].

Não obstante suas diferenças, todos estes pensadores viam o universo como um grande organismo, do qual o ser humano é parte integrante. E, se continuavam invocando o divino, era para desmistificá-lo em base aos conhecimentos racionais, tanto filosóficos quanto científicos. Este sacrilégio valeu para Anaxágoras (entre 500-428 a.C.), filósofo entusiasta das ciên-

---

54. HÉRACLITE, *Fragments*, Diels-Kranz B30, segundo ALEXANDRIE, C. *Stromates*, V. 104. In: *Les Présocratiques*. Paris: Gallimard, 1988, p. 153.
55. XÉNOPHANE. In: *Les Présocratiques... Op. cit.*, p. 118.

cias, a condenação à morte por impiedade. Sua culpa? Ter sustentado que os eclipses não eram divindades, mas simples sombras trazidas da lua para a terra. Pior, ele afirmava que o universo era obra de uma inteligência – o *noos*, formado de uma combinação de "qualidades" elementares indecomponíveis – sem jamais mencionar os deuses. Em razão do distanciamento geográfico, estes filósofos tiveram um eco ainda limitado, suas ideias custavam a penetrar nas cidades, onde ainda se venerava o panteão divino. Mas a imagem da entidade criadora do mundo não corresponde mais àquela de Zeus, o deus onipotente, manipulador e sombrio.

Sócrates e o conhecimento de si

É somente a partir de século V antes de nossa era que Atenas se tornou o epicentro da filosofia. Os debates eram moeda corrente nessa democracia ateniense, instaurada pouco mais de um século antes, e na qual os cidadãos eram convidados a participar das decisões políticas, sociais e administrativas da cidade. Sócrates (entre 470-399 a.C.) era o mais célebre dos filósofos atenienses. Ele tinha uns 50 anos quando começou a transmitir seu ensinamento: era um filósofo errante, sem dinheiro, que percorria as ruas de Atenas rodeado por seus discípulos. Como Jesus ou Buda, ele privilegiava a oralidade e não deixava nenhum registro escrito. Era seu discípulo Platão que transcrevia e popularizava o seu saber. Fundador da maiêutica (a arte de dar à luz o pensamento), ele não se considerava nem mestre, nem professor, mas um "parteiro" de ideias. Sócrates relativizava a onipotência dos deuses, convidava seus discípulos a refletir por si mesmos e a praticar a introspecção, como o ilustra o famoso lema: "Conhece a ti mesmo". Ele sempre procedia da mesma maneira: por meio do diálogo levava seu interlocutor a formular o seu pensamento. Em se fazendo passar por um ignorante, impelia seu locutor aos seus limites para que finalmente "extraísse" a verdade que estava nele mesmo. Assim esclarecido, o ser humano não podia escolher o mal, já que, segundo Sócrates, a ignorância é a causa de todos os males. Acusado de corromper a juventude e de não fazer sacrifícios aos deuses da cidade, o filósofo grego foi condenado à morte pelo tribunal dos Heliastas, em Atenas, em 399 antes de nossa era. Mesmo contestando as acusações, rejeitou o plano de evasão proposto por seus amigos. Foi por negar-se a trair os seus princípios, dentre os quais o de respeitar as leis da cidade, que voluntariamente bebeu a cicuta. Desta forma Sócrates preferiu morrer para alcançar a imortalidade prometida às almas nobres, como o lembra Platão em sua obra *Fédon*. Os atenienses se insurgiram contra a severidade desta sentença e lhe erigiram, literal e figurativamente, uma estátua.

Platão e Aristóteles

Platão (428-348 a.C.) se inscreve no mesmo processo de Sócrates, com quem, aos 22 anos de idade, se encontra, e segue ao longo dos oito últimos anos de sua vida. Abalado pela morte de seu mestre, Platão viajou por uma dezena de anos, indo até o Egito, antes de voltar para Atenas e fundar a Academia, a primeira escola de filosofia. Embora seu pensamento se inspirasse nas ideias de seu mestre, Platão considerava que o universo estava subordinado às Essências ou Ideias, que simultaneamente eram formas inteligíveis e modelos de todas as coisas. Estas realidades não corrompidas eram as Ideias do Verdadeiro, do Belo e do Bem, que representavam o divino. Ele não questionava, portanto, a ideia de um Absoluto, mas substituiu o rito e a oração pela reflexão. "Aos últimos limites do mundo inteligível está a ideia do Bem, que percebemos com dificuldade, mas que não podemos perceber sem concluir que ela é a causa universal de tudo aquilo que há de bem e de belo; que no mundo visível, é ela que criou a luz"[56], resume nosso autor. O indivíduo devia libertar-se então das amarras do desejo, da paixão e da ambição para ter acesso ao verdadeiro saber e, por conseguinte, à visão do *agathon*, o Bem supremo. Esta visão, no entanto, só podia ser realizada plenamente após a morte. Desta forma Platão professava sua crença na imortalidade da alma e na salvação individual. Ele confiava no indivíduo e em sua vontade de busca da verdade, contrariamente aos sofistas, seus inimigos, que não buscavam senão a própria glória através da arte de convencer e de brilhar.

Com a morte de Alexandre o Grande em 323 antes de nossa era, o desmembramento de seu império provocou um período de forte instabilidade, marcado pelas guerras dos Diádocos, generais que brigavam pela herança do rei macedônio. As cidades passavam por uma grande expansão geográfica (Pérgamo, Antioquia e Alexandria contavam com meio milhão de habitantes), mas as desigualdades entre a elite e o povo cresciam. Aluno de Platão na Academia por vinte anos, até a morte de seu mestre, Aristóteles (entre 384-322 a.C.) será também o tutor do futuro Alexandre o Grande. Tinha uma mente curiosa e bulímica, que se interessava por todas as matérias e que irão estabelecer as bases do paradigma que por muito tempo será dominante, em lógica: o método do raciocínio filosófico. Depois de uma longa viagem, Aristóteles fundou em Atenas sua própria escola, o Liceu. Ele afastou-se dos ensinamentos de seu mestre. Embora retomando a ideia platônica de uma parte divina em todo ser humano, Aristóteles vai mais longe fazendo de Deus o princípio primeiro, a "causa final" de todo o universo. Para ele, trata-se de uma divindade transcendente, nomeada "Ser primeiro" ou "Primeiro motor imóvel",

---

56. PLATON, *République*. Paris: Les Belles Lettres, 1948, t. VII, 517b-c, p. 126.

acessível pela razão. Em sua *Ética a Nicômaco*, Aristóteles se pergunta sobre a noção de bem supremo, de felicidade, que para ele se realiza plenamente através das experiências de amizade e, sobretudo, da contemplação divina.

Epicurismo e estoicismo

Na mesma época, outros filósofos atenienses, os epicuristas e os estoicos, se afastam definitivamente dos deuses. Epicuro (entre 341-270 a.C.) se desinteressava da vida pública e avaliava que o indivíduo era livre quando se bastasse a si mesmo. Ele não acreditava nem em Deus, nem na imortalidade da alma, e estava convencido, na sequência de Demócrates, que o ser humano, como qualquer realidade, era constituído de átomos que se dissolviam no instante da morte. Contrariamente à imagem que temos do epicurista, desfrutador e boa vida, esta corrente filosófica pregava a simplicidade e a sobriedade, já que é evitando os excessos e as confusões que o ser humano encontra a serenidade. Para Epicuro, não havia nenhuma necessidade de invocar os deuses; e a religião, por sua vez, não passava de uma fonte de falsas esperanças e de comportamentos irracionais. O poeta e filósofo epicurista Lucrécio (entre 98-55 a.C.) escrevia em seu poema *De rerum natura* [Da natureza das coisas]:

> Não é piedade ser amiúde visto violado,
> virado para uma pedra, e aproximar-se de todos os altares,
> nem inclinar-se para o chão, prostrando-se e estendendo as palmas das mãos
> para os santuários de Deus, nem com o sangue abundante de quadrúpedes
> regar os altares, nem enfileirar votos e mais votos,
> mas é antes estar em condições de olhar tudo, com a alma em paz[57].

---

57. LUCRÈCE. *De natura rerum*. In: *Les Épicuriens*. Paris: Gallimard, t. 5, 1.197-1.203, p. 476.

Na profusão intelectual ateniense, os estoicos, como Zenão de Cítio (335-264 a.C.) e seu discípulo Cleantes (331-232 a.C.), se destacavam das outras correntes filosóficas ao adotar uma abordagem panteísta do divino. Os estoicos evocavam um "corpo divino", denominado "*pneuma*", um sopro vital, presente em todo ser e em toda coisa, e consideravam que o indivíduo possui o *Logos* divino em si, tanto na linguagem quanto na razão. Para eles, o mal era um acidente efêmero e constituía a contrapartida de um bem geral. E estabeleciam uma diferença entre o que dependia do indivíduo, que devia ser dominado, e o que não dependia dele, que devia ser aceito. Assim, para encontrar a felicidade, o indivíduo devia aceitar a sorte que o destino lhe reservava, sem deixar de trabalhar em sua vida diária para alcançar a serenidade. É o que resumem bem as proposições de Epíteto, este escravo que tornou-se filósofo: "Existem coisas que dependem de nós e outras não. As que dependem, são os nossos julgamentos, as nossas tendências, os nossos desejos, as nossas aversões; em uma palavra: todas as obras que nos pertencem. O que não depende de nós é o nosso corpo, a riqueza, a celebridade, o poder; em uma palavra: todas as obras que não nos pertencem. As coisas que dependem de nós são por natureza livres, sem impedimento, sem entraves; as que não dependem são inconsistentes, servis, passíveis de evitar, alheias. Lembra-te, pois, que se acreditas livre o que por natureza é servil, e próprio a ti o que te é alheio, serás prejudicado, atormentado, perturbado, e verás a ti com deuses e homens. Mas, se julgas teu somente o que é teu, e alheio o que é efetivamente estranho, ninguém jamais te poderá constranger, ninguém te proibirá; não correrás atrás de ninguém, não acusarás ninguém, não farás nada contra ti; ninguém de prejudicará, não terás inimigos, pois não sofrerás nada que te prejudique"[58].

---

58. ÉPICTÈTE. *Manuel*, I, 1-3. Paris: Garnier-Flammarion, 1964, p. 207.

O estoicismo foi a filosofia mais seguida na Grécia. Naquele período de efervescência intelectual e espiritual, os filósofos, sob a insígnia da razão, desferiam um golpe fatal contra as narrativas mitológicas. Embora o divino não fosse banido, doravante ele era submetido à racionalidade, e a salvação não passava mais pela piedade religiosa, mas pela sabedoria filosófica que visava a vida boa e feliz.

O grande especialista em filosofia grega Pierre Hadot enfatizou que as escolas de sabedoria da Grécia e Roma antigas nem por isso eram correntes de pensamento puramente racionalistas, como se afirmou à sociedade desde o século XIX. O pensamento intuitivo coabitava harmoniosamente com o pensamento analítico, e exercícios espirituais que visavam um crescimento em humanidade eram implementados e, para a maioria deles, aproximar-se do divino pela contemplação constituía a atividade suprema e mais gratificante do ser humano. Tudo isso era particularmente verdadeiro para a última escola da Antiguidade: o neoplatonismo.

Neoplatonismo

Sob o termo moderno "neoplatonismo" habitualmente designa-se um conjunto de correntes intelectuais que estruturará no leste do Mediterrâneo o campo da filosofia e do sagrado esotérico. Esta escola é a última do período antigo. E esta é uma das razões pelas quais ela recapitula, de certa forma, o conjunto das escolas anteriores. Obviamente, Platão é uma figura axial do neoplatonismo, mas não devemos esquecer Homero, Pitágoras, Aristóteles e os estoicos. Amônio Sacas (séculos II-III de nossa era) é o fundador, em Alexandria, da escola, mas é seu discípulo Plotino (205-270) que içará o neoplatonismo a um nível inigualável. Seus escritos (as *Enéadas*) rapidamente se tornaram, graças ao seu aluno Porfírio (234-305), as referências de uma nova comunidade de espírito que prolongará, nos últimos séculos do Império Romano, as heranças helenísticas pagãs.

Quais seriam as orientações fundamentais do neoplatonismo? Plotino, apoiando-se nos ensinamentos de Platão, considerava a realidade como um movimento, um cortejo. Seu ponto de partida é o Uno – o Princípio, a Origem, que está além de tudo –, em seguida a emanação, o Intelecto – princípio de inteligência, de criatividade, que contém nele todas as possibilidades de ser –, seguido pela Alma (que se manifesta como alma do mundo e alma humana). Ao longo desse movimento, que é como uma descendente, o Uno está presente, embora perca sua simplicidade original. O nível último é o mundo material perceptível pelos sentidos. Em que consiste, para Plotino e seus amigos, a vida espiritual? Consiste em fazer o caminho inverso. Conversão é o nome que ele dá ao processo de retorno ao Uno: remontar da matéria à alma; encontrar na alma sua parte superior voltada para a inteligência[59] e alcançar o Intelecto e o Uno numa experiência pessoal durante a qual o íntimo encontra o último. Assim Plotino explica esta subida:

> Volta para ti e vê: se não vês ainda a beleza em ti, faze como o escultor de uma estátua que deve tornar-se bela; ele retira uma parte, raspa, pule, limpa até disponibilizar belas linhas no mármore; como ele, remove o supérfluo, endireita o que é oblíquo, limpa o que é ofusco para torná-lo brilhante, e nunca deixa de esculpir tua estátua, até que o brilho divino da virtude se manifeste [...]. Te tornaste isso? Estás vendo isso? Já tens para contigo um trato puro, sem nenhum obstáculo à tua unificação, sem que nada de diferente seja misturado interiormente contigo mesmo? [...] Consegues ver-te nesse estado? Então te tornaste uma visão; confia em ti; mesmo permanecendo aqui, subiste; e não tens mais necessidade de guia; fixa teu olhar e vê[60].

---

59. PLOTIN. *Ennéades*, IV, 8. Paris: Les Belles Lettres, 2012.
60. *Ibid.*, I, VI, 9.

Outra orientação do neoplatonismo, que faz dele uma autêntica escola de tolerância e de concordância universal, é a teologia apofática, ou negativa. Esta tem a ver com o Uno. Sobre a essência divina, o discurso é mudo. Nenhuma teologia (*theos-logos*) é possível, pois esta essência não pode ser um objeto do qual nos apropriamos. Não podemos nos aproximar do Uno senão negativamente, isto é, em despojando a linguagem das projeções ("Deus é isto", "Deus é aquilo"), dos conceitos, das imagens. Afirmando a indizibilidade da essência de Deus, o neoplatonismo permite o reconhecimento do pluralismo das vias espirituais. Aliás, esta corrente estará presente com força na filosofia grega (pagã), mas também cristã (do Pseudo-Dionísio o Areopagita à teologia mística renana com Mestre Eckhart), muçulmana (com a escola da *falsafa* [a filosofia], representada por Al-Kindi, Al-Farabi ou Avicena, sem esquecer o sufismo), judia (com Salomão ibn Gabirol [Avicebron], Bahya ibn Paquda, Abraham bar Hiyya, os rabinos de Provença, a escola da cabala). A "dupla" Plotino/Porfírio encarnava, no século III, a Escola de Roma, pois era na capital imperial que Plotino dispensava seus ensinamentos. Poderíamos falar de uma "filosofia mística" ou de uma "psicologia mística": meditando as obras platônicas, levando uma existência segundo a virtude, praticando uma ascese da alma, o discípulo se oferece os meios de iniciar uma busca do Uno, presente nele mesmo. "Sozinho com o Único", dizia Plotino.

Mas é com o sírio Jâmblico (250-330) que a corrente neoplatônica alçará um voo menos psicológico e mais cósmico, até mesmo esotérico. Jâmblico seguiu os ensinamentos de Porfírio e retornou para o seu país. Em 313 fundará a Escola Apameia. Sob sua influência, outros polos se constituíram em Pérgamo, Atenas e Alexandria. E encontraremos estes nomes ilustres na história da filosofia, da filósofa Hipátia (370-415) a Boécio (480-524), passando por Proclo (412-485) ou Damáscio (470-544). O esoterismo neoplatônico vai acentuar as perspectivas cosmológicas e o pluralismo divino através de uma grande diversidade que vai de almas, *heróis*, demônios e *arcontes* a anjos e deuses. Os *Oráculos caldeus* (século II), considerados uma revelação da alma de Platão, passaram a ser lidos. Tanto quanto Plotino defendia a necessidade de purificação, os esotéricos neoplatônicos consideravam que o homem não dispunha de forças internas suficientes para realizar a Conversão, o retorno ao Uno. E assim devia apelar aos deuses, aos bons espíritos, e colaborar com eles. Esta obra comum constitui a teurgia, isto é, o trabalho com o divino (*theos*: "deus", e *ergon*: "trabalho"). Jâmblico, em seu livro *Os mistérios do Egito*, apresenta as práticas teúrgicas, que, aliás, são muito variadas: orações, meditações, sacrifícios, cantos, oferendas aos deuses, ritos, jejum. A "teléstica" é um dos ramos da teurgia (notadamente em Proclo). Trata-se de perceber na estátua de um deus sua presença, e de comunicar-se com ele. Dito de outra forma: a abordagem teúrgica é a da ação, e não a da contemplação mística. O que é visado é a eficácia e não o conhecimento. Em 529, o neoplatonismo passa a ser proibido, a escola de Atenas é fechada, seus últimos mestres, através do edito do imperador romano do Oriente o cristão Justiniano, são exilados. Levados por Damáscio, os sábios rumaram para o Oriente Médio.

Sabedorias chinesas

A mudança axial, cujo epicentro se dá por volta do século V de nossa era, não se limita, como já o evocamos no início deste capítulo, ao Oriente Médio e à bacia do Mediterrâneo. Ela afetará também o continente asiático. Na Índia e na China ocorre igualmente uma profunda revolução espiritual. Os ritos ancestrais e os sacrifícios coletivos são questionados por correntes de sabedoria que enfatizam a salvação individual, as virtudes morais e o conhecimento racional. Esta revolução é conduzida por personagens fora do comum, como Confúcio na China e Buda na Índia.

Uma profusão de escolas de sabedoria

No final do período dito das "primaveras e outonos" (722-481 a.C.), a situação política e social da China estava profundamente perturbada: a autoridade dos imperadores da dinastia dos Zhou vinha declinando, e violentos conflitos opunham os estados feudais. Como em outras regiões do mundo no mesmo período, uma profusão intelectual testemunhava esta mudança de época. Importunado por questionamentos, o ser humano tentava compreender o mundo sem remeter-se sistematicamente ao poder do clero. O conhecimento não era mais sagrado, prestado por uma elite, e cada indivíduo buscava ter acesso ao saber. Com o evento da razão, novos sábios suscitavam entusiasmo, instauravam uma relação mais direta com seus discípulos. Na China, uma enorme quantidade de textos transcrevia os diálogos entre estes mestres e seus alunos, e correntes de pensamento e escolas independentes eram criadas em todo o país. Como o escreve o sinólogo Jacques Gernet:

> Agricultura, diplomacia, estratégia, sofística, dialética, receitas de sabedoria e de longa vida, arte de governar, todos os ramos do saber são assim representados por essas escolas; os escritos que subsistem não traduzem com exatidão toda essa profusão [...]. Confúcio situa-se numa época em que a nobreza já está em declínio e a ponto de perder seu primado político[61].

Com os inúmeros conflitos entre os reinos, as relações de força passaram a superar as considerações religiosas. Os sábios falavam menos de deuses e mais de indivíduos, e de seu lugar

---

61. GERNET, J. Verbete "Chine". *In: Encyclopaedia Universalis*, 2002.

na sociedade. Já não era mais suficiente nutrir os espíritos ou fazer oferendas e sacrifícios às divindades, mas urgia, acima de tudo, cuidar da própria alma. A salvação individual tornava-se possível graças ao livre-arbítrio, à busca da verdade, ao conhecimento e à busca da imortalidade. Com a formação das dinastias Qin (221-206 a.C.), em seguida da Han (206 a.C.- 220 d.C.), as transformações sociais engendradas pelos impérios estimularam ainda mais essa profusão intelectual.

Três grandes ensinamentos filosóficos e religiosos vão desde então marcar a história da civilização chinesa: o confucionismo, o taoismo e o budismo, reagrupados sob a expressão "três doutrinas". Não obstante curtos parênteses ao longo dos quais o taoismo ou o budismo foram religiões de Estado, uma divisão, por um lado, se concretizava desde o século III antes de nossa era entre um confucionismo erigido em ideologia oficial e em sabedoria dos letrados e, por outro, um taoismo vivido como uma religião popular de salvação, ambas em concorrência com um budismo mais elitista introduzido no século I. Como o afirma o adágio chinês, "os três ensinamentos são apenas um", pois trata-se de doutrinas complementares e idênticas em muitos pontos, compartilhando o vocabulário, alguns elementos doutrinais e, às vezes, até seu *corpus*. Cada uma, no entanto, tem sua própria história, suas crenças e seus ritos. Mas só duas delas são especificamente chinesas: o confucionismo e o taoismo.

O humanismo confucionista

Ao longo da era axial, a China volta sua atenção para as novas sabedorias pregadas pelos filósofos, mais particularmente a sabedoria de Kongfuzi ou Mestre Kong, que no século XVI os jesuítas o denominaram Confúcio. Confúcio nasceu por volta de 551 antes de nossa era, na Província de Shandong. Órfão de pai aos 3 anos, viveu sua infância com sua mãe na pobreza. A origem nobre de seu pai, no entanto, lhe permitiu beneficiar-se de uma instrução e formar-se nas seis artes que constituíam a base de uma boa educação na tradição chinesa: os ritos, a música, a condução de carruagens, o tiro ao arco, a escrita e o cálculo. Aos 17 anos, após a morte de sua mãe, Confúcio viu-se obrigado a trabalhar. Sem abandonar o estudo da história, da filosofia e dos textos antigos, exercerá diversos tipos de emprego na função pública. Trata-se de um personagem com sede de aprender, mas igualmente de transmitir. Movido por estes interesses ele aventurou-se no ensino. À medida que ia elaborando sua filosofia, suas ideias humanistas foram se difundindo entre o círculo de seus discípulos. Confúcio fundou então a primeira escola pública no mundo. Decidido a pôr em prática suas ideias, com aproximadamente 50 anos de idade, retornou à função pública. Fino estrategista, rapidamente viu sua carreira evoluir: de chefe do distrito de Zhongdu tornou-se vice-ministro dos trabalhos públicos, em seguida ministro da Justiça do Estado de Lu. Sua política humanista marcou duravelmente o país, notadamente por ocasião da negociação de um tratado de paz com o Estado de Qi. Decepcionado com a corrupção do Príncipe Lu, pediu então demissão e se exilou por doze anos para tentar fazer reconhecer sua filosofa nos países de Wei, Cao, Song, Chen e Cai. Muitos discípulos irão juntar-se a Confúcio em razão de suas palavras de sabedoria, mas os soberanos estavam mais preocupados com suas próprias guerras de poder.

Quanto à sua visão religiosa, Confúcio não buscava fundar uma religião, não evocava os espíritos e poucas referências fazia às questões sagradas. Sua maior preocupação era o ser humano e a organização da vida da cidade. Respeitando as tradições e os textos clássicos que forjaram seu espírito e lhe permitiram extrair a sabedoria de seu ensinamento, Confúcio afastou-se dos deuses e pregava uma filosofia assentada nos valores humanos. "Aquele que não sabe o que é a vida, como saberá o que é a morte?", registrou o nosso personagem em suas famosas *Entrevistas* (XI, II). Sua abordagem era pragmática, fundada na educação e no conhecimento. Para ele, é o saber que pode elevar o indivíduo e tranquilizá-lo: "Estudai, como se ainda devêsseis obter; e temei a perda do que tendes adquirido" (VIII, 17). Confúcio não ensinava uma ciência abstrata, mas uma filosofia embasada na experiência e no saber, uma sabedoria do cotidiano praticada em sociedade. "Adquirir o conhecimento tranquilamente, aprender sem perder o interesse, instruir os outros incansavelmente" (VII, 2).

Confúcio e Lao-Tsé se inspiram na mesma cosmogonia, cujas bases residem na noção de Tao, ou *Dao,* entendida como matriz, como fonte do mundo. O Tao ordena o mundo e mantém sua harmonia. Embora indefinível e totalmente avesso ao entendimento humano, o Tao é apreensível pela intuição e por seus efeitos na natureza. Desta forma ele se transforma em fonte de inspiração e modelo de virtude, razão pela qual também é denominado "caminho" ou "via": o sábio tende à perfeição do Tao ao vincular-se a ele e ao imitá-lo. O Tao também evoca a ideia de fluxo, de mutação, de movimento. Esta ideia de fluxo permanente da vida cósmica é atravessada por duas forças contrárias e complementares: o *yin* e o *yang*. O *yang* exprime o princípio ativo, luminoso, masculino: é o fogo, o sol, o dia, a montanha. O *yin* exprime o princípio passivo, feminino, que acolhe, une, acalma: é a água, a lua, a noite, o córrego. Não se trata de forças antagônicas, mas de polaridades complementares e indissociáveis. A partir desse fundo cosmológico comum, as doutrinas de Confúcio e de Lao-Tsé diferem em muitos pontos, notadamente em relação à importância acordada aos rituais e aos costumes sociais.

Enquanto o taoismo, como o veremos ainda, não encorajava estas práticas rituais, Confúcio as julgava essenciais para melhorar o caráter moral e a qualidade de vida dos cidadãos. As convenções sociais e as hierarquias deviam ser respeitadas para que cada indivíduo encontrasse o seu lugar na sociedade. Segundo Confúcio, esta aplicação estrita das regras não confinava os indivíduos em casas ou castas, visto que ele acreditava na capacidade do ser humano de aperfeiçoar-se e de mudar o seu destino. "Todos os homens se assemelham por sua natureza profunda, mas se diferenciam por hábitos e costumes", afirmava nosso filósofo humanista (XVII, 2), que, além disso, defendia uma sociedade fundada na nobreza de coração e do mérito. Daí a importância de praticar a virtude a fim de obter o poder de governo de si mesmo. "O homem honrado busca a Via, e não os bens materiais", declara ainda (XV, 31). Sua filosofia se embasava em quatro pilares: respeito, senso moral, tolerância e piedade filial.

Os textos antigos ensinados por Confúcio ou redigidos por seus discípulos após a sua morte se tornaram clássicos da sabedoria chinesa, e ainda hoje são estudados. A principal obra que permitiu a difusão de sua filosofia, o *Lunyu*, reúne entrevistas entre o mestre e seus discípulos. Trata-se de textos compilados por pessoas mais próximas ao pensador, poucos anos depois de sua morte. O *Mengzi* tem Mêncio por autor – um discípulo de Confúcio –, que redigiu seu texto no século III antes de nossa era, e que é considerado o segundo maior sábio da história chinesa. Mêncio insiste nos valores universais e na virtude da humanidade (*ren*) inscrita no coração humano, que aconselha a cultivar:

> Todo homem tem um coração que reage ao intolerável. Suponhamos que algumas pessoas vejam de repente uma criança a ponto de cair num poço: todos terão

uma reação de pavor e de empatia que não será motivada nem pelo desejo de manter boas relações com os pais da criança, nem pela preocupação com uma boa reputação junto aos vizinhos e amigos, nem pela aversão aos gritos da criança. Portanto, parece que, sem um coração que se compadece dos outros, não se é humano; sem um coração que sente vergonha, não se é humano; sem um coração marcado pela modéstia e pela deferência, não se é humano; sem um coração que diferencia o verdadeiro do falso, não se é humano. Um coração que se compadece é germe do senso do humano; um coração que sente vergonha é germe do senso do justo; um coração marcado pela modéstia e pela deferência é germe do senso do religioso; um coração que distingue o verdadeiro do falso é germe do discernimento. O homem possui em si estes quatro germes, da mesma forma como possui quatro membros[62].

Finalmente, aos 60 anos de idade, Confúcio retornou para a sua cidade natal para escrever e estudar, mas também para ensinar a discípulos de todas as classes sociais. Seus últimos dias foram muito reservados. Ele morreu em 479 a.C., poucos anos antes do nascimento de Sócrates. É ao redor de sua sepultura que foi erigido Kong Lin, o cemitério de Confúcio, no qual seus descendentes serão, ao longo dos séculos, enterrados, e que tornou-se lugar de grande peregrinação. O velho sábio passou os últimos cinquenta anos de sua vida compilando textos antigos nos quais buscou inspiração para a sua filosofia. O conjunto destes textos é conhecido sob o título dos *Cinco clássicos* de Confúcio, ou *King: O livro das mutações (Yi King), O livro dos poemas (Si King), O livro da história (Shu King), O livro dos ritos (Li King)* e *Os anais das primaveras e dos outonos (Chunqiu King).*

---

[62]. MENGZI [Mencius], II A 6. *In*: CHENG, A. *In*: *Histoire de la pensée chinoise*. Paris: Seuil, 1997, p. 161-162 [cf. CHENG, A. *História do pensamento chinês*, Vozes: Petrópolis, 2023, p. 188].

O *Yi King* é um texto fundador da civilização chinesa. Destinado a acompanhar o discípulo em sua prática e em suas perguntas existenciais, o livro apresenta sessenta e quatro situações-tipo da vida cotidiana enunciadas em formas verbais ("Recuar", "Esperar", "Desenlaçar"), ou em imagens simbólicas ("o Caldeirão", "o Poço"). Cada situação é representada por 64 hexagramas. Um hexagrama figura as forças *Yin* e *Yang* de um momento dado e oferece um conselho para agir de maneira oportuna. É assim que o *Yi King* (O livro das mutações) tornou-se um livro de oráculos que se consulta jogando varetas de madeira ou moedas. Ele conheceu um sucesso planetário ao ser traduzido para o alemão por Richard Wilhelm em 1920 e, sobretudo, em razão de sua edição inglesa e americana, prefaciada pelo famoso psiquiatra de Zurique Carl Gustav Jung, que o utilizou em suas terapias, e a seu respeito escreveu:

> O tipo de pensamento erigido sobre o princípio da sincronicidade que culmina no *Yi King* é a expressão mais pura do pensamento chinês em geral. Entre nós este tipo de pensamento desapareceu da história da filosofia depois de Heráclito[63].

A doutrina confuciana se apoia também num conjunto complexo de correspondências entre o céu, a terra e o ser humano. Por sua boa ou má conduta, o ser humano pode exercer um poder regulador ou perturbador na sociedade e no cosmos inteiro. Confúcio viu em cada ação, portanto, a aplicação prática de sua filosofia. O respeito aos rituais e a prática da virtude não devem intervir apenas por ocasião de eventos cerimoniais como casamentos, enterros e comemorações dos ancestrais, mas também na vida cotidiana. "Se o homem ho-

---

63. JUNG, C.G. *Commentaire sur le Mystère de la Fleur d'Or*. Paris: Albin Michel, 1994, p. 116 (cf. JUNG, C.G.; WILHELM, R. *O segredo da flor de ouro*. Petrópolis: Vozes, 2023).

norável abandona o caminho da virtude, como sustentará seu título de 'honorável'? O homem honorável não o abandona jamais, nem mesmo durante uma refeição. E assim permanece sempre, mesmo em meio aos casos mais prementes, mesmo em meio aos maiores problemas" (IV, 5). Nosso mestre aplica assim uma disciplina severa e enquadra seu ensinamento numa multiplicidade de rituais. Ele mesmo leva um estilo de vida dos mais rigorosos: "Confúcio adorava que seu mingau fosse feito de um arroz muito puro, e seu picado composto de carne cortada muito fina. Ele não comia o mingau mofado e estragado, nem peixe nem carne deteriorados. Ele não comia um manjar que tivesse perdido sua cor ou seu cheiro ordinário. Não comia um manjar que não tivesse sido cozido convenientemente, nem uma fruta que não estivesse suficientemente madura. Ele não comia o que não tivesse sido cortado de uma maneira regular, nem o que não tivesse sido temperado com o molho adequado" (X, 8). Para os sábios confucianos, a virtude não é adquirida no nascimento, mas é fruto da aprendizagem. Seu ensinamento, portanto, é destinado a todos.

O sinólogo Marcel Granet define assim sua filosofia: "Não é uma ciência abstrata do homem que Confúcio e seus fiéis tentaram fundar; é uma arte da vida que abrange psicologia, moral e política. Esta arte nasce da experiência, das observações que sugere a quem sabe refletir a vida de relação e às quais junta-se o saber legado pelos mais velhos. A esta arte ou a este saber convém o nome de humanismo. Ele se inspira num espírito positivo. Ele só considera fatos observáveis, vividos, concretos". Confúcio dizia: "Sondar o mistério, fazer maravilhas, passar à posteridade como um homem de receitas (*chou*), é isto que eu não quero"[64]. O confucionismo difundiu-se primeiro na Ásia,

---

64. GRANET, M. *La Pensée chinoise*. Paris: Albin Michel, 1999, p. 398.

em seguida em todas as regiões do mundo, na Europa especialmente através dos missionários jesuítas. Ele influenciou os filósofos das Luzes, e Jules Ferry via nele uma moral universal que desejava ver ensinada nas escolas da República.

Taoismo: a doutrina do "não agir"

É ao filósofo chinês Laozi (Lao-Tsé) que são atribuídos os fundamentos do taoismo. Teria ele existido? As fontes históricas sobre este sábio, cognominado "o velho Mestre", são raras. Seu nome aparece pela primeira vez no século IV antes de nossa era no livro *Zhuangzi*, atribuído ao pensador Zhuangzi (Chuang-tzu); em seguida o historiador Sima Qian, no século I antes de nossa era, evoca seu percurso em suas *Memórias históricas*. Segundo a lenda, Laozi nasceu no século VI antes de nossa era, no sul da China. Cura da biblioteca real e filósofo, ele pregava uma vida em harmonia consigo mesmo, com os outros e com o universo, numa época em que os diferentes estados chineses travavam lutas intermináveis. Durante sua velhice, ele fez um retiro espiritual no oeste da China. Foi durante essa viagem que o guardião da passagem de Hangu, Yin Xi, lhe pediu para registrar sua filosofia. Laozi lhe teria então ditado as cinco mil palavras do *Daodejing* (*Tao Te King*), o *Livro do caminho e da virtude*, texto maior do taoismo.

Em oitenta e um capítulos, o velho Mestre entregou seus pensamentos sob forma de provérbios e máximas breves, geralmente enigmáticas. Este tratado de sabedoria altamente poético, considerado uma obra-prima da literatura mundial, tem por objetivo orientar no caminho do Tao, força cósmica e universal que rege a ordem da natureza. Para ser virtuoso, o ser humano não deve buscar obter um resultado ou forçar um efeito; deve respeitar o não agir e seguir o curso da existência, como a água que flui sem esforço:

O homem de virtude superior é como a água.
A água é excelente em fazer o bem aos seres, e jamais luta.
Ela habita os lugares que a multidão detesta.
É por isso que (o sábio) se aproxima do Tao.
Ele gosta da situação mais humilde.
Seu coração adora ser profundo como o abismo.
Se é generoso, é excelente em mostrar humanidade.
Se fala, é excelente em praticar a verdade.
Se governa, é excelente em procurar a paz.
Se age, é excelente em mostrar capacidade.
Se se desloca, é excelente em conformar-se aos tempos.
Ele não luta contra ninguém; por isso não recebe nenhuma pecha de culpa[65].

O *Daodejing* explica o início do universo por um caos primordial contendo sopros, os *qi*. A primeira emanação do caos é o "*qi* original" que, percorrendo o cosmos, gera os elementos naturais, como as estrelas e os planetas. Pouco a pouco esta energia se divide em duas, o *yin* e o *yang*. Todo movimento de vida resulta da passagem entre estas duas forças simultaneamente contrárias e complementares. Estas energias regem o universo, mas também o ser humano, que faz parte de um "grande todo" do qual é reflexo em pequena escala. O corpo humano constitui um mundo (microcosmo) idêntico ao mundo exterior (macrocosmo); portanto, ele mesmo é atravessado por sopros. Laozi encoraja a reconhecer a dualidade cósmica e a alinhar-se ao Tao para viver em harmonia com o universo. Tudo é questão de equilíbrio, e é respeitando o mundo natural, e não combatendo-o, que o ser humano pode elevar-se e realizar-se.

Outra diferença maior entre a sabedoria confuciana e a taoista: enquanto a sabedoria confuciana se embasa na ordem cósmica imutável, cujo modelo é o imperador na terra, e visa a

---

65. LAO TSEU. *Tao Te King, Le Livre de la voie et de la vertu [Daodejing]*. Paris: Imprimerie royale, 1842, VIII.

manter a ordem social e política, o pensamento taoista se embasa mais na ideia de fluxo, de movimento, de impermanência, observável na natureza. Disso resulta uma ética cuja virtude suprema é a leveza, a flexibilidade, a espontaneidade. Enquanto o sábio confuciano busca estabelecer acima de tudo uma ordem interior que se harmonize com a ordem cósmica e favoreça a vida em sociedade, o sábio taoista se interessa mais pela natureza singular do indivíduo, e tende a desenvolver uma capacidade de adaptação que lhe permita acompanhar com fluidez o movimento permanente da vida. A doutrina do "não agir" não significa absolutamente passividade ou fatalismo, mas capacidade de adaptar-se a todas as situações, bem como aguardar o momento oportuno para melhor agir. Ela implica uma espécie de desapego, de confiança na vida. Não é necessário forçar as coisas, basta acompanhá-las. Zhuangzi escolhe assim a metáfora do nadador: "Desço com os turbilhões e subo com os redemoinhos. Obedeço ao movimento da água, não à minha própria vontade. É assim que consigo nadar tão facilmente na água"[66]. Esta doutrina leva ao desapego, isto é, a uma profunda aceitação da vida e de suas leis: nascimento, crescimento, declínio, morte. Se o sábio não tem medo da morte, é porque a considera parte integrante dos ritmos naturais da vida. Lá onde o idoso, que adquiriu saber e competência, é modelo de sabedoria confuciana, na sabedoria taoista o modelo é antes a criança, que vive com alegria e espontaneidade no instante presente e no acolhimento da vida.

O taoismo é tanto uma sabedoria filosófica e uma arte de viver quanto uma tradição religiosa, com seus ritos, seus códigos, suas crenças e um sistema de transmissão. A iniciação ao taoismo se realiza diretamente de mestre a discípulo e funciona com um sistema de registros para anotar todas as boas ações e

---

66. TCHOUANG-TSEU. *Oeuvres complètes*, livro 19. Paris: Gallimard, 1969.

os planos dos fiéis. Uma criança recebe seu primeiro registro aos 7 anos. Ela aprende a recitar o *Daodejing*, a dominar técnicas de concentração, de respiração, e recebe um nome secreto e a descrição de um "general", uma espécie de divindade protetora, que lhe dispensa a proteção de dez generais, em seguida oitenta e cinco, assim como seu exército de "soldados divinos". Um rito de união sexual marca a última etapa da iniciação; o último registro comporta então cento e cinquenta generais. Para o crente taoista, o registro se parece com um talismã que o protege e lhe serve de salvo-conduto após sua morte para encontrar seu justo lugar na hierarquia celeste. O discípulo deve respeitar muitas interdições, como as de não cortar árvores ou não poluir os cursos d'água.

Para os taoistas, a circulação da energia no corpo é a base de uma vida harmoniosa. Cada parte do corpo tem sua função orgânica e simbólica. Um adepto que negligencia sua respiração ou sua alimentação definha; quem cuida de seus órgãos garante uma longevidade melhor. Os mestres elaboram toda sorte de procedimentos de "longa vida" baseando-se na dietética (por exemplo, não comer cereais), na alquimia, na circulação da respiração, na absorção de drogas dentre as quais o cinábrio (sulfureto de mercúrio). Antes de qualquer procedimento técnico, o fiel deve levar uma irrepreensível vida moral. Como o explica Henri Maspero, "praticar a virtude e evitar o pecado, confessar-se e arrepender-se das faltas, fazer boas obras, alimentar os famintos e vestir os que estão nus, socorrer os doentes, distribuir sua fortuna aos pobres, fazer o bem em segredo e sem orgulhar-se são coisas que conhecemos e que nos são familiares. Mas, na China dos Han, era algo novo [...]; o taoismo criava uma verdadeira moral individual para os chineses"[67]. No século III,

---

67. MASPERO, H. *Le Taoïsme et les religions chinoises*. Paris: Gallimard, 1971, p. 55.

o texto "os mandamentos de Laozi" preconiza o cultivo da mansidão, do silêncio, da pureza, da lealdade, da bondade. Virtudes muito distantes da busca de poder perseguida pelos imperadores. Permanecendo afastado do poder, o taoismo, apesar dos decênios de perseguições comunistas, perdura ainda hoje através de duas escolas principais: a Aliança da unidade ortodoxa e a Escola da completude do autêntico.

Hinduísmo

Não conhecemos quase nada das religiões da Índia antes da migração para o subcontinente indiano dos povos indo-arianos, no início do segundo milênio antes de nossa era. Os novos chegados criaram uma sociedade dividida em castas e disseminaram sua concepção religiosa do mundo que se misturou com as religiões anteriores, que muito provavelmente eram de tipo animista. Redigidos entre 1500 e 600 antes de nossa era, os *vedas* são os textos fundadores desta religião dita "védica". Ao longo do primeiro milênio antes de nossa era, a influência da casta dos sacerdotes brâmanes, que multiplicou os ritos e os comentários teológicos, deu novo alento ao vedismo, que a partir de então passou a ser identificado como uma religião brâmânica. Foi só mais tarde que o conjunto das religiões da Índia, oriundo do vedismo antigo e do bramanismo, passou a ser chamado de "budismo".

Do vedismo ao bramanismo

Contrariamente ao judaísmo e ao cristianismo, as fontes do hinduísmo são vagas, já que não existe fundador autentificado nem gênese claramente atestada. Daí a abundância de seus rituais e a constelação de suas correntes, doutrinas e ensinamentos que, não obstante tudo, guardaram um tronco comum: o de um politeísmo de caráter sacrificial. Herdeiro da época védica, o panteão divino é uma nebulosa de divindades, como o ilustra o outro nome da Índia hindu: "a mandala dos trinta e três milhões de deuses". Os antigos deuses maiores – Varuna, soberano celeste; Mitra, protetora da justiça e guardiã das alianças; e Indra, chefe das milícias divinas, empoleirado sobre um elefante branco – foram progressivamente substituídos no coração dos fiéis por Xiva, Vixnu e Brahma, que constituem a *Trimúrti* ("tríplice forma" em sânscrito), ou as três formas do divino, lembrando a Trindade cristã. Diferentemente das religiões monoteístas, estes deuses – ou este Deus de múltiplas formas – não criaram o universo. De acordo com os mitos védicos, diferentes versões explicam o início do mundo: o universo teria sido engendrado pelo sacrifício de Purusha, o homem cósmico primordial, ou teria vindo de um ovo de ouro flutuando sobre as águas do Caos original, ou ainda fruto da união do Céu e da Terra. Os deuses teriam nascido ao mesmo tempo ou logo em seguida a essa criação, cuja missão seria garantir a ordem cósmica. Abaixo da *Trimúrti* reside uma multidão de deuses que recebem um culto restrito, ligado a uma localização (uma aldeia, um rio, uma montanha) ou a uma subcasta. Outras divindades são mais importantes, como Ganesha, o deus com cabeça de elefante; Hanuman, o deus macaco; Kama, o deus dos desejos eróticos; ou Yama, o da morte. O panteão é igualmente habitado por muitos espíritos, gênios, mas também por animais, como a vaca, símbolo da terra que nutre. Muitos teólogos se perguntaram se o conjunto desses seres divinos representava um todo. A *Bhagavadgita*, o "Canto do bem-aventurado", um dos textos maiores do hinduísmo, oferece um início de resposta: "Quando um de meus fiéis deseja com toda a sua fé me venerar sob uma forma particular, eu imediatamente assumo essa forma" (IX, 15).

A era axial e os upanixades

Como o explica o indianista alemão Hermann Kulke, "durante o período pós-védico, a partir dos séculos VII e VI antes de nossa era, cinco fatores mudaram radicalmente a sociedade e provocaram o início da história indiana: os reinos regionais, a urbanização, o comércio inter-regional, a agricultura e a emergência de um novo tipo de intelectuais. Obviamente, nenhum destes fatores era completamente novo. O novo, de fato, era o conjunto do desenvolvimento material e uma repentina consciência da mudança que levaram a um pensamento diferente e amiúde inovador"[68]. As confederações formadas pelas tribos indo-arianas desapareceram, primeiramente em benefício de reinos e, em seguida, de impérios poderosos. O primeiro e o maior dentre eles, o Império de Mágada, se estendeu do Vale do Ganges até a parte meridional do Bihar. Foi nestes impérios, cruzamentos comerciais em constante efervescência, que emergiu a ideia de uma salvação individual. Esta era certamente fruto de reflexões dos membros das classes abastadas que se perguntavam sobre o próprio destino e o sentido da existência. As respostas dos sacerdotes já não eram mais suficientes, razão pela qual buscavam outras explicações, diferentes das oferecidas pelos *vedas*. Os comerciantes, os artesões e os empregados das "administrações" da época interagiam entre si e agrupavam-se em corporações protetoras. Os letrados, sobretudo os de origem bramânica, alimentavam os debates e alargavam seus horizontes. Sem rejeitar os *vedas*, se afastavam da ortodoxia e desenvolviam novos conceitos, dentre os quais os de uma ordem cósmica e os de uma possível salvação individual. Desnorteados pelo zelo ritualista dos brâmanes, números sempre mais crescentes de indivíduos buscavam praticar a própria espiritualidade de uma forma mais livre. Oriundos, em sua maioria, das castas mais

---

68. KULKE, H. *The Historical Background of India's Axial Age*. State University of New York Press: Nova York, 1986, p. 382.

elevadas, esses indivíduos fugiam das aldeias e se refugiavam nas florestas. Não obstante a discrição, esses ascetas faziam mais e mais rivais, mas suas máximas se espalhavam pelas aldeias ao leste da planície do Ganges. Os brâmanes, por sua vez, viviam majoritariamente no centro do país e ao oeste desta região, no "País dos Santos Sábios", verdadeiro coração da civilização ariano-védica, onde foram erigidos os maiores reinos e se implantaram as maiores tribos.

Foi naquele momento, no coração da era axial, que surgiram os *upanixades*, coletâneas de textos que marcam "o início do pensamento filosófico indiano", segundo a expressão de Hermann Kulke. Estes curtos escritos foram redigidos em sânscrito e em forma de diálogo, demonstrando que tratava de transcrições de ensinamentos de mestres para discípulos. Esta ideia de transmissão oral encontra-se na própria etimologia da palavra *upanixade*, derivada do verbo "sentar-se junto de". Contrariamente aos *vedas*, que tendiam a ditar verdades, os *upanixades* propuseram reflexões e especulações filosóficas sobre diversos temas, indo das origens do mundo às narrativas de mestres, passando até pelo receituário de assegurar-se a afeição de uma mulher. Dada a qualidade literária destes textos, geralmente eram atribuídos a brâmanes letrados, vistos como capacitados a misturar exegese e discursos esotéricos. Embora os brâmanes não contestassem os fundamentos dos *vedas*, eles se distanciavam da leitura formalista de seus antepassados, para quem as desgraças eram consequência de uma ausência ou de um erro litúrgico. Eles se encantavam com as novas práticas dos ascetas das florestas que, por suas técnicas de aquecimento e de controle da respiração, instauravam novas técnicas psicocorporais capazes de levar à transformação espiritual. Inicialmente confinados à elite, estes novos caminhos de sabedoria se espalharam a toda a população, desejosa de viver uma relação mais íntima com o divino.

O brahman *e o* âtman

Sobre a centena de *upanixades* escritos entre os séculos VII e IV antes de nossa era, catorze são considerados maiores. O mais antigo, o *Brhadaranyaka Upanixade*, transcreve os diálogos entre teólogos e um brâmane expondo a ideia de uma realidade única, o Absoluto ou o *brahman* (não confundir com brâmanes, sacerdotes que formam a casta superior do hinduísmo). Segundo o sábio, este Absoluto (o *brahman*) subentende o universo e reside no ser humano através de seu próprio "si", o *âtman*.

O *brahman* védico é a fórmula sagrada, a potência misteriosa graças à qual os ritos são eficazes, ao passo que o *brahman* hindu dos *upanixades* simboliza o Absoluto, a essência cósmica presente em cada ser e em cada coisa. É um "substrato silencioso de todos os seres vivos", segundo a definição da indianista e historiadora Ysé Tardan-Masquelier[69]. Não se pode, portanto, venerá-lo. O *âtman*, por sua vez, é um minúsculo pedaço do *brahman,* o sopro vital presente em cada ser vivo, a pura consciência. É esse "si" que anima o indivíduo, o "soberano de todos os seres, o rei de todos os seres", como o define o *Brhadaranyaka Upanixade* (II, v. 15). É tomando consciência desse vínculo entre o Absoluto (*brahman*) e seu "si" (*âtman*) que o indivíduo, sendo parte de um todo, poderá libertar-se. Cabe aos *upanixades* traçar o caminho a seguir: o caminho do *darma*, conjunto de regras éticas e espirituais destinadas aos humanos.

Os *upanixades* desenvolvem esta ideia enriquecendo-a com três novas noções complementares: o *carma*, o *samsara* e a *mocsa*. A primeira noção corresponde ao balanço dos méritos e deméritos acumulados por um indivíduo ao longo de sua vida.

---

69. TARDAN-MASQUELIER, Y. *Un milliard d'hindous. Histoires, croyances, mutations*. Paris: Albin Michel, 2007, p. 60.

A segunda representa a roda das existências: após a morte, o indivíduo renasce aqui na terra ou em outro mundo, em condições vantajosas ou não, segundo o seu balanço cármico. Enfim, a *mocsa* designa a libertação final da alma, portanto, do ciclo dos renascimentos, pela união do *âtman* com o *brahman*. Só chegam a esse estágio os sábios bem-sucedidos, esses atletas da espiritualidade que, por sua disciplina, conseguiram desapegar-se e ir além do sofrimento. Os outros indivíduos, à mercê do *samsara*, dor da existência, passam sua vida, ou a do além, a conformar-se ao *darma* para renascer numa vida melhor. E esperam quebrar esta mecânica sem fim.

Darma *e* Código de Manu

O *darma* designa o conjunto das leis simultaneamente cósmicas e sociais às quais todo hindu se submete, redigidas a partir do século IV antes de nossa era. Essas regras éticas e esses deveres religiosos são atribuídos a cada indivíduo segundo sua casta, sua idade e seu sexo (o *svadharma*). Cada indivíduo deve segui-los em vista de seu próximo renascimento, e na vida presente nenhum fiel pode fugir de seu destino. Esses princípios universais são copiados da sociedade de castas da Índia védica: à sua frente, os *brâmanes* (sacerdotes); em seguida os *xátrias* (guerreiros), os *vaixás* (agricultores, produtores) e os *sudras* (servos excluídos do sistema). Enfim, abaixo desta hierarquia humana se encontram os *dálits* (os sem-casta ou intocáveis).

As leis do *darma* estão consignadas no *Código de Manu* (personagem fictício concebido como revelador do *darma*), compilado no século II antes de nossa era. Ele define os mínimos detalhes da sociedade e rege as relações entre as castas: já que a casta mais pura, os brâmanes, é considerada a mais próxima do sagrado, qualquer contato com ela é proibido, com o risco de torná-la impura. Contrariamente, um brâmane não tem o direito de comer a comida preparada por um membro de uma casta inferior. Mas as castas, consideradas independentes umas das outras, não podem, de fato, viver sem intercâmbios recíprocos. Por conseguinte, para alimentar-se o sacerdote precisa do agricultor, que por sua vez espera que o primeiro tome conta do templo. Em caso de contaminação, o *Código de Manu* prevê métodos de purificação. Manchadas por uma impureza original, que se manifesta a cada mês por suas menstruações, as mulheres nesta sociedade de castas dispõem de um estatuto que não é absolutamente desejável: "Uma menina, uma jovem mulher, uma mulher em idade avançada nada pode fazer por vontade própria, mesmo dentro da própria casa" (V, 147). O *darma* da mulher lhe impõe que se ocupe de seu esposo e de suas crianças a fim de poder renascer como homem, e esperar alcançar assim a libertação. Os hindus obedecem a este sistema justificado por uma ordem cósmica. Para eles, não é a sociedade ou os deuses que são injustos, mas o responsável por sua condição presente é o próprio indivíduo.

Os três caminhos da libertação e o ioga

Outros textos completam este *corpus* religioso, como o *Ramayana* (ou a "gesta de Rama"), e o *Mahabharata*, um dos mais longos poemas do mundo, com mais de duzentos mil versos. Este último contém a *Bhagavadgita,* apresentada sob a forma de um diálogo entre Arjuna, um príncipe guerreiro, e Krihsna, seu cocheiro, avatar do deus Vixnu. Enquanto Arjuna é atormentado pela dúvida no momento de chefiar uma grande batalha, Krihsna lhe ensina os três caminhos de salvação: ação, devoção e conhecimento. O primeiro é o caminho da ação desinteressada, sem apego, endereçado sobretudo às pessoas naturalmente ativas. O segundo é o caminho da devoção, levando ao amor incondicional; é o caminho que convém mais particularmente às pessoas sensíveis e emotivas. O terceiro é o caminho do conhecimento, adaptado aos indivíduos mais racionais e aos intelectuais que desejam aguçar o discernimento.

Para professar a própria fé, os hindus se apoiam majoritariamente no caminho da devoção com os deuses: o *bhakti*. Embora represente uma infinidade de práticas pessoais ou coletivas e de rituais, o *bhakti* tem um único propósito: expressar o amor do indivíduo ao deus de sua escolha, mas também às divindades secundárias, e agradecê-las por suas boas graças. Isto pode passar pela poesia, pelas danças e cantos sagrados, pelos mais diversos dons. Cada casa possui a efígie de sua divindade protetora, diante da qual se pratica a *puja*, rito doméstico de oferenda e de adoração. Mesmo não sendo uma obrigação, os hindus frequentam igualmente os templos, sempre para acumular méritos.

A filosofia da não dualidade, mais conhecida sob o nome de *Vedanta*, afastou-se do dualismo do *bhakti*. Fundado em textos dos *Upanixades* e desenvolvido mais tarde pela filosofia do VIII século Shankara, o *Vedanta* (ou "Segunda Exegese"), afirma que o panteão divino não passa de uma criação do ser humano que, por sua vez, necessita de representação para viver plenamente a sua fé. Segundo Shankara, tudo isso é pura ilusão, já que só existe o *brahman*, este "Uno sem sósia".

O corpo exerce um papel essencial na concepção e na prática religiosas, pois é simultaneamente considerado a sede do *âtman* e o lugar de transformação do indivíduo, em vista da libertação. Os *Upanixades* descrevem as diversas técnicas de ascese e de desapego, dentre as quais o ioga. Existe uma infinidade de escolas de ioga que propõem diversos *Yama*, exercícios que o praticante deve seguir para criar unidade entre corpo e espírito. As quatro principais vias tradicionais – Jnana ioga, Bhakti ioga, Karma ioga e Raja ioga, ou ioga real – são expostas na *Bhagavadgita*. O méto-

163

do mais famoso, os *Ioga-sutras* de Patanjali, foi redigido entre o século III antes de nossa era e o século III de nossa era. Iniciado por um guru, o praticante deve dar provas de uma vida exemplar e aprender diversas posturas – físicas, denominadas *ásanas*, respiratórias, as *pranayamas*, e a meditação. Elas permitem ao indivíduo, ao longo de etapas sucessivas, sentir-se plenamente realizado. A última, o *samadhi*, constitui o apogeu espiritual: a partir do momento em que o praticante se liberta de todos os desejos, ele se torna um com o Absoluto.

Os sábios contemporâneos

Seja qual for o caminho seguido, a maioria dos hindus vê na religião uma disciplina salvadora bem como uma via harmoniosa, feliz, como o testemunham as festas e as peregrinações que reúnem milhões de pessoas. São ocasiões para reabastecer-se espiritualmente, consultar mestres, purificar-se em águas sagradas, adquirir lembranças religiosas para alegrar a própria casa e fazer progressos no longo caminho da libertação final. Não é menos verdade que o hinduísmo tradicional nunca deixou de ser uma sociedade de castas muito acentuada pelo patriarcado, e que muitos mestres espirituais e líderes políticos, como Gandhi, convidaram a reformar profundamente. De fato, um momento fundamental na história do hinduísmo contemporâneo é marcado pelo movimento de reforma socioespiritual (o "Brahmo Samaj"), iniciado, a partir de 1828, por Râm Mohan Roy (1772-1833), notadamente apoiado ao Norte pela família de Rabindranath Tagore. A ética religiosa do movimento repousava sobre uma renovação do hinduísmo. A preocupação era dupla: entrar em diálogo com as outras religiões da Índia (sobretudo com o islã, o budismo e o cristianismo) e pôr fim ao rito do sati (imolação das viúvas numa fogueira), à poligamia e ao sistema de castas.

Desde o famoso místico Ramakrishna, final do século XIX, até os mestres espirituais contemporâneos, como Ma Ananda Mayi, Swami Ramdas ou Ramana Maharshi, muitos sábios da Índia moderna exerceram uma forte influência sobre os ocidentais, propondo uma espiritualidade universal livre das marcas culturais da religião hinduísta. Assim, Swami Prajnanpad, mestre de Arnaud Desjardins, que também influenciou filósofos materialistas e ateus, como André Comte-Sponville, escreve:

> Lembrai-vos que tudo o que vos acontece, acontece para o melhor. Há uma distribuição divina das coisas. Vossa vida teria sido empobrecida sem tudo o que vos aconteceu. Da mesma forma, tudo deve ser aceito, o bom e o ruim. Por conseguinte, não tendes escolha. Se quereis o bom, tereis também o ruim. Cada coisa tem dois aspectos. Se quereis escolher o lado cara de uma moeda, tereis que aceitar também o lado coroa. É inútil esperar apenas o prazer. O prazer e o desprazer andam sempre de mãos dadas. Tomai os dois ou nada. Quando uma coisa acontece, aceitai-a primeiro. É a verdade. Aconteceu. Poderíeis recusá-la e dizer que nada aconteceu? Não. Após terdes chorado e lastimado, de um modo ou de outro a aceitareis. Por que então não aceitá-la desde o início? Dizei "sim" a tudo. Quando se aceita de livre-vontade uma coisa, não há sofrimento. O medo deve ser banido de vossa vida[70].

A sabedoria de Buda

Esta reforma espiritual e esta visão universalista pregada por sábios indianos contemporâneos já estavam no centro do ensinamento de um dos maiores sábios da humanidade: Buda. Na Índia, no século VI antes de nossa era, a religião estava nas mãos dos sacerdotes. Como destaca o indianista Jean Varenne: "O vedismo evoluiu para um ritualismo cada vez mais exigente que,

---

70. PRAJNANPAD, S. *Entretiens* (avec Ramanuja Srinivasan), Saint-Geoursde--Maremne: Accarias-L'Originel, 1990.

por força das situações, tornou-se questão de soberanos unicamente, com os colegas sacerdotes que eles mantinham para celebrar sacrifícios quase permanentes. É contra este ritualismo e contra os aspectos exteriores do politeísmo védico, sem dúvida já muito degradado, que se desenvolve, a partir do século V antes de nossa era, um budismo cujo florescimento conhecemos na Ásia Central e Oriental"[71]. Desejosos de libertar-se da base védica, mestres, ascetas e iogues, sozinhos ou acompanhados de discípulos, cruzaram o país em busca de novos caminhos espirituais. A história guardou dois deles: Mahavira, o fundador do jainismo, uma espiritualidade que respeita todos os seres vivos e prega um estrito vegetarianismo, e sobretudo o príncipe Siddhartha Gautama Shakyamuni, ou Buda (literalmente "o Iluminado"). Seu ensinamento vai marcar uma profunda ruptura ética e espiritual com as práticas religiosas da época. De fato, se os hindus calcam a liturgia e os deveres sobre o sistema de castas, para Buda só importam a moral e as ações de cada indivíduo. Assim, dentre todas as filosofias e religiões de salvação, o budismo é certamente uma das mais universais.

Da vida principesca ao despertar espiritual

Se inúmeros escritos relatam a vida daquele que se tornará o "Iluminado", desemaranhar o verdadeiro do falso, o factual do maravilhoso, é muito complicado. As primeiras fontes que atestam sua existência datam do século II antes de nossa era, ou seja, três séculos após os acontecimentos narrados. Os fatos certamente foram embelezados e complementados por histórias ao longo do tempo. Para a maioria dos historiadores, Buda teria nascido por volta de 560 antes de nossa era, mesmo se a tradição cingalesa faz sua aparição remontar sessenta anos antes. Siddhartha é o filho mais velho de Shuddhodana, um reizi-

---

71. VARENNE, J. *Le Veda* (textos reunidos). Paris: Les Deux Océans, 1984, p. 28.

nho que governa em Kapilavastu, capital do clã dos guerreiros Sakyas, situada no contraforte do Nepal. Uma noite, sua mãe, a Rainha Mayadevi, teria sonhado que um elefante branco descia dos céus e entrava em seu ventre. Os brâmanes veem nesse sonho o sinal da chegada de um ser puro, cujo poder não terá limites. Seu pai quer fazê-lo herdeiro do trono, mas teme que o filho não escolha o caminho religioso se descobrir os mistérios do mundo – medo alimentado por uma profecia segundo a qual o príncipe deixará o palácio no dia em que encontrar um idoso, um doente, um cadáver e um mendigo. O rei faz de seu palácio uma prisão dourada, protegendo seu filho da realidade exterior e de tudo aquilo que é suscetível de subvertê-lo. Siddhartha leva uma vida tranquila e ociosa. Diz-se que ele falava muitas línguas e que dominava as matemáticas. Adolescente, recusava as esposas apresentadas por seu pai e finalmente casou-se com uma prima, de nome Yashodhara, que lhe dá um filho, Rahula.

Mas o príncipe fica entediado e, aos 29 anos de idade, decide descobrir a cidade que se estende para além dos muros do palácio. Ele a atravessa empoleirado em uma carruagem, conduzida por um cocheiro. Siddhartha cruza com um homem de silhueta encurvada. Diante de seu espanto, o cocheiro lhe explica que se trata de um fenômeno natural: o peso dos anos. Por ocasião de outra saída, ele dá de cara com um homem febril, "doente". Na terceira vez, observa um cortejo fúnebre e, por ocasião da quarta escapada, fica intrigado com um monge errante, que segura sua tigela de esmola, de rosto sereno não obstante sua indigência. Esses encontros são uma revelação: Siddhartha se dá conta de que ele também pode ficar doente, envelhecer e morrer, e que a vida é feita essencialmente de sofrimento, ligada ao desejo ou à perda. Decide então abandonar tudo e partir em busca da libertação. Certa noite ele fugiu do palácio a cavalo e, chegado a uma boa distância, abandonou sua montaria, sua capa, seus bens e raspou a cabeça. O príncipe dava início a uma vida de renúncia.

Segundo a lenda, ele começou seguindo os ensinamentos de dois iogues, mas rapidamente os superou. Ele conseguiu alcançar estágios de concentração avançados, mas deu-se conta de que eles não lhe permitiam libertar-se do *samsara*, a roda da existência. Então seguiu outros cinco ascetas por um lustre (cinco anos), quase morreu por força das privações, e mesmo assim não conheceu o livramento. Decidiu então prosseguir sua busca sozinho, e instalou-se debaixo de uma árvore, no povoado de Urivilva, atual Bodh-Gaya. E fez um voto: não pôr-se de pé antes de alcançar a Verdade. Mara, o deus da morte, fez de seu melhor para desconcentrá-lo e impedi-lo de alcançar o seu objetivo: enviou-lhe hordas de demônios assustadores, em seguida mulheres sublimes para tentá-lo. Em vão! Finalmente, Siddhartha teve acesso à *bodhi*, à iluminação. E tornou-se o Buda, o "Iluminado" (ou o "Esclarecido"). Desvendou o mistério da existência, da morte e o meio de libertar-se do *samsara*.

As Quatro Nobres Verdades

Após sete semanas passadas debaixo da árvore *bodhi* (*ficus religiosa,* uma "figueira sagrada"), Buda decidiu, sob a insistência do deus Brahma, anunciar o seu "caminho do meio". Sua missão teve início em Sarnath, ao norte de Benares, onde instruiu seus cinco antigos companheiros ascetas, doravante seus primeiros discípulos, os *bhikkhu* ("os que recebem"). Este sermão de Benares, conhecido como "discurso sobre as Quatro Nobres Verdades", contém o cerne do ensinamento do Iluminado. Ele o fez conhecer atravessando a Índia, seguido por fiéis sempre mais numerosos, que formavam o *shangha* [sanga], comunidade budista. Estas Quatro Nobres Verdades constituem os principais fundamentos do budismo.

A primeira verdade afirma que a vida é portadora de incessantes sofrimentos (*dukkha*). Através de muitas experiências (nascimento, velhice, separação, apego etc.), Buda observa que tudo é dor e que qualquer esforço para aceder a uma felicidade não passa de uma ilusão, pois, diz ele, tudo é impermanente. É, afirma Buda, "o apego aos desejos de ter (impulsos) e aos desejos de não ter (aversão)"[72]. Buda afirma igualmente que todos os fenômenos são interdependentes, sejam eles objetos físicos, sensações, percepções ou o pensamento. "Nada jamais existe independentemente do resto. Tudo está vinculado com tudo", diz ele. Segundo a terceira verdade, a cura é possível se o indivíduo renuncia à sua sede de desejos e aos seus apegos. Obviamente, ele continuará envelhecendo e adoecendo, morrerá, mas viverá estas etapas da vida com desprendimento. A quarta verdade fornece o remédio: o Caminho Óctuplo, ou o caminho dos oito elementos corretos. Este conduz no caminho do desapego, com suas oito componentes – entendimento correto, pensamento correto, linguagem correta, ação correta, modo de vida correto, esforço correto, atenção plena correta, concentração correta –, leva ao *nirvana*, ao fim do sofrimento. Este caminho balizado representa o "caminho do meio", como o descreve o próprio Buda: "Um monge deve evitar dois extremos. Quais? Apegar-se aos desejos dos sentidos, ao que é baixo, vulgar, terrestre, ignóbil e que engendra más consequências; e entregar-se às mortificações, ao que é penoso, ignóbil e engendra más consequências. Evitando estes dois extremos, ó monges, o 'Iluminado' descobriu o caminho do meio que oferece a visão, o conhecimento, que leva à paz, à sabedoria, ao despertar e ao nirvana".

Um guia para a libertação

Karma, *samsara* e *nirvana*: estas três noções budistas extraem sua fonte no hinduísmo. No budismo, a noção de *kar-*

---

72. *Dhammacakkappavattana Sutta*, sermon des Quatre Nobles Vérités.

ma é mais restrita do que a do *karman* dos hindus. Segundo Buda, o *karma* ("ação", em sânscrito) constitui a intenção que se manifesta na ação do pensamento, do corpo e da palavra. Mais do que o ato em si, é a intenção que produz o *karma*. Além disso, Buda postula a existência do não si, conceito segundo o qual os fenômenos, as coisas ou os indivíduos não têm existência estável e autônoma: eles não existem "em si". Esta ideia se opõe à concepção do "si" permanente (o *âtman*) dos hindus. A coletânea *As entrevistas de Milinda e Nagasena*, redigida entre o século II antes de nossa era e o século V de nossa era, ilustra este conceito-chave do budismo. O Monge Nagasena pede a Milinda, rei dos territórios do Indo no século II antes de nossa era, que lhe explique o que é uma carroça. São as rodas ou os eixos? O timão, a moldura, o acento ou o esteio de tração? É uma combinação destes elementos? Ou a carroça existe fora de todos estes elementos? O rei responde negativamente a cada questão. Por conseguinte, objeta Nagasena, não há carroça! No budismo, não existe "eu", mas cinco agregados – uma combinação das energias físicas e mentais do indivíduo – que condicionam o ciclo dos renascimentos, mais ou menos bons segundo o *karma*; este ciclo se conclui quando o ser não despertado alcança o *nirvana*. Este conceito de *nirvana*, que equivale ao livramento (*moshka*) dos hindus, Buda não o define positivamente, pois ele é indescritível. Os textos mais antigos o descrevem sempre de maneira negativa: "Um domínio onde não há nem terra nem água, nem fogo nem vento, nem domínio da infinitude da consciência, nem domínio do nada, nem domínio sem percepção, nem ausência de percepção, nem Sol nem Lua"[73]. O *Nirvana* define a extinção dos desejos e dos sofrimentos, e a libertação do ciclo dos renascimentos.

---

73. *Udana*, VIII, I.

De maneira geral, Buda se recusa a pronunciar-se sobre a questão de Deus ou dos fins últimos, avaliando que estes temas ultrapassam a nossa compreensão racional. É o que exprime esta famosa parábola da flecha envenenada: ao impaciente discípulo Mâlunkyaputta, que o censura por nunca dar respostas claras às grandes questões metafísicas, o Despertado narra a seguinte parábola: "Suponha, Mâlunkyaputta, que um homem seja ferido por uma flecha fortemente envenenada. Seus amigos e parentes trazem um cirurgião. E o homem diz: 'Não deixarei retirar esta flecha antes de saber quem me feriu, qual é sua casta, qual é o seu nome, qual é a sua família, se é grande, pequeno ou de tamanho médio; de qual aldeia, vilarejo ou cidade ele vem; jamais deixarei retirar esta flexa antes de saber com qual tipo de arco atiraram em mim; antes de saber qual corda foi usada no arco; antes de saber qual pluma foi montada sobre a flecha; antes de saber do que era feita a ponta da flecha'". Mâlunkyaputta morreu sem saber estas coisas. Da mesma forma se alguém diz "eu não levarei a vida santa sob a direção do Bem-aventurado antes que ele não dê uma resposta a estas questões, tais como, o universo é eterno ou não é etc., ele morrerá com suas questões deixadas sem resposta". Seja qual for a opinião que podemos ter sobre estes problemas, existe o nascimento, a velhice, a decrepitude, a morte, a infelicidade, as lamentações, a dor, a aflição sobre os quais declaro a Cessação nesta mesma vida"[74]. Buda lembra também que, a exemplo de um médico, ele veio para curar o ser humano do sofrimento, e não para especular sobre as questões últimas da ciência e da filosofia.

---

74. *Cûla Mâlunkiya Sutta*, parábola da flecha envenenada.

5
Magia, feitiçaria e exorcismo

A revolução espiritual da era axial da humanidade levou ao desaparecimento progressivo dos politeísmos antigos, mas favoreceu o nascimento e o desenvolvimento, em escala planetária, de grandes religiões de salvação como o budismo, o cristianismo e o islã. Antes de entrar nestas temáticas, porém, gostaria de voltar ao animismo que, como vimos, foi a primeira religião da humanidade. Embora o advento do Neolítico e o nascimento das religiões antigas tenham feito recuar fortemente o animismo, ele nunca desapareceu totalmente. Em primeiro lugar, ele continuou existindo em muitas regiões do globo que se mantiveram à margem das grandes civilizações da Antiguidade (África, Américas, Oceania, Ártico, e em muitas regiões da Ásia e da Europa do Norte). Em seguida, muitas vezes ele se misturou com tradições religiosas dominantes tanto no Egito, na Grécia e no Império Romano quanto na China ou na Índia. E então ele foi assumindo novas formas, nas quais o culto aos deuses se mesclava aos ritos herdados de práticas animistas ancestrais. Nos séculos XIX e XX, a maioria dos antropólogos enfatizou o caráter "mágico" das práticas animistas e tendeu a diferenciar magia e religião. Com efeito, se desde a aurora dos tempos a magia existe, também é verdade que ela continuou existindo no seio ou à margem de todas as tradições religiosas da humanidade, às vezes assumindo a forma de "magia negra" ou bruxaria. Mas comecemos pela definição.

O que é a magia?

Já evoquei brevemente a noção de magia no item sobre a arte parietal e a teoria da "magia da caça": representando o animal, agia-se sobre o seu espírito para atraí-lo na hora da caça. Vimos igualmente que os povos xamânicos materializavam sob forma de estatuetas ou de outras representações físicas os espíritos dos animais (os *ongon* dos evenques da Sibéria, por exemplo), que realizavam entre si intercâmbios, que os humanos nutriam esses espíritos a fim de obter seus favores, e inclusive os censuravam e os açoitavam em caso de insucesso na caça. A ideia subjacente a algumas dessas práticas é que é possível vincular-se às forças invisíveis da natureza a fim de coagi-las, através de determinados ritos, a realizar o que o humano deseja. A magia é assim acertadamente definida pelo Larousse: "Conjunto de crenças e práticas repousando sobre a ideia de que há poderes ocultos na natureza, que é questão de conciliar ou evitar, a fim de atrair um bem ou suscitar um azar, visando assim a uma eficácia material". A isto eu acrescentaria que, através da magia, o ser humano pretende *coagir* as forças invisíveis da natureza em função de suas necessidades.

Magia e religião

Para sobreviver, o ser humano sempre buscou controlar o seu entorno. Sentindo-se frágil num mundo que é incapaz de dominar, ele desenvolveu a crença de que ele pode agir sobre, obviamente por sua vontade e seu poder de ação, mas também apelando para forças invisíveis que lhe dão suporte. Os primeiros antropólogos que se interessaram pelo animismo junto aos povos à época denominados "primitivos" destacaram sua dimensão mágica, cujo funcionamento tentaram analisar. Assim, para Lucien Lévy-Bruhl (1857-1939), a magia tem a ver com uma mentalidade pré-lógica, já que ela ignora os princípios de não contradição e de identidade e se centra na noção de "participação mística, que pretende que as coisas, os seres, os fenômenos possam ser ao mesmo tempo eles mesmos e outra coisa diferente deles mesmos. Por exemplo, um xamã pensa ser ele mesmo e seu totem. Da mesma forma, a noção de *mana*, evidenciada por Marcel Mauss (1872-1950), encontrada junto aos povos autóctones da Melanésia e da Polinésia, designa simultaneamente uma força, um ser, um objeto, uma ação, uma qualidade e um estado emanando da natureza. James George Frazer (1854-1941), por sua vez, distingue três leis (similaridade, contiguidade, contrariedade), que funcionam por associação[75]. Primeira lei, a *similaridade*, a simpatia por imitação: "Qualquer semelhança atrai semelhança, ou um efeito é similar à sua causa" – por exemplo, a técnica do feitiço consiste em espetar uma agulha numa boneca representando a pessoa a ser atingida[76]. Segunda lei, a *contiguidade*, a simpatia por contato, o contágio: "As coisas que estiveram uma vez em contato continuam agindo uma sobre a outra, mesmo que esse contato tenha cessado" – por exemplo, um mágico pode ferir uma pessoa espetando as pegadas deixadas por essa pessoa. Terceira lei, a *contrariedade*: "O contrário age sobre o contrário" – por exemplo, para evitar um ferimento é possível suscitar seu contrário *via* uma imagem de cicatrização.

Estas análises mostram com clareza a lógica e os funcionamentos dos rituais mágicos. Mas, fiéis aos preconceitos coloniais de seu tempo e à ideologia do progresso típica do século XIX e da primeira metade do século XX, os antropólogos que fizeram tais análises também apresentaram uma hierarquia muito problemática dos três estágios da humanidade: um estágio infantil, que

---

75. FRAZER, J.G. *Le Rameau d'or*, t. I: *Le roi magicien dans la société primitive*. Paris: Robert Laffont, 1981.
76. Cf. p. 185s. da presente obra.

corresponderia aos povos praticantes da magia; um estágio mais racional, para as sociedades religiosas (das quais a sociedade cristã seria a mais bem-elaborada); e, enfim, um estágio plenamente adulto, o das sociedades modernas que vivem sob o império da razão e da ciência. Como reforça Frédérick Keck, a magia surgiu no cruzamento de dois fenômenos familiares às sociedades modernas e essenciais para a sua definição: a ciência e a religião. "A magia, à primeira vista, parece mais próxima da ciência do que da religião, e por duas razões: por um lado, ela postula a unidade das leis da natureza e pretende agir sobre ela graças ao conhecimento dessas leis, o que a assemelha a uma ciência aplicada ou a uma técnica; por outro lado, ela é feita de indivíduos marginais, considerados gênios ou malfeitores, e não de coletivos que se reúnem ao redor de um culto; e é a razão pela qual o aprendiz de feiticeiro foi mais associado ao sábio das origens do que ao sacerdote. Mas, ao invocar entidades não visíveis cuja ação ela postula eficaz no mundo sensível, a magia está mais próxima da religião; neste aspecto ela ainda participa de um modo de pensamento religioso, e para agir sobre o mundo ela se serve de concepções religiosas. Assim a magia seria o anúncSio da ciência em sociedades religiosas e a persistência da religião em sociedades científicas"[77], conclui nosso autor. Em uma época em que a religião e a ciência ainda não estavam desenvolvidas, o pensamento mágico respondia a duas preocupações fundamentais do ser humano: explicar os fenômenos naturais e tentar agir sobre eles. Apesar das condenações pela Igreja e pelo racionalismo da modernidade, hoje a magia continua cobrindo uma ausência, sob diferentes formas (vidência, magnetismo, psicomagia, espiritismo, feitiçaria etc.), já que ainda existem muitos fenômenos inexplicados.

---

77. KECK, F. "Les théories de la magie dans les traditions anthropologiques anglaise et française". *Methodos* [online], 2/2002, disponibilizada online em 05 de abril de 2004.

O judaísmo, e em seguida o cristianismo, precederam os antropólogos modernos nesta separação radical entre magia e religião, sobretudo ao considerar que a magia é uma prática pagã condenável, dependente de um espírito supersticioso, contrário ao monoteísmo, e carente de confiança em Deus. Assim o Larousse define a superstição como um "desvio do sentimento religioso, fundado no medo e na ignorância". Sob a influência de Tomás de Aquino (1225-1275), ela tornou-se um pecado que se opõe à virtude moral da religião. Nesta lógica a Igreja considera superstição todas as práticas mágicas (dentre as quais a adivinhação) que continuam existindo até os nossos dias, notadamente no mundo rural, inclusive em sociedades cristãs. O discurso científico moderno assumiu a condenação da superstição, alargando esta última a qualquer crença religiosa: é igualmente supersticioso crer que um sacerdote teria o poder de transformar um pequeno pedaço de pão em corpo de Cristo, bem como conceder uma influência protetora a uma ferradura de cavalo fixada na padieira da porta.

Ambas apelando para forças invisíveis, magia e religião podem de fato confundir-se tanto no princípio como na forma. Como sinal de devoção a estas forças invisíveis, a magia utiliza o ritual constituído por um conjunto de práticas codificadas (fórmulas, objetos, altar, dança, fogo etc.) segundo uma encenação muito precisa que adquire força graças à repetição. Reconhece-se aqui o tipo de cerimonial utilizado na religião para dar graças a Deus, a exemplo da missa. Por um lado, o feiticeiro invoca forças da natureza e, por outro, o sacerdote oficia, benze ou exorciza em nome de Deus. Nos dois casos os praticantes se vinculam direta ou indiretamente, via um intermediário, a forças superiores invisíveis. A invocação de potências outras do que as de Deus é o argumento decisivo empregado pelos teólogos cristãos para diferenciar magia e religião. "Se um rito sagrado é revelado ou considerado como tal, se sua eficácia vem da vontade divina, urge associá-lo não à magia, mas à religião"[78], afirma assim L. Gardette em seu verbete "Magia", no *Dictionnaire de théologie catholique*.

Separar magia e religião, de fato, não é tão simples assim. Se historicamente a magia lança raízes no animismo e no xamanismo, com o desenvolvimento das cidades e das civilizações ela se metamorfoseia em religião: neste novo contexto não se invoca mais a proteção dos espíritos da natureza, mas a força dos deuses para que venham em socorro. Por outro lado, se nos ativermos à definição de religião, tal como a expus no início deste livro, como "crença coletiva em forças invisíveis", a prática mágica, na medida em que se enquadra numa crença desse tipo e que muitas vezes diz respeito a grupos inteiros, poderia ser assim classificada como "religiosa". Entretanto, existe uma nuança importante que permite distinguir, de um ponto de vista antropológico (e não teológico), pensamento e rituais mágicos e pensamento e rituais religiosos não mágicos. No primeiro caso (magia), tenta-se forçar os espíritos invisíveis ou os deuses a propiciar o que se deseja. Através de ritos codificados, pretende-se coagir as forças invisíveis. No segundo caso (religião), solicita-se a ajuda dos espíritos e dos deuses sem, no entanto, coagi-los: eles continuam livres de responder favoravelmente ou não aos pedidos. Entregamo-nos a Deus, que, por sua vez, decide por nós: "Seja feita a tua vontade", ou *Inch'Allah* ("Se Deus o deseja"). Para dizê-lo de maneira lapidar: o mágico ordena, o sacerdote suplica.

Esta distinção permite ver que existe pensamento e práticas religiosas mágicas e pensamento e práticas religiosas não mágicas em todas as tradições espirituais da humanidade – do animismo às grandes religiões históricas, passando pelos politeísmos antigos. Junto aos povos animistas, alguns rituais têm

---

[78]. GARDETTE, L. "Magie". *In*: *Dictionnaire de théologie catholique*. Paris: Letouzey et Ané, 1927, t. IX, parte II, col. 1513.

mais a ver com a mentalidade religiosa não mágica (quando se reza aos espíritos), e outros com a mentalidade mágica (quando se busca coagi-los). No Egito antigo, magia e religião também eram totalmente misturadas. Os sacerdotes praticavam rituais religiosos para pedir ajuda aos deuses por meio de sacrifícios e orações, mas igualmente faziam feitiços mágicos, usavam amuletos de proteção ou de cura, se envolviam em rituais de magia negra para prejudicar rivais etc. A magia também era praticada pelo povo, que usava muitos talismãs: foram encontradas grandes quantidades de fórmulas mágicas destinadas a premunir-se contra diversos perigos. Assim, a fórmula abaixo, através da qual o indivíduo se identificava com o deus Hórus, permitia proteger-se contra mordidas de cobras: "Sobe, peixe, vem e cai por terra. Hórus te fala, te aniquila, cospe sobre ti; tu não te endireitas mais, mas tombas; és fraco e não forte; és cego e não vês; tua cabeça abaixa e não se ergue mais. Porque eu sou Hórus, o grande mágico"[79]. O mesmo vale para a Grécia e a Roma antigas, e igualmente para todas as grandes religiões históricas, onde mentalidades e práticas religiosas convivem facilmente com mentalidades e práticas mágicas. Quando milhões de japoneses suplicam a Buda ou aos kamis (espíritos xintoístas) e lhes prestam oferendas a fim de obter benefícios espirituais ou materiais, estamos diante de uma prática religiosa tipicamente não mágica. Mas quando essas mesmas pessoas fazem certos rituais para coagir os espíritos ou as divindades para que supram suas necessidades ou desejos, estamos diante do mágico-religioso. As coisas às vezes são mais difíceis de desembaraçar: quando um católico reza para que seu anjo ou santo protetor lhe encontre uma vaga de estacionamento ou um objeto perdido, trataria-se de uma ação religiosa não mágica ou mágica? De fato, a meu ver, tudo depende da crença e da intenção do prati-

---

79. MORET, A. *La Magie dans l'Égypte ancienne*. Genebra: L'Arbre d'Or, 2005, p. 9.

cante: se ele estiver convencido de que aquele ritual não falha, então estamos diante de um pensamento mágico. Mas se ele acredita que o anjo (ou Deus, ou o santo) é perfeitamente livre para conceder-lhe ou não tal ou tal graça, então estamos diante de um pensamento religioso não mágico. Para diferenciar a atitude mágica da não mágica, eu classificaria esta última de atitude devocional, independentemente da religião professada, os fiéis podem ter uma devoção aos espíritos, às divindades ou a Deus, a quem solicitam alguns benefícios.

A intenção dos praticantes, portanto, é um elemento determinante para diferenciar a atitude mágica da atitude devocional. Quem usa a magia acredita que ele mesmo pode influenciar o curso dos acontecimentos a fim de realizar seus desejos, ao passo que quem se inscreve numa perspectiva devocional se remete a um terceiro – os espíritos ou Deus – a quem pede que o melhor lhe aconteça, mas também aos demais. Neste sentido a prática religiosa pretende canalizar e limitar os desejos pessoais. Assim, quem reza para que seu desejo se realize não deve, de acordo com as prescrições religiosas, pedi-lo a qualquer preço, mas unicamente se for a vontade de Deus e se isso for bom para todos. As perspectivas mágica e religiosa se diferenciam, pois, por suas finalidades, que poderíamos julgá-las em função de suas qualidades morais: a primeira (mágica) serve exclusivamente aos desejos do praticante; a segunda serve a uma finalidade superior, que passa pelo bem de todos (o que as religiões monoteístas denominam vontade de Deus).

Prodígios mágicos e milagres religiosos geralmente são definidos como acontecimentos extraordinários que parecem desafiar as leis naturais. Entretanto, enquanto o mágico afirma que conhece as leis invisíveis e ocultas da natureza e que sabe manipulá-las para alcançar os seus fins, o sacerdote afirma que Deus mudou livremente as leis da natureza para responder às preces do fiel. No primeiro caso, não se fala em sobrenatural, mas em conhecimento e em domínio das leis invisíveis do cosmos como o exprime muito bem o médico e mago moderno Gérard Encausse, dito Papus (1865-1916): "A magia é o estudo e a prática da manipulação das forças secretas da natureza". No caso de milagres, em contrapartida, os religiosos falarão de intervenção sobrenatural de Deus modificando a seu bel--prazer as leis naturais por Ele mesmo instauradas. Entretanto, nos evangelhos Jesus parece manter uma posição mais ambígua ao afirmar a seus discípulos que é o poder da fé que cria os milagres... Isto poderia sugerir que é pelas forças de seu espírito que o ser humano pode ser capaz de dominar a matéria e, por exemplo, realizar curas que os conhecimentos científicos atuais ainda não conseguem explicar. Esta ideia, por outro lado, está cada vez mais presente no domínio contemporâneo do desenvolvimento pessoal e do pensamento positivo: poderíamos atrair sobre nós acontecimentos pela força exclusiva de nosso pensamento. A conhecida "lei da atração" evidencia um vínculo entre os nossos pensamentos e a nossa realidade: nos bastaria concentrar suficientemente nossa atenção em alguma coisa para a atrair para a nossa vida. Ou seja, teríamos o poder de suscitar coisas, positivas ou negativas, exclusivamente através do ciclo "pensamento-emoção-ação-resultado". Esta ideia antiga foi notadamente atualizada pela escritora e roteirista australiana Rhonda Byrne, autora do filme-documentário e do livro *O segredo* (2006), verdadeiro best-seller. A meu ver, tudo é questão de equilíbrio: se, por um lado, parece certo que nossos pensamentos podem influenciar o curso dos acontecimentos de nossa vida, por outro, crer de maneira acrítica e sem o devido distanciamento de que é possível atrair absolutamente tudo para a nossa vida só pela força de nossos pensamentos parece depender mais do pensamento mágico.

A feitiçaria

A magia, bem o sabemos, é uma noção delicada. Se sua aplicação pretende forçar o andamento das coisas em vista de finalidades úteis, ela pode ter um impacto positivo ou negativo nos outros. Obter pela magia um bem material para si ou um privilégio qualquer às vezes pode significar prejudicar os outros pela supressão de suas posses. A magia tem duas facetas, uma feita de luz e outra de sombra. É a razão pela qual fala-se em "magia branca" e em "magia negra". Ao redor desta última se desdobra todo um vocabulário enraizado no termo "feitiço ou sortilégio" (na Antiguidade grega e latina, ele designava um cubo, um dado, do qual as pessoas se serviam para fazer oráculos): feitiçaria, sortilégio, bruxaria, magia... As Escrituras, simultaneamente veterotestamentárias e neotestamentárias, condenam qualquer forma de magia, seja ela "branca" ou "negra", considerando que sempre se trata de crenças numa potência diferente da potência de Deus. "Não permitirás que a bruxa viva" (Ex 22,17). No entanto, em muitas tradições, notadamente africanas, a "magia branca" e a "magia negra" se misturam invariavelmente: o mesmo personagem pode acumular os poderes de curandeiro, de adivinho e de feiticeiro.

Nos universos da magia e da feitiçaria é fácil perder-se, sobretudo por causa de suas inúmeras ramificações. Assim, a tradição africana do vodu (ou vudu) – prática oriunda dos cultos animistas africanos, que provavelmente se desenvolveram a partir do século XIV e se difundiram através do império colonial francês, particularmente no Benim, no Togo, no Marrocos e nas ilhas do Caribe – é frequentemente associada à magia negra e à feitiçaria. Afirmação refutada por alguns especialistas do vodu, como o antropólogo Philippe Charlier, ele mesmo iniciado no vodu, no Benim. Assim ele explica sua essência: "O vodu é baseado em conceitos gerais e numa metafísica própria, com uma organização do mundo por rituais, por linhas de força. À origem, há uma divindade única que criou o mundo, que em seguida afastou-se de tudo. Posteriormente a energia se cristalizou em lugares sagrados, ou em divindades junto às quais é possível pedir intercessão. Mas não são absolutamente os mesmos deuses nem as mesmas morfologias, símbolos ou ritos que vão ser utilizados em tal ou tal lugar"[80]. Considerado uma religião, o vodu é também uma cultura fundada numa continuidade entre os vivos, a natureza e os mortos. Fato que o distancia muito das práticas de magia negra, às vezes resultantes do vodu.

A magia negra se utiliza de formas de invasões que poderíamos denominar paranormais, ou, dito de outra forma, fenômenos cientificamente não explicáveis, cujo objetivo é criar uma espécie de "programação" no psiquismo do indivíduo que pode levá-lo a ser "possuído" por uma entidade[81]. Os sortilégios que buscam atrair o amor de alguém são os mais conhecidos e seguramente os mais solicitados. A feitiçaria é outro tipo de "programação", que tenta abarcar todos os membros de uma mesma família, vivos e até futuros nascituros. Ela causa desgraças de ordem sentimental, profissional ou física, e até morte. Por exemplo, todos os primogênitos de uma mesma família podem ser "programados" para morrer de uma crise cardíaca numa determinada idade, por exemplo, aos cinquenta anos. Existem outros tipos de "programação" que não dependem nem de um ritual nem de um intermediário. É o caso do conhecido "mau-olhado", que pode ser endereçado a qualquer um, objetivando causar-lhe infelicidade por simples pensa-

---

80. RANTRUA, S. "Philippe Charlier: 'Le vaudou, une religion mais aussi une culture'". *In*: *Le Point Afrique*, 07/01/2023.
81. Cf. p. 189ss. da presente obra.

mentos negativos repetidos. Trata-se de um ataque de espírito para espírito mais direto, e que em determinados casos pode até ser involuntário. Este fenômeno, que hoje é melhor explicado graças às diferentes pesquisas e observações feitas sobre o poder do pensamento, já estava presente em textos sumérios, na Mesopotâmia, sob o nome de "olhar assassino", do qual era possível proteger-se com talismãs, como o olho *oudjat,* olho do deus egípcio Hórus.

A magia negra é praticada em rituais ditos "missas negras" ou sabás, magia sempre envolta no mais absoluto segredo, realizada em lugar fechado, discreto. Estes rituais são realizados num momento previamente escolhido, em geral à noite (por exemplo, no período de lua cheia) e às vezes são repetidos em data e hora fixas. É o caso de um enfeitiçamento hindu praticado por um brâmane, que dura pelo menos doze dias (*Kauçika-Sûtra*, 47-49). A encenação dos rituais, extremamente codificada, é transmitida oralmente ou num livro denominado manual ou livro de magia. Vestes, acessórios, fórmulas, gestos, música, ervas, óleo, fogo etc., tudo é minuciosamente descrito. Sobre um altar, por repetição de palavras e frases, um mago evoca as forças do mal a fim de obter o poder e dotar-se de uma força que o possibilite a agir em determinado sentido. O ritual pode ser praticado seja diretamente pelo comanditário do sortilégio ou do malefício, seja por um intermediário (o feiticeiro), que age por este último. Com a intenção de prejudicar, o executor faz um pacto com os demônios, com o diabo, com os espíritos maléficos, ou com certas divindades tidas por semear a discórdia, como às vezes era o caso na Antiguidade. Segundo o Padre George de Saint Hirst, exorcista junto à Igreja Vétero Católica Romana, existem dois modos de proceder:

> Ou o autor invoca um espírito, ou um demônio, para usar sua força e assim lançar o mal sobre alguém ou sobre um grupo: impor sofrimento, bloquear um adversário, fazer alguém apaixonar-se etc., ou ele pede a um espírito, ou a um demônio, que ataque diretamente uma pessoa ou um grupo[82].

Muitos documentos atestam rituais de feitiçaria no mundo greco-romano. Foram encontradas 2.000 tabuletas denominadas *defixio* (do latim *defigere*, significando "fixar abaixo", no submundo, "amarrar" ou "pregar" uma pessoa ou um animal; ou seja, submeter à nossa vontade), datando entre o século VI antes de nossa era e o século VI de nossa era. Segundo Michaël Martin, doutor em história antiga, os rituais podem ser de três tipos, com três objetivos diferentes: eliminar um rival, atrair uma pessoa, obter justiça ao julgar-se vitimado (após uma calúnia, um roubo...). Estatuetas foram encontradas junto com plaquinhas mágicas: de chumbo ou de terracota, elas representam a pessoa visada, e às vezes, embora raramente, elas são até transpassadas por agulhas. Além das fórmulas mágicas e das estatuetas, o mago pode servir-se de materiais provenientes do corpo de sua vítima, ou que estiveram em contato com ela, como fragmentos de unhas, mechas de cabelos, vestes etc.

Tudo o que pertence ou esteve em contato com o indivíduo visado pode servir, graças às leis de simpatia ou de similaridade e contiguidade, claramente descritas por J.G. Frazer[83]. Assim, na feitiçaria ocidental, as *dagydes* (bonecas), que podem ser de cera, de madeira ou de pano, comportam numa pequena cavidade interna um elemento físico da pessoa a enfeitiçar, mas que também pode ser um pedaço de papel com o nome dela ou, já mais próximos ao nosso tempo, uma fotografia da pessoa visada. Às

---

82. SAINT HIRST, G. (entrevistas com Julie Klotz). *L'Exorcisme. Guérison des maladies de l'âme*. Paris: Guy Trédaniel éditeur, 2018, p. 112.
83. Cf. acima, item *Magia e religião*.

vezes também são fixadas agulhas no lugar de certos órgãos a fim de, através desse viés simbólico, atingir o corpo real da pessoa – uma agulha no coração é tida por suscitar uma crise cardíaca. As bonecas de vodu, na feitiçaria africana, igualmente são usadas desta forma, embora sua vocação primeira não seja esta: como as *dagydes*, trata-se acima de tudo de uma representação simbólica do espírito da pessoa. Sempre segundo a lei da contiguidade, o solicitante, em sinal de prolongamento de si mesmo, também pode usar o seu sangue para significar seu compromisso com as forças do mal. "As evocações geralmente eram seguidas de pactos escritos num pergaminho de pele de bode com uma pluma de ferro e uma gota de sangue que devia ser extraído do braço esquerdo [...]. Os compromissos recíprocos eram para que o demônio servisse o feiticeiro por um certo número de anos e para que o demônio pertencesse ao feiticeiro por um tempo determinado"[84], escreve o eclesiástico francês e figura notável do ocultismo Éliphas Lévi (1810-1875). O solicitante também podia, em sinal de submissão às forças do mal com as quais decidiu fazer um pacto, sacrificar um animal (galo, pombo, ovelha preta etc.) e, em casos raríssimos, um ser humano. Lançando suas raízes no totemismo, o rito sacrificial, que permitiria uma comunicação com o mundo dos mortos por intermédio da vítima, às vezes continua sendo empregado em magia negra.

Na Antiguidade os deuses e os demônios exerciam uma função importante junto ao mágico. Havia os do panteão greco-romano, como Dioniso. Havia também as divindades egípcias, como Set, assassino de seu irmão Osíris, que representa a força destruidora – aliás, ele figura em muitas plaquinhas de *defixio*. Na tradição católica, a demonologia estabeleceu uma hierarquia dos demônios com reis, príncipes e subalternos.

---

84. LÉVI, É. [Alphonse Constant]. *Dogme et rituel de la haute magie* [1854-1856]. Paris: Niclaus, 1977, p. 291.

O *Malleus Maleficarum* ("Martelo das feiticeiras"), tratado de demonologia escrito por volta de 1486 pelos dominicanos Heinrich Kraemer [Institoris] e Jacob Sprenger, lista quase mil: Angat, Asmodeus, Baltazo, Lamastu, Leviatã, Kakos, Malphas... Um demônio é um anjo decaído, um espírito puro que, optando por trair a Deus, tornou-se maléfico. Cada um tem poderes específicos: fazer sofrer fisicamente, separar casais, atrair riquezas etc. Para agir, alguns demônios precisam de sangue, água ou vinho. Na Bíblia encontramos satanás, o "Adversário" ou o "Acusador"; Lúcifer, o "portador de luz"; belzebu, o "príncipe dos demônios": todas manifestações do diabo. Quando um culto é dedicado a satanás, fala-se em ritual satânico.

Aquele que faz um pacto com estas potências maléficas se chama feiticeiro ou feiticeira. O personagem da feiticeira, mais do que o do feiticeiro, já está presente na literatura grega desde o século V antes de nossa era. Embora seja o mundo grego que dota a feiticeira de seus primeiros poderes, os romanos vão em seguida atribuir-lhe outros. Vejamos o retrato da feiticeira oferecido por Tibulo, poeta romano do século I antes de nossa era: "Esta mulher, eu a vi fazer descer os astros do céu; por seus encantamentos ela desvia o curso de um rio de correntezas rápidas; por suas fórmulas faz o chão se abrir, sair dos túmulos os manes e atrair da pira ossos ainda quentes; ora ela segura as coortes infernais por um silvo mágico, ora ordena-lhes que se retirem após tê-las aspergido com leite. Quando lhe apetece, elimina as nuvens do céu nublado; quando o deseja, faz cair neve de um céu aberto"[85]. Além disso, muitos relatos afirmam que a feiticeira, por sua capacidade de dialogar com os mortos, pode ser, por acidente ou por envenenamento, simultaneamente "artífice do amor" e "artífice da morte".

---

85. TIBULLE. *Élégies*, I, 2, 43-51. *In*: MARTIN, M. *La Magie dans l'Antiquité*. Paris: Ellipses, 2012, p. 128-129.

Circe e Medeia, as mais famosas ilusionistas da mitologia grega, também consideradas feiticeiras, eram excelentes na arte de preparar poções à base de plantas. Na *Odisseia*, Homero narra que Circe enganou e transformou os companheiros de Ulisses em porcos, após tê-los obrigado a beber ciceona, bebida à qual ela acrescentou algumas pitadas de plantas mágicas. Medeia, por sua vez, invejosa de sua rival Creusa, fez com que ela usasse adornos impregnados de um veneno que se incendiou e a matou. Excelente envenenadora, ela podia dispor do segredo das forças da natureza, como o demonstra a arqueóloga Christiane Dunant, que descreveu a colheita de Medeia em vista da preparação de uma poção mágica:

> A Medeia de Sófocles se serve de uma foice de bronze, profere gritos rituais, invoca Hecate, desvia os olhos de sua seara para não ser alcançada pelas emanações de seus líquidos; toda esta operação ela a realiza nua, já que a nudez garante um estado de pureza perfeita e uma segurança muito maior em relação às forças naturais. Enfim, ela invoca o Sol, já que se lhe reconhece a qualidade de pai das plantas, assim como à Terra se lhe atribui a qualidade de mãe[86].

Ao longo da história os feiticeiros e as feiticeiras vão adquirindo reputações pejorativas enquanto pessoas que pactuam com forças maléficas. Mas são sobretudo as feiticeiras, cristalizando ao mesmo tempo a aversão à magia e à mulher, as mais visadas. É assim que a Igreja Católica vai conduzir, desde o final da Idade Média e ao longo de todo o século XVI, uma caça geral às bruxas na Europa, e particularmente no Sacro-império romano-germânico. Nos anos de 1260, o Papa Alexandre IV ordena aos inquisidores que se interessem pelos "sortilégios e adivinhações com cheiro de heresia", e a feitiçaria passa a ser desde então

---

86. DUNANT, C. "La magie en Grèce". *Bulletin de l'association Guillaume Budé, Lettres d'humanité*, n. 18, décembre 1959, p. 481.

um crime maior contra a fé. A perseguição continuará no século XVII no coração da América colonial, com os famosos processos das bruxas de Salém. Segundo as estimativas mais críveis, 40.000 bruxas mulheres teriam sido exterminadas nas fogueiras. De acordo com o historiador da cultura Robert Muchembled, os extremistas católicos são seus responsáveis: "Não são acusadas apenas [as feiticeiras] de praticar a magia tradicional, como curar, ordenhar uma vaca a distância, fazer chover, enviar feitiços para estragar uma colheita, apaixonar-se etc., mas também de terem vendido suas almas ao diabo para obter seus favores. Em suma, é a coincidência estabelecida pelos teólogos entre a magia tradicional dos feiticeiros e a demonologia nova que causou a morte destas pobres mulheres"[87]. Progressivamente a figura da feiticeira vai perdendo em importância até ver-se quase que inteiramente relegada ao estatuto de personagem de contos infantis, ou da tradição do *Halloween*, cujas raízes têm aproximadamente 2.500 anos. Por ocasião desta festa pagã, os Celtas usavam roupas assustadoras para afastar os maus espíritos, já que acreditavam que na noite desta festa de fim de outubro as fronteiras entre o mundo dos mortos e dos vivos se abriam.

Possessões, exorcismo e adorcismo

Desde sempre, em muitíssimas culturas, é admitida a ideia de que "seres invisíveis", dotados de forças tanto boas quanto ruins, podem influenciar, e até apossar-se dos espíritos humanos. Em antropologia a possessão designa um estado no qual uma pessoa é considerada habitada de maneira voluntária ou involuntária por uma ou várias forças sobrenaturais (divindade, espírito, ancestral, demônio etc.). O possuído adota um comportamento social diferente daquele que ordinariamente

---

87. MUCHEMBLED, R. "De la diabolisation des femmes aux bûchers de sorcières". *In*: LAROUSSE, V.; KLOTZ, J. *Le Monde des religions*, 12 juillet 2020.

apresenta, comportamento este reconhecido pelos devotos como a manifestação da entidade sobrenatural. Segundo a forma com que a possessão é percebida na cultura na qual o possuído cresceu, a resposta terapêutica e social varia: pode ir do exorcismo, que consiste em expulsar as entidades, ao adorcismo, segundo a expressão do etnólogo e cineasta da capital belga Luc de Heusch, que consiste em aceitar a possessão por entidades e em negociar e coabitar com elas. O exorcismo afirma a negatividade destas entidades, ao passo que o adorcismo elogia a positividade. Encontramos sempre a dicotomia entre "magia negra" e "magia branca", entre o bem e o mal.

O fenômeno de possessão, da forma como é visto pelo adorcismo, pode ser uma experiência mística na qual o indivíduo entra em comunhão com forças superiores tidas por aportar um conhecimento, através de uma profecia ou de uma cura. Por exemplo, um doente pode negociar com a entidade a fim de torná-la aliada em sua cura e, ao mesmo tempo, tornar-se ele mesmo um terapeuta. Os primeiros a entrar em estados de possessão por uma força invisível são os xamãs. A possessão geralmente é voluntária (não é o espírito que faz contato com o ser humano, mas é o ser humano que busca um espírito). O estado modificado de consciência que constitui o transe é às vezes acompanhado da ingestão de algumas bebidas, por ocasião de um ritual que associa música e movimentos de dança repetitivos. Gritos, tremedeiras, gesticulações incontroladas, olhos revulsados, insensibilidade à dor etc., são suas manifestações mais comuns. Encontramos fenômenos de transe muito similares em certos grupos religiosos ancorados em tradições monoteístas ou vinculados a elas. Bertrand Hell, que estudou os cultos de possessão realizados pela confraria dos Gnawa, no Marrocos, enfatizou que seu estado de arrebatamento resulta igualmente "do contato com o divino, do sopro trazido por um santo ou ainda da incorporação propriamente dita de um *djinn*"[88]. Ele lembra ainda que "o êxtase interiorizado e a possessão superabundante constituem os dois polos de um *continuum* que permite a variação de várias formas intermediárias de fruição do sagrado"[89].

O exorcismo, por sua vez, é um ritual destinado a expulsar uma entidade espiritual maléfica que tomou conta de um ser animado ou, mais raramente, inanimado, ou seja, de uma pessoa, de um animal ou de um lugar. A existência de mágicos exorcistas é atestada na Grécia antiga por vários documentos. Plotino fala de gnósticos que prometiam curar doentes por encantos e pretendiam coagir as doenças a deixá-los pelo poder exclusivo da palavra[90]. Na China, no reino dos Wu, já no início de nossa era, havia mágicos especializados em exorcismo. Para exorcizar os maus espíritos eles se serviam de espadas sobre as quais estavam inscritas conjurações como esta: "Poder sobre todos os espíritos; poder de fazer passar todas as coisas; o maior poder de todos"[91]. Em todos os tempos e culturas – hinduísta, taoista, muçulmana, católica etc. – formas de exorcismo foram exercidas. Cada cultura tem ou teve sua maneira de nomear as forças invisíveis que tomam posse dos seres humanos. Denominadas *devata* e *daitia* junto aos hindus, *djinns* ou *gens* junto aos persas e aos árabes, na Grécia estas forças eram denominadas *daimones* e em Roma *genii*. No Novo Testamento são conhecidas como demônios ou "espíritos impuros".

Os evangelhos relatam que Jesus, no tempo de seu ministério, praticava o exorcismo. Vejamos notadamente esta passa-

---

88. HELL, B. *Le Tourbillon des génies. Au Maroc avec les Gnawa*. Paris: Flammarion, 2002, p. 102.
89. *Ibid.*, p. 103.
90. Cf. DUNANT, C. "La magie en Grèce". *Op. cit.*, p. 479.
91. Cf. SHAH, I. *La Magie orientale*. Paris: Payot, 2020, p. 277.

gem do Evangelho segundo Marcos: "Jesus o ameaça dizendo: 'Cala-te e saia deste homem!' O espírito impuro o sacudiu violentamente e, dando um grande grito, saiu dele" (Mc 1,25-26). Ou ainda: "E assim que o menino viu Jesus, o espírito o sacudiu com violência: o menino caiu por terra, rolava espumando. [...] Jesus, vendo a multidão agrupar-se em tumulto, ameaça o espírito impuro, e lhe diz: 'Espírito mudo e surdo, eu te ordeno, sai deste rapaz e não entres mais nele'. [...] E lhes disse [aos discípulos]: 'Esta espécie de espírito, nada o pode fazer sair, a não ser a oração'" (Mc 9,20.25-29). Na tradição católica, cada diocese conta hoje com um exorcista, e algumas ordens se especializaram neste sacerdócio, como a Igreja Vétero Católica Romana (*Old Roman Catholic Church*), presente sobretudo a oeste do Atlântico. O *Manual de exorcismos da Igreja*, escrito em 1626 pelo Reverendo Maximilianus Ab Eynattenn propõe salmos e adjurações para afastar o mal. Os exorcistas mandam os demônios de volta para o lugar de onde vieram ou para onde a potência divina o decide. No entanto, eles não têm o poder de destruí-los. Quanto aos espíritos dos seres humanos falecidos, comumente denominados "almas penadas", é provável, dizem os exorcistas, que se trate de almas de baixa vibração, que não partiram para a luz. É assim que os padres exorcistas alertam contra todas as práticas de comunicação com os mortos *via ouija* (tabuleiro recoberto com números e letras), levitação de objetos ou psicografias, práticas empregadas pelo espiritismo[92].

---

92. Cf. tb. p. 289ss. da presente obra.

6

Expansão global das religiões de salvação

Vimos que a era axial da humanidade proporcionou uma revolução espiritual na maioria das áreas civilizacionais da Antiguidade: conhecimento pela razão, compaixão, relação íntima entre o indivíduo e a divindade, crença na imortalidade da alma, na possibilidade de uma vida eterna ou na libertação definitiva. Se o hinduísmo e as sabedorias chinesas não ultrapassaram, por assim dizer, suas fronteiras de origem, e o judaísmo e o zoroastrismo não desenvolveram uma vocação proselitista, ao longo dos dois milênios seguintes percebemos uma expansão mundial de três outras grandes religiões universalistas conhecidas por budismo, cristianismo e islã, este último emergindo um pouco mais tarde.

Budismo

Nascido, como já vimos, no século VI antes de nossa era, da experiência e do ensinamento de um único homem, Siddhârtha Gautama, conhecido por Buda, o budismo vai conhecer uma expansão planetária em dois tempos: primeiramente através de todo o continente asiático ao longo do milênio que segue a morte de seu fundador, depois no resto do mundo a partir do século XX. Particularmente flexível e adaptável, mas sobretudo por ter mais a ver com a transmissão de uma experiência espiritual individual do que um *corpus* dogmático estático, o budismo soube adaptar-se perfeitamente à cultura de todos os países nos quais ele penetrou, fato que favoreceu sua difusão.

As Três Joias e a disciplina monástica

Segundo a lenda, Buda morreu aos 80 anos, em Kushinagar, num leito rudimentarmente instalado debaixo de duas árvores. Antes de morrer, ele ofereceu uma última mensagem aos seus discípulos: "À minha morte, sejam a vossa própria ilha, o vosso próprio refúgio, não tenham outro refúgio"[93]. Ao longo dos séculos, no entanto, o caminho ético-espiritual dos inícios do budismo vai transformar-se numa verdadeira instituição religiosa, com uma multiplicidade de ritos e regras monásticas.

Buda, darma e *sanga* constituem as Três Joias (ou os Três Refúgios) do budismo; elas guiam o fiel no caminho do despertar. Poderíamos esquematizá-las por estes três verbos: aprender, compreender e compartilhar. "Refugiar-se na *sanga*" significa participar de uma comunidade de seres virtuosos e desviar-se dos Três Venenos que são a ignorância (ou a ilusão), a raiva e a avidez. É um dos pilares do budismo nascente. Uma vez proferido o sermão de Benares, Buda passa a ser acompanhado por seus cinco mais antigos companheiros de ascese, convertidos por seu ensinamento. Tornados monges, eles viajam pelo país mendigando o próprio alimento. A mensagem de Buda rapidamente se espalha.

O *Vinaya Pitaka,* a "Lixeira das regras", define a disciplina monástica. O monge promete fidelidade a dez regras, tais como: não roubar, não beber álcool (que desencadeia o fluxo dos sentidos e dos pensamentos), não comer à tarde nem cantar

---

93. *Attadipa Sutta. In: Samyutta Nikaya* (SN) 22. 43.

ou dançar (como o fazem os hindus). E aceita viver na pobreza e na castidade, mas sem fazer votos de obediência, pois seu compromisso deve ser livre. O *Vinaya Pitaka* prevê regras diferentes para os *bhikkhu* (monges homens) e para as *bhikkhunni* (monjas). Se as mulheres são aceitas na *sanga*, elas, no entanto, são submetidas a mais regras do que seus homólogos masculinos, e são consideradas uma categoria inferior. A primeira *sanga* de renunciantes foi criada cinco anos após a dos homens, sob a insistência da própria tia de Buda, Mahaprajapati Gautami, primeira mulher ordenada monja.

Os leigos convertidos, homens e mulheres, se beneficiam mais amplamente: podem dormir num mesmo leito, adornar-se, e não são obrigados à abstinência, mas à moderação sexual. Na *sanga*, as castas desaparecem. A única hierarquia atestada é a dos monges sobre os leigos e uma forma de primazia à antiguidade. Criminosos e ladrões não são admitidos.

Ao longo dos séculos, as regras vão se multiplicando no intuito de reger todos os aspectos da vida monacal e evitar assim os conflitos. Hoje existem entre 227 e 253 regras, segundo as diversas tradições do budismo.

O Imperador Ashoka e a expansão do budismo indiano

No século IV antes de nossa era várias assembleias tentam pôr fim às querelas relativas à disciplina monástica. Por ocasião do concílio de Vaisali, por volta de 380 antes de nossa era, a *sanga* rebelou-se contra a negligência dos monges da tribo Vriji, e os lembrou da proibição de receber doações em ouro e em espécie. Alguns anos mais tarde, o concílio de Pataliputra tornou-se palco de violentos enfrentamentos doutrinais. E encerrou-se com o primeiro cisma budista. A partir de então, diversas escolas formarão ao longo dos tempos suas três principais correntes: o Theravada, o Mahayana e, muito mais tarde, a Vajrayana.

Paradoxalmente, esta ruptura do budismo permitiu que esta nova espiritualidade se implantasse em toda a Ásia e, mais tarde, em outros continentes. Ela encontrou igualmente poderosos aliados nos reis e imperadores, notadamente em Ashoka, o cruel. No século III antes de nossa era, este imperador permitiu que o budismo se proliferasse na totalidade do subcontinente indiano. Soberano brutal e sanguinário, ele expandiu as fronteiras do Império Máuria para além de qualquer outro imperador. Oito anos após sua ascensão ao poder, por volta de 270 antes de nossa era, ele se apoderou de Kalinga, um reino costeiro do centro-leste da Índia, no final de uma campanha particularmente mortífera. Relatos falam de cem a trezentos mil mortos. Ao tomar consciência das atrocidades cometidas, Ashoka converteu-se ao budismo e aos seus princípios de não violência no ano 250 antes de nossa era.

Desejoso de compartilhar sua revelação, este governante difundiu sua nova filosofia fazendo gravar editos em lápides de pedra ou em colunas, próximas aos locais de peregrinação e ao longo das estradas mais movimentadas. São textos escritos não em sânscrito, mas em dialetos locais, objetivando que todas as populações pudessem ter acesso à palavra de Ashoka. Descobertas por escavações arqueológicas no século XIV, estas "pilastras de Ashoka" veiculam os novos preceitos morais do imperador: ele descreve seu arrependimento, manifesta seu desejo de "substituir o reino da coerção e da violência pela vitória da Lei"[94] e convida os indivíduos a dar prova de generosidade, piedade e misericórdia. Algumas lápides falam da necessidade do bem-estar dos animais ou da tolerância religiosa, como se lê no duodécimo edito: "Não deveríamos honrar somente a própria religião e condenar a religião dos outros, mas honrar

---

94. *Encyclopaedia Universalis*, 1966, versão online.

as religiões dos outros por esta ou aquela razão. Assim agindo, contribuiremos para o engrandecimento de nossa própria religião e prestamos igualmente serviço às outras. Não agindo assim cavamos a sepultura da nossa religião e prejudicamos a religião dos outros. Qualquer pessoa que honra sua própria religião e condena as dos outros obviamente o faz por devoção à sua própria religião, pensando: 'glorificarei minha própria religião'. Agindo assim, no entanto, prejudica gravemente sua própria religião. Eis como favorecer a concórdia: que todos ouçam e queiram ouvir as doutrinas das outras religiões". Não satisfeito em transmitir o "caminho do meio", Ashoka não mede esforços para enquadrá-lo. Considerando-se "pai" de todos os seus súditos, todas as religiões incluídas, ele cria os *dhamma-mahamatras*, espécie de oficiais da moralidade, encarregados de cuidar do respeito às regras éticas. E igualmente faz construir estupas e mosteiros, impondo-se como o primeiro grande missionário do budismo.

Após ter conquistado grande parte da Índia, é para o Leste que o budismo se desenvolve, seguindo as rotas comerciais terrestres e marítimas, ao Sul. Espreitando os territórios desconhecidos ao Oeste, Ashoka afirma ter enviado missões para a Grécia e para o Egito, mas isto não pôde ser verificado. Os locais budistas antigos mais ocidentais não ultrapassam os limites geográficos do Afeganistão. Em contrapartida, seus emissários, dentre os quais seu suposto filho, o Monge Mahinda, chegaram ao Ceilão, atual Sri Lanka, onde o budismo se tornará rapidamente religião de Estado, sob sua forma antiga, o Theravada.

Pequeno e Grande Veículo

O Theravada, o ramo mais antigo do budismo, é pejorativamente qualificado de "Pequeno Veículo" (*Hinayana*) pelos discípulos das outras escolas. Respeitando o ensinamento original do Buda, seus bonzos se denominam "os que seguem o ensinamento dos antigos". Graças às conexões marítimas que ligam o sul da Índia à Ilha de Ceilão, à Birmânia, ao Laos, à Malásia e à Indonésia, esta corrente vai rapidamente expandir-se em todo o sul e leste da Ásia. Ele torna-se inclusive religião de Estado sob o impulso de soberanos convertidos, como no Camboja no século III, na Birmânia no século V, e na Tailândia seis séculos mais tarde. Ao longo dos decênios, as missões se sucedem e o budismo alcança o Gandhara (noroeste do atual Paquistão e do Afeganistão). É lá, no Império Kouchan, que no século II os budistas encontraram a civilização grega, que alcançou o coração da Ásia graças às conquistas de Alexandre o Grande. Estas duas civilizações compararam e compartilharam suas concepções de mundo e do além. Os budistas se iniciaram na arte estatuária dos helenos que, em compensação, foram formados nas ciências e nas matemáticas. Símbolo deste choque cultural e espiritual, a cidade de Aï-Khanoum, cognominada a Alexandria do Oxus por Ptolomeu, impôs-se como verdadeira encruzilhada religiosa, onde passaram a coexistir estupas budistas, templos gregos e hindus. Representações de Buda até o elevaram em Apolo, o deus grego!

Desta efervescência religiosa emergiu a segunda grande corrente budista: o Mahayana. Esta, implantando-se no norte da Índia, alcançou o Tibet, a China, a Coreia e o Japão. Segundo esta nova escola, cada indivíduo possui em si uma "natureza de buda" que lhe permite alcançar o despertar e, por sua vez, tornar-se um Buda. Outra particularidade do Mahayana: a existência dos *bodhisattvas*, mestres chegados ao limiar da iluminação, mas que optam por adiar sua entrada no *nirvana* e reencarnar-se a fim de consagrar-se ao serviço dos seres humanos enquanto houver sofrimento na terra. É exatamente o inverso do *arhat*, defendido pelos discípulos do Theravada, que visa apenas a própria libertação. Esta grande compaixão (*karuna*), que assume cada vez mais importância na doutrina, explica a expressão "Grande Veículo".

No Mahayana, a prática se torna menos rígida, os adeptos leigos têm quase a mesma importância do que os monges que dedicam sua vida ao *dharma*. Os fiéis se embasam no estudo da *Perfeição do conhecimento* (*Prajna-paramita Sutras*), uma coleção de textos escritos entre o século I antes de nossa era e o século VI, desenvolvendo a noção de perfeição (*paramita*) e de sabedoria transcendente (*prajna*), uma percepção aguda que permite apreender a natureza real de todas as coisas. A noção de vacuidade (*sunyata*) também assume uma importância considerável no ensinamento: ela designa a ideia de que a realidade das coisas é vazia de existência própria. Segundo o monge indiano Nagarjuna, "a vacuidade não esvazia as coisas de seu conteúdo, ela é sua verdadeira natureza"[95]. A expansão do Mahayana faz-se acompanhar também de uma evolução linguística: a recuperação do sânscrito. Os primeiros budistas, de fato, se haviam desviado da língua sagrada da Índia védica para privilegiar o pali, um dialeto indo-ariano, muito literário, que se havia tornado a língua litúrgica do budismo; foi ela que deu o seu nome ao "cânon pali", conjunto de escritos sagrados utilizado no Theravada.

Na China e no Japão

A partir do século I o budismo Mahayana alcançou a China e impregnou-se dos pensamentos locais, do confucionismo e do taoismo. Os monges seguiam a Rota da Seda, que foi traçada pelo explorador e diplomata chinês Zhang Qian dois séculos antes (esta rota corresponde a uma estrada muito antiga:

---

95. CORNU, P. *Dictionnaire encyclopédique du bouddhisme*. Paris: Seuil, 2001.

a rota de Jade, datando de 5.000 anos antes de nossa era; ela liga a Birmânia, no Levante, com o Himalaia, no centro). Os monges desembarcaram num país que passou por um período de paz relativa, restabelecida pela Dinastia Han. Não obstante sua imensidão, a China beneficiou-se de uma administração eficaz, facilitando a adaptação dos missionários. O país estava se erguendo de uma profunda crise religiosa vivida alguns séculos antes, quando as religiões agrárias pouco a pouco foram sendo substituídas por duas novas sabedorias: o confucionismo e o taoismo. O budismo, no entanto, levou tempo para implantar-se duradouramente nas mentes. Por volta de 520 de nossa era, o Monge Bodhidharma, originário da Índia ou da Pérsia (as opiniões divergem), atracou na China e juntou-se ao mosteiro de Shaolin (que se tornará famoso por sua prática das artes marciais, notadamente o kung-fu), situado no monte Song, na Província de Henan. Aquele que a tradição vai identificar como o "Grande Viajante" (às vezes "Monge de olhos claros") fundou o *chan* ("meditação silenciosa"), uma corrente contemplativa do budismo que incentiva o praticante a esvaziar-se interiormente para alcançar o despertar. A meditação é feita em posição sentada, em silêncio, sem artifícios. Ao longo dos séculos o budismo vai tornar-se uma das três grandes espiritualidades da China. Ele se dividirá em duas correntes principais: o *chan* e a Escola Terra Pura, dedicada ao Buda Amitaba [daí amidismo].

A partir do século XIII, o budismo passa a ser "exportado" para o Japão, onde o termo *chan* é traduzido por *zen*. Através do ensinamento direto de mestre para aluno, esta escola prega a busca da "Iluminação interior", nome dado à meditação. Como no *chan*, é em "fazendo *zazen*" que o indivíduo pode alcançar a libertação: sentado em posição de lotus, como Buda por ocasião de sua iluminação, a pessoa que o medita afasta os pensamentos de seu espírito e faz a experiência de seu próprio budismo. Mais do que uma técnica de meditação, *zazen* é, portanto, o veículo para o despertar. Esta noção é compartilhada por dois ramos do *zen*: o *soto* e o *rinzai*.

O primeiro ramo foi fundado pelo filósofo e poeta japonês Eihei Dogen (1202-1253). Oriundo de uma família aristocrática, Dogen recebe a ordenação aos 13 anos de idade, mas desconfia rapidamente das interpretações doutrinais de seus mestres, bem como da pompa dos mosteiros da época. É na China que ele vai descobrir o *zazen*, método ao qual vai consagrar sua vida. De volta ao Japão, escreveu inúmeros textos, poemas, contos filosóficos, manuais de instrução, dos quais o *Shobogenzo*, coletânea de seus ensinamentos e seu testamento inacabado. A doutrina de Dogen marcou uma transformação no pensamento da época. Segundo o mestre, que será um dos maiores filósofos do Japão, só é possível compreender a realidade das coisas a partir de uma determinada forma, e esta forma vai representar o todo. Assim, explica ele, o universo está contido na menor folha de grama, mas desde que seja apreendido em toda a sua natureza. O mesmo vale com o tempo, que surge apenas numa forma específica: no instante. Todas as coisas só existem no aqui e no agora. Assim Dogen convida o indivíduo a tomar plena consciência de cada um de seus gestos, como lavar-se, descascar os legumes, comer etc. É através desta busca do "gesto correto", denominado *zanshin*, que o ser humano alcançará o despertar. Dogen apresenta casos práticos em sua obra *Instruções ao cozinheiro zen*, redigida em 1237: "Uma mente esclarecida não é nem zarolha nem cega; ela abraça todos os aspectos da realidade. A folha de legume que seguras em tua mão torna-se o corpo sagrado da realidade última e esse corpo que seguras com respeito volta a ser simples legume", escreve ele.

A segunda grande escola japonesa, o *rinzai*, foi fundada no século IX na China e introduzida no Japão em 1191 pelo Monge Myoan Eisai. Este último, que teve Dogen como discípulo, estaria na origem da cerimônia do chá: de volta da China, onde foi estudar o budismo *chan*, Eisai carregou consigo as primeiras plantas de chá-verde; ele inventou uma nova preparação, o "matcha", um chá transformado em pó por um batedor de bambu. Além da prática do *zazen*, o *rinzai* também se embasa no estudo dos *koans*, poemas curtos, às vezes absurdos, geralmente enigmáticos, sempre desconcertantes, que o mestre recita ao seu discípulo para criar um choque cuja finalidade é guiá-lo no caminho do despertar. Eis exemplos tirados do *Wumenguan* (*A barreira sem porta*), um dos mais famosos relatos de *koans*, que foram compilados e comentados pelo monge chinês Wumen Huikai, e publicados em 1228: "O primeiro de nós dois que adormecer acorda o outro para dizer-lhe..."; ou ainda: "Qual é o som de uma única mão que se aplaude?"

O budismo tibetano

No século VII, o budismo foi introduzido no Tibete, uma região marcada pela mistura de crenças religiosas, notadamente as do *Bön*, uma religião primitiva e animista. O "país das neves" é palco de muitos conflitos. Os soldados tibetanos eram guerreiros ferozes que saqueavam as cidades situadas ao longo da Rota da Seda. Ali os soldados encontraram os missionários budistas, que saquearam e subjugaram, mesmo abraçando suas crenças, das quais se tornaram devotos ardorosos. Aliás, foi um chefe de guerra que fez o reino pender para o budismo: pertencendo à dinastia dos Tubo, Songtsen Gampo converteu-se ao "caminho do meio" e o propagou pelos contrafortes do Himalaia. Sob a influência de suas duas esposas, estrangeiras e budistas, fez construir santuários e lançou uma campanha de tradução dos textos sagrados. Antes de casar-se, uma delas, a princesa nepalesa Bhrikuti Devi, chegou ao Tibete com uma efígie do Buda Akhsobhya em seus baús. Para abrigar a estátua, o rei fez construir, em 639, o templo de Jokhang, que ao longo dos séculos foi se transformando no principal santuário do budismo tibetano.

Paralelamente, o soberano foi unificando vastos territórios, extrapolando o Nepal e ultrapassando as fronteiras chinesas; e fez de Lassa, "o lugar do divino", o coração de seu império, erigindo naquele local o Palácio de Potala. Mas o rei devoto esbarrou em dois *fronts*: o das tropas chinesas da Dinastia Tang, que temiam suas inclinações expansionistas, e o dos xamãs *bön*. Songtsen Gampo impôs o budismo ao preço de lutas sangrentas e fez construir inúmeros mosteiros. Esta terceira via do budismo, denominada Vajrayana, ou "veículo do diamante", se embasou em princípios do Mahayana e do tantrismo hindu, e adotou alguns ritos *bön*, tais como abluções, oferendas sonoras, cantos e danças endereçados aos doze deuses protetores do Tibete, os *tenma*. Este veículo também é qualificado de "caminho rápido", já que ele defende um caminho de realização "em um corpo e em uma vida", oferecendo aos seus praticantes a possibilidade de alcançar, em uma única vida, a plena realização espiritual. Isto pressupõe passar por técnicas de meditação e de ioga complexas, mas também pelo estudo dos *tantras*, ou seja, dos textos elípticos que descrevem os exercícios e os rituais a seguir, em vista da libertação. Enfim, o budismo tibetano repousa sobre a devoção ao *lama*, o mestre detentor da tradição; daí sua denominação, pelos ocidentais, a partir do século XIX, de "lamaísmo". Como no *zen*, a relação de mestre para discípulo é primordial; ela é que conduz o aluno na via do conhecimento e do despertar. O lama tibetano goza de grande prestígio: necessariamente não é um monge; ele pode ser casado e dirigir um ou vários mosteiros. As monjas também podem usufruir do título de lama. A tradição sustenta que Avalokiteshvara, o *bodhisattva* que encarna a compaixão, muito popular no Mahayana, estaria presente em cada monja. Protetor do Tibete sob o nome de Chenrezig, Avalokiteshvara tem traços femininos na China, na Coreia e no Vietnã.

Desde o século XV, o dalai-lama e o *karmapa* são considerados emanações. O primeiro é o chefe supremo do budismo tibetano. Composto do mongol *ta-le* ("oceano", subentendido "de sabedoria") e do tibetano *bla-ma* ("supremo"), este título foi conferido, no século XVI, a Sonam Gyatso pelo soberano mongol Altan Khan, que assim o designou chefe de todas as escolas do budismo. O *karmapa*, por sua vez, é o mais alto dignitário da Escola Kagyupa, cognominado o "lama da coifa preta". No Tibete, como na Mongólia, os mosteiros exercem uma função primordial na difusão do budismo. Existem quatro linhas religiosas principais, com suas especificidades dogmáticas e litúrgicas: os Nyingmapa (ou anciões), a Kagyupa, os Sakyapa – estas três correntes sendo cognominadas "Bonés vermelhos" – e os Gelugpa, reconhecíveis por seus bonés amarelos, de onde é oriundo o 14º e atual dalai-lama, Tenzin Gyatso. Em abril de 1988, este último reconheceu o *Bön* como quinta escola do Tibete.

No século XII, a linhagem Kagyupa fez êmulos, notadamente sob a influência de Marpa Lotsawa, dito o Tradutor, que, de volta ao país depois de vários anos de estudos na Índia, onde encontrou o mestre indiano do budismo tântrico Naropa, se consagrou à tradução dos textos sagrados. Marpa teve um aluno, o poeta iogue Jetsün Milarepa, cognominado "Milarepa-vestido-de-algodão". Após sua aprendizagem este noviço passará sua vida a meditar numa caverna do Monte Kailash e a compor versos que foram passados à posteridade, dos quais este: "Nos grandes desertos, nas altas montanhas / Existe um negócio estranho / Podemos permutar o turbilhão da vida / Pela infinita paz da alma". Após séculos de tradição oral, no século XIV seus poemas foram compilados por Tsang Nyön Heruka em duas obras principais: *A vida de Milarepa* e *As cem mil canções de Milarepa*. Foi igualmente na Escola Kagyupa que se desenvolveu uma das especificidades do budismo tibetano: a tradição do mestre reencarnado. Cada linhagem é dirigida por um mestre que é a reencarnação do fundador, denominado *tulkou* (literalmente "corpo de transmissão").

Codificado e implementado no século XIII, este sistema possibilitou identificar os verdadeiros chefes de linhagens e evitar assim as lutas de poder. O procedimento é complexo e descarta qualquer princípio de hereditariedade. Como o explica a escritora Claude B. Levenson, a primeira biografia do 14º dalai-lama, "o menino candidato à sucessão deve primeiramente oferecer a 'prova' dessa ascendência espiritual, notadamente carregando desde a infância um certo número de 'sinais' de identificação visíveis ou secretos, e deve passar com sucesso por diversas provas, dentre as quais a da memória anterior, submetidas pelos lamas, pelos hierarcas e outros dignitários encarregados de identificar a encarnação do mestre. O método extremamente elaborado de pesquisas e investigações é corroborado por oráculos, profecias, interpretações de sonhos e algumas indicações dadas às vezes pelo detentor do título antes de sua morte"[96]. Desde o século XVII, o dalai-lama, ele mesmo um *tulkou*, é nomeado chefe temporal e espiritual do Tibete. Segundo a tradição, à sua morte, um conselho de "mestres reencarnados" se reúne para designar dentre várias dezenas de meninos aquele que será o novo chefe espiritual e temporal.

---

96. LEVENSON, C.B. "Le bouddhisme et ses écoles au Tibet". *In: Encyclopédie des religions... Op. cit.* t. I, p. 1.042.

O encontro do budismo com o Ocidente

Desde Ashoka os olhares jamais cessaram de voltar-se para o Oeste. No entanto, foi necessário esperar os relatos dos viajantes para que, no século XIII, o Ocidente descobrisse enfim o "caminho do meio". Nas sendas de seu irmão Jean de Plan Carpin, o monge franciscano flamengo Guilherme de Rubruck foi o primeiro a relatar histórias de lamas com poderes extraordinários e descrições de ritos xamânicos, depois de sua expedição na Mongólia, segundo ele, "terra de povos estranhos". Aproximadamente vinte anos depois, o explorador veneziano Marco Polo deparou-se com monges budistas e taoistas ao longo do grande Khan e por ocasião de uma de suas escalas no Ceilão. Posteriormente, com a implosão do Império Mongol, depois da morte do Imperador Möngke Kahn em 1259, os contatos se encerraram.

Foi necessário esperar então as missões dos capuchinhos e dos jesuítas dos séculos XVII e XVIII, particularmente a de Ippolito Desideri, primeiro europeu a ter residido em Lassa e a aprender a língua tibetana, para que os contatos fossem restabelecidos entre o mundo budista e o Ocidente. E a tradução do sânscrito e do pali, por volta dos anos de 1830, irá progressivamente revelar todas as sutilezas desta religião universalista.

No século XX, alguns ocidentais conseguiram chegar ao Tibete (país por longo tempo inacessível aos estrangeiros em razão das proibições de seus "protetores" chineses). É o caso da exploradora franco-belga Alexandra David-Néel, primeira mulher europeia a entrar no país das neves em 1924. Seus relatos conheceram um sucesso mundial e traduzem perfeitamente a fascinação que o Tibete exerce sobre o imaginário dos ocidentais: "Vivi, por vários anos, ao pé das neves eternas, como nas solidões herbáceas da região dos grandes lagos, a vida estranha e maravilhosa dos anacoretas tibetanos; conheci seu encanto especial, e tudo o que aí se revelava despertava imediatamente meu interesse. Enquanto meus olhos permaneciam fixos nos palácios de rocha, uma convicção intuitiva me vinha pouco a pouco; alguém vivia lá. Uma mensagem misteriosa me havia alcançado, uma espécie de colóquio silencioso se engajava, cujos interlocutores permaneciam invisíveis um ao outro... Mas, afinal de contas, o que importava que naquela montanha residisse ou não um ser humano como eu! A voz que eu ouvia era o eco, em meu espírito, de ideias milenares às quais o pensamento do Oriente não cessa de retornar, e que parecem ter feito dos cumes altaneiros do Tibete uma de suas fortalezas"[97]. Nos anos de 1960, uma onda de ocidentais em busca de espiritualidade, como os Beatles, inundou a Ásia para instruir-se junto aos gurus indianos, aos mestres zen japoneses ou aos lamas tibetanos. Na França, à mesma época, os documentários do produtor Arnaud Desjardins, veiculados na televisão, contribuíram para o conhecimento do budismo. Por outro lado, a invasão chinesa do Tibete em 1959 forçou muitos tibetanos a exilar-se na Índia, dentre os quais seu chefe supremo, o dalai-lama. Na sequência desse exílio, milhares de centros budistas foram fundados no Ocidente por lamas ou por seus discípulos. A prática do budismo zen também se desenvolveu na Europa através da figura de um monge japonês atípico, Taisen Deshimaru, desembarcado sozinho na França em 1968, e nos Estados Unidos nos anos de 1970, graças a outro mestre japonês, Shunryu Suzuki, que se instalou da Califórnia.

---

97. DAVID-NÉEL, A. *Voyage d'une Parisienne à Lhassa*. Paris: Plon, 2018, p. 23-24.

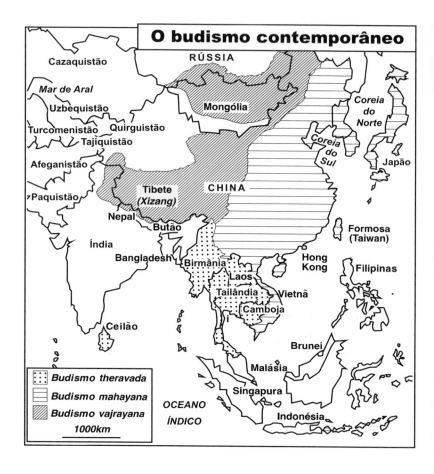

Através da prática do budismo, os ocidentais buscam um caminho espiritual que vincule o corpo e o espírito (por meio de diversas técnicas de meditação) e cuja filosofia (como a lei da impermanência e da interdependência dos fenômenos) lhes parece mais compatível com a ciência moderna do que as crenças religiosas monoteístas. Simultaneamente os ocidentais se reapropriam do budismo, às vezes muito livremente, simplificando-o a fim de adaptá-lo à sua cultura individualista e consumista. Dentre os inúmeros paradoxos que assinalei em minha tese[98] sobre o tema está a opção por um caminho espiritual que originalmente visa a "despossessão de si" na perspectiva da "realização de si", efetiva palavra de ordem da modernidade ocidental.

Segundo estimativas divulgadas pelo Instituto de Estudos Budistas francês em 2018, o budismo é atualmente a quarta religião do mundo – depois do cristianismo, do islã e do hinduísmo –, com mais de seiscentos milhões de fiéis. Este número poderia ter sido mais importante se os budistas não tivessem sido perseguidos pelos conselhos e ditaduras comunistas na Ásia ao longo do século XX. Sem mencionar seu declínio na própria terra natal, a Índia, onde o hinduísmo e o islã concorrem com o budismo.

Cristianismo

O cristianismo nasceu da cisão, no seio do judaísmo, de dois movimentos: um centrado na Lei de Moisés, outro na pessoa de Jesus. No século I, tanto a Palestina quanto o conjunto da bacia do mediterrâneo estavam sob a dominação romana. Seus habitantes acreditavam no Deus único YHWH, contrariamente ao resto do império, majoritariamente politeísta.

Como já o evocamos, o povo judeu, à semelhança de todos os povos dominados por Roma, suportava mal essa dominação,

---

[98]. Cf. LENOIR, F. *Le Bouddhisme en France* e *La Rencontre du bouddhisme et de l'Occident*. Paris: Fayard, 1999; o segundo livro foi reeditado pela Albin Michel, em 2001.

e aguardava a chegada do Messias que restabeleceria o reino de Israel. Nesta região fragmentada em vários grupos – saduceus, fariseus, essênios e zelotas –, Jesus arrebanhou as multidões ao redor de uma mensagem de amor universal. O termo "judeu" designava então indistintamente os judeus que receberam a mensagem de Jesus e os que a recusavam ou não a reconheciam. Os cristãos eram ainda uma seita judaica dentre outras, identificados como nazarenos. Na Palestina eles falavam diferentes línguas: o arameu após o exílio na Babilônia, o hebraico ou o grego. É neste contexto que os seguidores próximos de Jesus, sempre ligados ao Templo, vão difundir sua mensagem.

Depois da morte de Jesus, provavelmente no ano 30, seus apóstolos passaram a anunciar sua ressurreição. Pequenos grupos de judeus assediavam então os peregrinos que iam ao Templo a fim de fazê-los conhecer a palavra "daquele que foi ungido por Deus", o Cristo. Estas comunidades reuniam os primeiros companheiros de Jesus que seguiram seu ensinamento e compartilharam suas refeições. Três vezes por dia os fiéis recitavam orações, respeitavam o Shabat e a Lei, e também se reuniam em privado para recitar orações comunitárias e compartilhar a fração do pão. A primeira Igreja, do grego *ekklesia* ou "assembleia de cidadãos", foi criada em Jerusalém. Peregrinos convertidos fundaram novas comunidades em Jope (atual Jaffa), na Lídia (atual Lod), em Tiro e até na Síria. O proselitismo destes missionários, que não reconheciam os deuses romanos e não prestavam culto ao imperador, provocará vivas tensões com o Império Romano.

Perseguições e separação do judaísmo

Desde as origens do cristianismo, as relações entre os cristãos e o Estado foram marcadas pela violência. Em vida Jesus reconheceu ter sido perseguido: "Se o mundo vos odeia, sabei que ele me odiou primeiro" (Jo 15,18). Seus companheiros, após a sua morte, também foram perseguidos, e alguns executados, como Estêvão, lapidado por fariseus hostis aos cristãos, por volta do ano 37, e que acabou se tornando o primeiro mártir da história cristã; ou o Apóstolo Tiago, irmão de João, decapitado por Herodes Agripa por volta do ano 44. A primeira perseguição em massa teve lugar em julho de 64, em Roma, quando cristãos foram queimados por ordem do Imperador Nero que, erroneamente, os acusava de ter incendiado a cidade. Segundo o relato de Tácito: "Assim, para abafar este barulho, Nero supôs réus os acusados e aplicou penas mais refinadas às pessoas detestadas em razão de seus costumes penais, que a multidão chamava de 'cristãos'. [...] A execução deles era transformada em espetáculo: cobriam-nos de peles de animais, e pereciam por mordidas de cães ou pregados em cruzes, ou jogados na fogueira, para que, ao cair da noite, servissem de iluminação noturna"[99]. As perseguições romanas contra os cristãos eram motivadas principalmente por razões políticas (o império aceitava em seu seio a diversidade religiosa). A negação cristã de participar de celebrações políticas e do "culto ao imperador", bem como a negação teológica cristã dos deuses soavam como um protesto contra a ordem pública.

Além de perseguições esporádicas, desde a origem o desenvolvimento das missões cristãs provocou tensões entre os apóstolos que não partilhavam a mesma visão sobre a conversão dos não judeus. O Apóstolo Pedro, primeiro discípulo de Jesus, pregava a necessidade da observância da Torá e de seus ritos da parte dos cristãos. O mesmo vale para Tiago (um dos "irmãos" de Jesus), sucessor de Pedro à frente da *ekklesia*. Paulo, porém, um fariseu convertido após ter tido uma visão de Jesus no caminho de Damasco, se diferenciava dos outros apóstolos ao batizar tanto judeus quanto pagãos e ao criar comunidades mistas que acolhiam homens e mulheres, judeus e gregos, es-

---

99. TACITE. *Annales*, XV, XLIV, 2-4. *In*: Tacite. *Oeuvres complètes*. Paris: Gallimard, 1990, p. 775-776.

cravos e cidadãos. Sem dúvida uma pequena revolução para a época, já que o Império Romano, no século I, praticava a escravidão, e seus grupos religiosos não ofereciam direitos iguais ao homem e à mulher. Debates calorosos animaram o Concílio de Jerusalém, em meados do século I, sobre a abertura da comunidade judeu-cristã aos pagãos. Seria necessário ser judeu para ser cristão ou bastaria simplesmente acreditar em Jesus? Seria possível ser salvo sem a observância da Lei? Quais obrigações da religião judaica deviam ser impostas aos pagãos? Paulo conseguiu convencer a assembleia a não impor a circuncisão aos não judeus, tampouco as regras alimentares prescritas pela *cashrut* [leis dietéticas do judaísmo]. Pedro recebeu a missão de evangelizar os judeus e Paulo os pagãos: foi o primeiro ato de independência da Igreja cristã.

Paulo fundou novas igrejas em várias partes do vasto Império Romano (o essencial de suas fundações sendo no atual território Turquia-Grécia) e desenvolveu, através de suas cartas (ou epístolas), uma teologia fundada na fé em Jesus Cristo e no amor divino (*ágape*), amor considerado acima da Lei e até da fé:

> Mesmo que eu fale as línguas dos homens e dos anjos, se não tiver o amor, sou um metal que soa, um címbalo retumbante.
> Mesmo que tenha o dom da profecia, a ciência de todos os mistérios e o conhecimento perfeito, mesmo que tenha a fé mais total, a que transporta montanhas, se me falta o amor, nada sou.
> Mesmo que distribua todos os meus bens aos famintos, mesmo que entregue o meu corpo às chamas, se me falta o amor, isso não me serve para nada.
> O amor é paciente, o amor é serviçal, não é ciumento, não se pavoneia, não se incha de orgulho, nada faz de desonesto, não procura o próprio interesse, não se irrita, não guarda rancor, não se regozija com a injustiça, mas encontra sua alegria na verdade.
> Ele tudo desculpa, tudo crê, tudo espera, tudo suporta.
> O amor nunca morre (1Cor 13,1-8).

Situando o amor e a fé em Jesus Cristo acima da Lei mosaica e batizando muitos pagãos, Paulo levou os primeiros discípulos de Jesus a romper com o judaísmo, e a instaurar assim uma nova religião. É interessante observar que, mesmo sendo o inspirador, Jesus nunca fundou uma nova religião. Ele nasceu judeu e permaneceu judeu piedoso a vida inteira. Ele se considerava um reformador da religião judaica, que veio para devolver-lhe o seu sentido mais profundo e lembrar que a verdadeira finalidade da Lei é o amor: "Eu não vim abolir a Lei, mas cumpri-la" (Mt 5,17). Levando ao extremo esta lógica e situando a pessoa de Jesus no coração da nova fé, Paulo pode ser considerado o verdadeiro fundador do cristianismo.

Enquanto a maior parte dos discípulos de Jesus era de origem judaica, quem vai engrossar as fileiras da nova religião cristã alguns decênios após a morte de Jesus são os não judeus, oriundos de culturas religiosas politeístas da orla mediterrânea, e não os judeus, que em sua grande maioria permaneceu fiel às suas tradições mosaicas.

No ano 70, por ocasião do cerco de Jerusalém, o exército romano destruiu o Templo e arrasou a cidade. Este acontecimento levou a uma maior dispersão dos judeus para além dos limites da Judeia. Doravante eles vão reunir-se em sinagogas e buscarão perpetuar sua fé e seus ritos em países dominados inicialmente pelo paganismo, em seguida pelo cristianismo e, por fim, pelo islã. Muitas vezes perseguidos, os judeus conseguiram não apenas manter as tradições de seus pais, mas igualmente dar origem a novas correntes espirituais, como a cabala (em hebraico Qabbalah), sobre a qual voltaremos no próximo capítulo, ou o movimento hassídico (fundado no século XVIII por Israel ben Eliezer, conhecido sob o nome de Baal Shem Tov). Correntes que irão revivificar as comunidades judaicas ao longo dos séculos.

Os Pais da Igreja e as controvérsias teológicas

Os cristãos, por sua vez, se estabeleceram nas grandes cidades e nos portos da bacia do mediterrâneo: Antioquia na Síria, Corinto e Atenas na Grécia, mas igualmente em outras cidades da Macedônia, da Itália e da Turquia. O foco mais importante situava-se em Alexandria, no Egito, que constituiu à época o maior centro intelectual do Oriente. A nascente teologia cristã mobilizou, entre outros, os conceitos da filosofia grega para aprimorar sua doutrina. Assim, o autor do quarto evangelho, João, e a Didascália de Alexandria utilizaram o conceito estóico de *logos* ("verbo", "palavra") para tentar explicar o mistério de Cristo, simultaneamente Deus e homem: Jesus seria a encarnação do *logos* divino. Escrito no final do século I, o evangelho atribuído a João começa assim: "No princípio era o *logos*. E o *logos* estava com Deus. E o *logos* era Deus [...] E o *logos* se fez carne. E habitou entre nós" (Jo 1,1.14).

Grandes autores eclesiásticos, de língua grega ou latina, denominados "Padres da Igreja", marcaram os primeiros séculos do cristianismo e influenciaram a doutrina cristã, como Inácio de Antioquia, Cipriano de Cartago, Basília de Cesareia e Santo Agostinho, nascido em Cartago (na atual Tunísia). Convertido à fé cristã após ter sido tentado pelo maniqueísmo e ter levado uma vida dissoluta, Agostinho tornou-se bispo de Hipona e exerceu uma influência considerável no pensamento cristão do Ocidente. Suas famosas *Confissões*, nas quais ele relata seu percurso de vida interior, inauguraram um novo gênero: a autobiografia espiritual. Agostinho defendia também um cristianismo fundamentalmente romano e latino, e intransigente: se opôs ferrenhamente ao donatismo – o cristianismo magrebino –, a Pelágio, este monge celta que acentuava a necessidade das boas obras para se obter a salvação, face nomeadamente à onipotência da graça.

Os Padres da Igreja exerceram um papel importante nos diferentes concílios que ordenavam as questões de fé e de organização da Igreja. Isto em razão dos muitos pontos de desacordo. As comunidades, doravante mistas, passaram a articular-se ao redor de um "ancião" e eram dirigidas em cada região por um bispo, ele mesmo assistido por presbíteros e diáconos. Esta estrutura hierárquica não impediu as querelas teológicas entre as diferentes escolas.

Uma questão central acompanhava efetivamente estes debates ao longo dos primeiros séculos do cristianismo: Quem é Jesus e qual é o seu vínculo com Deus? A maioria dos Padres da Igreja afirmava que Jesus era ao mesmo tempo plenamente homem e plenamente Deus, enquanto Filho do Deus único. O docetismo, um dos primeiros movimentos contestatários da linha ortodoxa, negava a encarnação, afirmando que o corpo humano de Cristo não passava de uma ilusão. Contrariamente, os adocionistas viam em Jesus Cristo um homem "adotado" por Deus e não seu filho. Os modalistas sustentavam notadamente que, sendo Deus e Jesus uma única pessoa, quem foi diretamente crucificado foi Deus.

O bispo de Roma, que exerce (e ainda exerce) uma primazia sobre os demais bispos em razão de suceder a Pedro, primeiro apóstolo de Jesus, tentou pôr ordem nestas diferentes teses, sobretudo em definindo uma ortodoxia dogmática e em excomungando os heréticos. Foi sobretudo ao redor da noção de Trindade que novos debates explodiram. Segundo a corrente teológica dominante apoiada por Roma, as três pessoas da Trindade (Pai, Filho e Espírito Santo) eram da mesma substância ou da mesma natureza. Mas o arianismo, movimento do teólogo de Alexandria Ario, que seduzia multidões de fiéis nos séculos IV e V, considerava que o Filho foi criado pelo Pai e, portanto, Jesus não tinha a mesma essência divina. Para ordenar a vida interna da Igreja e apaziguar os conflitos teológicos, grandes concílios foram organizados pelo Imperador Constantino I, a exemplo do Concílio de Niceia em 325. Alguns anos antes, em 313, este imperador havia acordado aos cristãos, pelo Edito de Milão, a liberdade de praticar o seu próprio culto. Favorecer os cristãos permitia ao imperador apoiar-se numa religião forte para assentar o seu próprio poder. Teria sido esta estratégia política acompanhada de uma real conversão espiritual deste pagão esclarecido, adepto do monoteísmo solar? Difícil sabê-lo! Seja como for, este reconhecimento do cristianismo pelo imperador finalmente permitiu aos fiéis a convivência livre segundo a própria fé e possibilitou um aumento considerável da riqueza da Igreja, que daquele período em diante podia receber doações do Estado e heranças. Basílicas floresceram, asilos para cuidar dos doentes e excluídos foram construídos.

Em 330, quando Constantinopla foi decretada nova capital do Império Romano, o bispo de Roma passou a ser denominado "papa". Pouco a pouco as festas religiosas cristãs vão substituir os dias feriados pagãos, e o domingo, dia do Senhor, passou a ser, por decreto, feriado obrigatório. Aos poucos a Igreja foi se transformando numa questão de poder. O imperador considerava-se então "o bispo de fora", passando a intervir diretamente nos assuntos clericais e nas doutrinais da Igreja cristã: ele promulgava decretos conciliares, nomeava bispos, exilava os recalcitrantes à ortodoxia doutrinal. Neste contexto, Constantino I convocou o Concílio de Niceia em 325 e, ao resolver a questão ariana, conseguiu manter a Igreja unida: o concílio condenou a doutrina de Ario e adotou uma primeira formulação da fé cristã afirmando solenemente a divindade de Cristo. Mas nem por isso a crise ariana foi extinta; ela perdurará por vários decênios. É o Concílio de Calcedônia, em 451, que vai concluir o esboço de Niceia e reafirmar o dogma da Santíssima Trindade (um só Deus em três pessoas: Pai, Filho e Espírito Santo). Jesus passou a encarnar então a segunda pessoa da Trindade (o Filho, ou o *logos*), com uma dupla natureza: humana e divina.

Quando os cristãos passaram a ser perseguidores

Em situação minoritária ao longo de três séculos dentro de um poderoso império que confessava um culto a vários deuses, as comunidades cristãs, não obstante tudo, conseguiram aumentar e difundir sua visão monoteísta. O cristianismo, ao ser consagrado a religião única e oficial do Império Romano, não apenas tornou-se majoritário, mas passou a triunfar. Em 380 o Imperador Teodósio I transformou o cristianismo em religião oficial do mundo romano e em 391 proibiu os cultos pagãos. A partir de então, templos foram destruídos, sacrifícios divinatórios proibidos e a religião cristã foi imposta a todos os povos do império. Se inicialmente o Império Romano perseguia os primeiros cristãos e os submetia a toda sorte de suplícios e torturas, agora quem persegue os pagãos é a Igreja. Na maioria das vezes, no entanto, ela não o fez diretamente, mas auxiliada pelas forças do Estado, embora, em circunstâncias específicas, a ordem podia vir de um dignitário eclesiástico, como no caso da matemática e filósofa neoplatônica Hipátia, que morreu assassinada por monges, sob ordem expressa do bispo de Alexandria.

A heresia, além de constituir-se em crime importante sob o reinado de Teodósio I, a partir de então ela passa à alçada dos tribunais civis. E atos de violência, realizados em nome de Deus, pouca suspeita levantavam, e chegavam a ser até justificados por Santo Agostinho que, por exemplo, exercia uma influência sem par no pensamento cristão: "Existe uma perseguição justa, a que as Igrejas de Cristo fazem aos ímpios [...]. A Igreja persegue por amor, os ímpios por crueldade" (*Carta* CLXXXV, ano 415).

Este discurso contribuiu para legitimar teologicamente, nas sociedades cristãs, o direito de castigar e reprimir qualquer resistência, e levou aos mais obscuros episódios da história da Igreja: perseguições aos judeus, cruzadas, inquisição (instaurada em 8 de fevereiro de 1232 por uma decisão comum do Papa Gregório IX e do Imperador Frederico II), caça às bruxas, colonização brutal do Novo Mundo. Nisto vemos uma contradição atravessando a história da Igreja ao longo dos séculos: por um lado, a Igreja transmite – e encarna por meio de obras caritativas – a mensagem de amor universal de Jesus e, por outro, persegue ou dissimula fatos delituosos (como em nossos dias a pedofilia), a fim de fazer prosperar e proteger a instituição. O teólogo católico Alfred Loisy resumiu esta contradição numa formulação lapidar: "A Igreja tem a pesada tarefa de anunciar uma mensagem que não cessa de condená-la".

Cisma entre católicos e ortodoxos

Na totalidade do mundo mediterrâneo e oriental, a organização antiga da Igreja universal repousava sobre o princípio da Pentarquia ("governo dos cinco"). Pentarquia constituída de cinco patriarcas chefes de igrejas circunscritas a uma região geográfica específica: Roma, Constantinopla, Alexandria, Antioquia e Jerusalém. Uma linha central separa o primeiro polo, Roma, dos quatro outros, que constituem o Oriente.

Em 410, a tomada de Roma pelos bárbaros de Alarico cavou um fosso entre o Ocidente e o Oriente. Dois polos religiosos se opuseram: de um lado Roma, onde a autoridade do papa é reconhecida por todas as igrejas do Ocidente, de outro Constantinopla, onde as igrejas dirigidas por patriarcas progressivamente vão adquirindo sua autonomia. Várias vezes os vínculos entre as duas igrejas ameaçavam romper-se, como em 1054, quando o patriarca de Constantinopla, Miguel

Cerulário, foi excomungado pelo papa. A ruptura definitiva aconteceu em 1204 com a pilhagem de Constantinopla pelos cruzados e com a profanação da basílica de Santa Sofia. Desde então, o cristianismo se dividiu em dois ramos: católicos e ortodoxos. A Igreja do Ocidente passa então a privilegiar a denominação "católica", isto é, universal, e as igrejas orientais reivindicaram a denominação "ortodoxas", para enfatizar o seu apego à correta doutrina. Na verdade, católicos e ortodoxos compartilhavam a mesma fé oriunda dos primeiros concílios de Niceia, Constantinopla e Calcedônia, mas o que os diferenciava eram sobretudo questões políticas, litúrgicas e de disciplina eclesial (por exemplo, contrariamente aos católicos, os padres ortodoxos podem ser casados). Às vezes, no entanto, suas controvérsias podiam girar ao redor de um ponto teológico, como, por exemplo, a famosa "querela do *Filioque*", demonstrando que o esquema trinitário não é o mesmo para as duas igrejas. Lembramos brevemente uma passagem importante do credo niceno-constantinopolitano, elaborado por ocasião do primeiro Concílio de Constantinopla (381): "Creio no Espírito Santo, que é Senhor e que dá a vida, que procede do Pai, que com o Pai e o Filho é adorado e glorificado, e falou pelos profetas". Mais tarde, em 589, em Toledo, um concílio modificou este texto sobre o Espírito Santo, introduzindo o termo *filioque* (do Filho). Já que doravante procede do Pai e do Filho, o Espírito Santo entrou na dependência do Filho. Para muitos teólogos ortodoxos a consequência é evidente: a pneumatologia (a presença do Espírito Santo) é desvalorizada em benefício da cristologia. Mas, já que o Novo Testamento afirma que o Espírito Santo sopra onde quer...

O CRISTIANISMO ANTIGO (SÉCULOS II-VI)

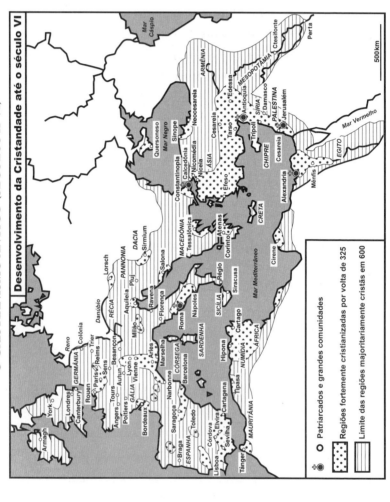

Desenvolvimento da Cristandade até o século VI

Acima, com a Pentarquia, vimos que o cristianismo da Antiguidade tardia repousava sobre a pluralidade de polos encarnados na figura de cinco patriarcas do Oriente e do Ocidente. O panorama do cristianismo, no entanto, é muito mais complexo: da Irlanda à Índia, da Etiópia à Germânia, do Magrebe à Europa Oriental, passando evidentemente pelo Mediterrâneo e pelas terras latinas, o cristianismo vai deparar-se com a diversidade dos povos. Ora, este encontro produziu uma verdadeira mestiçagem entre a fé cristã e os respectivos imaginários desses povos, imaginários expressos através de línguas, costumes, modos de vida e histórias específicas. Assim podemos ser cristãos sem ser romanos, sem ser latinos. Neste sentido, vale destacar que a Igreja Romana terá dificuldade de aceitar o pluralismo das culturas. Foi necessário aguardar a época moderna para que os teólogos católicos falassem da inculturação, que nada mais é senão a mestiçagem que acabo de evocar.

No limite destas páginas não é possível apresentar satisfatoriamente esta diversidade cultural cristã. Por isso simplesmente lembro que a experiência espiritual não deve ser separada do contexto da língua e da cultura em que o fiel se encontra. Eis um dos motivos que explica a diversidade das próprias experiências espirituais. Por exemplo, com muita frequência falou-se que o clima desértico do Egito, da Jordânia e da Síria deixou sua marca indelével na vida monástica e na experiência da transcendência divina (pensemos nos famosos estilitas). Outro exemplo é oferecido pelo cristianismo céltico, notadamente o irlandês. A respeito deste último falou-se inclusive de um cristianismo naturalista, onde a vegetação e a dimensão oceânica ocupam um lugar importante. Pensemos, neste particular, em São Brandão (século XII), este monge irlandês que desejava visitar o paraíso antes que a morte o tragasse. Com este fim, segundo a lenda medieval, São Brandão construiu um navio com o qual ele e mais dezessete monges se aventuraram no grande oceano...

A via monástica

Ao sabor dos sobressaltos políticos, os espaços de culto cristãos foram evoluindo. Na época das primeiras comunidades os fiéis realizavam os ritos em grupos privados, em volta de apóstolos itinerantes. Posteriormente o culto passou a ser celebrado clandestinamente, em casas particulares, para fugir das perseguições, antes de ser coletivamente e ostensivamente celebrado em basílicas, a partir do momento em que o cristianismo foi transformado em religião oficial. Entretanto, uma tradição perdurou séculos afora: o monaquismo, isto é, a busca de uma existência totalmente consagrada à vida espiritual vivida ou na solidão (vida eremítica), ou em comunidade (cenobita). Segundo a tradição cristã, o primeiro eremita a distanciar-se da sociedade dos homens para dedicar-se à vida de oração teria sido Santo Antão, um rico egípcio dos séculos III-IV que se retirou para o deserto a fim de seguir o chamado de Cristo: "Se queres ser perfeito, vai, vende o que possuis [...]. Depois, vem e segue-me" (Mt 19,21). O relato de sua trajetória espiritual, escrito pelo bispo de Alexandria, não só tornou a vida monástica conhecida, mas também desencadeou uma debandada de ascetas para os desertos do Egito e da Síria. Para supervisionar os excessos de alguns ascetas, Basílio, bispo de Cesareia, elaborou regras monásticas condenando o individualismo de uma vida solitária e as mortificações excessivas.

Chegado na França em 415, após ter vivido uns vinte anos no Egito, o Monge João Cassiano introduziu no Ocidente a vida monástica. Fundou dois mosteiros em Marselha, um para monges, outro para monjas. No século seguinte, em 529, Bento de Núrsia criou a abadia de Monte Cassino, na Itália. São Bento, além de fundador da Ordem Beneditina, elaborou regras de vida monástica ao redor dos votos de castidade, de pobreza e de obediência ao abade. O cotidiano dos monges era compartilhado entre oração, vida fraterna, acolhida dos hóspedes, meditação e trabalho manual ou intelectual. Os monges produziam livros copiando manuscritos – maneira de conservar textos antigos – e os mosteiros foram se tornando assim importantes centros do conhecimento e guardiães da cultura cristã.

Será necessário aguardar o século XIII e a criação das universidades para que o ensinamento e a transmissão da teologia transpusessem o muro dos claustros. A Ordem Beneditina passará por múltiplas ramificações. Em 1098, com a fundação da Abadia de Cîteaux, por Roberto de Molesme, a reforma dita cisterciense vai se pretender mais rigorosa do que a regra beneditina. Ela objetivava o retorno às fontes e defendia o ideal monástico: ruptura com o mundo, pobreza, disciplina e silêncio. No século XIII, os frades das ordens mendicantes, franciscanos e dominicanos, também descartavam os bens materiais e passavam, pela primeira, a viver fora das comunidades monásticas. Os religiosos eram incentivados a ensinar e a pregar no meio da sociedade, notadamente nos centros urbanos, voltando aos ideais de pobreza e de castidade do cristianismo original. São Francisco de Assis, na mais extrema penúria, viveu pessoalmente uma existência feita de esmolas e privações. Ele colocou o amor a Deus e às criaturas no centro de sua fé e lhes dedicou um de seus últimos e mais famosos cânticos.

Louvado sejas meu Senhor, pelo irmão vento
e pelo ar, e as nuvens,
pelo céu, sereno, todo o tempo,
pelos quais dás às tuas criaturas o sustento.
Louvado sejas meu Senhor, pela irmã água,
que é tão útil, e humilde, e preciosa e casta[100] [...].

As correntes místicas e visionárias

Hildegarda de Bingen, cujos escritos do século XII influenciaram Dante e Leonado da Vinci, é outra grande figura da mística. Ela ensinava o seu saber, nascido de suas visões, às irmãs nas abadias. Além de adquirir conhecimentos botânicos e medicinais muito avançados, ela está na origem de composições musicais de especial beleza (atualizadas pelo grupo Sequentia). Como o observa a escritora Sylvie Barnay: "A Abadessa Hildegarda de Bingen († 1179) representa particularmente este movimento literário que dá à espiritualidade do amor suas cartas de nobreza visionárias. Verdadeiro modo de pensamento simbólico, o pensamento visionário serve então para traduzir o movimento da alma que se aproxima, por amor ou por superação, de um Deus inatingível exclusivamente pela consciência do perceptível. Ele permite traduzir em palavras uma experiência indizível. Visões, cartas, poemas ou tratados espirituais constituem os principais suportes de expressão desta mística visionária, que encontra em seguida um novo canal de difusão literária através da expansão do movimento beguinal reno-flamengo do século XIII[101]".

A partir do século XII este movimento espiritual das beguinas cresceu em Flandres, no norte da França e na Alemanha. Mulheres, geralmente originárias da aristocracia e da burguesia,

---

100. ASSISE, F.d'. *Le Cantique des créatures ou Cantique de frère soleil* (1225). *In*: Michel Feuillet. *Petite vie de François d'Assise*. Paris: Desclée de Brouwer, 1993.
101. BARNAY, S. "Femmes visionnaires de Dieu". *In*: *Encyclopédie des religions... Op. cit.* t. I, p. 581.

recusavam um destino totalmente traçado, que necessariamente as encaminhava ou para o matrimônio ou para o convento. Elas se reagruparam em pequenas comunidades, as beguinarias, para trabalhar e cuidar dos doentes. Estas mulheres não eram religiosas no sentido estrito, mas viviam piedosamente, segundo uma visão mística, intelectual e literária do divino. O movimento beguinal foi importante culturalmente, socialmente e teologicamente, e reuniu centenas de milhares de mulheres comprometidas nesta via secular. A elas devemos particularmente muitas obras poéticas (como as de Hadewijch de Antuerpia). Em 1310, uma delas, Marguerite Porete, natural de Valenciennes, foi condenada à fogueira na Place de Grève, em Paris, após um processo que reuniu vinte e um teólogos, sob a direção de Guilherme de Paris, inquisidor-geral no reino de França; se lhe censurava, particularmente, ter relatado sua experiência espiritual num manuscrito intitulado *O espelho das almas simples e aniquiladas e que permanecem somente na vontade e no desejo do amor*.

Influenciada pela teologia subversiva das beguinas, no mesmo período desenvolveu-se no Vale do Reno uma corrente mística conduzida por três grandes teólogos: Mestre Eckhart, Johann Tauler e Heinrich Suso. Sua espiritualidade voltada para a busca da interioridade, e seu ensinamento, ao qual aderem também as monjas, se quer concreto, vivo, como *O pequeno livro da sabedoria eterna*, de Suso, redigido por volta de 1340, no qual o místico ensinava aos fiéis uma meditação simples. As autoridades eclesiásticas, porém, nem sempre viam com bons olhos as audácias destes místicos, defensores de uma teologia apofática, segundo a qual nada podemos conhecer nem dizer de Deus, teologia que levou Mestre Eckhart a escrever: "Por isso peço a Deus que me esvazie de Deus!" (Sermão 52). Eckhart, aliás, vai ser condenado por ter afirmado que a inefável essência divina, que ele denominava "deidade", não podia ser reduzida ao Deus trinitário conceitualizado pela razão humana.

A Reforma Protestante

No século XVI, a preocupação com a salvação adquiriu grande importância. O julgamento de Deus atormentava muitos cristãos. Obras religiosas, missas, sacramentos e peregrinações acompanhavam os fiéis no caminho da salvação. Indulgências permitirão aos fiéis, segundo suas obras (orações, peregrinações etc.), aliviar ou apagar as próprias culpas no purgatório. Um tráfico de "indulgências", no entanto, instalou-se, oferecendo a salvação mediante pagamento. Eis-nos diante da decadência da Igreja Romana, com um aparelho eclesial corrompido e uma inquisição contradizendo a mensagem de Jesus. Criticando esses excessos, pensadores como Dante, Petrarca e, mais tarde, Erasmo, buscavam encontrar uma via mais saudável, fundada em práticas individuais e na confiança em Jesus. Estes humanistas não pretendiam romper com a Igreja, mas reformá-la.

Este movimento de simplificação do culto e de um retorno às fontes evangélicas encontrou um eco junto à população, onde um anticlericalismo instaurou-se com a coleta do dízimo. Um monge católico, Martinho Lutero, manifestou vivamente as preocupações e as evoluções de sua época. Sua interpretação da Epístola de São Paulo aos Romanos entusiasmou os fiéis: a salvação, segundo ele, não é adquirida pelas obras, mas unicamente pela fé. Esta interpretação prolongou assim a doutrina da predestinação agostiniana. A justiça de Deus é gratuita, pois Cristo a mereceu por todos nós na cruz. Como Confúcio ou Buda, Lutero se apoiou em sua experiência pessoal, o que permitiu que muitos crentes o seguissem nesta nova via que ele propôs, dispensando assim o clero. No mesmo espírito, a Bíblia foi traduzida em várias línguas a fim de permitir que cada fiel tivesse acesso direto ao texto. Em

31 de outubro de 1517, Lutero divulgou as noventa e cinco teses redigidas para expor a sua doutrina. A Igreja replicou violentamente, processando-o por heresia e excomungando-o em 3 de janeiro de 1521. Sua expulsão não o impediu, muito pelo contrário, de aprofundar sua doutrina. Sua nova liberdade o estimulou a questionar a estrutura e a prática da religião cristã. Os protestantes conservaram apenas dois dos sete sacramentos professados pela Igreja Católica, e reconhecidos pelas Igrejas Ortodoxas: o Batismo e a Eucaristia, sem conservar, portanto, a Confirmação, a Confissão, a Unção dos Enfermos, o Matrimônio e a Ordenação. O surgimento da imprensa permitiu que os escritos de Lutero se difundissem largamente entre as populações do Sacro-império-romano-germânico, e de modo particular na Alemanha. Na Suíça, o francês João Calvino, por sua vez, também quis reformar o cristianismo. Em resposta a estes reformadores que contestavam a autoridade da Igreja Católica, o Papa Paulo II reuniu num concílio, em Trento, em 1545-1549, em 1551-1552 e em 1562-1563, os clérigos católicos europeus.

Este concílio tinha por objetivo reafirmar a autoridade da Igreja, reprimir os abusos (como o tráfico de indulgências ou os costumes dissolutos do clero) e condenar a teologia protestante, notadamente a calvinista, que afirmava que os humanos são predestinados por Deus a serem salvos ou condenados. Mas o concílio, por mais que afirmasse o primado da Igreja enquanto única autoridade da visão cristã, não pôs fim ao conflito entre católicos e protestantes. A guerra civil explodiu na França em 1562, marcada pelo massacre de São Bartolomeu em 24 de agosto de 1572. O Edito de Nantes concedeu liberdade de culto aos protestantes em abril de 1598, antes de ser revogado em 1685, provocando o êxodo dos protestantes para os reinos mais tolerantes do Norte.

Hoje, muitas correntes constituem o protestantismo: os luteranos e os calvinistas, oriundos do pensamento de Martinho Lutero e de João Calvino; o anglicanismo, oriundo da ruptura no século XVI do rei da Inglaterra Henrique VIII com a Igreja Católica; e muitas outras igrejas, notadamente no seio do movimento pentecostal nascido nos Estados Unidos no início do século XX como um movimento de despertar e de retorno ao Evangelho (também chamado movimento evangélico).

A evangelização

No entardecer da Idade Média teve início uma mudança na evangelização, tema que sempre esteve no centro da iniciativa cristã. O próprio Jesus havia ordenado aos seus discípulos: "Ide, fazei discípulos meus todos os povos, batizando-os em nome do Pai e do Filho e do Espírito Santo, ensinando-os a observar tudo quanto vos mandei" (Mt 28,19-20). No século XIII, a Igreja tentou propagar novamente a fé cristã para além das fronteiras da Europa. O Papa Inocêncio IV despachou então, em 1289, pelas rotas do Oriente, do Cáucaso, da Pérsia, da Índia e até da China missionários dominicanos e franciscanos. O mais notório deles foi o franciscano italiano João de Montecorvino, mandado pelo Papa Nicolau IV. O historiador Thomas Tanase, em seu estudo sobre os enviados pontifícios ao Oriente no século XIII, escreveu:

> A diversidade dos irmãos evangelizadores, franciscanos e dominicanos, que partem para o Oriente, é doravante estritamente supervisionada pelo papado e por suas grandes bulas de privilégios. Ela é igualmente controlada por grandes emissários, servindo de embaixadores e, mais tarde, por bispos, que são simultaneamente evangelizadores e representantes oficiais do papado em terra estrangeira – e era exatamente assim que eram tratados pelos Khans ou pelos soberanos estrangeiros. E não se trata aqui de uma característica constante, mas de uma

novidade, herdada da reforma gregoriana do século XI, que permite construir progressivamente este papado de pretensão imperial [...], com a implantação de uma verdadeira administração, de um governo eclesial centralizado na Europa, e em seguida no mundo – em suma, um governo capaz de organizar a evangelização de maneira contínua, e em larga escala[102].

Neste espírito de conquista, missionários e colonizadores às vezes se misturavam, semeando confusão entre discurso evangelizador e expansão política. Na Espanha, a inquisição foi implementada mais tardiamente, no século XV, e ela vai revelar-se terrível ao perseguir minorias religiosas judaicas, muçulmanas e convertidos ao cristianismo, se suspeitos de permanecer vinculados à religião de origem. Os não cristãos eram o obrigados a escolher entre o batismo e o exílio, e os recalcitrantes eram torturados ou queimados. A conquista das Américas por Cristóvão Colombo em 1492 marcou o apogeu da inquisição espanhola ao abrir um Novo Mundo à evangelização e ao reduzir à escravidão populações autóctones. Os colonizadores aceitavam converter os índios ao cristianismo se escravos e terras fossem oferecidos à Coroa. Antiescravagistas como Montaigne denunciavam o genocídio em curso. Os gritos de alarme do Padre Bartolomeu de Las Casas, que considerava os índios como crianças de Deus, acabaram sendo ouvidos, e em 1570 o rei de Portugal passou a proibir a redução à escravidão dos índios (que, no entanto, continuava para os negros). Por ocasião do Concílio de Trento, em meados do século XVI, a convocação do papa a evangelizar as terras conquistadas é observada em diferentes continentes. Os primeiros missionários alcançaram assim o México; Francisco

---

102. TANASE, Th. "Les envoyés pontificaux en Orient au XIIIe siècle: ambassadeurs ou missionnaires?" *In*: DROCOURT, N. (dir.). *La Figure de l'ambassadeur entre mondes éloignés*. Rennes: Presses universitaires de Rennes, 2015, p. 29.

Xavier deu início ao seu apostolado na Índia; Inácio de Loyola fundou a Companhia de Jesus (os jesuítas), em 1540, objetivando a propagação do Evangelho.

Culto aos santos, milagres e aparições da Virgem Maria

Em todas as tradições religiosas, certos homens ou certas mulheres serviram e servem de intermediários entre o mundo visível e o mundo invisível. Graças à virtude ou à aura que possuem, eles são simultaneamente exemplos para os crentes e intercessores junto de Deus, dos espíritos ou das divindades. Embora existam também no sufismo, no hinduísmo ou no budismo (mesmo com outros nomes), estes seres exemplares têm seu lugar garantido na história cristã. Para serem canonizados, isto é, reconhecidos como santos pela Igreja Católica, esses homens e essas mulheres precisam ter realizado ao menos dois milagres enquanto vivos ou depois da morte. Desprovido de explicação científica, o milagre é um fato extraordinário, sobrenatural, atribuído a Deus. Quem mais fez milagres é incontestavelmente o próprio Jesus. Os evangelhos listam várias dezenas deles, principalmente curas pela fé, *via* exorcismos. Dentre os santos, muitos são aqueles a quem foram atribuídos vários milagres em vida, como o taumaturgo Santo Antônio (1195-1231), que fez um recém-nascido falar e uma mula ajoelhar-se diante da hóstia consagrada, isto é, o corpo de Cristo etc.

É muito frequentemente por intermédio das relíquias que o vínculo se concretiza entre santos e fiéis. Daí a proliferação (e um tráfico) das relíquias de santos na Idade Média. Quando não há resto de material do santo, a veneração, a invocação e a reverência são realizadas diante de uma estátua com sua efígie.

O caso de Bernadette Soubirous (1844-1879) representa uma das primeiras aparições modernas da Virgem Maria, mãe de Jesus. Ele está na origem da criação do santuário de

Lourdes, que todo ano reúne aproximadamente seis milhões de peregrinos, a maioria buscando a cura de alguma doença. Antes de tornar-se Santa Bernadete, a jovem pastora afirmava ter visto a Virgem Maria aparecer dezoito vezes entre 11 de fevereiro e 16 de julho de 1858. Iletrada, de saúde frágil, pobre, ela ia muito regularmente à gruta de Massabielle para rezar. "Bernadete estava de joelhos, olhos bem abertos, fixos no nicho, mãos juntas, terço entre os dedos, lágrimas escorrendo dos dois olhos. Ela sorria e tinha um rosto belo, mais belo de tudo o que já vi. Tive pena e prazer ao vê-la assim, e o dia todo ficava com o coração tocado só em pensar nisso..."[103], relata uma das testemunhas da época. Guiada pela Virgem Maria, Bernadete descobre na água de uma fonte a alguns metros daquela do Rio Gave de Pau inúmeras virtudes curativas. A noção de milagre surgiu quando o operário Bouriette, um pedreiro vítima de um tiro de mina, privando-o da visão do olho direito, recuperou a visão após ter aplicado sobre o seu ferimento a água da gruta. "Perguntam-me o que vi em Lourdes [...], eu vi, eu toquei a obra divina, o milagre", escreve nos *Anais de Nossa Senhora de Lourdes* o professor da Faculdade de Medicina de Montpellier Henri Vergez, designado em 1860 para constatar a autenticidade e a natureza dos fatos. A notícia se espalhou e um número sempre maior de pessoas passam a visitar a gruta para tocar com a ponta dos dedos a parede rochosa e um pouco daquela água milagrosa. Outras curas inexplicadas se seguiram e provocaram a estupefação: um câncer, uma úlcera, uma paralisia de membros e inúmeros outros casos. Se hoje falamos de 70 curas milagrosas reconhecidas pelo Comitê Médico de Lourdes, que

---

103. LAURENTIN, R. *Les Apparitions de Lourdes, récit authentique illustré de documents de l'époque.* Paris: P. Lethielleux, 1961-1963, 5 t.

assumiu uma dimensão internacional desde 1954 (CMIL), e aproximadamente 7.200 inexplicados, é possível que haja muito mais casos. Mesmo se a ciência tem dificuldade de explicar essas curas, parece bastante evidente que a fé exerce um papel determinante. Comungando na oração, recebendo a unção, os doentes se entregam totalmente a esse invisível que os ultrapassa.

Em outro registro, São Padre Pio (1887-1968) ainda fascina os fiéis por seus dons de cura, mas igualmente pelos dons da bilocação, da estigmatização, da clarividência, da transverberação, da osmogênese, da inédia e da incorruptibilidade. Estas aptidões aos nomes complicados continuam um grande mistério para a ciência. Testemunhas relataram que Padre Pio podia estar em dois lugares diferentes ao mesmo tempo (por exemplo, na Califórnia e no Uruguai), quando, de fato, ele nunca saiu fisicamente de San Giovanni Rotondo, na Itália, onde passou o essencial de sua vida. Seus estigmas são outro sinal, para os cristãos, de que ele estava fortemente vinculado com Deus. Ele carregava as chagas sanguinolentas de Cristo nos pés, nas mãos (que escondia sob suas famosas luvas sem dedos) e no tórax, que jamais cicatrizavam. Sua clarividência é impressionante. O Papa João Paulo II declarou, por ocasião da canonização de Padre Pio, que num encontro entre ambos, quando Wojtyla ainda era um simples sacerdote, Padre Pio lhe havia dito que ele seria papa, mas que também tentariam assassiná-lo. A transverberação que viveu Padre Pio constitui um fenômeno místico mais raro, significando a perfuração espiritual do coração por uma linha inflamada. A ormogênese é outro carisma que às vezes encontramos junto aos santos. Quando Padre Pio atravessava a multidão, tocava objetos, mas também quando os fiéis se recomendavam a ele a distância, em sua passagem ele deixava um perfume de flores. "Não em sonho, mas quando estava bem acordada, senti o seu perfume. Nenhum jardim cheio de flores prestes a eclodir não liberaria fragrâncias paradisíacas semelhantes às que encheram o meu quarto na noite de 25 de julho de 1941 e na tarde de 21 de setembro de 1942, no exato instante em que um de nossos amigos falava de mim ao padre"[104], testemunha a mística italiana Maria Valtorta, que na época vivia paralisada em seu leito. Mais raro, Padre Pio viveu em inédia (abstenção total de alimento e bebida) várias vezes. Este jejum era acompanhado por diálogos com o invisível. Às vezes ele entrava em hipertermia: a temperatura de seu corpo podia ultrapassar os 48 graus. Enfim, trinta e quatro anos após a sua morte, a incorruptibilidade de seu corpo (constatado pela abertura de seu caixão em 2002, por ocasião de sua canonização por João Paulo II), também constatada em Bernadette Soubirous, é outro fenômeno contrário às leis biológicas, levando muitos fiéis católicos a acreditarem numa força superior invisível.

Hoje os cristãos constituem o maior grupo religioso no mundo, à frente dos muçulmanos. Mais de um quarto da população mundial é cristã, ou seja, aproximadamente 2,5 bilhões de fiéis. A metade dos cristãos é de católicos (1.350 bilhão), mais de um terço são protestantes (900 milhões) e aproximadamente 12% são Ortodoxos (250 milhões).

Embora o cristianismo esteja em declínio na Europa, a tendência mundial está em alta, com uma grande progressão em território africano. Os especialistas preveem que o número de cristãos possa chegar a mais de três bilhões até 2050.

---

104. VALTORTA, M. *Les Cahiers de 1945 à 1950*. Isola del Liri: Centro Valtortiano, 2009.

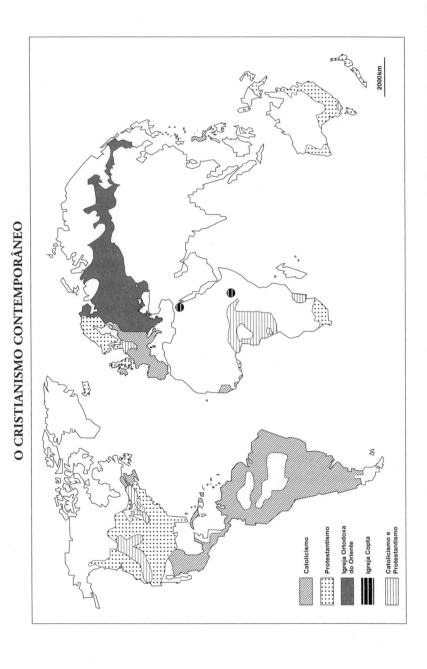

Islá

Por ocasião do nascimento do islã, no século VII, a Arábia era uma terra de contrastes. Esta vasta península, situada na junção entre a Ásia e a África, era atravessada por caravanas de comércio que faziam a ponte entre a Índia e o Mediterrâneo. O Sul, voltado para o Oceano Índico, se beneficiava de um clima de monções vantajoso às culturas. Seus habitantes, em parte sedentarizados, extraíam suas riquezas do comércio de especiarias e pedras preciosas com a Índia. O Norte, na Arábia Setentrional e Central, as imensas extensões desérticas eram povoadas por nômades. Apenas alguns oásis abrigavam centros urbanos, dentre os quais sua principal cidade mercantil, Meca, que representava o coração da Arábia.

Nesta sociedade patriarcal, de estilo de vida severo, a força viril e a coragem eram consideradas qualidades supremas. Para além das muitas coletâneas de poesia, que também traduzem o interesse das populações pela arte e pelo amor, os historiadores oferecem poucas fontes sobre este período que precede a revelação do Alcorão ao Profeta, e que o islã denomina *jahiliya*, "era da ignorância". Sedentários e nômades se organizavam em tribos independentes em todo o país, e as próprias tribos eram organizadas em confederações tribais que anualmente se reuniam na grande feira comercial, e por ocasião da reunião cultural de Okaz, não muito distante de Meca.

Essas tribos tinham em comum a prática de um animismo próximo à religião dos caçadores-coletores, professando cultos a divindades locais ou tribais tidas por residir em pedras sagradas, não figurativas e não talhadas (bétilos), e praticavam rituais deambulatórios ao redor de pedras e objetos sagrados, como a "pedra negra". Interdições sagradas foram introduzidas, sacrifícios e consultas de adivinhos passaram a ser frequentes.

As populações urbanas veneravam os deuses mesopotâmicos, as divindades locais e Baal, o deus fenício dos céus. Nesse politeísmo de tendência henoteísta, um deus maior predominava. Em Meca tratava-se de Illah, literalmente "a divindade", que era assistido por uma tríade feminina: Manat, a deusa do destino e das riquezas, Uzza, a deusa da fecundidade, e Allat, a deusa do sol, cujas prerrogativas são pouco conhecidas. As principais fontes sobre os ídolos árabes anteislâmicas procedem do *Livro dos ídolos* do sábio árabe Ibn al-Kalbi (737-819), publicado pela primeira vez em 816. Judeus e cristãos também viviam na península. Tribos inteiras eram convertidas ao judaísmo há séculos, e o rei do Yemen tornou-se judeu no século III, período em que os cristãos, por sua vez, se instalaram na Arábia. Em Meca os judeus se organizavam em comunidades, já os cristãos eram mais dispersos. Embora considerados estrangeiros, eles se mesclavam à população e exerciam uma influência sobre a sociedade.

Maomé funda a religião muçulmana

Se existem poucos documentos históricos sobre o período que precede a chegada do islã, o mesmo vale para a vida do Profeta. Apenas quatro fontes, exclusivamente muçulmanas, nos informam sobre Maomé, mas nem sempre oferecem informações confiáveis ou exatas. A primeira fonte, o Alcorão, livro das palavras que Deus teria ditado a Maomé, só relata alusivamente a vida do Profeta. Uma primeira biografia é escrita por Ibn Ishaq em meados do século VIII, mas sua biografia "oficial", a Sira, data do século IX, isto é, mais de três séculos depois do desenrolar dos fatos. A quarta fonte, os hadiths [tradições autênticas], reagrupa os discursos e os atos do Profeta, e é bastante heterogênea.

Segundo a tradição, Maomé nasceu em 570 ou 571 numa família bastante pobre do clã hachemita, segmento da tribo dos coraixitas, que povoava a cidade de Meca. Órfão, foi criado por seu avô, em seguida passou a morar na modesta casa de seu tio, Abu Talib. Embora situada num vale árido, Meca representa uma encruzilhada comercial e abriga um templo dedicado essencialmente a Illah, visitado por muitos fiéis das regiões vizinhas. Seus habitantes viviam basicamente do comércio, servindo de intermediários entre os diferentes grupos, e do lucro proveniente das peregrinações. Maomé acompanhava seu tio em suas viagens comerciais, notadamente na Síria. Aos 25 anos casou-se com uma viúva rica, Cadija, quinze anos mais velha do que ele, fato que lhe permitiu viver confortavelmente e tornar-se um respeitado notável na comunidade. Ele adotou o seu primo Ali, filho de Abu Talib, e libertou um escravo, Zayd, da tribo árabe dos Kalb, em grande parte cristã, que lhe deu sua esposa. É possível imaginar que Maomé tenha sido marcado pela pobreza de sua condição social, por seu casamento com uma mulher mais velha e pela ausência de descendência masculina em uma sociedade polígama e patriarcal. De um temperamento ao mesmo tempo apaixonado e colérico, inteligente e tranquilo, Maomé se sentia destinado a conduzir seus contemporâneos num novo caminho, visto que sua época vivia na turbulência: por um lado, ganância dos comerciantes de Meca minando os valores tribais; por outro, quadro amesquinhado da religião politeísta tradicional constantemente questionado em benefício de uma visão mais universalista veiculada pelos viajantes de religiões monoteístas.

    Influenciado provavelmente por seus encontros com cristãos e judeus, mas também pelo paganismo árabe pré-islâmico, Maomé adquiriu o costume de meditar nas grutas de Hira. Foi ao longo de um desses retiros, em 610, que ele ouviu a voz do Anjo Gabriel soprando-lhe em árabe as palavras de Deus: *Iqra'*, "Leia". Inicialmente assustado, crendo ser uma armadilha de satanás, Maomé compartilhou esta experiência mística com seu primo Ali, com sua mulher Cadija e seu primo Waraqah ibn Nawfal, um cristão que viu em Maomé o mesmo destino de Moisés.

Maomé deixou-se convencer por seus próximos de que iria ser profeta de seu povo e foi se habituando a receber estas revelações. Ele as repetia aos que estavam à sua volta e ditava-as ao seu secretário, Zayd ibn Thabit. São suas transcrições que ulteriormente vão formar o Alcorão. Segundo as primeiras revelações, Deus denunciava a avidez dos ricos, dos poderosos e dos mercadores de Meca; ele ordenava-lhes a dar prova de humildade e a submeter-se ao Deus único, Alá, que iria lhes pedir contas no dia do juízo final. Citemos, a título de exemplo dessas primeiras revelações, a surata 114 (última do livro santo), intitulada *An-Nas* ("Os homens").

> Dize: "Meu refúgio seja o Senhor
> O Rei dos homens
> O Deus dos homens
> Contra a devastação do instigador astuto
> Que choraminga no peito dos homens
> (o instigador) entre os *djinns* e os homens"[105].

Ao redor do Profeta foi se constituindo um pequeno grupo de fiéis, composto por seus próximos, por habitantes modestos de Meca e por jovens contestatários. Eles passaram a autodenominar-se "muçulmanos", do árabe *muslimun*, "os que se submetem [a Alá]".

Maomé falava a esses seguidores de um deus único e justiceiro, do paraíso, do inferno e da caridade que deviam praticar

---

105. *Le Coran*. Paris: Albin Michel, 2020, p. 707.

em favor dos pobres e excluídos; temas que lembram as crenças do judaísmo e do cristianismo. Incomodados com este homem ordinário que se dizia portador de uma mensagem divina, os círculos de Meca o tratavam inicialmente com desprezo, antes de se tornarem hostis, sobretudo a partir do momento em que Maomé começou a questionar o politeísmo. Seus fiéis passaram a ser perseguidos. Alguns, já em 616, emigraram para a Etiópia. Quando sua esposa e seu tio, principais protetores, morreram, Maomé deixou a cidade com algumas pessoas mais próximas.

A fuga do Profeta de Meca para Medina, em 16 de julho de 622, denominada a Hégira (ou Exílio), marca o ponto de partida da era islâmica: é a data fundadora, o marco zero do calendário islâmico, baseado nos meses lunares. Em Yathrib, atual Medina, formou-se uma nova comunidade ao redor de Maomé, composta por seus companheiros, provenientes de tribos da região de Medina, e por discípulos de Meca. O pregador tornou-se um chefe político unindo tribos e unificando a cidade. A comunidade cresceu até transformar-se num Estado muçulmano com sua própria carta magna, a "Constituição de Medina", que define os direitos e os deveres de seus membros. Regras específicas na Constituição abordam a vida cotidiana (o culto, o casamento, o comércio), bem como a vida social e jurídica, como as punições em caso de delito. Muitas são as querelas entre os partidários do Profeta e as outras tribos. Por consequência, Maomé, tornado chefe religioso, político, jurídico e militar, teve que liderar várias batalhas contra os habitantes de Meca: a de Bard em 624, a da Trincheira (do Fosso) três anos mais tarde, a tomada de Meca em 630, para a qual fará sua última peregrinação em 632. Para Maomé, estas campanhas vitoriosas eram sinais dos favores recebidos de Alá.

Foi neste período que o Profeta se afastou dos judeus de Medina, cuja maioria não aderiu à sua mensagem. Suas ideias, por assim dizer, "se arabizaram". Como assinala o especialista em islamismo e linguista Maxime Rodinson: "Ele [Maomé] se liga agora diretamente a Abraão (Ibrâhîm), em quem havia descoberto não apenas o ancestral dos judeus, mas igualmente, por Ismael (Isma'îl), o dos árabes, que não era nem judeu nem cristão, mas, como ele, um monoteísta puro. Tratava-se, para os árabes, de encontrar a própria fé e não se alinhar às religiões estrangeiras"[106]. No auge de seus sucessos, Maomé tornou-se chefe supremo dos muçulmanos e mestre de Medina. Após a morte de Cadija, Maomé terá uma dezena de outras esposas (nove ou onze segundo as fontes), provocando diversas intrigas e ciumeiras. Por ocasião de sua morte, em 632, aos 63 anos de idade, apenas uma de suas filhas vivia: Fátima, casada com seu primo e primeiro discípulo Ali. O casal vai opor-se a outras pessoas próximas do Profeta, criando uma rivalidade de pesadas consequências sobre a religião nascente.

A revelação corânica

Segundo a tradição muçulmana, o Alcorão é a palavra de Deus revelada a Maomé por intermédio do Anjo Gabriel (arcanjo já presente na Bíblia e considerado o mensageiro principal de Deus) ao longo de vinte e dois anos: da primeira revelação em 610 até a morte do Profeta em 632. Este livro, que apresenta ao mesmo tempo um caráter profético, sapiencial, escatológico e legislativo, é referência absoluta na nova religião: ele ratifica a revelação do Deus único, revelada a Maomé, que a partir de então passa a integrar uma linhagem profética começando com Adão, Noé, Abraão (Ibrâhîm), Moisés (Moussa), Davi (Daoud) e passando por Jesus (Issa), filho de Maria, não de Deus.

---

106. RODINSON, M. "Les origines et la vie de Mahomet". *In*: *Encyclopédie des religions...* *Op. cit.*, t. I, p. 737.

No período em que o Profeta ainda vivia, os adeptos analfabetos aprendiam de cor estas revelações; os instruídos, por sua vez, as recopiavam em pergaminhos e em toda espécie de objetos (tabuinhas de madeira, cerâmica, omoplatas de camelos). Estas transcrições foram coletadas após a morte de Maomé pelos dois primeiros califas, Abu Bakr e Omar, mas foi somente com o terceiro califa, Otman, que a compilação foi concluída.

O Alcorão se divide em capítulos denominados suratas ("texto escrito"), divididos em versículos, intitulados *ayats*, literalmente "sinais (de Deus)". O Alcorão contém 114 suratas e entre 6.220 e 6.300 versículos, variação esta que depende das diversas recensões. As suratas são classificadas segundo uma ordem de tamanho decrescente, com exceção da primeira, a *Fatiha* ou Abertura, que é essencial na vida do muçulmano: sem sua recitação, a oração é inválida. Eis a tradução de seus sete versículos, proposta por Jacques Berque[107]:

> 1. Em nome de Deus, o Todo misericórdia, o Misericordioso.
> 2. Louvor a Deus, Senhor dos universos.
> 3. O Todo misericórdia, o Misericordioso.
> 4. O rei do Dia da fidelidade dos servos.
> 5. És Tu que adoramos, Tu a quem o socorro imploramos.
> 6. Guia-nos no caminho da retidão.
> 7. O caminho daqueles que Tu gratificaste, não a dos desaprovados, nem a dos que se desviam.

O Alcorão fixa os cinco pilares do islã: a profissão de fé, a oração, o jejum, a esmola e a peregrinação. Todo muçulmano, a partir da puberdade, é obrigado a respeitar estes cinco fundamentos. "Testifico que não há divindade fora de Deus, e que Maomé é o enviado de Deus": é recitando a fé em um Deus único, de quem Maomé é o profeta, que o fiel integra a

---

107. *Le Coran. Op. cit.*, p. 23-24.

comunidade muçulmana. Segundo o Alcorão, o fiel, voltado para Meca, deve fazer cinco orações cotidianas, recitando as fórmulas obrigatórias, notadamente a *Fatiha*. Ele deve fazer movimentos de adoração prostrando-se, de joelhos, cabeça apoiada no chão. As orações devem ser feitas no alvorecer, ao meio-dia, no meio da tarde, logo após o pôr do sol e antes de dormir. O terceiro pilar, o jejum do ramadá, tem lugar no nono mês lunar (*ramadân*) do ano. Do nascer ao pôr do sol, os muçulmanos devem abster-se de comida, bebida ou fumo, e também de relações sexuais. A esmola, denominada *zakat*, é o quarto pilar. As contribuições dos fiéis devem ser usadas no financiamento de projetos de interesse público. O quinto pilar, o *hajj*, concerne à peregrinação para Meca, que todo fiel obrigatoriamente deve fazer uma vez na vida, se seus recursos materiais o permitem.

Muitos relatos bíblicos, modificados ou enriquecidos, se encontram no Alcorão. Um exemplo é a figura de satanás, o primeiro anjo, decaído por ter-se "orgulhado em razão de [sua] beleza", "cheio de violência e pecados", que se tornou um "objeto assustador" (Ez 28,11-19). Segundo *A vida de Adão e Eva*, um apócrifo que circulava na Palestina no século I, o anjo apóstata foi punido por ter-se recusado a prostrar-se diante do ser humano ao ser criado da argila por Deus. No Alcorão, Iblis (uma criatura demoníaca que evoca satanás) também se recusa a inclinar-se diante de Adão. Ele é expulso do paraíso e lançado no inferno. Iblis é citado onze vezes no Alcorão: "Lembra-te que Deus diz aos anjos: eu crio o homem do lodo, da argila moldada em formas. Quando eu o formar e soprar nele o meu espírito, prostrem-se todos diante dele adorando-o. E os anjos se prostraram todos, exceto Iblis. Ele negou-se a estar entre os que se prostram" (15,26-31).

Conflitos entre sunitas e xiitas

Ao morrer, em 632, o Profeta não deixou descendência masculina. Os primeiros a sucedê-lo foram os seus companheiros de estrada, que assumiram alternadamente o título de califa: Abu Bakr (de 632 a 634), Omar (de 634 a 644) e Otman (de 644 a 656). Eles estenderam a presença do islã para os territórios da Palestina, da Síria, do Egito, do Irã, da Samarcanda, e compilaram o Alcorão, cuja conclusão se deu em 656. Mas Ali, primo e genro do Profeta, se considerava o sucessor natural. Uma luta histórica começou entre os dois partidos político-religiosos, e até hoje ela continua. De um lado, os califas (sucessores) oriundos dos amigos próximos do Profeta; de outro, sua família que usava o título de *imã* ("chefe" ou "guia") para atribuir-se uma parte do poder. Em 656, Ali tornou-se o quarto califa, apoiado por alguns partidários (*chî'a* em árabe, raiz do termo "xiita"), convencido de que se tratava da vontade do Profeta. Seus detratores o acusavam de ter assassinado seu predecessor. Rivalidades ferozes começaram entre os dois clãs. Ali foi assassinado em 661, no final de um califado sem glória, substituído pelo governador da Síria, Muawiya I, seu arqui-inimigo. A sede do califado foi deslocada de Meca para Damasco; Muawiya decretou que doravante o califado seria hereditário. Ele fundou a dinastia dos omíadas (em árabe, *muawiyoun*, "os de Muawiya"), império único que reuniu os muçulmanos da Espanha ao Indo, passando pelo Iraque, pelo Irã, pelo Cáucaso e por todo o sul da bacia mediterrânea. Mas, de acordo com os partidários de Ali, este último teria designado seu filho mais velho, Hasan, neto do Profeta, como sucessor. As lutas reiniciaram. Quando Hasan foi assassinado em Medina, seu irmão caçula Husain o sucedeu no imamato. Em 680, o clã de Husain foi atacado pelo exército inimigo dos omíadas na Batalha de Kerbala. Husain foi decapitado pelo chefe de guerra Shemr, e setenta e dois de seus companheiros foram mortos.

Apenas o filho de Husain, Ali, saiu ileso do massacre, e foi designado imã. Este episódio sangrento marcou uma fratura definitiva entre os dois clãs, que jamais cessarão de opor-se a respeito da sucessão: os sunitas a defendem pelo califado, os xiitas pela descendência do Profeta. Sunitas e xiitas vão desenvolver duas doutrinas em paralelo, sem jamais deixar de alimentar entre si um ódio ferrenho.

A fulminante expansão do islã e dos saberes

O islã conheceu uma rápida expansão territorial nos primeiros séculos do poder sunita, período marcado pelas conquistas e por uma vida artística, arquitetônica e intelectual exuberante. O pacto de submissão, assinado em 637 pelo patriarca Sofrônio, por ocasião do cerco de Jerusalém por Omar, foi aplicado a todas as cidades conquistadas, à época majoritariamente cristãs. Seus habitantes podiam optar pela conversão ao islã ou continuar praticando a mesma religião, mas, neste último caso, tornando-se cidadãos de segunda categoria. Eles perdiam então o direito ao proselitismo, de manter ou de construir novos lugares de culto. Além disso, eram obrigados a baixar a cabeça diante de um muçulmano, vestir-se com roupas diferenciadas, acolher por três dias qualquer muçulmano de passagem. Para fugir destes constrangimentos draconianos e humilhantes, judeus e cristãos optaram em massa pela conversão. No entanto, alguns cristãos do Oriente viram na chegada do islã uma libertação da opressão político-religiosa dos bizantinos e das tribos árabes cristãs que participaram da conquista muçulmana, notadamente no Iraque. Da mesma forma, em alguns lugares, os cristãos foram, em particular sob o governo da Dinastia Omíada, os alicerces do Estado e os artífices de primeira grandeza da vida social, intelectual e política (um exemplo: João Damasceno, um dos principais Padres da Igreja, ocupava um *status* equivalente ao de ministro da Economia do califa, em meados do século VII).

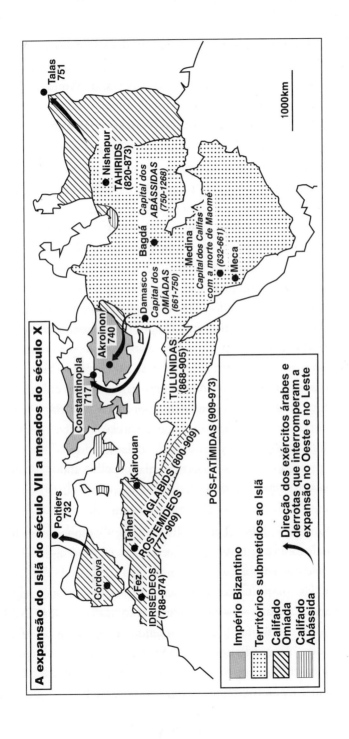

O Império Árabe-muçulmano conquistado pelos sucessivos califados se estendia da Espanha às portas da Índia. Ele englobava a Síria, o Egito, a Palestina, a Pérsia, a África do Norte, a maior parte da Península Ibérica e foi barrado às portas do reino franco pela resistência das tropas de Carlos Martelo, em Poitiers, em 732.

Esta expansão geográfica foi acompanhada de uma intensa atividade cultural no império. Os califas do reino Omíada faziam traduzir grandes obras literárias da Grécia antiga e construíam bibliotecas para conservar os manuscritos e fazer circular o saber. Os intelectuais muçulmanos faziam progredir a filosofia, as ciências, a astronomia, a medicina, as matemáticas, dando origem a uma das civilizações mais brilhantes da Idade Média. A arquitetura não fez por menos: grandes e majestosas mesquitas foram erguidas. Mas as divisões internas enfraqueceram a civilização islâmica. Em 750, os descendentes de Abbas, um tio do Profeta, se aliaram aos xiitas e derrubaram o califado Omíada. A nova dinastia do califado Abássida deslocou sua sede para Bagdá, que se tornou um grande centro cultural. A abertura intelectual foi alimentada por justas literárias e teológicas organizadas em exposições por emulação entre os sábios reunidos na Casa da Sabedoria. A "cidade redonda" abrigava uma prestigiosa escola de astronomia e acolhia todos os intelectuais, artistas e cientistas, tanto judeus quanto cristãos, desejosos de participar dessa efervescência cultural.

Em 929, Abd al-Rahman III, emir de Córdoba, recebeu o título de califa e se atribuiu o sobrenome de al-Nasir li-din-il-lah ("Aquele que combate vitoriosamente pela religião de Alá"). Ao longo das conquistas contra os senhores locais, contra os reinos cristãos ao Norte e seus rivais fatímidas (dinastia xiita que extrai seu nome de Fátima, filha do Profeta), concentrados na África do Norte, Abd al-Rahman III unificou a Andaluzia. À época, Córdoba era um esplendor: a cidade abrigava muitas bibliotecas; medicina, astronomia e ciências eram ensinadas nas universidades. Por comparação, Córdoba contava então com aproximadamente 300.000 obras e 17 universidades, ao passo que a Europa cristã, à época, não contava com nenhuma universidade, e a maior biblioteca do Ocidente, a da Abadia de Saint-Gall, na Suíça germânica, possuía pouco mais de uma centena de obras.

Mas Córdoba estava no centro de uma luta entre os detentores de uma leitura literal do Alcorão e os novos adeptos da razão. Simultaneamente, em 969 nasceu, no Egito, outro califado. No século X existiam, portanto, três califados rivais, situados respectivamente em Bagdá, em Córdoba e no Cairo. As divisões internas vão favorecer os invasores. Em 1258, os mongóis invadiram Bagdá e arruinaram a vida cultural, jogando todos os livros nas águas do Tigre. É o fim do reino dos abássidas (750-1258). No século XI, o califado de Córdoba também desmorona, sob as constantes investidas dos reis católicos da Espanha. A civilização muçulmana entrou numa era de declínio. Ela havia conhecido uma precoce era de ouro, que faria o ensaísta francês Régis Debray afirmar que "a civilização muçulmana conheceu o seu Renascimento antes de sua Idade Média".

Desenvolvimento de uma teologia racionalista

No final do califado Omíada (por volta de 750), foi dentre os discípulos do sábio Al-Hassan al-Basri que nasceu uma das primeiras escolas de teologia islâmica. Na sequência de um conflito sobre o estatuto do pecador, um de seus discípulos, Wassil Ibn Ata, abandonou a escola e estabeleceu as bases do mutazilismo. Este teólogo nascido em Medina defendia a noção de livre-arbítrio que, segundo ele, repousa sobre uma concepção ética da justiça divina: dado que Deus é forçosamente justo, o homem é responsável por seus atos, bons ou maus. Sua salvação depende, pois, de Deus, que julga suas ações, mas também suas intenções.

Desta forma os mutazilistas abordavam os ensinamentos do Profeta à luz da razão. Esta leitura mais dialética (do que racionalista) é uma abordagem do Alcorão que nasce a partir da letra do livro, mas considerando que o autor do livro (Alá) não é dizível. Trata-se de uma escola de pensamento que retoma a teologia negativa do neoplatonismo: Alá está para além dos atributos que os humanos projetam sobre ele. Como o explica o especialista em islamismo Mohammad Ali Amir-Moezzi: "Embora os mutazilistas tenham sido teólogos e não filósofos *stricto senso*, e seus conhecimentos filosóficos pareçam ter sido bastante sumários, eles inegavelmente foram os primeiros a recorrer à razão dialética oriunda do pensamento aristotélico para poder enfrentar seus adversários muçulmanos ou não (cristãos, judeus, maniqueístas) por ocasião de polêmicas teológicas. Assim eles podem ser considerados os primeiros mentores, senão os fundadores, do *kalâm*, a teologia dialética racional do islã"[108]. Para os mutazilistas, é pela razão que podemos compreender o bem e o mal: "Uma coisa não é boa porque Deus a ordenou, mas Deus a ordena porque é boa", resume Mohammad Ali Amir-Moezzi[109].

Esta escola, que marca uma verdadeira ruptura na exegese, rapidamente deparou-se com os fiéis tradicionalistas, que denunciavam esta ofensa feita à Revelação. Embora o racionalismo mutazilista tenha desaparecido após a invasão dos mongóis no século XIII, este movimento doutrinal marcará para sempre o pensamento muçulmano. Apesar das querelas teológicas, o mutazilismo se difundiu Europa afora, notadamente em Córdoba, onde nasceu em 1126 Ibn Rushd, filósofo, teólogo, jurista – ele exerce a função de "grande cádis", o juiz supremo, em Sevilha e Córdoba – e médico muçulmano andaluz, mais conhecido por Averróis. Este intelectual, por um lado, vai de-

---

[108]. AMIR-MOEZZI, M.A. "L'islam ancien et medieval". *In*: *Encyclopédie des religions... Op. cit.* t. I, p. 768-769.
[109]. *Ibid.*, p. 769.

senvolver uma via entre as leituras rigoristas e o formalismo dos muçulmanos "ortodoxos" e, por outro, o excesso de racionalismo dos mutazilistas. "Comentarista" do filósofo grego Aristóteles, a quem consagra sua vida de estudo, Averróis afirma que "a verdade não saberia contradizer a verdade; ela concorda consigo mesma e testemunha em seu favor". Não há nenhuma necessidade de opor o racional e o revelado, já que se trata de duas vias distintas e complementares de acesso à verdade. Nosso autor decodificou os textos sagrados através dos instrumentos de Aristóteles, a lógica e a metafísica, e combateu os teólogos literalistas que viam os filósofos gregos, estes "politeístas", como ímpios perigosos. Averróis foi acusado de heresia no final de sua vida, e morreu em 1198, em Marraquexe, Marrocos. É considerado um dos maiores filósofos da civilização islâmica.

Graças aos seus inúmeros comentários a Aristóteles, Averróis terá também uma influência considerável sobre os pensadores do mundo cristão, a quem faz redescobrir a filosofia grega na Idade Média, como Alberto o Grande, o próprio mestre de Santo Tomás de Aquino, maior teólogo católico medieval. Segundo o historiador das ciências americano George Sarton:

> Averróis deve sua grandeza à agitação que provocou nas mentes dos homens ao longo de séculos. A história do averroísmo se difunde por um período de quatro séculos até o final do século XVI; este período merece, talvez mais do que qualquer outro, ser denominado Idade Média, pois ele é a verdadeira transição entre os métodos antigos e modernos[110].

Muito cedo, de fato, a civilização árabe-muçulmana vai manifestar um vivo interesse pela abordagem filosófica. Esta vai permitir-lhe ler o Alcorão de uma maneira diferente, sem contra-

---

110. SARTON, G. *Introduction to the History of Science*. Baltimore: Williams & Wilkins, 3 v. 1927-1948, t. II, parte I, "From rabbi ben Ezra to Ibn Rushd".

dizer em essência a abordagem teológica tradicional (o Kalâm). Na construção desta nova civilização, muitas heranças culturais e intelectuais eram como que "postas à disposição" dos cenáculos dos eruditos de Bagdá, de Damasco e do Cairo. Nesta diversidade dos patrimônios estrangeiros, a filosofia grega é muito mais privilegiada do que as sabedorias persas ou indianas. E, nesta abertura à filosofia grega, vale lembrar o interesse surpreendente pela escola neoplatônica. Assim, na Idade Média, um grande texto circulava, atribuído a Aristóteles, *A teologia de Aristóteles*, que revelava ser uma paráfrase das *Enéadas* de Plotino. A filosofia árabe-muçulmana, a assim chamada *falsafa*, desenvolveu uma via árabe (mas também persa) da razão. As traduções do grego para o árabe (às vezes realizadas pela mediação do siríaco) mobilizavam uma geração inteira de intelectuais muçulmanos, mas também cristãos. Vale lembrar que, através da Andaluzia e da Sicília árabe-normanda, não é a filosofia grega que penetra na Europa cristã, mas exatamente uma filosofia greco-árabe. É através do averroísmo e do avicenismo, como acabo de evocar, que os letrados de Colônia e de Paris passam a reconhecer as sabedorias antigas.

As quatro grandes escolas de interpretação e de direito corânico

Ao longo dos três primeiros séculos do islã não havia clero nas sociedades muçulmanas; o Alcorão suscitava uma infinidade de interpretações da parte dos *oulémas*, os teólogos, causando uma certa confusão. No Império Omíada, os discípulos rivalizavam para comentar a Sunna: cada cidade, e até cada bairro, dispunha de sua própria Xaria [*Charia*], lei canônica islâmica que regia a vida religiosa, política e social. Os debates doutrinais ficavam tensos, os conflitos se multiplicavam e degeneram em batalhas, e o islã parecia implodir. Foi para acabar com essa anarquia que o segundo califa abássida, Al-Mansur, encarregou o famoso teólogo Malik ibn Anas, cognominado "o imã de Medina" (715-795), a editar as regras do direito islâmico. Temendo que uma verdade única fosse prejudicar a riqueza dos ensinamentos do islã, Malik recusou-se. Mas repensou sua posição quando o califa lhe propôs descartar apenas as interpretações fantasistas ou demasiadamente rigoristas, que prejudicavam a doutrina.

Para estabelecer a *fiqh*, a jurisprudência, ele se apoiou no Alcorão, notadamente nos inúmeros versículos relativos às leis sociais (casamento, divórcio, herança etc.). Também fez uma triagem entre as centenas de milhares de *hadiths*, ditos do Profeta, a fim de reter apenas os mais pertinentes e os mais autênticos. Também se baseou no *sirva*, no "consenso" (*ijma*) emprestado dos antigos, isto é, nas regras de direito admitidas pelos companheiros do Profeta e, enfim, se embasou nas *qiyas*, nas deduções por raciocínio dos problemas não previstos pelo Alcorão. Malik levou quarenta anos para compilar todos estes dados em sua obra denominada *Al-Muwatta*, primeiro tratado de direito muçulmano, que recenseou 1.720 *hadiths*. Para o fundador da Escola Maliquita, a *fiqh* (jurisprudência) devia preocupar-se apenas com o interesse geral; era um dos traços característicos desta corrente. Os maliquitas ilustraram esta ideia com o exemplo de um exercício estrangeiro que ataca os muçulmanos e usa os cativos fiéis como escudos humanos. A lei os proibia de disparar contra eles, mas, em virtude do bem geral, admitia-se que estes muçulmanos podiam ser sacrificados. Esta corrente foi a mais difundida no mundo muçulmano, notadamente no Magrebe, na África Subsaariana e numa parte do Egito.

Além do maliquismo, três outras escolas vão destacar-se: o hanafismo, o chafeísmo e o hambalismo. Paralelamente à elaboração da *fiqh*, os discípulos do imã persa Abu Hanifa (697-767) colocaram por escrito as interpretações de seu mestre. A Escola Hanafita deixou campo livre à razão e ao livre-arbítrio, apoiando-se na noção de *ra'i*, de opinião pessoal. Desta forma admitiu--se que a equidade e certas conveniências pudessem constituir-

-se em normas jurídicas. Tendo-se afirmado primeiramente no Iraque durante o califado Abássida, hoje em dia esta escola se difunde essencialmente na Ásia, sobretudo na Índia e na China.

A terceira escola, o chafeísmo [ou xafeísmo], foi fundada por Al-Shafii (767-820), um imã de Meca, aluno de Malik, que buscou um acordo entre as duas primeiras escolas. Ele se situava entre os hanafitas, que priorizavam a opinião pessoal, e os maliquitas, que se apoiavam essencialmente na Sunna. Muito seguida no Egito e na Síria, esta doutrina limitou a Sunna exclusivamente aos ditos e atos do Profeta e aos *hadiths* que respeitassem os ensinamentos do Alcorão. Para o imã Al-Shafii, a jurisprudência respondia a todas as questões que os muçulmanos se colocavam, mesmo as mais insignificantes. Por exemplo, onde começa a nudez do homem: acima ou abaixo da rótula?

A quarta escola, o hanbalismo, foi a mais radical. Ela foi fundada por Ibn Hanbal (780-855), considerado o último grande legislador do islã sunita e defensor de uma tradição rígida. Hanbal pregava uma leitura literal do Alcorão e considerava que a razão e a inovação não tinham espaço na religião. Para ele, só a imitação do Profeta e de seus companheiros devia guiar o fiel. Era uma espécie de crisol dos teólogos mais rigoristas e da corrente islâmica, tendo em suas fileiras o tradicionalista Ibn Taymiyya, que buscou organizar a *djihad*, a guerra santa, contra os mongóis, no início do século XIV; mas era também a escola do pregador Muhammad ibn Abd al-Wahhab, que criou em meados do século XVII o wahabismo, um movimento fundamentalista que pregava a obediência estrita à *charia*, que se alastrou Arábia Saudita afora. Na ausência de magistério único, as quatro escolas, bem ou mal, coabitavam e avançavam de maneira desordenada. Fundada no Cairo pelos fatímidas em 973, a Universidade al-Azhar constituiu um dos raros centros teológicos que acolhiam os representantes das quatro escolas. Se os pareceres jurídicos (*fatwas*) editados por estas escolas eram seguidos por grande parte do mundo muçulmano, eles só tinham valor de lei universal: cada imã era livre de emitir seus próprios *fatwas*, e cada muçulmano de seguir seu próprio chefe.

O sufismo, uma tradição mística e esotérica no islã

Desde o início do islã, abstendo-se das considerações político-religiosas e dos conflitos exegéticos, muçulmanos, essencialmente os sunitas, mas também os xiitas, se comprometeram a trilhar caminhos de inteligência espiritual. Simultaneamente teologia e prática, o sufismo era uma componente maior das culturas do islã, indo do Senegal à Indonésia, dos Bálcãs ao Magrebe, do Oriente Médio e Arábia à Andaluzia. Hoje, os sufistas se fazem presentes nas maiores metrópoles do mundo. Universitário e membro de uma ordem sufista, o francês Éric Geoffroy lembra as diferentes significações do termo "sufismo" e fala de alguns temas essenciais nesta visão espiritual do mundo:

> Dentre as diversas significações evocadas do termo *sûfi*, duas são plausíveis no plano linguístico. A primeira, imaterial, faz derivar o termo do verbo árabe *sûfiya*, "ele foi purificado". O objetivo do sufismo seria, portanto, reconduzir o homem à pureza original, àquele estado em que ele ainda não era diferenciado do mundo espiritual. Na segunda acepção etimológica, o termo *sûfi* deriva da palavra *sûf*, lã. O sufismo desenvolve-se em clima sunita, já que fundado sobre a interiorização do modelo maometano, a Sunna. A relação de mestre para discípulo, fundamental, só tem sentido em referência ao Profeta, único "Mestre dos mestres", e toda ordem sufista encontra sua legitimidade na "cadeia iniciática" que a ele remonta. Os santos muçulmanos se alimentam, pois, do influxo abençoado (*baraka*) daquele que para eles é "o Homem perfeito"[111].

---

111. GEOFFROY, É. "Qu'est-ce que le soufisme?" *In*: TESTOT, L. (org.) *La Grande Histoire de l'islam*. Paris: Sciences Humaines Éditions, 2018, p. 78-84.

Quando se aborda a história do sufismo é comum referir-se às confrarias (as *tourouq*, plural de *tariqa*), com suas linhagens (*silsala*) de mestres e discípulos. Entretanto, este fenômeno das confrarias, que tanto impressiona os ocidentais, de fato é relativamente tardio. A maioria das confrarias foi instituída nos séculos XIII e XIV. Do nascimento do islã à instauração das confrarias, o sufismo é antes de tudo expressão da caminhada de pessoas que buscavam viver a fé muçulmana em termos de intimidade e de interioridade. Este sufismo não baseado nas confrarias assumiu por modelo o Profeta Maomé e suas próprias experiências (como a dos retiros nas grutas ao redor de Meca). A confraria permitia manter uma tradição e uma herança, mas o sufismo assumiu o risco da institucionalização e da exteriorização ritualista. Vale igualmente lembrar que ao longo dos tempos as confrarias se tornaram de fato "negócios familiares" e redes clientelistas. O que nos países do Magrebe é denominado "marabutismo" não passa de uma expressão decadente deste sufismo.

A teologia do sufismo repousa sobre o respeito escrupuloso à *charia* e aos ritos religiosos comuns ao conjunto dos fiéis. Mas este exoterismo é acompanhado por um caminho espiritual intenso que evita o ritualismo mecânico e o condicionamento social. Doutrinariamente os teólogos sufistas vão de audácia em audácia, com revelações que às vezes preocupam as autoridades. Ibn 'Arabi, sufista andaluz que morreu em Damasco, é considerado o Cheikh el-Akbar, o Grande Mestre. Ele defendeu, por exemplo, a tese da *wahdat el-wujud*, "a unidade do ser", afirmando que o ser pertence à divindade, livre de todas as dependências e de todas as determinações. Ibn 'Arabi também desenvolveu uma teologia das teofanias, que são igualmente emanações divinas específicas que irradiam na criação. O místico persa Mansur al-Hallaj[112] foi crucificado em 922 em Bagdá

---

112. Cf. MASSIGNON, L. (org.). *Le Diwan d'Al Hallaj*. Paris: Librairie orientaliste Paul Geuthner, 1955.

por ter proclamado publicamente o seguinte: *"Anâ al-Haqq"* ("Eu sou a soberana Verdade"). Ora, *Al-Haqq* é um dos nomes de Alá! O que ele queria dizer era que havia alcançado tamanho nível de dissolução do ego que não era seu "eu pessoal" que falava, mas a divindade ela mesma. Qualificados como "loucos de Deus" no século VIII, os primeiros sufistas viram seu culto proibido e foram até perseguidos pelos califas. Mas, pouco a pouco, grandes místicos do islã vão sendo considerados santos, exemplos e inspiradores de um culto popular realizado ao redor de suas sepulturas, sobretudo junto aos sunitas.

Por meio de ritos iniciáticos, de experiências de elevação e de ascese, os adeptos procuram fundir-se com Deus, buscando ser um com Ele. Eles realizam coletivamente o *zikr*, a repetição de um dos noventa e nove nomes de Alá, ou o *sema*, a dança dos dervixes, herdeiros da ordem Mevlevi, fundada pelo grande poeta persa do século XIII, Djalâl-Dîn Rûmî. Este, portador de um islã místico e poético fundado no amor, escrevia os seguintes versos:

> O que é preciso fazer, ó muçulmano? Pois já não me reconheço a mim mesmo. Eu não sou nem cristão, nem judeu, nem persa, nem muçulmano. Não sou nem do Leste nem do Oeste, nem da terra firme nem do mar. Não sou da oficina da natureza, nem dos céus rotativos. Não sou da terra, nem da água, nem do fogo, nem do ar. Não sou da cidade divina, tampouco do pó, nem do ser, nem da essência.
>
> Não sou deste mundo nem do outro, nem do paraíso, nem do inferno. Não sou nem de Adão nem de Eva, nem do Éden ou dos anjos do Éden. Meu lugar é o sem-lugar, meu rastro não deixa rastro; não sou nem corpo, nem alma, pois pertenço à alma do Bem-amado.
>
> Abdiquei a dualidade, vi que os dois mundos são um. É o Um que procuro, o Um que contemplo. O Um que invoco. Ele é o primeiro, o último, o mais exterior e o mais interior. Não sei nada mais senão "Ó ele" e "Ó ele que é".

Estou embriagado pela taça do amor, os mundos figuram de meus olhos; não tenho outras questões senão o banquete do espírito e a embriaguez selvagem. Se, em minha vida, passei instantes sem ti, quero pisar os dois mundos, dançar em triunfo para a eternidade[113].

O islã xiita

Após a ruptura com os sunitas, os muçulmanos xiitas passaram a ser minoria no islã. Fechados em si mesmos, menos conquistadores do que os sunitas, eles só reconheciam como legítimo o quarto califa, Ali, primo e genro de Maomé. Eles recusavam o termo califa e se remetiam a um imã. Este último ocupava um lugar fundamental na doutrina xiita: era considerado o guia espiritual e se beneficiava da mesma aura sagrada do Profeta – uma função muito diferente do imã sunita, que só presidia a oração nas mesquitas. Em minoria em relação aos sunitas, os xiitas eram igualmente muito divididos. A decapitação do terceiro imã, Husayn, por ocasião da Batalha de Kerbala em 680 contra as tropas do califa de Damasco, provocou um primeiro cisma entre os partidários de seu filho Ali, poupado por ocasião do massacre, e os partidários de Maomé, o terceiro filho de Ali. Este último, sem obter ganho de causa, fez implodir a unidade. A matança de Kerbala marcou as mentalidades e confortou os xiitas em sua convicção de que todo poder político era injusto, a não ser se exercido por um imã, um homem oriundo da descendência de Ali e de Fátima, a filha do Profeta. Ainda hoje alguns milhões de muçulmanos comemoram o martírio de Husayn por ocasião da Festa da Ashura, durante a qual revivem, em se flagelando até sangrar, os sofrimentos do imã.

Embora todos os xiitas atribuam uma importância crucial ao imã, eles discordam quanto ao número de imãs legítimos.

---

113. DJALÂL-OD-DÎN RÛMÎ. *Odes mystiques (Divan-e Shams-e Tabrizi)*. Paris: Klincksieck, 1984.

Estas querelas de sucessão vão progressivamente dividindo o movimento em três correntes principais. Os primeiros a lutar pela secessão são os zaiditas que, após a morte de Zayd, o quarto imã, no século VIII, se separam dos partidários de Ali. Eles representam hoje uma comunidade de uma centena de milhares de fiéis, situados sobretudo no Iêmen. Alguns anos mais tarde, em 765, uma minoria rejeitou o sucessor do sétimo imã, Ismael, e criou a corrente dos ismaelitas (ou septimanos, pois só reconheciam a existência de sete imãs). O ramo principal dos ismaelitas se instalou na Índia, no Paquistão e no leste da África, cujo chefe era Aga Khan. Quanto à maioria dos xiitas, esta aceitou a existência de doze imãs, constituindo a terceira e principal corrente do xiismo: os duodecimanos. Religião de Estado no Irã, o xiismo duodecimano está igualmente presente em nossos dias no Iraque e no Líbano. Para os duodecimanos, o décimo segundo e último imã, Muhammad al-Mahdi, não teria morrido em 874, mas teria sido "ocultado" (isto é, desaparecido misteriosamente), sem dúvida para proteger-se da perseguição dos abássidas. Segundo a tradição, o imã escondido, o "Mahdi", deve voltar no final dos tempos à frente de um exército de justos para restabelecer a paz e a justiça sobre a terra.

Tanto os xiitas quanto os sunitas se apoiam no Alcorão e na Tradição. Mas se diferenciam por uma visão dual do mundo, na qual toda realidade religiosa comporta dois níveis: um manifesto, exotérico, outro oculto, esotérico. Mesmo que esta distinção também esteja presente nas outras correntes do islã, ela é particularmente forte junto aos xiitas. Esta dualidade é aplicada primeiramente ao Alcorão, que, por um lado, compreende um sentido revelado e, por outro, um sentido a desvendar. Esta noção de dualidade também explica a diferença de percepção do papel do islã entre sunitas e xiitas: para os primeiros, é sobretudo o homem que preside a oração coletiva; para os segundos, sua função é a de esclarecer e revelar a profundidade corânica aos fiéis. O centro teológico do islã xiita, Qom, desenvolve em suas escolas a ciência da numerologia para descodificar a interpretação subjacente ao Alcorão. As práticas religiosas xiitas e sunitas pouco diferem: os xiitas rezam apenas três orações diárias, ao invés das cinco feitas pelos sunitas, e prestam louvor a "Ali, o aliado de Deus", após terem feito suas invocações a Alá e a Maomé.

Regularmente perseguidos pela maioria sunita (aproximadamente 85% dos muçulmanos), os xiitas praticaram seus ritos na discrição. Eles desenvolveram a arte da *taqiya*, da "dissimulação". Assim, um fiel xiita pode fazer-se passar por um sunita para, em caso de perigo, proteger-se. Isso explica a razão pela qual nos países do Golfo e notadamente na Arábia Saudita sua presença só foi revelada por ocasião da Revolução Islâmica iraniana, em 1979. Outra característica se refere à *charia*: por extrair sua legitimidade de uma mulher, Fátima, os xiitas atribuem um direito de herança semelhante às mulheres e aos homens. Enfim, contrariamente aos sunitas, os xiitas são orientados por um clero muito hierarquizado, formado pelos mulás (hodjatoleslam), pelos aiatolás e pelos grandes aiatolás. No século XVI, o reino da dinastia safávida fará do xiismo uma religião de Estado no Irã.

Das correntes modernistas às correntes fundamentalistas

No século XIII, o chefe tribal Osman I fundou o Império Otomano ao oeste da Ásia Menor. Seus sucessores miravam a Ásia, mas também a Europa, fazendo deste pequeno emirado os inícios de um verdadeiro império. O islã se difundiu mais largamente no continente europeu com a conquista dos Bálcãs, nos séculos XIV e XV. Em 1453, Mehmed II apossou-se de Constantinopla, a "nova Roma", e acelerou a queda do Império

Bizantino. Suas fronteiras vão se estender mais sob o reinado de Solimão o Magnífico (1494-1566), o mais aclamado e o mais dispendioso dos sultões otomanos. Igualmente cognominado o "legislador" por sua propensão às reformas, Solimão foi um homem piedoso que desejava reforçar o sunismo e orientar os muçulmanos do império. Para tanto, reviu por inteiro o código penal, o *Kanum*, redigido por seu bisavô, o Sultão Mehmed II. Este *corpus* jurídico tratava de todos os temas, da administração dos impostos às listas de sanções (que substituíram as penas de morte) relativas às condenações por injúria, alcoolismo, fornicação, roubo etc. Pacificador, pregando um islã aberto e tolerante, ele conciliou o seu *Kanum* com a *charia*. Solimão pregou o respeito a todos os cultos, notadamente o das minorias cristãs e judaicas do império. Sob o reinado deste soberano esclarecido, as artes e a arquitetura passaram ao primeiro plano, e o império conheceu um período de paz, de estabilidade política e de tolerância religiosa. Suas fronteiras nunca foram tão vastas: o Império Otomano se estendeu do Iraque à Europa, do Magrebe à Crimeia.

Apesar de um declínio que teve início com o assassinato, em 1622, do Sultão Osman II pelos janíçaros – poderosa ordem militar composta por escravos majoritariamente cristãos –, o Império Otomano só ruirá no início do século XX, enlameando-se ao lado da Alemanha nos campos de batalha da Primeira Guerra Mundial. Em 1924, Mustafa Kemal, cognominado o "Vitorioso", aboliu o califado e instaurou uma república turca sobre as ruínas do antigo império. A jovem república turca, primeiro Estado leigo muçulmano do mundo, pôs fim assim à linhagem do soberano otomano, o califa, e do Profeta. Paralelamente ao desmantelamento do império, as potências ocidentais se imiscuíram nos negócios dos países muçulmanos, através da Sociedade das Nações. Esta organização intergovernamental, ancestral da ONU, sistematizou a partilha do Oriente Médio entre a França e a Grã-Bretanha.

À mesma época, no deserto da Arábia, eventos vão reconfigurar política e religiosamente os mapas do mundo muçulmano. Desde 1902, Abd al-Aziz ibn Saud, chefe da tribo Saud, que em meados do século XVIII se associou às teorias de Ibn Abd al-Wahhab, conquistou várias cidades, dentre as quais Riad. Em 1916 ele assinou um tratado de proteção com os ingleses. Tendo doravante as mãos livres, passou a implementar então sua própria política expansionista e tornou-se, em 1932, soberano de um reino que carregará o nome de sua tribo, a Arábia Saudita, onde o wahabismo será a religião de Estado. Um islã rigorista instalou-se no país do ouro negro, cuja primeira jazida foi descoberta em 1935. O Egito, país de faraós que apaixona os europeus desde a expedição de Bonaparte entre 1798 e 1801, também pendeu em direção a um islã rigorista. O *Nahda* (o "Renascimento"), período de efervescência cultural que sacudiu o Cairo no final do século XIX, deixou vestígios junto a alguns muçulmanos, que não suportavam mais a presença e a dominação dos colonizadores ocidentais, franceses e ingleses à frente. Em 1928, o grande Professor Hasan al-Banna (avô de Tarik Ramadan) fundou em Ismaília a confraria dos Irmãos Muçulmanos, tendo por *slogan*: "O Alcorão é nossa constituição e Maomé é nosso modelo". O movimento pregava uma fusão entre o político e o religioso, à imagem do islã do tempo do Profeta, em vista de um ressurgimento árabe. O assassinato em 1949 de seu guia Hasan al-Banna precipitou a organização para uma lógica de violência, que se dotou de um ramo armado clandestino. Este participou da luta contra as forças sionistas e a criação do Estado de Israel, em 1948.

Como o veremos no capítulo seguinte, o mundo muçulmano, com 1,6 bilhão de fiéis (segunda maior religião do mundo, depois do cristianismo), é assediado hoje por correntes fundamentalistas e rigoristas, que pregam um refúgio identitário, e por correntes modernistas, que pregam a reabertura do *ijtihad*, o esforço de interpretação dos textos; é o caso do historiador tunisino Mohamed Talbi, defensor de uma religião muçulmana aberta e compatível com a modernidade: "Minha religião é a liberdade porque Deus fez o homem livre"[114].

---

114. TALBI, M. *Ma religion c'est la liberté*. Túnis: Nirvana, 2012.

7

A guinada da modernidade: o crer implodido e recomposto

Após a revolução agrícola do Neolítico, que provocou uma mutação profunda no modo de vida e na religiosidade humana, seguida da mutação trazida pelo nascimento das civilizações, que estabeleceu as bases das grandes religiões, e, enfim, após a mutação da "era axial" ao longo do primeiro milênio antes de nossa era, que viu o alvorecer da transformação espiritual e moral, a humanidade vai conhecer uma quarta e importante mudança com o advento do mundo moderno, a partir do Renascimento.

Os três principais vetores da modernidade são: o espírito crítico, a individualização e a globalização. No quadro de uma globalização progressiva do mundo sob a égide do Ocidente e pelo viés do progresso tecnológico extremamente rápido, eis-nos diante de um projeto maior: a emancipação da razão em relação à tradição. Vejamos, num primeiro tempo, como se realizou este ideal antes de considerar as consequências destas mutações decisivas sobre as religiões e a espiritualidade dos indivíduos. Num segundo momento buscaremos descobrir a razão pela qual esta crise profunda das tradições religiosas, a partir do século XIX, estimulou movimentos de reação: fundamentalismos, integrismos, mas também o desenvolvimento de fenômenos sectários que traduzem a necessidade de muitos indivíduos, que abandonaram a religião, de continuar vivendo num mundo de certezas. Neste contexto constataremos que a predominância do mundo científico e o desenvolvimento de uma concepção reducionista e mecanicista do mundo vão levar, a partir do século XVIII, ao desenvolvimento de duas correntes que visam reabilitar, no seio e fora das religiões, a dimensão espiritual do ser humano: o espiritualismo e o esoterismo. Por fim nos concentraremos nas novas buscas espirituais contemporâneas, marcadas pelo selo da modernidade, que se expandem sobre novos horizontes de sentido: realização de si, desenvolvimento pessoal, redescoberta do corpo, interiorização da vida espiritual, encontro entre psicologia profunda e espiritualidades orientais.

Iluminismo: espírito crítico e autonomia do sujeito

Até o final da Idade Média, a Igreja, estreitamente ligada aos poderes dos príncipes, dos reis e dos imperadores, buscava impor sua tutela ao conjunto da sociedade. Urgia amalgamar a comunidade, proteger-se dos invasores, propagar a própria crença e fazer brilhar a religião. Na Europa, este quadro sociorreligioso que regia a sociedade vai progressivamente apagar-se em benefício de preocupações mais individuais. No continente europeu o período de mudança começou com o Renascimento, quando a primeira corrente humanista estabeleceu os primeiros fundamentos da liberdade individual.

Pico della Mirandola (1463-1494) foi um dos primeiros pensadores a mostrar que a "dignidade do homem" se manifesta através da expressão de sua liberdade. Para tanto, teve que subtrair-se aos determinismos internos (condicionamentos psicológicos) e externos (condicionamento político e religioso).

No século seguinte, Montaigne fez-se o paladino de um pensamento humanista fundado num certo ceticismo e no respeito à liberdade de consciência dos indivíduos. Este pensamento humanista foi tornado público no seio da religião cristã através de um pensador da alçada de um Erasmo, que tentou reformar a Igreja e voltar ao espírito de liberdade e de tolerância dos evangelhos, mas foi igualmente manifestado pela Reforma Protestante, que colocou o fiel numa relação pessoal com Deus, independentemente de um quadro institucional.

Paralelamente ao que em filosofia se denomina "advento da autonomia do sujeito", filósofos do século XVII como René Descartes, John Locke ou Baruch Spinoza pretendiam libertar a razão da fé e defendiam um desenvolvimento do espírito crítico que, por consequência, iria solapar o fundamento das religiões e favorecer o nascimento da ciência moderna. O filósofo e matemático René Descartes (1596-1650) vai exercer um papel crucial ao identificar o sujeito com a consciência reflexiva – "Penso, logo existo" – e pela sua busca de um fundamento racional do conhecimento. Separando a ordem da razão da ordem da fé, ele vai libertar a filosofia da teologia e estabelecer o estatuto epistemológico da ciência nascente. É a este duplo título que Hegel vai considerar Descartes o fundador da modernidade:

> René Descartes é de fato o verdadeiro iniciador da filosofia moderna, enquanto assumiu o pensar por princípio. [...] Não saberíamos nos representar em toda a sua amplitude a influência que este homem exerceu sobre a sua época e sobre os tempos modernos. Ele é, portanto, um herói que assumiu as coisas inteiramente desde o início, e construiu de novo o chão da filosofia, sobre o qual ela enfim retornou, após milhares de anos passados[115].

---

115. HEGEL, G.W.F. *Leçons sur l'histoire de la philosophie*. Paris: Vrin, 1991, t. 7, p. 1.384.

Discípulo de Descartes, o filósofo Baruch Spinoza (1632-1677) fez uma enorme ruptura com os teólogos judeus e cristãos. De uma educação religiosa tradicional no seio do gueto judeu de Amsterdã, que abandonou desde o final de sua adolescência, Spinoza se comprometeu numa busca livre da verdade e da felicidade, fundada na razão. Em seu *Tratado teológico-político*, Spinoza quis denunciar a superstição, sobre a qual muito frequentemente, para prosperar, a religião se fundamentava. A superstição, dizia nosso autor, não existiria se a sorte nos fosse sempre favorável. É porque a vida está sempre em movimento, feita de altos e baixos, que o ser humano é levado a crer em toda sorte de fábulas, que ajudam a afastar o medo e a aumentar a esperança. Segundo Spinoza, manter a superstição favoreceria os poderes religiosos e políticos em vigor, que viviam em conluio. É uma das razões pelas quais o filósofo insistiu na necessária separação dos poderes político e religioso.

Spinoza defendia assim um Estado de direito que garantiria a liberdade de consciência e de expressão de todos os cidadãos, que assim seriam levados a eleger seus governantes pelo voto democrático. De fato, estamos falando do primeiro pensador político do Iluminismo; mas também diante do primeiro grande crítico dos teólogos judeus e cristãos, na medida em que ele aplica um método histórico e crítico ao texto bíblico. Para este filósofo, a razão é capaz de descobrir a existência de Deus (um Deus totalmente imanente), e de compreender seus desígnios eternos: as leis imutáveis da natureza. Segundo Spinoza, Deus não pode intervir, em nenhum caso, fora dessas leis naturais; quanto aos pretensos milagres (como Moisés separando as águas do Mar Vermelho) não passam, para Spinoza, de fenômenos inexplicados (mas não inexplicáveis), ou de fantasias produzidas pelo poder da imaginação do espírito humano para convencer os fiéis. Para ele o discurso profético jamais deve ser levado ao pé da letra, mas sempre relativizado, em função do contexto histórico e de sua intenção simbólica. Acusado de heresia, Spinoza foi banido da comunidade judaica e em seguida perseguido pelos poderes políticos.

Spinoza assumiu uma posição contra a concepção antropomórfica de um Deus exterior à natureza, dotado de sensibilidade e de vontade à maneira humana, e que, para revelar-se, afeiçoou-se a um povo particular. Por que Moisés nunca cessou de explicar ao povo hebreu que Deus o elegeu entre as outras nações? (Dt 10,15). Simplesmente, responde Spinoza, para "exortar os hebreus a obedecer à lei"[116]. Não podendo o espírito deles aceder à verdadeira beatitude pelas luzes naturais da razão, a eles seria necessário um discurso adaptado, que os lisonjeasse e os motivasse suficientemente (noção de eleição divina) a seguir a lei. Em sua análise crítica da Bíblia, Spinoza lembra que a Escritura existe para oferecer regras de vida em vista da submissão aos mandamentos. Estas regras resumem-se essencialmente à prática da justiça e da caridade, fundamentos de toda vida social harmoniosa. Mas, ao passo que a razão natural e a filosofia nos convidam a subscrevermo-nos à justiça e à caridade em total liberdade, a fé nos impele a praticá-las por obediência. Mesmo se Spinoza privilegia claramente a busca racional da sabedoria ao invés da submissão à fé, ele tem plena consciência de que

> a Escritura trouxe aos mortais uma grande consolação. Pois é fato que todos, de forma absoluta, podem obedecer, mas que muito poucos, comparados à totalidade do gênero humano, são os que adquirem o hábito da virtude conduzidos apenas pela razão[117].

---

116. SPINOZA, B. *Traité théologico-politique*. In: *Oeuvres complètes*. Paris: Gallimard, 2022, p. 379.
117. *Ibid.*, cap. XV, p. 547.

Spinoza ainda se perguntava: Por que os seres humanos se forjaram um Deus à sua imagem? Porque, responde ele, "sempre agem em vista de um fim, a saber, em vista da utilidade que lhes apetece[118]". Os seres humanos estão sempre em busca do porquê das coisas e aspiram constantemente dar um sentido ao mundo, aos fenômenos naturais e à própria existência. A explicação pela causa final os tranquiliza: as coisas, de certa maneira, existem para levar a um propósito específico. Desta forma imaginaram que as coisas úteis para viver (alimento, água etc.) foram postas à sua disposição por um ser superior em vista da preservação do próprio homem. Spinoza pretende explicar assim o que está na origem das grandes religiões históricas: o princípio finalista (tudo na natureza é feito para o bem do homem) e utilitarista (dou alguma coisa a Deus para que me ofereça proteção).

Ao inverso do Deus bíblico, o Deus de Spinoza não criou o mundo (o "Cosmos" ou a "Natureza"); ele não tem qualidades que se assemelham às dos humanos, e não intervém em seus afazeres. Este Deus "cósmico" Spinoza o define, no início de sua obra *Ética*, como a "substância" de tudo o que é: "Por Deus, entendo o absolutamente infinito, isto é, uma substância constituída de uma infinidade de atributos dos quais cada um exprime uma essência eterna e infinita"[119]. A concepção de Deus de Spinoza, portanto, é totalmente imanente: não existe um Deus anterior e exterior ao mundo, que cria o mundo (visão transcendente do divino), mas tudo está em Deus e Deus está em tudo, por meio de seus atributos, e eles mesmos geram uma infinidade de "modos" singulares, ou seja, de seres, de coisas e de ideias singulares. É o que chamamos de visão "monista" do mundo, que se opõe à visão do Ocidente, dualista e tradicional, de um Deus distinto do mundo. Para Spinoza, Deus e o mundo (a Natureza, o Cosmos) não são senão uma única e mesma realidade.

---

118. *Id.*, *Éthique*. In: *Oeuvres complètes. Op. cit.*, p. 655.
119. *Ibid.*, Definição 6, p. 619.

Nisso também a filosofia de Spinoza prefigura a das Luzes, na qual a maior parte dos pensadores buscarão redefinir Deus unicamente através dos esforços da razão. É o que será denominado "deísmo", que se opõe ao "teísmo", a crença em um Deus revelado que fala pelos profetas. Nesta nova concepção do divino, Deus é uma espécie de princípio impessoal que ordena o universo e fixa suas leis: "O universo me constrange, escreve Voltaire, eu não posso imaginar que este relógio exista e que não haja nenhum relojoeiro"[120]. Mas este Deus não tem nem emoções nem vontade, e não se interessa pela sina dos humanos, contrariamente ao que mostra a Bíblia. Conclusão que convida Voltaire a ironizar: "Deus fez o homem à sua imagem e o homem retribuiu-lho à altura!" Os filósofos da Luzes querem desvencilhar-se assim dos dogmas e das práticas religiosas, julgadas supersticiosas, em benefício de uma "religião natural", como o escreve Voltaire, que considera que a confiança na razão deve substituir a fé religiosa visando a fundação de uma ética universal. Para tanto, urge libertar-se também do fanatismo e da intolerância.

Desde 1667, John Locke já conclamava ao respeito à liberdade de consciência em sua *Carta sobre a tolerância*: "Não basta aos eclesiásticos abster-se de toda violência, de toda rapina e de toda perseguição: já que se dizem sucessores dos apóstolos, e que se encarregam de instruir os povos, é preciso que lhes ensinem a conservar a paz e a amizade com todos os homens, e que exortem heréticos e ortodoxos à caridade, à mansidão e à tolerância mútua [...]. Em uma palavra, eles precisam trabalhar para extinguir essa animosidade, que um zelo indiscreto, ou que a habilidade de algumas pessoas, ilumine o espírito das

---

120. *Les Cabales*. Paris, 1772 (Gallica/Bnf, p. 21).

diferentes seitas que compartilham o cristianismo"[121]. Nesta mesma concepção deísta e no mesmo espírito de tolerância e de busca de fraternidade emerge a franco-maçonaria no século XVIII, para quem Deus é concebido como "o grande arquiteto do universo". Embora recusem os rituais religiosos judeus e cristãos, os franco-maçons buscam, no entanto, fundar novos rituais a fim de oferecer aos seus membros, organizados em lojas, ritos iniciáticos ricos em simbologia, um pouco à maneira dos cultos aos mistérios da Antiguidade.

Com a emergência do pensamento humanista nos séculos XV, XVI e XVII, e em seguida com a filosofia das Luzes no século XVIII, o indivíduo buscou esquivar-se das instituições e exercer o seu próprio espírito crítico. Kant inspirou-se no poeta Horácio para resumir a divisa das Luzes: "*Sapere aude*", "ouse saber", ou "tem a coragem de te servir de teu próprio entendimento". O século XVIII oscilou numa revolução política, social e intelectual. A razão emancipou-se definitivamente da fé, a filosofia libertou-se da teologia e o indivíduo libertou-se das tradições. Ele não quis mais depender de uma ordem exterior ou divina, de uma tradição aplicada sem espírito crítico.

Tolerância, saber e autonomia do sujeito constituem a pedra angular da filosofia das Luzes. Immanuel Kant se perguntava: "O que é o Iluminismo?" E ele mesmo respondia:

> A saída do homem de sua minoridade, da qual ele mesmo é o responsável. A minoridade é a incapacidade de servir-se de seu entendimento sem a tutela do outro. Só ele é responsável por essa minoridade, dado que ela não procede da falta de entendimento, mas da falta de decisão e de coragem necessárias para servir-se de seu entendimento sem a tutela de outro[122].

---

121. LOCKE, J. *Lettre sur la tolérance*. Paris: Garnier-Flammarion, 2007, p. 180.
122. KANT, E. *La Philosophie de l'histoire*. Paris: Aubier, 1947, p. 83.

Individualização, globalização e secularização

A Revolução Francesa estabeleceu os princípios da laicidade ao separar o poder político do poder religioso. O artigo X da Declaração dos Direitos do Homem e do Cidadão garantiu a liberdade de culto e de consciência: "Ninguém pode ser molestado por suas opiniões, incluindo opiniões religiosas, desde que sua manifestação não perturbe a ordem pública estabelecida pela lei". Os republicanos franceses nacionalizaram os bens do clero e funcionarizaram os clérigos sob o modelo dos países protestantes. A laicização do Estado prosseguiu ao longo de todo o século XIX. Os anticlericais denunciavam o obscurantismo, o peso dos dogmas, o obstáculo feito à liberdade individual pelo catolicismo. O Papa Pio IX apresentou sua réplica em 1864 fustigando os desvios do mundo moderno com o *Syllabus*, que apresenta uma "coletânea de erros modernos" na qual o papa condena simultaneamente a liberdade de consciência, os direitos do homem, a liberdade de expressão, o casamento civil, a separação entre Igreja e Estado, a filosofia, o ateísmo, o protestantismo, o socialismo etc. E, *a contrario,* reafirma que não há salvação fora da Igreja, e que esta deve ter um poder temporal e posses terrenas. Os republicanos replicaram instaurando uma série de leis em favor da laicidade: as leis escolares de Jules Ferry em 1881-1882 e a expulsão das congregações religiosas (inclusive os jesuítas) em 1880, seguida de inúmeras outras entre 1901 e 1903: os cartuxos, por exemplo, foram expulsos do mosteiro que ocupavam desde o século XI pelo exército. Esta série de medidas anticlericais teve fim em 1905 com a grande lei de separação entre Igreja e Estado, que garantiu a liberdade de consciência e o livre-exercício dos cultos.

A secularização da sociedade, que progressivamente expulsou o religioso para fora do espaço público, e os efeitos do desenvolvimento do espírito crítico e da individualização afetaram profundamente a religião na Europa: as igrejas perderam sua influência e viam seu papel institucional e cultural sempre mais reduzido. A Igreja Católica não podia mais impor sua lei eclesial, por exemplo, proibindo o divórcio ou o aborto. Ela era ainda consultada, mas sem que seus preceitos fossem forçosamente aplicados. A religião deixou de englobar todas as esferas da sociedade; ela tornou-se uma esfera social como as outras. Esta passagem da religião englobante para a religião pessoal provocou uma guinada no sistema de crenças, semelhante a uma revolução copernicana do religioso: o indivíduo deixa de estar submetido às crenças do grupo; ele mesmo passa a construir o seu sistema de pensamento e a sua própria escala de valores. O espírito do tempo, no século XX e no início deste século XXI, passa a ser marcado pela liberdade individual e pela busca de sentido.

Em reação às violências religiosas perpetradas ao longo dos séculos, a necessidade de tolerância cresce, e doravante urge permitir que indivíduos de crenças diferentes coabitem numa mesma sociedade. As buscas espirituais se desenvolvem num horizonte humanista: matar ou torturar em nome de Deus não parece mais conveniente. No seio do cristianismo, as representações de um Deus juiz severo e onipotente passam a ser substituídas por figuras divinas simbolizando o amor e a compaixão, e por figuras humanas que as encarnam, como Madre Teresa, Martin Luther King ou o Abade Pièrre. Nas sociedades ocidentais pluralistas, o indivíduo doravante dispõe da liberdade de aderir à religião de sua escolha e de exibir seu ateísmo ou seu ceticismo. Embora a crítica aos textos religiosos sempre tenha existido, hoje a tendência se generaliza com a sempre maior perda de influência das autoridades eclesiásticas.

A multiplicidade de crenças vem acompanhada de uma queda na demanda religiosa. Os fiéis já frequentam menos as igrejas e não precisam mais dos clérigos para viver a própria fé. A experiência de comunhão coletiva ainda atrai as populações cristás, como foi possível constatar com o sucesso da JMJ (Jornada Mundial da Juventude) organizada pelo papa João Paulo II em Paris, em 1997, mas as recomendações morais e comportamentais dos responsáveis religiosos são cada vez menos seguidas. Não se pretende mais ser "herdeiro" de uma religião e praticá-la sem discernimento, mas escolhê-la e personalizá-la, mesmo correndo o risco de mudar de via espiritual ao sabor da necessidade, ou seguir simultaneamente várias correntes: desde 1960, sociólogos americanos como Peter Berger e Thomas Luckmann usam a metáfora da economia de mercado para equiparar os fiéis a clientes, livres para escolher entre as várias ofertas religiosas. Não são mais os adeptos que devem curvar-se às tradições, mas as religiões que devem adaptar-se à demanda destes novos "consumidores". A corrente protestante evangélica é a melhor representação desta tendência, como mais adiante o veremos.

A religião torna-se acima de tudo uma questão pessoal, relegando as igrejas a simples prestadoras de serviço para organizar os batizados, os casamentos ou os funerais. Doravante "acredita-se mais ou menos", segundo os dias ou os imprevistos da existência. As certezas abriram espaço às probabilidades, bem como a uma "fé intermitente", segundo a expressão do sociólogo e filósofo francês Edgar Morin, ao tentar explicar esta fé que se anima ou se arrefece segundo as circunstâncias e os acontecimentos da vida. A salvação é encarada de maneira radicalmente diferente: à promessa de uma felicidade eterna no além, prefere-se a felicidade na terra, aqui e agora. Doravante é a realização de si que é buscada, e não mais o despojamento de si pregado pela espiritualidade tradicional. Esta busca moderna passa também pela valorização corporal, ao passo que o cristianismo sempre desconfiou da carne.

Um dos exemplos mais eloquentes das evoluções das práticas e das crenças é o sucesso crescente de um movimento de "despertar" nascido no início do século XX nos Estados Unidos: o pentecostalismo. Este movimento protestante, que não é oriundo das igrejas tradicionais (luterana, calvinista, anglicana etc.), propõe aos fiéis uma religiosidade híbrida. Imitando as operações publicitárias das grandes empresas internacionais, os "VRP" do pentecostalismo prometem mundos e fundos aos seus fiéis, ou aos seus clientes: prosperidade, cura, sucesso. Através de um discurso simplista e simultaneamente padronizado e adaptável a cada cultura, esta corrente na moda prega um contato direto e emocional com a presença divina. Para a socióloga das religiões Danièle Hervieu-Léger, este neopentecostalismo [...] leva ao extremo o contraste entre o minimalismo teológico da mensagem ("Deus te ama, Jesus salva, podes ser curado") e a personalização radical de sua recepção, inscrita na singularidade da experiência emocional da conversão. Esta tendência à homogeneização dos arranjos individuais do sentido nada tem a ver com a conformidade (ao menos relativa) das crenças individuais que a catequese e a pregação garantiam, num passado ainda recente, no seio das grandes igrejas. Ela não corresponde a um alinhamento das crenças com uma ortodoxia prescrita pela autoridade religiosa. Ela opera antes por condensação de esquemas de crenças típicos, espécies de quadros que os indivíduos modulam de maneira singular, em função das especificidades das próprias situações e trajetórias"[123]. Este movimento evangélico conhece um *boom* há mais de meio século e engloba hoje mais de 600 milhões de fiéis, principalmente nos Estados Unidos, na América do Sul e na África Subsaariana.

Este poderoso fenômeno de individualização da religião é acompanhado por um inédito movimento de mistura planetária de culturas e crenças ligadas à globalização do mundo.

---

123. HERVIEU-LÉGER, D. "Le partage du croire religieux dans des sociétés d'individus". *L'Année sociologique*, v. 60, n. 1, 2010, p. 46.

Desde a Antiguidade, com o advento dos impérios e a criação das grandes rotas comerciais, os intercâmbios entre o Oriente e o Ocidente existiam. As ideias circulavam tanto quanto as mercadorias. Estes intercâmbios, no entanto, vão conhecer um desenvolvimento exponencial com os progressos sociais, técnicos e intelectuais. A decifração das línguas do longínquo Oriente (hieróglifos egípcios, sânscrito, pali, acádio, tibetano, chinês antigo...), na virada dos séculos XVIII e XIX, vai permitir ao Ocidente descobrir os clássicos da literatura e das religiões do Oriente. No século XX, os imigrados dos anos de 1960, oriundos do Sul e do Leste (Magrebe, África Negra, Turquia, Ásia Central e Oriental), favoreceram a instalação do budismo e do islã nos países ocidentais. Em seguida foi a democratização das viagens que multiplicou o vaivém dos fiéis: passou-se a viajar mais longe e mais rápido. Os movimentos migratórios tiveram início com a escravidão e a colonização, mas o fenômeno da mistura cultural das populações acelerou-se e geograficamente alargou-se no século XX com a indústria do turismo e a intensificação do transporte aéreo. Enquanto no passado uma religião levava vários séculos para deslocar-se, doravante alguns anos bastam para que uma corrente religiosa se propague sobre vários continentes. Enfim, o desenvolvimento das telecomunicações e a digitalização revolucionaram a difusão do saber. } A televisão e a internet oferecem em grande escala um acesso à diversidade de culturas humanas e participam grandemente na veiculação de ideias e crenças.

No início do século XX vemos desenvolver-se no Ocidente as espiritualidades orientais, sobretudo com a difusão das artes marciais japonesas e a chegada de mestres espirituais que ensinam disciplinas tão variadas como o ioga indiano, o qigong japonês, o tai chi chuan chinês, a meditação budista. Já aludimos, no início do capítulo 6, o entusiasmo de milhões de ocidentais pelos ensinamentos de Buda e o desenvolvimento de práticas meditativas, notadamente zen e tibetanas.

A individualização e a globalização induziram a novas formas de religiosidades sincréticas. O sincretismo sempre existiu no meio das religiões, e inclusive nos primórdios de sua criação. O judaísmo nutriu-se no Egito e na Mesopotâmia; o cristianismo ocidental fez uma síntese do judaísmo, do helenismo e do direito romano; o islã se enriqueceu da Bíblia e das tradições árabes pré-islâmicas; o budismo tibetano inspirou-se no budismo indiano e no xamanismo *bön* etc. A grande novidade do mundo moderno é que doravante o sincretismo é praticado em escala individual: os indivíduos fazem um arranjo em sua espiritualidade pessoal, assumem o que lhes convém nas tradições e descartam o resto. Estas iniciativas individuais de construção de uma religião *à la carte* (à escolha) inspiraram ao antropólogo André Mary o termo *"briscollage"*: uma miscelânea que cada um se constrói servindo-se de diferentes religiões e diferentes ensinamentos espirituais. Será que a perda da memória religiosa das sociedades contemporâneas estaria em vias de mergulhar o Ocidente numa era de confusão religiosa? Ou, ao contrário, estaria favorecendo a emergência de novas correntes espirituais adaptadas aos desafios de nosso tempo? Seja como for, a liberdade adquirida com a individualização e com o progresso dos conhecimentos faz-se acompanhar de uma inevitável confusão. Para o historiador e sociólogo Marcel Gauchet, o declínio da religião paga-se com a dificuldade de a pessoa ser ela mesma: "Doravante somos destinados a viver nus e na angústia, realidade que nos foi mais ou menos poupada desde o início da aventura humana pela graça dos deuses"[124].

---

124. GAUCHET, M. *Le Désenchantement du monde. Une histoire politique de la religion*. Paris: Gallimard, 1985, p. 402-403.

Reações identitárias e fenômenos sectários

Para compensar essa confusão e essa incerteza, e em reação ao desenvolvimento dos três grandes vetores da modernidade – espírito crítico, individualização e globalização –, correntes conservadoras, tradicionalistas e reacionárias vão surgir e difundir-se no seio das grandes religiões históricas.

Estas correntes de repúdio à modernidade continuam minoritárias no Ocidente. A maioria dos fiéis, e às vezes até a maior parte das instituições religiosas, busca adaptar-se às evoluções da sociedade. Mas este repúdio diz respeito a uma parcela significativa dos mundos hindu e muçulmano. Este conservadorismo religioso e estas redomas identitárias são fenômenos paradoxais: mesmo criticando a modernidade, seus seguidores permanecem inscritos no horizonte moderno da "opção pessoal" e não hesitam em usar a tecnologia e os métodos do capitalismo para fazer valer suas influências. Vários traços comuns os congregam. Primeiramente eles acusam um caráter polarizado, mas se separam em dois grupos distintos: o grupo do Norte e o grupo do Sul. A mundialização engendrou uma desigualdade econômica entre o Ocidente e o resto do mundo, e a produção de valores igualmente foi desequilibrada entre estes dois polos. A radicalização das sociedades do Sul também pode ser interpretada como uma resistência à "ocidentalização do mundo"[125], segundo a expressão do sociólogo Serge Latouche. Estes conservadorismos também compartilham o hábito de associar a noção de salvação individual ancorada a uma comunidade. A resistência a um modernismo julgado incompatível com as crenças do grupo reconduz esses indivíduos a um espaço controlado, denominado comunidade, e inspira afirmações e verdades que não deixam nenhum espaço à interpretação.

---

125. LATOUCHE, S. *L'Occidentalisation du monde*. Paris: La Découverte, 1989.

A busca de sentido transforma-se em busca de certeza, com o risco de pender para o fundamentalismo. Todas as renovações identitárias pregam a "volta a Deus", mas alguns polos ultra-conservadores manifestam mais radicalmente esta pretensão de encarnar a Verdade. Segundo o filósofo e teólogo Samuel Rouvillois, o fundamentalismo "consiste em um retorno aos textos fundadores e, para evitar interpretações que busquem acomodar estes textos às evoluções e aos desvios do mundo contemporâneo, tenta-se reafirmar seu sentido primitivo, seu sentido mais óbvio, seu sentido mais universal e forte ao redor do qual o sentimento de afirmação, de coerência e de segurança da comunidade mais se manifesta"[126]. Os fundamentalistas, para evitar o que consideram um deslize da fé, se reportam ao texto sagrado a fim de definir as normas e codificar não semente a prática religiosa, mas também cada instante da vida. Trata-se de um "integralismo" que engloba a totalidade do ser individual e social, regendo a fé, a alimentação, o vestuário, as decisões políticas e até mesmo a vida afetiva e emocional. Assim, judeus e muçulmanos vão expressar a própria fé privilegiando sinais de pertença, como o uso do solidéu (kipá) ou do véu, fato que tende a provocar tensões nas sociedades ocidentais secularizadas, como o ilustram os debates acalorados sobre o uso de véu na França. Por trás da busca de sentido dos adeptos dos conservadorismos religiosos é possível detectar uma insegurança nova, um vazio ansiógeno, sendo a dissolução do vínculo social uma das consequências do desenvolvimento do individualismo no Ocidente, que mergulha os indivíduos numa confusão interior e relacional.

Os grupos protestantes conservadores norte-americanos mantêm um vínculo íntimo com a própria história dos Estados

---

126. ROUVILLOIS, S. "Crise et avenir des traditions". *In: Encyclopédie des religions. Op. cit.,* t. II, p. 1.393.

Unidos, nação que se acredita marcada pelo selo da providência divina desde os Pais Peregrinos do *Mayflower* (que rumaram para o Novo Mundo em 1620) até a eleição dos presidentes Barack Obama ou Donald Trump. Um dos pilares do movimento fundamentalista conservador é o neopentecostalismo que, como acabamos de explicar, tornou-se um fenômeno planetário. O pentecostalismo do qual este movimento é oriundo formou-se no final do século XIX nos Estados Unidos, quando protestantes metodistas se reagruparam ao redor do Pastor Charles Parham. Inspirando-se nos "carismas" evocados no capítulo 2 dos Atos dos Apóstolos, os adeptos do "despertar pentecostal" priorizaram os dons do Espírito Santo, que se manifestam por diversas ações (profecia, cura, fala em línguas, glossolalia, o orar ou salmodiar em voz alta numa língua estranha ou desconhecida). A esperança numa felicidade futura no além tem menor importância do que ela tem no catolicismo: é a vivência imediata que importa ao *born again*, a quem fez a experiência do segundo nascimento (literalmente "nascido de novo", "renascido").

Os adeptos se consideram salvos, pois já se encontraram com Cristo e, portanto, não aguardam mais uma salvação futura. A missão resume-se em socorrer os outros praticando o proselitismo no intuito de difundir a boa-nova. Em 2004, 40% dos americanos se declararam *born again* ou evangélicos, segundo as estimativas do Instituto de Pesquisa Gallup. Um estudo do Pew Research Center recenseou, em 2011, 279 milhões de pentecostais no mundo. As igrejas evangélicas e pentecostais americanas representavam a base social do movimento da direita cristã protestante dos anos de 1980, que lançou uma contraofensiva opondo-se ao movimento de libertação oriundo da contracultura dos anos de 1960, ou seja, uma "contra contracultura". Este fenômeno, denominado "revolução conservadora" ou "nova direita", influenciou o programa direitista de Ronald Reagan, presidente americano de 1981 a 1989, e mais recentemente o de George W. Bush e Donald Trump. As personalidades mais representativas deste movimento cristão fundamentalista são os televangelistas Jerry Falwell e Pat Robertson. Sébastien Fath, no entanto, um dos especialistas em história dos Estados Unidos, lembra que o protestantismo não se reduz a estas correntes radicais:

> Nem todos os protestantes de tendência evangélica são homens de guerra [...]. Não podemos reduzir o protestantismo evangélico ao discurso de Pat Robertson e Jerry Falwell, as duas figuras mais midiáticas. Nas fileiras protestantes evangélicas existem tradições pacifistas (cf. os batistas Martin Luther King ou Jimmy Carter, Prêmio Nobel da Paz)[127].

Junto aos católicos, o conflito entre conservadores e modernistas evoluiu e se arrefeceu ao longo dos séculos. Foi primeiramente a luta contra os reformadores que monopolizou a Igreja Católica, marcada pelo Concílio de Trento, que teve início em 1545 e passou pela posterior condenação, por Roma, da "doutrina do puro amor" de François de Salignac de la Mothe-Fénelon, arcebispo de Cambrai. No século XIX e início do século XX, os papas Pio IX e Pio X, que tinham por lema "restaurar tudo em Cristo" (*Omnia instaurare in Christo*), opõem a própria visão integrista aos modernistas que tentavam esclarecer os problemas doutrinais e sociais. Ao longo de todo o século XX, a Igreja teve que enfrentar o fenômeno da "desruralização", que desestabilizou sua ancoragem tradicional nas regiões rurais e tentou adaptar-se às evoluções sociais, garantindo assim sua presença nos novos grupos constituídos: operários, mulheres, juventude.

---

127. FATH, S. *La Vie*, 13 mars 2003. Na França, a Federação evangélica de França (FEF) reagrupa desde 1969 a maioria das igrejas evangélicas.

A Igreja romana conheceu um novo vigor com o Concílio Vaticano II (1962-1965), com os papas João XXIII e Paulo VI, que desejavam conciliar a Igreja e o mundo moderno. A liberdade religiosa manifestada pelo concílio foi criticada por Monsenhor Lefebvre, antigo arcebispo de Dakar, que criou uma igreja paralela e integrista na Suíça enquanto a temática tradicionalista era retomada por outros polos conservadores, como a *Opus Dei* na Espanha e os Legionários de Cristo no México. O Papa João Paulo II, eleito em 1978, manejou a espada e a balança tentando reequilibrar uma Igreja desorientada. Ele multiplicou os sinais de abertura favorecendo o diálogo inter-religioso, pedindo perdão por todas as faltas cometidas pela Igreja ao longo da história, ou rompendo com o movimento integrista de Lefebvre. Paralelamente, ele retomou a disciplina eclesial e reafirmou a condenação à contracepção, ao aborto, ao divórcio ou à homossexualidade. Através de sua ideia de "segunda evangelização", tentou reconquistar uma Europa sempre menos cristã. O Movimento de Renovação Carismática, composto de leigos, inscreveu-se neste espírito de reconquista e tentou revitalizar as paróquias inspirando-se em grupos pentecostais e evangélicos protestantes. Este pentecostalismo católico, fundado no espírito comunitário e festivo, abriu amplo espaço à vida emocional para seduzir novos adeptos. Ele participou grandemente da renovação espiritual do catolicismo no mundo, compartilhando plenamente sua moral e seus valores conservadores.

Após o declínio judaico da filosofia das Luzes (Haskalá), os judeus europeus sofreram ondas de antissemitismos dramáticas, das perseguições russas ao caso Dreyfus na França no século XIX até o ponto culminante das perseguições nazistas e da Shoah no século XX. A virada comunitária teve lugar na França nos anos de 1980. Com a descolonização do Magrebe, dezenas de milhares de judeus sefarditas se instalaram no Hexágono, desenvolvendo uma via identitária que contrastou com a cultura assimilada dos judeus asquenazes. A isto acrescente-se o conflito israelo-palestino que contribuiu na radicalização e na passagem de uma judeidade universalista para uma judeidade particularista e comunitária. A socióloga das religiões Regina Azria descreveu desta maneira esta mutação:

> O que fazia a força desta figura do intelectual judeu – o sentido ético, o humanismo, a aspiração ao universal – tende a ver-se suplantado por novas figuras judaicas, porta-vozes de um judaísmo mais autocentrado, mais religioso, mais preocupado com o ético e com o universal e afirmando-se num modo identitário[128].

Esta mudança ideológica traduziu-se numa maior visibilidade da comunidade judaica: participação em manifestações religiosas fortes, como a dos *loudavitch*; multiplicação de lojas de alimentos que vendem produtos que respeitam as regras da *cashrut* [conjunto de leis dietéticas do judaísmo]; criação de escolas judaicas ultraortodoxas e rádios judaicas; uso de roupas tradicionais etc. Entretanto, estas tendências reacionárias e identitárias não refletem o pluralismo do judaísmo; a maioria dos adeptos na França pratica sua religião com leveza e com uma distância crítica em relação às instituições comunitárias.

O fundamentalismo muçulmano ganhou força no século XVIII com o movimento de reforma iniciado pelo fundador do wahabismo, al-Wahhab, que conclamava os muçulmanos a um retorno às fontes do islã. Este movimento prosseguiu com a expedição de Bonaparte para o Egito, entre 1798 e 1801, que criou estupefação junto às elites árabes ao escancarar a dominação do Ocidente no plano tecnológico, econômico e político. O processo de colonização que se desdobrou da Argélia em

---

128. AZRIA, R. "La visibilité du judaïsme dans la France contemporaine: vitalité ou quiproquo?" *Autres Temps*, n. 69, printemps 2001, p. 21-22.

1830 para a Palestina em 1948, nutriu em seguida estes questionamentos muçulmanos ligados à dominação do Ocidente. Posteriormente o fundamentalismo teve seu verdadeiro impulso em 1967 com a vitória de Israel, por ocasião da Guerra dos Sete Dias. O choque da derrota provocou uma forte reação identitária no mundo muçulmano e um movimento de resistência à modernidade ocidental, que parecia uma nova forma de colonização. Este fundamentalismo também foi descrito pelo historiador argelino Mohammed Arkoun como

> uma reação – e não algo que emergiu do interior – ao funcionamento histórico da modernidade oriunda das Luzes, sobretudo da forma como essa modernidade foi transposta e imposta às sociedades muçulmanas a partir do século XIX[129].

A contestação das populações contra os poderes coloniais fez-se sentir primeiramente através de um nacionalismo árabe, evoluindo posteriormente para um islamismo radical, à imagem da Associação dos Irmãos Muçulmanos no Egito (1928), cuja palavra de ordem "o alcorão é nossa constituição", ilustra o cerne do pensamento islâmico (ou islã político, ou radical). Contrariamente à maioria dos grupelhos extremistas que defendem a *djihad* ("guerra santa") e que limitam sua ação a um território, a organização al-Qaeda, fundada em 1988 por Osama Bin Laden, veicula um "islamismo-mundo", projetado em escala planetária. À imagem das civilizações ocidentais combativas, os partidários da al-Qaeda navegam na mundialização e levam seus combates para além de suas fronteiras naturais. Colocando-se como protetores de uma "neo-*umma* transnacional"[130], segundo a expressão do sociólogo Farhad Klosrokhavar, eles menosprezam as lógicas

---

129. ARKOUN, M. "Des identités islamiques à reconstruire". *Sources Unesco*, n. 79, mai. 1996.
130. KHOSROKHAVAR, F. *Les Nouveaux Martyrs d'Allah*. Paris: Flammarion, 2002.

e as instâncias nacionais. Nisto, a al-Qaeda se diferencia das outras organizações armadas, como o Hezbollah no Líbano ou o Hamas na Palestina, que lutam essencialmente em seu próprio território geográfico. O fundamentalismo islâmico não tolera nenhuma inovação (*bid'ah*) em seu núcleo doutrinal, tampouco qualquer leitura histórico-crítica do Alcorão. Os movimentos islâmicos são muito diferentes, e suas manifestações na Europa refletem as complexidades sociais e ideológicas de uma comunidade constituída de milhões de adeptos.

Na França, há várias décadas, um fenômeno de comunicação passou a manifestar-se através da organização de grandes eventos, como o dos Muçulmanos da França, que a cada ano reúne dezenas de milhares de pessoas em Bourget; este fenômeno também passa por vias associativas ativas, como a União dos Jovens Muçulmanos; por exibição de sinais ostensivos como o uso da barba para os homens ou o véu para as mulheres; por difusão editorial (jornais, livrarias, editoras); ou pela multiplicação dos chamados "boucheries halal" [açougues que operam em conformidade com a lei muçulmana].

Diferentes correntes ocupam o cenário político: os movimentos rigoristas e fundamentalistas do *tabligh* e a Liga Islâmica Mundial; a corrente do intelectual suíço Tariq Ramadan, fundada por seu pai Said Ramadan, que encarna um islã simultaneamente identitário e cidadão europeu; ou as correntes do Soheib Bencheikh, antigo imã da mesquita de Marselha, e do sheik Khaled Bentounes, defensores de um islã espiritual, republicano e antifundamentalista.

O fundamentalismo hindu repousa sobre uma exaltação religiosa da nação. Na Índia este radicalismo nasceu em 1925 com a criação do movimento Rashtriya Swayamsevak Sangh (RSS), fundado pelo Dr. Keshav Baliram Hedgewar e seu partido político, o Bharatiya Janata Party (BJP, Partido do povo indiano). O RSS e o BJP foram construídos em torno de uma sensação de perigo que ameaçava a comunidade: o do cristianismo e do islamismo, como o explica o politólogo Christophe Jaffrelot: "Trata-se de um nacionalismo etnorreligioso nascido em reação ao sentimento de uma ameaça que os missionários cristãos e muçulmanos faziam pairar, aos olhos de algumas elites hindus, sobre a comunidade majoritária, entre o final do século XIX e o início do século XX [...]. Trata-se de reformar as mentes para tornar cada hindu consciente de sua história, das ameaças que pesam sobre sua civilização e da necessidade de formar um corpo político e social unido, o famoso *Hindu Rashtra*, para resistir ao Outro, em particular o muçulmano"[131]. A doutrina ultranacionalista hindu, influenciada pelo intelectual Bal Gangadhar Tilak (1856-1920), se embasa no conceito de *Hindu Rashtra*, expressão sânscrita que reduz a nação indiana à sua herança religiosa mais ancestral: os tempos védicos. Nesta confusão entre político e religioso, os cristãos e os muçulmanos são considerados ímpios e intrusos, não obstante a milenar presença histórica deles no país.

A globalização provocou uma transformação nos valores e nos modos de vida, e engendrou uma incerteza ansiógena. As referências se embaralharam. Com a perda da influência das igrejas, alguns indivíduos se voltaram para as comunidades mais recentes, concebidas para responder aos questionamentos contemporâneos. Os novos adeptos procuraram respostas concretas em sua busca de sentido, visando um retorno sobre o investimento a curto prazo. A fé devia trazer frutos, e o mercado religioso então segmentou-se. Pequenos grupos autônomos foram se formando ao redor da promessa de uma salvação acessível, personalizável. Apoiando-se no sistema de oferta e

---

131. JAFFRELOT, C. *L'Inde de Modi: national-populisme et démocratie ethnique.* Paris: Fayard, 2019, p. 57.

demanda, cada "seita" decifra o mundo através de um prisma particular e se dirige a um auditório específico.

Se o termo "seita" evoca um universo obscuro no imaginário coletivo, sua etimologia – oriunda dos verbos *sequi* ("seguir") e *secare* ("cortar") – permite explicar a aparição de uma seita, já que se trata da criação de um novo grupo composto de fiéis que seguem um mestre. Este foi o caso com Jesus e Buda, que fundaram seitas afastando-se de sua religião de origem. É o que levou, no século XIX, o filósofo e historiador Ernest Renan a afirmar que "uma religião é uma seita bem-sucedida". Há muito tempo, no Ocidente, o termo "seita" tem uma conotação pejorativa, já que ele evoca dissidentes que escolheram um caminho singular. Outrora o termo designava dissidentes em relação à ordem religiosa estabelecida: os pitagóricos na Grécia antiga, ou grupos heréticos como os cátaros na Cristandade medieval.

No início do século XX, os sociólogos alemães Max Weber e Ernst Troeltsch tentaram definir cientificamente o termo. Eles diferenciam dois modelos de socialização religiosa: a seita e a igreja. A primeira se caracteriza por um engajamento voluntário (conversão), junto a um mestre carismático, necessitando de uma ruptura com o mundo tal como ele existe; a segunda se caracteriza pelo fato que o discípulo nasceu nela, segue uma autoridade institucional e aceita um compromisso com o mundo. Weber e Troeltsch estudaram igualmente a conversão de uma seita em igreja: por ocasião da morte dos "portadores do carisma", ou o grupo dissidente desaparece, ou evolui para uma "rotinização do carisma", isto é, para uma autoridade mais institucional, perdendo assim sua radicalidade, e pouco a pouco vai se transformando em igreja. É notadamente o caso do protestantismo, que regularmente vê emergir em suas fileiras grupos "puristas" com valores mais radicais, e que acabam buscando adaptações a fim de alcançar o maior número de adeptos e transformar-se assim em igrejas. A conotação pejorativa do termo é igualmente ligada ao proselitismo e à intransigência de algumas seitas.

A partir dos anos de 1970, no entanto, a seita passa a ser quase unicamente definida por um novo critério: o de sua periculosidade. A perda de audiência do cristianismo e a fragmentação do religioso provocaram efetivamente a aparição de uma nebulosa de grupelhos. Quer sejam oriundos das grandes religiões ou nascidos de bricolagens diversas (esotérico, místico, oriental, pseudocientífico etc.), estes novos grupos frequentemente compartilham o discurso segundo o qual urge abandonar o mundo tal como ele existe para juntar-se ao seu círculo de eleitos e entregar-se ao seu guru. As derivas mortíferas de uma minoria de seitas no final do século XX (como o cerco de Waco, no Texas, em 1993, onde uma centena de adeptos de David Koresh se esconderam e depois se suicidaram, ou as mortes e suicídios coletivos dos adeptos da Ordem do Templo Solar) estimularam as autoridades francesas a publicar um relatório parlamentar sobre as seitas em 1995.

Quer proponham uma leitura simplificada de uma mensagem tradicional (Testemunhas de Jeová, Associação internacional para a consciência de Krishna) ou uma bricolagem cultural anacrônica, as seitas desenvolvem práticas e doutrinas padronizadas para disseminar-se em escala planetária. Desta forma elas se inscrevem tipicamente no fenômeno da globalização. O caráter voluntário da adesão constitui outro ponto comum a todos estes movimentos. Contrariamente à maioria dos fiéis das religiões históricas, os adeptos das seitas são todos convertidos (mesmo se em algumas seitas, com apenas alguns decênios de existência como as Testemunhas de Jeová, as crianças já sejam integradas ao grupo). Os próprios adeptos escolhem o grupo que poderá acompanhá-los no caminho espiritual, alimentando a impressão de pertencer a uma minoria de eleitos, a uma elite. É o paradoxo das sociedades individualistas: cada qual quer ser autônomo, mas sem ficar sozinho.

Outro paradoxo: as seitas atraem indivíduos desejosos de fugir dos sistemas de crenças das instituições, portanto, dispostos a submeter-se a uma doutrina ainda mais rígida. "O individualismo, por um lado, é onipotente e, por outro, perpetuamente atormentado por seu contrário"[132], escreve muito justamente o antropólogo Louis Dumont. As associações antisseitas enfatizam o perigo de uma manipulação mental. Embora exista desde 2001 um delito de "manipulação mental", esta noção é de difícil definição. Em qual momento o indivíduo, sob influência psicológica, perde seu discernimento e sua liberdade? A possibilidade de deriva e de periculosidade não é suficiente para qualificar uma seita e proibi-la, já que nenhuma comunidade ou instituição está ao abrigo de derivas. Existem derivas criminosas em todas as religiões (pensemos na pedofilia na Igreja Católica ou nos abusos sexuais em discípulas do budismo e do catolicismo), como em todos os setores da sociedade, ou nos círculos privados como a família (incesto). A única solução democrática para lutar contra as derivas sectárias é condená-las quando são ilegais, mas não podemos proibir um grupo em razão de suas crenças ou porque julgamos que nossos próximos (quando são adultos) se deixaram manipular. Existem, no entanto, elementos que permitem discernir um grupo sectário: uma pressão financeira forte em troca de serviços espirituais ou terapêuticos, um discurso fechado (a verdade está aqui e não alhures), uma insistência em separar o adepto de seus próximos para torná-lo completamente dependente do guru ou da comunidade.

---

132. DUMONT, L. *Essais sur l'individualisme. Une perspective anthropologique sur l'idéologie moderne*. Paris: Seuil, 1983, p. 30.

Fundamentalistas e grupos sectários também propõem respostas às mesmas angústias contemporâneas: a incerteza, a falta de referências e vínculos. Nos dois casos, grupos proselitistas estão convencidos de ser os únicos a dispor da verdade. Aqui a mensagem proposta não oferece mais nenhum espaço de interpretação, e qualquer questionamento da doutrina leva à exclusão do grupo. Eis a diferença fundamental com o religioso não sectário, e com um direcionamento espiritual que visa tornar o indivíduo plenamente ele mesmo e autônomo.

Espiritualismo e espiritismo: a vingança do espírito sobre a matéria

O avanço da modernidade, e em particular do espírito crítico, que é uma de suas componentes, vai progressivamente dar à ciência nascente o estatuto de conhecimento supremo, suplantando a religião e a metafísica. Assim, a partir do século XIX desenvolveu-se na Europa um pensamento novo e radical, segundo o qual o que não pode ser explicado pela ciência não passa de ilusão: o cientismo. Esta concepção desqualifica tudo aquilo que não podia ser apreensível pelos instrumentos da ciência e da experimentação: Deus, a alma, o mundo invisível dos espíritos. Só existe a matéria observável. Esta visão reducionista do ser humano e do mundo vai engendrar uma reação junto aos pensadores, incluindo os cientistas, convencidos de que a ciência não pode observar tudo, e que existe um nível da realidade, puramente espiritual, que foge à sua investigação.

Nascimento do movimento espiritualista

É assim que no século XIX, em reação ao cientismo, vai nascer o movimento espiritualista, que admite a existência de uma alma ou de um espírito independente do corpo e da matéria, e acredita na imortalidade dessa alma e desse corpo, portanto, que crê na existência de uma vida após a morte. Seus adeptos são, em sua maioria, intelectuais que se afastaram da religião, sensíveis aos progressos da ciência, mas que se opõem à visão reducionista e materialista dominante junto aos cientistas e pensadores ateus. Desta forma eles entendem salvar o que, no pensamento religioso, lhes parece mais verdadeiro e mais essencial: por um lado, a ideia de que existe no ser humano duas realidades, uma material (o corpo perecível), outra espiritual e imortal (a alma ou o espírito), e, por outro lado, a crença segundo a qual o destino da alma, após a morte do corpo, é condicionado por nossas ações nesta vida. Arthur Conan Doyle (1859-1930), pai de Sherlock Holmes, é um dos principais promotores da corrente espiritualista. Criado na religião católica, Boyle tornou-se agnóstico e consagrou-se aos estudos científicos. Uma vez médico, descobriu o espiritualismo e lhe consagrou uma obra no final de sua vida: *The History of Spiritualism* (1926) [A história do espiritualismo]. Nela nosso autor destaca as diferenças, mas igualmente o parentesco, entre o movimento espiritualista e as religiões, em particular o cristianismo: "[O espiritualismo e cristianismo] reconhecem que os progressos e a felicidade da vida no além são influenciados pela conduta aqui na terra. Ambos professam uma crença na existência de um mundo dos espíritos, bons e maus, que o cristão denomina anjos e demônios, e que o espiritualista denomina guias, controladores e espíritos não desenvolvidos"[133]. Considerando-o o movimento mais importante da história espiritual do mundo desde o cristianismo, Arthur Conan Doyle vê no espiritualismo um interesse universal. Num contexto de retração das religiões, o mais importante é sair do dogma religioso sem cair em outro dogma: o cientismo. Filósofos como Descartes, Spinoza, Hegel, ou ainda Bergson, são tidos por Arthur Co-

---

133. DOYLE, A.C. *Histoire du spiritisme*. Mônaco: Éditions du Rocher, 1981, p. 203.

nan Doyle como espiritualistas. Uma das teses mais fortes do movimento espiritualista, mas igualmente a mais discutível, é que a comunicação com a morte não depende de uma crença, mas trata-se de um fenômeno observável, o que oferece a prova de que existe um mundo espiritual e que a alma humana é imortal. Embora denunciando o materialismo do cientismo, o movimento espiritualista não é menos tributário deste espírito cientificista dominante, que pretende que tudo seja provável.

A relação com os mortos nas tradições religiosas

Como vimos ao longo deste percurso histórico, todas as religiões afirmam a existência de uma alma ou de um espírito imortal, e às vezes a possibilidade de entrar em contato com o mundo dos mortos. Mediador entre o mundo dos vivos e o mundo invisível, o xamã se comunica com o espírito, em primeiro lugar com o espírito dos animais, depois com o dos humanos. No Neolítico desenvolveu-se um culto aos crânios, para criar e manter um vínculo com as entidades do outro mundo. Em seguida o culto aos ancestrais mudou fundamentalmente a relação dos vivos com o mundo invisível: os ancestrais passam a ser vistos como intermediários privilegiados no contato com os outros espíritos. Com o advento do reino dos deuses, outras formas de meditação com os mortos se desenvolveram. Na Antiguidade grega e romana, os adivinhos, que geralmente se envolvem tanto nas questões privadas quanto públicas, prediziam o futuro por instrumentos que não dependiam de um conhecimento natural. Alguns praticavam a necromancia, ou seja, contactavam os mortos para fazer predições sobre o futuro. Com o tempo, o termo "adivinho" desapareceu, dando espaço ao termo "médium". Surgido na França em meados do século XIX, ele passou para a linguagem comum com a publicação do *Livro dos médiuns* de Allan Kardec. Nesta obra, a palavra "médium" (do latim *medium*, "meio intermediário") designa uma "pessoa que pode servir de intermediária entre os espíritos e os homens".

O judaísmo e o cristianismo são duas religiões particularmente hostis à prática da necromancia: "Não haverá no meio de ti [...] ninguém que interrogue os oráculos, pratique sortilégios, magia, encantamentos, enfeitiçamentos, que recorra à adivinhação ou consulte os mortos. Pois, cada homem que assim proceder é uma abominação para o Senhor" (Dt 18,10-12). Samuel, que está morto, pede a Saul que consulte uma necromante para interrogá-la: "Por que perturbas o meu repouso evocando-me?" (1Sm 28,15). Os teólogos católicos se apoiaram em várias passagens da Bíblia, como as citadas acima, para condenar a comunicação com os mortos: podemos rezar por eles, mas não estabelecer uma comunicação com eles. O Padre François Brune, teólogo católico que se tornou ortodoxo, desfez esse tabu em sua obra *Les morts nous parlent* (1988) [Os mortos nos falam], apresentando sua pesquisa sobre os testemunhos de comunicação com os mortos: "A eternidade existe e os vivos do além se comunicam conosco"[134]. Se o cristianismo, em linha com o judaísmo, proíbe o culto aos ancestrais, ele não deixa de honrar alguns indivíduos mortos no sofrimento por intermédio do culto aos santos mártires. A diferença, sutil, reside no fato que ao dirigir-se a eles, não é por eles que se reza, mas para que eles intercedam junto de Deus em favor de quem reza.

Se as três religiões monoteístas não reconhecem o culto aos ancestrais, este, no entanto, se faz presente em certos sincretismos (misturas de influências religiosas) na Europa, no Oriente Médio e na África. Em algumas tradições budistas, taoistas, confucionistas e até hinduístas, o culto aos ancestrais, transmitido de geração em geração, perdura até hoje. No Vietnã, na China,

---

134. BRUNE, P.F. *Les morts nous parlent*. Paris: Le Livre de Poche, 2009, t.1, p. 22.

na Indonésia ou na Índia, não é raro encontrar comunidades inteiras dedicando-se a esta prática para garantir uma relação harmoniosa entre os vivos e os mortos, mas também entre os vivos das diferentes gerações, e perpetuar assim o respeito aos mais velhos, não obstante a morte: orações, danças, oferendas e sacrifícios são realizados ao redor de um altar dedicado aos ancestrais. Às vezes, nas famílias mais ricas, um santuário particular é erigido. Estas práticas gozam de grande popularidade, no entanto, não são isentas de problemas, como o testemunham alguns textos orientais. Assim, segundo *O almanaque de pedidos* do taoismo antigo, "a ausência de separação efetiva entre os membros vivos de uma família e seus defuntos pode causar pestilências crônicas que se propagam no interior da família"[135], enfatiza o historiador Franciscus Verellen. Nesse texto, os ancestrais são apresentados como demônios vingadores, trazendo desgraça e contaminação.

O espiritualismo moderno: de Swedenborg às irmãs Fox

Arthur Conan Doyle situa a origem do espiritualismo moderno no século XVIII, na obra do grande visionário sueco Emanuel Swedenborg (1688-1772), que foi igualmente um grande cientista, à origem de inúmeras invenções que lhe valeram o cognome de Leonardo da Vinci do Norte. Aos 56 anos, este espírito brilhante decidiu consagrar-se inteiramente à pesquisa teológica e filosófica. Dotado de impressionantes capacidades psíquicas, ele teve toda espécie de visões relativas ao nosso mundo, mas igualmente visões do mundo do além. Ele afirmou especialmente que no momento da morte, os seres humanos são sistematicamente julgados, por uma espécie de

---

135. VERELLEN, F. "Guérison et rédemption dans le rituel taoïste ancien". *Comptes rendus des séances de l'Académie des Inscriptions et BellesLettres*, 147ᵉ année, n. 3, 2003, p. 1.044.

lei espiritual, em função de seus atos, e que a passagem da vida para a morte é facilitada por seres celestes.

A história do espiritualismo é igualmente marcada pela observação de fenômenos de possessão, ao longo dos quais um indivíduo é considerado habitado por um ou vários espíritos demoníacos. Na igreja em que Edward Irving (1792-1834), pastor de origem escocesa, oficiava em Londres por volta de 1830, houve casos de glossolalia (falar em voz alta numa língua desconhecida ou pronunciar sílabas incompreensíveis) ou de xenoglossia (falar espontaneamente ou escrever numa língua estrangeira desconhecida). Estes fenômenos inexplicados interessam aos espiritualistas. Nas comunidades protestantes quakers – movimento que deriva do quakerismo, nascido na Inglaterra no século XVII e exportado para os Estados Unidos pelos colonizadores –, casos de possessão por espíritos indígenas da América, que desejavam ser convertidos, também chamaram a atenção.

Mas foram sem dúvidas as irmãs Kate e Margaret Fox, filhas de um pastor de Hydesville, na Califórnia, que exerceram o papel mais importante no desenvolvimento do "espiritualismo moderno" (*modern spiritualism*). Tudo começou na noite de 31 de março de 1848, quando as adolescentes de 14 e 11 anos observaram, na própria casa, fenômenos paranormais, chamados fenômenos de assombração ["esprits frappeurs", "poltergeist"]. Este relato, confirmado pela irmã mais velha, propiciou às irmãs Fox uma notoriedade inesperada, permitindo-lhes reproduzir o fenômeno de comunicação com os espíritos em demonstrações públicas *via* levitação de objetos ou psicografia em todos os Estados Unidos, mas também em outras partes do mundo. Quando as sessões passaram a ser muito dispendiosas, as irmãs Fox começaram a ser acusadas de trapaça, e, aos 52 anos, uma delas decidiu confessar-se – antes de retratar-se, em vão. Naquele período em que se multiplicavam as excursões de espetáculos de médiuns de toda espécie, a prática do espiritualismo moderno tanto dividia quanto fascinava. O próprio Abraham Lincoln interessou-se pela matéria, com um fervor que traduz bem as palavras que teria dirigido a Nettie Colburn (1841-1892), uma jovem médium americana: "Minha filha, você possui um dom muito singular, mas eu não tenho dúvidas de que ele vem de Deus. Eu a agradeço por ter vindo nesta noite. Talvez isso seja mais importante do que qualquer uma das pessoas presentes possa entender"[136]. É, portanto, nos países anglo-saxões, entre 1830 e 1850, que o espiritualismo moderno se desenvolveu, sem credo oficial nem qualquer organização estruturada. Propondo uma forma de prática de comunicação com os defuntos, mas sem abjurar a fé cristã, ele tornou-se conhecido por meio de publicações e de excursões demonstrativas.

O espiritismo: de Vitor Hugo a Allan Kardec e Carl Gustav Jung

A moda da "levitação" ou "mesas falantes" não tarda a inundar a França, onde grandes nomes logo vão associar-se, dentre os quais Vitor Hugo. É no exílio, na Ilha de Jersey, em 1852, que ele descobriu a prática em companhia da escritora Delphine de Girardin, de sua família e de alguns amigos. Vitor Hugo comunicou-se com o espírito de sua filha Leolpoldine, morta afogada dez anos antes: "Isto é uma maravilha! Não há nada a responder a isso. Declaro-me convencido". Entrando em comunicação com os mortos quase cotidianamente, Vitor Hugo confessou ter entrado em contato com personagens ilustres, como Jesus Cristo, Molière, Dante, Mozart ou ainda Maquiavel. Depois de cada sessão, Vitor Hugo registrava suas conversações com os espíritos em seus diários, que só foram

---

136. Cf. DOYLE, A.C. *Histoire du spiritisme. Op. cit.*, p. 12.

publicados após a sua morte – em parte, em 1923, depois, em sua totalidade, em 2011[137]. Questões metafísicas estavam presentes: William Shakespeare lhe teria ditado uma peça diretamente em francês; um espírito também o teria exortado a retomar a redação de seu romance *Os miseráveis,* e lhe teria inspirado passagens das *Contemplações.* Passados dois anos, Vitor Hugo deixou de comunicar-se com o além, sobretudo ao conscientizar-se dos limites e dos perigos do exercício, especialmente após ter assistido, por ocasião de uma sessão, uma crise de demência de um de seus amigos, o político francês Jules Allix.

Foi em 1857, no *Livro dos espíritos,* que Hippolyte Léon Denizard Rivail, mais conhecido como Allan Kardec, codificou a prática da comunicação com os espíritos e fez dela uma doutrina filosófica, científica e religiosa, que, para diferenciá-la dos movimentos espiritualistas existentes à época, denominou-a "espiritismo". O espiritismo pode ser considerado uma variante do espiritualismo nos países latinos. Sua doutrina se embasa em dois pilares: a identificação dos espíritos com as almas dos mortos e o princípio da reencarnação, uma crença que não faz unanimidade junto aos espiritualistas. Segundo Allan Kardec, o ser humano não é composto apenas de matéria; existe nele um princípio pensante ligado ao corpo físico do qual ele se despe assim como se livra de uma roupa usada, no momento em que sua encarnação presente termina. Uma vez desencarnados, os mortos podem comunicar-se com os vivos tanto diretamente quanto por intermédio de médiuns. Outra ideia forte do espiritismo de Allan Kardec: a alma não cessa de progredir, passando de encarnação em encarnação. Esta tese contradiz todas as teorias orientais da reencarnação. Para estas, por exemplo, uma alma pode retornar e passar de um corpo

---

137. HUGO, V. *Le Livre des tables. Les séances spirites de Jersey.* Paris: Gallimard, 2014.

humano para um corpo animal, segundo o seu carma. Sem sombra de dúvida Allan Kardec foi influenciado pela grande teoria dominante da sociedade europeia de seu tempo: a do inevitável progresso das sociedades humanas. Ele aplicou esta ideia de progresso ao caminho da alma individual: "A cada nova existência, o espírito faz um passo a mais na via do progresso; ao despir-se de todas as suas impurezas, ele não necessitará mais das provações da vida corporal"[138].

Beneficiando-se do enorme progresso do movimento, Allan Kardec fundou em 1858 a *Revue spirite* [Revista espírita] e a *Société parisienne des études spirites* [Sociedade parisiense de estudos espíritas]. Antigo professor, Kardec foi um excelente educador e comunicador, e graças a este talento de pedagogo ele reforçou a paixão pela prática, através de cinco livros, dentre os quais *O livro dos médiuns* (1861) e *O evangelho segundo o espiritismo* (1864). Com minúcia ele estudou e codificou as manifestações dos espíritos e a comunicação com os mortos. Seu objetivo era erigir o espiritismo à alçada de ciência. Françoise Parot, pesquisadora em psicologia experimental, destacou as bases esotéricas e positivistas da abordagem de Allan Kardec. Num artigo intitulado *Honrar o incerto: a ciência positiva do século XIX engendra o espiritismo*[139], ela escreveu que, para dar ao espiritismo uma "base científica" que lhe permitisse uma difusão "no contexto do século", Kardec propôs um "ocultismo operatório e empírico, de laboratório, de alguma forma exotérico [...]; esta mudança faz do espiritismo uma forma singular dentro da 'nebulosa do esoterismo' e tende inclusive a excluí-lo. Por outro lado, ela o aproxima das preocupações dos filósofos e dos 'psicofilósofos' que

---

138. KARDEC, A. *Le Livre des esprits*. Paris: Union spirite française et francophone, 1998, p. 90.
139. PAROT, F. "Honorer l'incertain: La science positive du XIXe enfante le spiritisme". *Revue d'histoire des sciences*. 2004, n. 57, p. 33-63.

começam a perguntar-se sobre a natureza do espírito humano e devem fazê-lo de um ponto de vista marcado pelas exigências de cientificidade". Numa formulação impressionante, Françoise Parot escreveu: "Olhando retrospectivamente, o espiritismo aparece como uma revoada cientista ao reino das sombras"[140].

Allan Kardec divulgou seus conhecimentos numa velocidade rara para a época, primeiro na França e depois no Brasil, onde seus livros foram vendidos aos milhões. Ainda hoje, o Brasil conta com o maior número de adeptos do mundo. Em 2010, 2% dos brasileiros se declararam espíritas, ou seja, aproximadamente 4 milhões de pessoas, segundo o Instituto Brasileiro de Geografia e Estatísticas [IBGE] – o que não impede que muitos deles se declarem igualmente católicos.

No Brasil, Chico Xavier (1910-2002) exerceu um papel capital na expansão do espiritismo. Autor de quatrocentos e cinquenta e um livros de sabedoria e de espiritualidade, produzidos graças ao procedimento psicográfico, mais comumente denominado "escrita automática", ele vendeu cinquenta milhões de exemplares apenas no Brasil[141]. Numa sessão de espiritismo, Chico Xavier descobriu os livros de Allan Kardec, cujos ensinamentos seguirá. Às vezes sua mão era guiada para escrever mensagens, às vezes recebia diretamente nos ouvidos o conteúdo, como foi o caso, segundo seu próprio testemunho, de Sócrates e de Joana D'Arc. Sob a inspiração de um espírito chamado Emanuel, ao longo de sua vida ele escreveu centenas de poemas, romances, coletâneas de pensamentos e milhares de cartas.

Entre 1850 e 1950 muitos cientistas e intelectuais se debruçaram sobre o fenômeno do espiritismo, especialmente os

---

140. Sobre estas interferências entre ocultismo e cientismo, cf. BENSAUDE--VINCENT, B.; BLONDEL, C. (orgs.). *Des savants face à l'occulte. 1870-1940*. Paris: La Découverte, 2002.
141. Cf. LANGELLIER, J.-P. "Un homme insignifiant". *Le Monde*, 12 mai 2010.

membros da Society for Psychical Research, associação britânica criada em 1882, que se deu por objetivo explicar os fenômenos paranormais da forma mais racional possível. Apaixonado pelos poderes psíquicos enigmáticos do ser humano, o psiquiatra suíço Carl Gustav Jung (1875-1961) também decidiu estudar e experimentar o espiritismo com um olhar de pesquisador. Vale lembrar que sua avó era médium e que, enquanto criança e adolescente, assistia sessões juntamente com sua mãe e suas duas primas. Mesmo que não praticasse mais o espiritismo a partir de sua vida estudantil, Jung consagrou a este tema sua tese de doutorado em psiquiatria, abordando o fenômeno mediúnico de um ponto de vista psicológico como um exemplo de "complexos autônomos inconscientes exteriorizados". Mas, uma vintena de anos mais tarde, quando passou a fazer experiências sobre o seu próprio inconsciente, ele afirmou ter-se comunicado com um espírito denominado Filemon. Resta saber se este espírito era exterior a ele mesmo ou se era uma manifestação de suas forças inconscientes. Jung permanecerá sempre muito evasivo sobre esta questão. Diante do cientismo de Freud, Jung é o perfeito representante de um pensamento espiritualista moderno, e sua ruptura tem muito a ver com estas duas visões radicalmente opostas do mundo. Voltaremos a esta questão na segunda parte desta obra.

O retorno do esoterismo

Se, como vimos, os movimentos espiritualista e espírita foram, em sua época, reações ao materialismo filosófico dominante, o enorme desenvolvimento do esoterismo a partir do Renascimento pode, num primeiro momento, ser compreendido como um alargamento do pensamento religioso a uma dimensão cósmica (1450-1650), e, em seguida, num segundo momento, como outro caminho possível diante da primazia da razão lógica e analítica que dominava o pensamento ocidental desde Descartes. Mas comecemos explicando o que entendemos por "esoterismo", noção vasta e proteiforme.

O que é o esoterismo?

O substantivo "esoterismo" foi criado por Jacques Matter em 1828 a partir do adjetivo "esotérico", que vem do grego antigo *esoterikos*, "do interior, da intimidade, reservado somente aos adeptos", para designar qualquer ensinamento secreto reservado aos iniciados. Esta definição, presente em todos os dicionários, é exata, mas ela não presta conta do essencial: os conteúdos do pensamento esotérico. Para compreender esses conteúdos, partirei do modelo proposto pelo Professor Antoine Faivre, sem dúvida o maior especialista contemporâneo da questão. Em sua obra *L'Ésotérisme* (1992), nosso autor considera que o pensamento e a prática esotéricos repousam sobre estes seis pilares:

> *1. As correspondências entre todas as partes do universo.* Um dos eixos do esoterismo é o princípio da analogia, que se embasa na "doutrina das correspondências" e na "teoria das assinaturas". Os planetas, as cores, os órgãos, as funções do corpo, os metais, as pedras, os sentimentos, as plantas, os números, as constelações, as horas do dia, as estações etc., todos estão ligados, articulados uns com os outros, segundo o que os alquimistas chamam de "afinidades eletivas".
> *2. A natureza concebida como um ser vivo é feita de redes de simpatias e de antipatias.* A multiplicidade destas relações, destes vínculos entre todas as coisas faz com que o mundo seja um (os alquimistas falam de *unus mundus*, noção que será retomada muitos séculos depois por Jung), e esta unidade se manifesta pela interdependência mútua de suas partes. A noção de totalidade superior à soma de suas partes é central. Mas esta "unidade do mundo" não se explica apenas pela existência de relações entre todas as suas partes: ela é também, e sobretudo, ligada ao fato de que o mundo tem uma

alma. Esta ideia remonta à filosofia grega, em particular aos estoicos e aos neoplatônicos. Mas a encontramos também, sob formas diferentes, em um bom número de culturas espirituais. A alma do mundo, de alguma forma, é o agente que permite ao mundo ser cosmos e não caos, dando-lhe unidade e coerência.

3. O papel essencial da imaginação e das mediações (rituais, números, símbolos, imagens). O mundo é uma realidade bidimensional, material e imaterial. Se a razão científica permite acessar a primeira dimensão, são a imaginação criativa e o pensamento simbólico que abrem para os aspectos propriamente espirituais da natureza e do cosmos.

4. A experiência da transmutação interior (iluminação, sabedoria). Se o esoterismo é efetivamente um caminho de conhecimento do mundo, ele é também, e ao mesmo tempo, uma via de transformação pessoal. O saber não é abstrato nem exterior: ele age em nós. A alquimia é a grande escola desta transmutação: ela visa mudar o chumbo em ouro, mas sobretudo transformar a alma e elevá-la em direção ao belo, ao bom e ao verdadeiro.

5. A concordância das tradições. O esoterismo considera que o conhecimento espiritual é universal, que vai além das línguas e das formas culturais. É este universalismo que funda o processo de compreensão concordante, sintética, das diversas vias tradicionais: caldeus, árabes, hebreus, gregos, egípcios, romanos, indianos, chineses, africanos, irlandeses, eslavos etc., haurem de uma fonte comum, de um saber global original.

6. A transmissão de conhecimentos de mestre espiritual para discípulos. Se a relação com o mestre é tão importante, é para evitar que o aluno caia no subjetivismo e no orgulho. Qualquer mestre é sempre discípulo de outros mestres, numa linhagem longa de filósofos e visionários. A associação de operários da mesma profissão é certamente uma das escolas que melhor exprime este princípio ao estabelecer uma relação entre o aprendiz que se forma e o companheiro que transmite as competências.

O esoterismo na Antiguidade e na Idade Média

O esoterismo, assim como acabamos de defini-lo, esteve presente ao longo de toda a história humana e em todas as civilizações. Desde a Antiguidade ele se manifestou tanto no campo das religiões (práticas rituais, invocações, adivinhações, iniciação etc.) quanto na vida cotidiana. De fato, ao desvendar a face oculta, espiritual, do real, o esoterismo levou a sociedade inteira em sua esteira: por isso o camponês traça um sulco com seu cajado para captar as energias telúricas, o curandeiro invoca os espíritos, o guerreiro medita sobre a significação simbólica do arco, da flecha, do alvo, o calígrafo contempla o fluxo divino que circula nas letras que traça, o arquiteto faz uso de uma geometria sagrada etc. Ou ainda, como o explica Mircea Eliade em sua obra *Ferreiros e alquimistas* (1956), o trabalho de forjar põe o ferreiro em contato com os quatro elementos no centro da visão do mundo próprio da alquimia, que é um dos carros-chefes do esoterismo.

Na Grécia, aproximadamente 2.500 anos atrás, e, em seguida, no Império Romano, havia "cultos aos mistérios" que indicavam um esoterismo fundado numa sabedoria não racional e a cujos cultos os historiadores atribuíram origens orientais muito antigas, e até pré-históricas. Apolo, Dioniso ou Orfeu, de modo particular, situavam-se no centro destas práticas sobre as quais, infelizmente, pouco sabemos. O "myste", isto é, o iniciado nestes cultos, participava de cerimônias públicas, de processões, de festas religiosas, de cerimônias iniciáticas, mas também de orgias (não no sentido sexual, mas na perspectiva do entusiasmo, da possessão divina).

Para o cristianismo antigo, falar em esoterismo era algo meio complicado. Aos olhos da Igreja o esoterismo tinha a ver com o paganismo. A "verdadeira fé" não era um ensinamento secreto sobre um mundo animado, mas uma "boa notícia", a do Evangelho, que devia ser oferecida a todos, alto e bom som. Não era possível falar de um esoterismo cristão, ou de um cristianismo esotérico, a não ser a partir do encontro entre o neoplatonismo e o cristianismo, com o Pseudo Dionísio, um cristão da Síria, discípulo de Proclo. Em sua cosmologia ativa e viva, os deuses do politeísmo eram identificados com os anjos e arcanjos. Esta síntese foi uma das fontes da teologia mística da Idade Média, período ao longo do qual o esoterismo cristão podia ser visto em três níveis. Um primeiro nível pode ser percebido nas especulações de caráter esotérico junto a muitos teólogos (como o irlandês João Escoto Erígena ou a alemã Hildegarda de Bingen), sem esquecer o *Livro dos segredos*, de Alberto o Grande, relativo às virtudes das plantas, das pedras e de alguns animais, que sintetiza as grandes orientações do esoterismo, sobretudo prático. Um segundo nível diz respeito a uma simbiose pagano-cristã no mundo rural com a preservação, mas de maneira cristianizada, de antigas crenças, ligadas a alguns locais específicos (nascentes, poços, árvores, locais sagrados etc.). Enfim, um terceiro nível diz respeito ao esoterismo presente na cultura literária: a literatura arturiana (inglesa, francesa e alemã) vai desenvolver muitos temas esotéricos (a começar pelo Graal e sua busca).

Na civilização árabe-muçulmana, o esoterismo tem várias fontes complementares. Existe inicialmente a leitura simbólica do Alcorão pelos teólogos. O livro sagrado dos muçulmanos comportaria dois níveis: o *zahir* e o *batin*. O primeiro designa o sentido aparente, evidente, explícito; o segundo, o sentido interior, esotérico, que só é alcançado por uma purificação da alma ou por uma inspiração divina. Assim, muitos ritos esotéricos devem muito a Rûmî, como a "dança cósmica", o *sama*, de que já falei no capítulo relativo às religiões de salvação:

> Ó Dia, levanta-te,
> Teus átomos dançam,
> As almas, alucinadas de êxtase, dançam,
> Aos ouvidos, dir-te-ei onde a dança leva,
> Todos os átomos que se encontram no ar e no deserto,
> Saiba, pois, que eles estão apaixonados como nós,
> E que cada átomo, feliz ou miserável,
> É atordoado pelo Sol da Alma universal[142].

Evoquemos também as sessões de *dhikr* ("rememoração") ao longo das quais os sufis recitam os nomes divinos ao ritmo de sua respiração. Aliás, a incorporação da filosofia neoplatônica grega na cultura filosófica árabe-muçulmana vai fertilizar grandemente o esoterismo em Damasco, em Bagdá e outras cidades do islã.

É através da cabala que o judaísmo reencontra o esoterismo. A tradição faz remontar a cabala à "Lei oral e secreta" comunicada a Moisés por Deus. Ela seria o complemento da Torá, que é a "Lei escrita e pública". Os rabinos do Sul da França vão desempenhar um papel essencial na formulação desta mística. Na literatura cabalística, um dos temas mais abordados é a relação energética entre Deus, o homem e o universo. Esta energia sobrenatural é designada pela palavra *sephira*. Existiriam dez *sephiroth* que, juntas, formariam a árvore da vida. Esta energia circularia de um ramo ao outro da árvore da vida. A numerologia é igualmente outra componente importante da cabala, cada letra hebraica possuindo um certo valor numérico. Dentre os clássicos do esoterismo judaico, citaria: o *Sefer Yetsirah* (Livro da Criação), o *Sefer ha-Zohar* (Livro do Esplendor) e o *Sefer ha-Bahir* (Livro da Clareza).

Nas diferentes religiões (politeístas e monoteístas), uma distinção, ao longo do tempo, estabeleceu-se entre esoterismo e exoterismo. Se o primeiro coloca o acento no vínculo entre

---

142. DJALÂL-OD-DÎN RÛMÎ. *RUBÂI'YÂT.* Paris: Albin Michel, 2021.

pensamento simbólico e metamorfose da alma, o segundo realça a importância, para ordem social, do respeito às formas e aos rituais exteriores. A relação entre estes dois polos do sagrado nem sempre é harmoniosa. E, regularmente, as correntes esotéricas são desacreditadas pelos "guardiões do Templo", que não toleram que seu monopólio seja questionado.

O Renascimento: a era de ouro do esoterismo e da astrologia

A partir destas breves considerações históricas, e munidos do modelo proposto por Antoine Faivre, partamos em busca do esoterismo ocidental no período da Modernidade e detectemos algumas de suas manifestações. Mas comecemos pela evocação de uma espécie de paradoxo que diz respeito ao período que vai do século XV ao início do século XVII, próximo ou muito próximo do Renascimento. O "humanismo" é sem sombra de dúvida a palavra-chave daquela época, que, no entanto, foi palco de intensos conflitos, em todos os domínios. Olhando mais de perto é possível observar com clareza duas formas do Renascimento. A primeira, historicamente, traz uma concepção do mundo na qual o ser humano é intimamente vinculado ao cosmos: o homem é *microcosmos*, o universo é *macroantropos*. A humanidade, que concede um grande destaque às belas-artes e ao conjunto das artes literárias, reencontra aqui o esoterismo, enquanto este considera o mundo como portador de uma alma e é atravessado por toda espécie de fluxos e energias invisíveis. A segunda forma do Renascimento emerge no final do século XVI. Já no primeiro terço do século seguinte, com o desenvolvimento da ciência moderna e de uma nova antropologia centrada no *cogito* (Descartes), o humanismo se transforma: ele cessa de interessar-se pela magia para tornar-se mais estritamente racionalista. É este movimento que sairá vitorioso e que será impulsionado pelo Iluminismo no século XVIII, e subsequentemente pelo cientismo do século XIX. Mas voltemos ao humanismo renascido, fortemente impregnado de pensamento esotérico.

Este humanismo está intimamente ligado à (re)descoberta da filosofia antiga, especialmente a grega. A Academia Platônica de Florença é a grande instituição do primeiro Renascimento e de seu platonismo neoplatônico. Com o apoio dos Médicis, seus membros vão ser os artesões na elaboração de um humanismo matizado de esoterismo. Apenas citarei dois nomes: Marsílio Ficino (1433-1499) e Giovanni Pico della Mirandola, já evocado mais acima. O primeiro, fundador da Academia Platônica de Florença, traduz particularmente Platão e Hermes Trismegisto (outra grande fonte do esoterismo). Mas sua grande paixão era a escola filosófica neoplatônica de Atenas, fundada por Plotino no século III, que Marsílio Ficino também traduziu, bem como Porfírio de Tiro, Jâmblico, Sinésio de Cirene, Proclo, ou Prisciano de Lídia. Podemos legitimamente falar de um Renascimento neoplatônico, no qual o humanismo conjuga a mais alta erudição com as mais extravagantes especulações esotéricas. Interessando-se fortemente pela astrologia, pela alquimia e pela magia, Ficino tenta aliar fé cristã e sabedorias antigas. Devemos-lhe inclusive uma contribuição essencial aos arcanos maiores do tarô de Marselha! Preocupando-se com esse sincretismo, a Igreja o acusará de "bruxaria". Quanto a Pico della Mirandola, trata-se de um discípulo de Marsílio Ficino. Ele estudou na Universidade de Pádua e aprendeu, além do latim e do grego, o hebraico, o árabe, bem como, em menor medida, o aramaico. Sua contribuição específica à cultura espiritual do esoterismo europeu é a elaboração da cabala cristã, pela qual propõe uma leitura do Novo Testamento segundo as regras da cabala judaica (leitura simbólica).

O Renascimento, em sua vertente platônica, foi um período de desenvolvimento das "artes mágicas", ou seja, da aplicação de considerações esotéricas sobre o mundo material (a natureza e suas marcas), a alma humana, a alma do mundo (*anima mundi*), a divindade e os mundos intermediários (como o dos anjos). Dentre essas "artes mágicas" podemos citar a alquimia, a geomancia, a adivinhação, a arquitetura sagrada, ou ainda a astrologia. Perspectivas imaginativas, intuitivas, místicas e mágicas também se abrem. Esta abertura durará um tempo, antes que se desenvolva um racionalismo triunfante. Por outro lado, não esqueçamos que a grande maioria da população, à época, é agrícola. Ora, a cultura rural é repleta de mitos, de crenças, de habilidades, de superstições, de conhecimentos empíricos. Os costumes rurais sintetizam elementos oriundos simultaneamente do cristianismo e de um fundo popular pré-cristão. O ruralismo é o contexto principal da bruxaria e de uma boa parte das práticas esotéricas. Na medicina, igualmente, podemos encontrar as grandes características do esoterismo. A medicina da Idade Média e do Renascimento é uma "medicina tradicional" (popular e sábia), exatamente como a que existia em outras civilizações. O remédio oriundo da natureza é um segredo ligado às propriedades das coisas, e foi Deus que deu a essas coisas suas virtudes curativas. O médico se considera, pois, um mediador entre Deus, que é o verdadeiro curandeiro, a natureza, que oferece a medicação, e o doente. O suíço Paracelso (1493-1541) é um dos mais famosos representantes dessa medicina que será conhecida como "espargíria".

A prática esotérica mais em voga no Renascimento foi sem dúvida a astrologia, herdada dos gregos, e notadamente dos tratados de Ptolomeu: ela tem um lugar central nas sociedades europeias nos séculos XV e XVI. Vale lembrar que a astrologia é um fato de civilização com pelo menos 5.000 anos de existência. Todas as sociedades do Oriente Médio, da Europa, das Américas ou da Ásia foram impregnadas por crenças, práticas e símbolos astrológicos diversos. Por trás do termo "astrologia", que em grego significa "discurso sobre os astros", se encontra uma realidade multiforme que vai da medicina à adivinhação, passando por toda espécie de usos, dos quais o horóscopo é o mais conhecido. Qual é o denominador comum de todas essas práticas? É a crença, compartilhada por culturas e épocas extremamente diferentes, de que existe uma correspondência, um vínculo – causal ou simbólico – entre o cosmos e o mundo humano. A observação dos fenômenos celestes, dos movimentos planetários, dos ciclos cósmicos vai permitir estabelecer leis, preceitos, previsões relativas aos indivíduos e às sociedades. Obviamente, a abordagem científica dos fenômenos celestes, que a astronomia moderna reivindica, está presente desde as origens da astrologia; ela lhe é inclusive indispensável. Mas ela não passa, para a astrologia de ontem e hoje, de um meio em vista de um fim que visa o conhecimento dos astros enquanto tais: compreender, decifrar e antecipar os fenômenos terrestres, e humanos em particular, a partir da observação dos fenômenos cósmicos. O sacerdote caldeu, que anotava escrupulosamente sobre suas tabuinhas de argila as manifestações celestes, pode ser considerado, pelo caráter científico desta observação, um "astrônomo". Mas ele permanece fundamentalmente um "astrólogo", pois sua abordagem se inscreve no quadro de uma crença numa relação real entre os astros e as sociedades humanas, e tem por objetivo explicar e prever os fenômenos humanos por estes fenômenos celestes. É a razão pela qual a distinção entre astronomia científica e astrologia não existia para os antigos, que se consideravam parte integrante de um todo cósmico. Poderíamos estabelecer esta distinção com os primeiros filósofos racionalistas gregos, mas é sobretudo a partir do século XVII, com o advento da ciência ocidental, que a astronomia se emancipará da astrologia, que a partir de então será vista desacreditada na Europa.

Foram, portanto, os inícios do Renascimento na Itália que marcaram o apogeu da astrologia. O ressurgimento do interesse pela Antiguidade chama a atenção dos eruditos de então sobre as obras dos grandes astrólogos dos mundos grego e romano. Ao longo de quase dois séculos a astrologia vai impregnar inteiramente a vida cultural do Ocidente. A medicina foi um dos domínios mais influenciados pela antiga "ciência astral". Muitas universidades – Marbourg, Cracóvia, Viena etc. – criaram cátedras de medicina astrológica. Estudava-se o horóscopo dos doentes para encontrar o remédio adequado, mas também para praticar um tratamento ou uma operação cirúrgica no momento oportuno. Em 1437, a Universidade de Paris foi assim o palco de uma controvérsia sobre os dias mais favoráveis à prática dos tratamentos, em função da posição da lua nos signos do zodíaco. Encontramos na arte pictural do Renascimento muitos traços desta paixão pela simbólica planetária e zodiacal. Mencionemos, por exemplo, as pinturas astrológicas de Rafael nos quatro "quartos" dos apartamentos papais do Vaticano e na Villa Farmese, os afrescos de Giovanni Nicolò Miretto (desenhados primeiramente por Giotto antes de serem incendiados) do Salão do Palácio da Razão de Pádua, ou ainda a famosa Ceia de Leonardo da Vinci, impregnada de simbólica astrológica. A astrologia se beneficiou grandemente da invenção da imprensa (por volta de 1450) que permitiu a difusão de efemérides e igualmente a prática do horóscopo erudito, até então reservada apenas aos eruditos. Sabemos que Cristóvão Colombo e Vasco da Gama levaram em suas viagens as efemérides impressas de Regiomontano [Johannes Müller von Königsberg] para os anos de 1474 até 1505. Almanaques astrológicos alcançavam tiragens superiores a cem mil exemplares, como o famoso *Grand calendrier et compost des bergers* de 1491, que fornecia informações astronômicas, astrológicas, meteorológicas e litúrgicas.

Nos séculos XV e XVI, a astrologia esteve onipresente naquilo que hoje chamamos de microcosmo político dos principais países ocidentais. Cada maioral deste mundo – papa, imperador, rei ou príncipe – tinha em sua corte vários astrólogos encarregados de predizer-lhe seu futuro e informá-la sobre as evoluções políticas futuras. As cortes, portanto, incessantemente ferviam de rumores sobre a morte dos príncipes e sobre as lutas de poder futuras. Montaigne conta assim com ironia que os astrólogos tiveram muito que fazer durante a longa luta que opôs Francisco I e Carlos V. Os arquivos reais e pontifícios da época pululam de historietas sobre as predições, realizadas ou não, dos astrólogos da corte. Dentre os papas mais entusiastas da astrologia, citamos Eugênio IV, Nicolau V, Pio II, Paulo II, Sixto IV, Alexandre VI, Júlio II, Leão X, que criou em 1520 uma cátedra de astrologia na universidade pontifícia, ou ainda Paulo III, promotor do Concílio de Trento, que ajustava o emprego do tempo segundo os princípios astrológicos e agraciou, pelos serviços prestados, o famoso astrólogo Luca Gaurico com um cargo eclesiástico. Na França, dentre os soberanos amantes da astrologia – citamos Francisco I e sua irmã Margarida de Valois, Henrique II – cuja mulher, Catarina de Médicis, se cercava de uma multidão de astrólogos, dentre os quais o famoso Nostradamus –, Henrique IV, que fez traçar o horóscopo de seu filho, o futuro Luís XIII, ou ainda Luís XIV, que foi o último rei da França a consultar oficialmente um astrólogo. Na Alemanha, a astrologia era ensinada nas universidades imperiais, e todos os príncipes da casa de Habsburgo foram seus protetores e adeptos. A astrologia estendeu-se dos países escandinavos aos países da Europa Central, como a Polônia, onde foi criada em 1460 a cátedra de astrologia na Universidade de Cracóvia.

Ao longo dos decênios que precederam a Reforma se espalharam na Alemanha muitas predições astrológicas estigmatizando os abusos do clero e predizendo a queda do papado. Estas predições foram confirmadas pelo astrólogo do papa, Paulo de Middelbourg, e pelo astrólogo da corte imperial Johannes Lichtenberger: segundo eles, a excepcional conjunção planetária de 1484-1485 (só se reproduzindo de cinco em cinco séculos) anunciava uma profunda reforma da Igreja instigada por um religioso de grande santidade, mestre na arte de interpretação das Escrituras. Tal como seus contemporâneos, Lutero (1483-1546) conhecia perfeitamente estas predições e aceitou de bom grado ser reconhecido como o reformador tão esperado. Em 1527, ele até publicou a profecia de Lichtenberger, com um prefácio onde explica "como compreender este gênero de predições". Enquanto a Reforma se alastrava, católicos e protestantes estudavam com paixão o tema astrológico de Lutero, para saber como evoluiriam os acontecimentos. O próprio Lutero deu ouvidos, por certo tempo, a seu amigo e discípulo Philippe Melanchthon que, como teólogo e astrólogo, anunciava a queda iminente do papado. Como esta predição não se realizou, assim como muitas outras relativas à evolução da Reforma, Lutero acabou desconfiando da astrologia e passou a criticar sempre mais firmemente os astrólogos. Ao longo deste período, a Igreja, até então muito tolerante, também mudou sua atitude em relação à astrologia popular que florescia em toda parte. Retomando os grandes princípios tomistas, o Concílio de Trento, convocado para lutar contra a Reforma, lembrou a interdição de qualquer predição astrológica relativa aos atos humanos: "Os bispos devem velar cuidadosamente para que não seja lido ou comprado nenhum livro, tratado ou catálogo de astrologia que ousa afirmar que algo relacionado a sucessos futuros, acontecimentos fortuitos ou dependentes da vontade humana acontecerá infalivelmente. Em contrapartida, as prescrições e as observações naturais feitas para o bem da navegação, da agricultura ou da farmacopeia são autorizadas"[143]. Diante do pouco efeito desta interdição conciliar, posteriormente os papas tiveram que reafirmá-la e reforçá-la várias vezes.

A implosão repentina e espetacular da astrologia a partir de meados do século XVII não teve nada a ver com estas proibições religiosas. Foi o resultado de três novas críticas: a crítica humanista, que queria libertar o homem de qualquer servidão (dentre as quais a influência presumida dos astros); a crítica astronômica, que tornou caduco o sistema geocêntrico sobre o qual se baseia a astrologia desde as origens; a crítica racionalista, que se apoiava no método e nas descobertas científicas para remeter a astrologia ao nível da superstição herdada da mentalidade mágico-religiosa do passado.

Marginalização do esoterismo e continuidades contemporâneas

A nova ciência cartesiana e galileana do século XVIII foi um dos fundamentos maiores da Modernidade. Ela inventou um novo método de compreensão do mundo. Descartes, em seu *Discurso sobre o método* (1637), nos dá a chave: a redução. Ora, reduzindo o todo à soma de suas partes, o real perde sua unidade e, por conseguinte, sua sacralidade. A alma do mundo desaparece porque o mundo é reduzido ao jogo cego das forças mecânicas e das ações físicas previsíveis. E se o mundo não tem alma, as práticas esotéricas perdem sua legitimidade.

Nem por isso o esoterismo desapareceu, mas mudou de estatuto e assim foi reenviado à margem das sociedades ocidentais. Doravante os saberes autorizados são formais e conceituais, animados pela razão. A fantasia tornou-se "imaginação". Alguns personagens e movimentos, no entanto, conservaram a herança esotérica. Assim, o teósofo alemão Jakob Boehme

---

143. KNAPPICH, W. *Histoire de l'astrologie*. Paris: Vernal/Philippe Lebaud, 1986, p. 180.

(1575-1624), sapateiro e filósofo por inspiração pessoal, desenvolveu sua visão da unidade do mundo como livre de Deus. Por outro lado, a ordem da Rosa-Cruz publicou seus manifestos nos anos de 1610. No coração do século XVIII, o nome de Emanuel Swedenborg, já evocado a propósito do espiritualismo, dominou a corrente esotérica. Não esqueçamos a franco-maçonaria, cuja matriz é escocesa e inglesa. A partir das lojas e das obediências britânicas, esta escola de pensamento conquistou as grandes cidades europeias. Extremamente ritualizada, a franco-maçonaria perseguiu um ideal de filantropia, de humanismo e de moralidade. Desacreditados, sobretudo pela Igreja Católica e pelas correntes de extrema-direita em toda a Europa, os franco-maçons geralmente eram acusados de formar "sociedades secretas". No século XX, este rumor se radicalizará com a teoria, de triste memória, do "complô judeu-maçônico", cujo objetivo seria destruir a herança cristã da Europa. A franco-maçonaria geralmente é confundida com uma associação de operários da mesma profissão (*compagnonnage*). É bem verdade que rituais e símbolos lhes são comuns. Mas o termo *compagnonnage*, que data de 1719, aparece no contexto específico da organização social das profissões sob o Antigo Regime. É o sistema de "corporações profissionais", que são comunidades profissionais e espirituais. O esoterismo aqui se manifesta notadamente no imaginário e na simbólica utilizados: os companheiros são os novos construtores do Templo de Salomão, os herdeiros dos talhadores de pedra das catedrais medievais.

Desde o final do século XVIII o romantismo denunciou a "despoetização" do mundo. Os românticos queriam restabelecer a alma do mundo e sua parte mágica. Novalis constatou a perda de sentido à época moderna: "O mundo antigo inclinava-se para o seu fim [...]. Lá a natureza era solitária e sem vida. Por correntes de ferro, o número árido e a medida austera a mantinham obstruída. Em ruína, poeira e vento nas profundezas de palavras obscuras, havia caído o florescimento da vida. Elas se haviam escondido, a fé mágica e a imaginação, sua celeste companheira, rainha das metamorfoses e das fraternizações. Hostil, um vento gelado do Norte soprou sobre as planícies enregeladas; e congeladas, a pátria maravilhosa se esvai no éter"[144]. Na esteira no romantismo, uma impressionante filosofia das ciências vai emergir, a *Naturfilosofia*, que fertilizará os conhecimentos da época, valorizando o tema da unidade do mundo.

Mas isto não vai impedir, a partir de meados do século XIX, o desenvolvimento e o triunfo do cientismo e do positivismo. A ciência torna-se então o único instrumento considerado capaz de pousar um olhar de verdade sobre o mundo e sobre o ser humano. Trata-se do cientismo, muito ligado à ideologia do progresso, de que já falei no capítulo consagrado às Luzes e naquele que trata do espiritualismo. A linguagem da ciência racional impregnava todos os sistemas de pensamento, inclusive o de esoterismo, que pouco a pouco abandonou o maravilhoso da poesia para lançar-se no projeto de justificação, pela ciência, de seu domínio. A imensa maioria das correntes esotéricas da época carregava a marca do cientismo. Desde então podemos falar de ocultismo, no sentido que o recurso ao esoterismo à ciência visa desvelar os segredos, revelar os ensinamentos, "desocultar o oculto", para retomar uma feliz formulação de Charles Richet (1850-1935), um dos representantes do esoterismo "metafísico". Naquela época, o termo "ocultismo" designava as "ciências ocultas" que pretendiam explicar racionalmente as zonas misteriosas da realidade, notadamente os fenômenos parapsicológicos. Nesta corrente encontramos especialmente Éliphas Lévi, que publicou o seu *Cours de phi-*

---

144. NOVALIS. *Les Disciples à Saïs. Hymnes à la nuit. Chants religieux.* Paris: Gallimard, 1975, p. 132-133.

losophie occulte (1861) [Curso de filosofia oculta] recorrendo à cabala e à alquimia, e, alguns anos depois, Papus, que publicou *Qu'est-ce que l'occultisme?* (1901) [O que é o ocultismo?]. Mas este esoterismo deixou de ter a profundidade filosófica do esoterismo tradicional oriundo do Renascimento.

Muitos eruditos oscilavam entre o racionalismo científico e o esoterismo-ocultismo. Citemos, por exemplo, Camille Flamarion, membro da Sociedade parisiense de estudos espíritas, muito próximo de Allan Kardec, cuja abordagem dos fenômenos ocultos se pretende racional. Outra expressão deste ocultismo neoesotérico é a Sociedade Teosófica, fundada por Helena Blavatsky (1831-1891) e pelo coronel Henry Steel Olcott (1832-1907), em 1875, em Nova York. Não confundir esta nova teosofia com aquela que Jakob Boehme elaborou no Renascimento. O projeto neoesotérico da Sociedade Teosófica se embasava na convicção de que é possível religar à fé o espiritismo, as religiões asiáticas (budismo e hinduísmo) e a racionalidade científica. A obra-farol de Helena Blavatsky, *A doutrina secreta*, visa precisamente "reconciliar as sabedorias orientais e a ciência moderna". Mas, na realidade, o Oriente da neoteosofia não é o das sociedades da Ásia, mas um Oriente reconstruído segundo uma perspectiva ocidental. E o budismo que ela reivindica não é a cultura religiosa viva de incontáveis comunidades da Índia e do Japão, mas um saber esotérico original transmitido pelos "mestres".

A neoteosofia renuncia ao racismo e ao ocidental-centrismo da época. Ela segue a ideia, que à época dominava em toda parte, de que a história teria um eixo linear, indo do passado para o futuro, sobre o qual os povos do mundo são distribuídos em função de seu nível de desenvolvimento espiritual. Os povos "não brancos", neste esquema, são designados os mais arcaicos, ou, às vezes, os mais próximos do reino animal. O etnólogo Lévy-Bruhl, sobretudo, diferenciava os povos "pré-lógicos" dos povos "lógicos". Muito evidentemente a raça branca representava a *última novidade* da evolução. Helena Blavatsky, mas também o alemão Rudolf Steiner (1861-1925), ou o dinamarquês Max Heindel (1865-1919) defendiam esta teoria, que à época era difundida em toda parte, e estava presente até nas palavras públicas de estadistas, como Jules Ferry (1832-1896), que, num discurso de 28 de julho de 1885, declarou:

> Senhores, é preciso falar mais alto e mais verdadeiro! É preciso dizer abertamente que, de fato, as raças superiores têm um direito em relação às raças inferiores [...]. Vejo que há para as raças superiores um direito, porque há um dever para elas[145].

As derivas sectárias, que abordei precedentemente, constituem até hoje outro destino infeliz desta vasta nebulosa neoesotérica. O delírio de perseguição, a concepção relativa ao complô do mundo, o elitismo, a pretensão de ter a verdade absoluta, a crítica definitiva da modernidade (em nome de uma tradição primordial, ou de uma fidelidade fascista, por exemplo, à Hiperbórea ou à Atlântida), o domínio mental, o despojamento dos discípulos, a onipresença de gurus autoproclamados, a ganância, a dominação sexual etc., são todos traços de certos grupos exotéricos sectários. A deriva leva às vezes a atos de extrema gravidade, como os suicídios coletivos do Templo do Povo (em 1978), ou da Ordem do Templo Solar (1994, 1995 e 1997).

Mas, face a estas deploráveis derivas, o neoesoterismo também conheceu desenvolvimentos positivos em muitos campos das atividades na esfera social, indo da educação à agricultura. Em certos casos podemos até falar de um esoterismo prático. Neste sentido, a assim chamada agricultura "biodinâmica" re-

---

145. *In:* http://expositions.bnf.fr/socgeo/pedago/t21.htm

pousa sobre a fé em técnicas racionais da agricultura biológica e em crenças na antroposofia, ou crenças retomadas pela antroposofia (por exemplo, a teoria dos quatro elementos – fogo, água, ar, terra –, tão importante em biodinâmica, reenvia à história filosófica ocidental desde os gregos). Em igual modo, voltando à neoteosofia, não podemos negar o papel de alguns de seus atores em suas lutas sociais, em particular feministas e anticolonialistas, como Annie Besant (1847-1933) na Índia, ou a britânica Alice Ann Bailey (1880-1949), cuja abundante obra ainda nutre muitos pesquisadores espirituais.

O ocultismo vai desenvolver-se ao longo de todo o século XX como uma corrente específica do neoesoterismo. Simultaneamente, o mundo acadêmico vai prestar sempre mais atenção à história do esoterismo, suas doutrinas e suas escolas de pensamento. Universitários e intelectuais vão reunir-se em círculos acadêmicos para confrontar sua abordagem esotérica. Esta erudição do esoterismo manifestou-se através de diversas associações, como a Universidade São João de Jerusalém, fundada por Henry Corbin (1903-1978), e em muitas publicações, como os *Cahiers de l'hermétisme* [Cadernos de hermetismo], animados por Antoine Faivre. Seria necessário falar também de René Guénon (1886-1951), à origem de uma corrente esotérica particular, a "Escola da Tradição". Autor de inúmeras obras que se tornaram clássicas do esoterismo contemporâneo, ele contribuiu na França para um melhor conhecimento do islã, ao qual acabou se convertendo após ter frequentado várias organizações esotéricas. Enfim, não poderíamos omitir a experiência suíça do círculo de Eranos, em Ascona, que reunia eruditos do mundo inteiro, como especialistas de esoterismo, de ciências sociais e humanas, de ciências exatas, e que foi fundado pela mitógrafa Olga Fröbe-Kapteyn (1881-1962) em 1933, sobre uma ideia de Jung.

No final do século XX e início do século XXI, vimos na sociedade uma difusão massiva de alguns componentes do esoterismo, em particular através do cinema e da literatura de massa. Citemos, por exemplo, *O alquimista* (1988) de Paulo Coelho; o *Código da Vinci* (2003) de Dan Brown; *Harry Potter* (1997-2007) de J.K. Rowling; a série TV *X-Files* (1993-2018); a saga *Star Wars* (lançada em 1977 por George Lucas); ou ainda a trilogia do *Senhor dos anéis* (2001-2003) de Peter Jackson, que adota a obra de Tolkien – Gandalf é a figura por excelência do mágico, uma espécie de xamã capaz de falar aos animais e de controlar os elementos; seu poder é metafísico e não material ou físico, como o dos homens, dos duendes ou dos anões (figuras elemental-típicos do esoterismo folclórico, até para a neoteosofia e a antroposofia).

As novas buscas espirituais

Ao lado das religiões tradicionais, que continuam sendo muito afetadas – sobretudo na Europa – pela secularização da sociedade, pelos efeitos dissolventes da modernidade e pelos fenômenos reacionários e identitários precedentemente evocados, vemos, desde os anos de 1960, a emergência no Ocidente de novas formas de religiosidade a serem discernidas, já que elas se manifestam principalmente em escala individual. Os três grandes vetores da modernidade – espírito crítico, individualização e globalização – de fato tiveram por consequência favorecer o desenvolvimento de novas buscas espirituais que se expressam fora dos caminhos já balizados. Evocamos no início deste capítulo o caráter eminentemente pessoal, acomodado ao desejo individual e globalizado destas buscas modernas, sem, no entanto, especificar o seu conteúdo.

Numa obra de sociologia das religiões publicada há uns vinte anos[146], elaborei uma tipologia desta nova espiritualidade ocidental, fundada em quatro pilares fundamentais: o desejo de realização de si, de experiência interior pessoal, de reconciliação do corpo com o espírito e de reconciliação do humano com a natureza. Esta nova espiritualidade se manifesta fora dos caminhos já batidos através de bricolagens individuais e de buscas de sentido muito diferentes. Ao lado de caminhos espirituais mais imanentes e filosóficos, observa-se uma nova forma de religiosidade fundada em crenças e práticas orientais (reencarnação, karma, ioga, meditação); em novas práticas terapêuticas inspiradas na psicologia profunda que insistem mais nas emoções (Gestalt, Rebirth, grito primevo); em práticas emprestadas do xamanismo (tendas de sudação, absorção de plantas alucinógenas) e um desejo de relacionar-se com a natureza e com o cosmos (astrologia); em crenças esotéricas (unidade transcendente das religiões, identidade do microcosmo e do macrocosmo); em um interesse pelas correntes místicas das grandes tradições religiosas (cabala judaica, sufismo muçulmano, mística cristã); em crenças em fenômenos paranormais (clarividência e contato com os mortos, telepatia, casas mal-assombradas etc.); ou ainda pelo uso de medicamentos alternativos e energéticos (cura pelas plantas, homeopatia, acupuntura, ayurveda etc.).

Denominei esta nova espiritualidade de "religiosidade alternativa holística". Trata-se, de fato, de "religiosidade", no sentido definido na introdução desta obra: a maioria destes indivíduos pretende experimentar vários níveis da realidade. Para eles, há um nível da realidade suprassensível, inacessível à razão lógica e às ferramentas da ciência ocidental moderna. Esta religiosidade é "alternativa", já que se manifesta à margem das grandes tradições

---

146. LENOIR, F. *Les Métamorphoses de Dieu, la nouvelle spiritualité occidentale*. Paris: Plon, 2003.

religiosas e científicas dominantes. Enfim, ela é holística, já que busca sair das concepções dualistas para reconciliar o corpo e o espírito, mas também o ser humano, a natureza e o divino.

Esta religiosidade parte de uma crítica da modernidade racionalista, mecanicista e mercantil (o que a torna próxima, em muitos aspectos, das correntes ecológicas e altermundialistas), e pretende "reencantar o mundo" através de uma infinidade de crenças e práticas que manifestam o desejo dos indivíduos de vincular-se a um cosmos percebido como um todo orgânico, constituído de fluxos, de forças e de energias, em suma, para retomar a expressão de Edgar Morin, pretendem vincular-se a um "cosmos vivo".

Embora as raízes profundas, notadamente esotéricas, remontem ao século XVII, a fonte contemporânea desta nova religiosidade alternativa situa-se na crise geral das sociedades ocidentais dos anos de 1960. O sociólogo americano Robert Bellah mostrou que essa revolta da juventude nasceu da incapacidade de o individualismo utilitário oferecer um sistema de significações no plano pessoal e social capaz de prestar conta das contradições da abundância[147]. Assim, aquilo que foi caracterizado como "contracultura" buscou elaborar um novo sistema de significações. Esta contracultura continua evidenciando o indivíduo – fato adquirido da Modernidade –, mas tenta substituir a busca do despertar da consciência pela busca sistemática da preservação dos interesses e propõe comunidades de um tipo novo.

É assim que, desde o início dos anos de 1960, a contracultura americana vai voltar-se para as espiritualidades orientais emprestando delas uma série de elementos: seus valores de experiência interior e de realização de si (oposta ao sucesso social);

---

147. BELLAH, R. "New Religious Consciousness and the Crisis of Modernity". *In*: GLOCK, C.Y.; BELLAH, R. (orgs.). *The New Religious Consciousness*. Berkeley: California University Press, 1976.

o vínculo com o cosmos (oposto à exploração da natureza); a religação do corpo e do espírito (oposta ao desprezo do corpo e da racionalização); a comunhão com o mestre espiritual (oposta à organização burocrática das igrejas). Tudo isso numa ótica neocomunitária: o bairro comunitário *hippie* de Haight-Ashbury, em São Francisco, a comunidade de Findhorn, na Escócia, Auroville na Índia e as milhares de experiências neorrurais na Europa.

Os jovens poetas da "Beat Generation" (Ginsberg, Kerouac) passam a iniciar-se na meditação zen e vão reencontrar o dalai-lama recém-exilado na Índia. Acompanhados na sequência pelos Beatles, eles vão ser os pioneiros de gerações de buscadores espirituais que se voltaram para o Oriente em busca de fundamentos para uma espiritualidade que favoreça o despertar da consciência.

Desta forma vimos emergir vários movimentos que focam no desenvolvimento da consciência humana e na realização de si. O desafio não é mais apenas participar das lutas sociais, mas, sobretudo, mergulhar em si mesmo e "transformar-se para transformar o mundo". Citemos o *Mental Research Institute,* em Palo Alto, e principalmente o *Human Potencial Movement,* em Big Sur. Em 1962, de fato, vários artistas e terapeutas fundaram em Big Sur, na Califórnia, o Instituto Esalen, que pretendia religar as espiritualidades orientais à psicologia profunda ocidental na perspectiva de uma realização das potencialidades do ser humano e de um novo "vínculo" entre o homem, a natureza e o divino. Os membros do Esalen carregam as marcas das teses do psiquiatra suíço Carl Gustav Jung, que tentou reabilitar, contra Freud, a dimensão espiritual do ser humano e elaborou teorias sobre os arquétipos, o inconsciente coletivo ou o processo de individuação – que mostram que o ser humano pode realizar-se através da realização de seu "si-mesmo" –, teorias nas quais os membros do Esalen se inspiram grandemente.

Há seis décadas o Instituto Esalen vem sendo um laboratório de ideias que inspiraram nos anos de 1960-1970 pesquisadores espirituais como Alan Watts ou Carlos Castaneda, psicólogos humanistas como Carl Rogers, Abraham Maslow ou Fritz Perls (fundador da Gestalt-terapia) e pensadores abertos à pluridisciplinaridade e a uma concepção holística do ser humano, como Edgar Morin ou Aldous Huxley. O movimento, desde suas origens, é qualificado, por alguns adeptos (depois por seus detratores), de "New Age", já que entende significar a entrada da humanidade na Era de Aquário, simbolizando o advento de uma espiritualidade humanista. A partir dos anos 2000, se falará mais de "desenvolvimento pessoal", pois a dimensão astrológica e esotérica tende a diminuir em benefício de uma busca de bem-estar. Este movimento conhece hoje um sucesso planetário, através de incontáveis *best-sellers*, escolas de *coaching*, correntes espirituais e terapêuticas.

Em conclusão deste capítulo poderíamos fazer um esquema ideal-tipo entre dois grandes grupos de "buscadores" espirituais e religiosos: os que pretendem permanecer enraizados numa tradição e os que atuam "extracampo".

De um ponto de vista sociológico, é menos o tipo de religiosidade que distingue os indivíduos destes dois grandes grupos do que seu modo de validação. Por um lado, vemos formas de crer e práticas que permanecem ligadas a uma linhagem crente, a uma comunidade: por isso, é a tradição (ou o guru) que valida esse crer e essas práticas. Por outro lado, existe um crer e práticas errantes, autovalidadas pelo próprio indivíduo, fundadas na necessidade de enraizamento, de movimento, de fluidez. Como vimos, os indivíduos do primeiro grupo podem às vezes descambar para uma religiosidade de tipo fundamentalista ou sectária, marcada pela intolerância e pelo fanatismo. Os do segundo grupo, por sua vez, podem cair num sincretismo confuso, numa superficialidade ou num subjetivismo narcísico. Desde os anos de 1970, o lama tibetano Chögyam Trungpa Rinpoché é um dos primeiros mestres espirituais a alertar contra a aplicação da mentalidade consumista contemporânea à espiritualidade.

> Precisamos sair do materialismo espiritual – escreve ele. Se não sairmos, se fizermos dele a nossa prática, talvez nos dotaremos de uma vasta coleção de caminhos espirituais, a meu ver valiosos. Estudamos tanto: talvez tenhamos estudado os filósofos ocidentais ou os místicos orientais, praticado o ioga e até colecionado os ensinamentos de dezenas de grandes mestres. [...] Estes tesouros de conhecimentos, estas somas de experiências não passam de um elemento de vitrine do ego; eles ajudam a torná-lo mais grandioso. Nós os exibimos e, assim procedendo, nos certificamos de nossa existência, confortável e sem riscos, de seres "espirituais". Em última análise, nós simplesmente montamos uma butique, uma butique de antiguidades... somos butiqueiros[148].

Apesar da extrema diversidade, as buscas espirituais contemporâneas – quer se manifestem por caminhos balizados ou fora de rota – permanecem inscritas num horizonte comum de buscas espirituais e religiosas modernas, da forma como as descrevemos no início do capítulo. Um exemplo concreto: uma jovem mulher muçulmana que usa o véu jamais dirá que o faz coagida e forçada, ou para ganhar o paraíso. Dirá que é uma escolha pessoal e que sua religião faz dela uma pessoa mais feliz. Portanto, mesmo na expressão de um religioso identitário, o indivíduo responde, geralmente sem ter consciência, aos principais imperativos da modernidade: liberdade de escolha, felicidade neste mundo, autenticidade e realização de si, pragmatismo e eficácia.

---

148. TRUNGPA, C. *Pratique de la voie tibétaine. Au-delà du matérialisme spirituel.* Paris: Seuil, 1973, p. 21 e 24.

PARTE II
POR QUE O SER HUMANO É UM ANIMAL ESPIRITUAL?

Através deste amplo painel foi possível constatar a onipresença da espiritualidade e da religião na história da humanidade. Surge agora a questão do porquê. Por que o *sapiens* é um animal espiritual e religioso? Por que é o único animal a criar rituais funerários, a rezar para forças superiores ou a construir edifícios sagrados? Os humanos se colocaram estas questões desde as civilizações antigas, e elas assumiram uma ressonância nova por ocasião da virada axial da humanidade, ao longo do primeiro milênio antes de nossa era. Como o veremos no primeiro capítulo desta parte, as religiões e as sabedorias do mundo tentaram dar uma resposta a estas questões embasando-se na existência de um espírito no ser humano, de uma alma ou de uma inteligência abstrata que os outros animais não possuiriam e que o estimulariam a perguntar sobre o enigma da existência ou a ligar-se a um princípio divino suprassensível. Já que o *sapiens* é dotado de um espírito (*homo spiritus*), ele se torna um animal espiritual (*homo spiritualis*) que se interroga sobre o sentido de sua vida e sobre o mistério do mundo, ou um animal religioso (*homo religiosus*) que busca entrar em relação com o mundo invisível.

À exceção de alguns pensadores isolados, como Epicuro ou Lucrécio, que questionaram esta tese espiritualista para desenvolver uma concepção materialista do ser humano, foi somente no século XIX que os argumentos desta teoria foram rebatidos por muitos pensadores que rejeitaram não apenas o caráter espiritual singular do ser humano, mas igualmente desenvolveram um pensamento materialista e ateu, vendo na espiritualidade e na religião uma dimensão ilusória, alienante, infantil. Tentou-se argumentar então que as causas da crença religiosa, da experiência espiritual, residiriam na necessidade do ser humano de projetar o que há de melhor para o além (Feuerbach e Nietzsche), nas desordens da psique (Freud), ou ainda nas injustiças econômicas (Marx). Alguns, como Augusto Comte, viram na religião um estágio infantil da humanidade, enquanto que a razão e a ciência a fariam entrar na idade adulta. Ainda hoje estas críticas encontram eco junto a pensadores positivistas como o biólogo Richard Dawkins.

Diante destas críticas radicais, outros pensadores, nos séculos XIX e XX, sem negar o caráter às vezes ilusório de certas crenças ou as derivas das religiões estabelecidas, tentaram reabilitar o caráter espiritual e religioso do ser humano. Eles pretendem mostrar que a espiritualidade e a religiosidade são, em muitos indivíduos, fundadas em experiências que nada têm de ilusório ou de patológico (Otto, Jung, Bergson), e que elas têm a ver com a necessidade universal de dar sentido às coisas, necessidade específica ao ser humano (Frankl). Alguns pensadores materialistas e ateus contemporâneos, como André Comte-Sponville, insistem, por sua vez, na possibilidade de uma espiritualidade laica e numa mística ateia.

Já no século XX, os progressos das ciências cognitivas e das neurociências projetaram uma nova luz sobre o funcionamento da psique e do cérebro humano, que poderia explicar a necessidade sentida pelo ser humano de crer e de dar sentido para assim poder crescer mais profundamente.

Ao longo de toda esta segunda parte da obra buscarei prestar conta destas posições bastante diversas sem tomar partido, com o único objetivo de apresentar todos os elementos de um debate apaixonante e contraditório. Na conclusão da obra apresentarei o meu ponto de vista pessoal.

1
O divino em nós

Como tivemos a oportunidade de ver ao longo de toda a primeira parte deste livro, para a maioria das religiões e sabedorias do mundo, o ser humano possui uma característica única: é dotado de um espírito ou de uma alma espiritual. Deste fato, é o único animal a perguntar-se sobre o enigma de sua existência e sobre os arcanos do universo. O único igualmente a poder comunicar-se com os deuses, a suplicá-los e a receber seus favores. O único ainda a poder esperar a libertação, o *nirvana*, ou a salvação eterna. Antes de voltar a estas concepções que se desenvolveram desde o nascimento das civilizações, há aproximadamente 5.000 anos, voltemos ao animismo, que é uma exceção.

Animismo: a essência do ser humano é sua corporeidade

O animismo considera que todos os seres são animados por um corpo visível e por um espírito invisível: tanto humanos e animais quanto plantas ou minerais. E considera que existem lugares constituídos de vários seres, como certas montanhas ou rios, que possuem seu espírito próprio. Vimos que os povos da Pré-história muito provavelmente praticavam este tipo de religiosidade, que progressivamente foi se erudindo com a passagem para o Neolítico, para, a partir do sucesso das grandes religiões de salvação, passar a subsistir apenas em algumas regiões do mundo.

Para os povos animistas, o ser humano não é ontologicamente superior aos outros seres vivos. Ele é parte da natureza e pode comunicar-se com todos os outros espíritos da natureza. Em igual medida, os outros seres vivos, pelo espírito invisível que os anima, também podem comunicar-se entre si e com os humanos. Portanto, a dimensão espiritualista como a defini, ou seja, a crença e a experiência de um real plural (mundo visível e invisível), está presente em toda a parte. Esta dimensão não pertence exclusivamente aos humanos, como o pensarão em seguida as tradições religiosas no interior das grandes civilizações, que consideram que seríamos os únicos a ter uma alma ou um espírito.

Isto não significa, no entanto, que não haja nenhuma diferença entre as diversas espécies de seres vivos. Cada espécie animal ou vegetal tem uma essência própria, e o mesmo vale para o ser humano. Os etnólogos mostraram que para os povos xamânicos era essencial não perder a essência humana quando se metamorfoseavam em animais em seus transes. Como o lembra o antropólogo Charles Stépanoff, diretor de estudos na Ehess,

> a "metamorfose" ritual do xamã não é uma simples substituição de sua identidade humana por uma identidade animal. Quando o xamã chama seus espíritos imitando-os, ele guarda a sua identidade humana, pois é ele quem os invoca. Se uma interação com o espírito animal é representada, o corpo do xamã personifica alternadamente o papel do animal e sua própria pessoa [...]. Quando passamos ao domínio do ritual concreto, vemos a parte animal sobrepor-se a uma identidade humana que permanece importante. [...] Uma identidade não expulsa a outra, mas junta-se a ela[149].

De fato, o que distingue os seres na concepção animista, é o corpo. Todos os seres têm uma alma, entendida como uma in-

---

149. STÉPANOFF, C. "Devenir-animal pour rester-humain. Logiques mythiques et pratiques de la métamorphose en Sibérie méridionale". *Images Re-vues*, 6, 2009 (https://doi.org/10.4000/magesrevues.388).

terioridade, como desejos, como aptidão de comunicar-se, mas todos se singularizam pela aparência física, portanto, por seu corpo, bem como por seus costumes e comportamentos. O animismo adota assim uma postura inversa das tradições religiosas ulteriores: é o corpo do ser humano, que implica um certo modo de vida, que o diferencia dos outros animais, e lhe confere sua essência singular. Se, para a maioria dos povos animistas, o ser humano não é ontologicamente superior aos outros seres vivos por possuir uma alma espiritual única, não é menos verdade que eles consideram que a condição humana é preferível à da maioria dos outros animais, notadamente pelo modo de vida, de pensamento e de linguagem que ela permite. Assim, muitos mitos ou contos xamânicos relatam a história de xamãs que "retornaram" com corpos animais. Charles Stépanoff relata que,

> nas metamorfoses de xamãs legendários, se a conservação da essência específica é o caso mais comum, sua perda é uma desgraça que lhe pode acontecer. Um mito dos buriates faz do urso um xamã que perdeu a capacidade de reassumir sua forma humana. Segundo um mito dos povos altaicos [Rússia], o morcego foi inicialmente um xamã punido por uma divindade criadora por sua falta de dedicação[150].

O próprio do homem: *homo spiritus*

A partir do Neolítico o ser humano progressivamente abandonou o seu modo de vida de caçador-coletor e sua religiosidade evoluiu à medida que se desligava da natureza: não é mais com os espíritos das plantas ou dos animais que ele se comunica, mas com os deuses e as deusas da cidade. Este processo milenar viu seu ocaso por volta de 3.500 anos antes de nossa era, quando a escrita foi inventada e as primeiras grandes civilizações no Egito, na China, na Índia e na Mesopotâmia emergi-

---

150. *Ibid.*

ram. A ideia central é que o ser humano tem um estatuto e um papel à parte no cosmos. Ele situa-se entre o mundo superior dos deuses e o mundo inferior, que é o de todos os outros seres vivos. Este vínculo único com o mundo dos deuses também lhe confere uma missão singular: manter a harmonia do cosmos por rituais religiosos. É a função principal dos brâmanes da Índia védica ou dos grandes sacerdotes do Egito antigo, cuja missão era manter a *mâat*, o equilíbrio cósmico, através de rituais mágicos e de sacrifícios oferecidos nos templos.

Ao longo dos séculos uma ideia vai desenvolver-se e se impor por ocasião da revolução espiritual da era axial, por volta de meados do primeiro milênio antes de nossa era: esta singularidade do ser humano deve-se ao fato de que ele é *homo spiritus*. Dito de outra forma: o ser humano é a única criatura a possuir um espírito, uma alma espiritual, um sopro divino, independentemente do nome que lhe dermos. Na Índia, os *upanixades* ensinam que o humano é o único ser dotado de um princípio divino imortal, o *âtman*, e identificam o divino impessoal (*brahman*) e a alma individual (*atman*). O caminho da sabedoria consiste em conscientizar-se que o *brahman* e o *atman* são um, que cada indivíduo é uma parte do Todo cósmico. A realização do ser, objetivo último de qualquer vida humana, provoca a cessação de qualquer dualidade. Saindo desta última, o sábio é um "libertado vivo", para quem só existe a "plena felicidade da pura consciência, que é o Uno" (*saccidânanda*). O budismo recusará o caráter substancial do *âtman*, pois, segundo o ensinamento de Buda, tudo é impermanente. Ele considera, no entanto, nas sendas do hinduísmo, que somente a condição humana permite alcançar o *nirvana*, a libertação definitiva da ronda infernal dos renascimentos (*samsara*). Isto significa que os outros seres vivos não possuem este estatuto ontológico que lhes permitiria, por uma tomada de consciência e uma evolução espiritual, alcançar o último estágio da sabedoria.

Esta ideia está igualmente presente na maioria dos filósofos da Antiguidade, mas sob uma forma um pouco diferente: o ser humano é a única criatura que possui um espírito imortal (*noos* junto a Platão e Aristóteles, *pneuma* ou *logos* junto aos estoicos) assemelhando-o ao mundo divino e permitindo-lhe não somente levar uma vida sábia e feliz aqui na terra, mas também unir-se ao divino após a morte, se esta vida tiver sido virtuosa. Como bem o lembra Aristóteles em sua *Ética a Nicômaco*:

> Se, pois, a inteligência, comparada ao homem, é algo divino, a vida intelectual é igualmente divina comparada à existência humana. Não é necessário, entretanto, seguir os que aconselham "pensar como humanos", pois somos humanos e "pensamos como mortais", por sermos mortais; é necessário, ao contrário, na medida do possível, comportar-se como imortal e fazer o possível para viver a vida superior que possui o que há de mais elevado em si, pois, embora pouco grandiosa, esta coisa ganha muito em poder e valor sobre todas as outras. [...] Portanto, para o homem, é a vida intelectual, se é principalmente a inteligência que constitui o homem. Por consequência, esta vida é também a mais feliz[151].

Esta noção de "próprio do homem" ligada à vida do espírito que Aristóteles evoca é fundamental para a maioria dos pensadores da Antiguidade, e é igualmente ela que justifica a superioridade do humano sobre os outros animais. Para além do caráter imortal da alma, que não é unânime, é sobretudo sua dimensão racional específica, a que lhe permite desenvolver um discurso abstrato e uma consciência moral, que os filósofos gregos destacam.

Assim, o estoicismo, que exerceu uma influência considerável durante aproximadamente mil anos na Antiguidade grega e romana, afirma que só o ser humano possui um *logos*, provenien-

---

151. ARISTOTE. *Éthique à Nicomaque*, X, 7, 1177b-1178a. Paris: Flammarion, 2008, p. 405-406.

te do *logos* divino, a Razão universal que governa o mundo. Por consequência, os animais não podem ter direitos, já que a justiça exige a reciprocidade de um contrato social que somente os humanos podem contrair por suas faculdades intelectuais superiores. Embora não acreditem nem nos deuses, nem numa alma espiritual imortal, os epicuristas também compartilham este ponto de vista: os humanos não têm deveres para com aqueles que não participam da lei. Aristóteles, por sua vez, afirma que a natureza inteira está ordenada para o ser humano:

> As plantas existem para os animais e os animais para o homem [...]. Se, portanto, a natureza nada faz de inacabado nem nada em vão, é obrigatoriamente para o homem que ela fez tudo isso[152].

A partir do momento em que o ser humano se considera o representante na terra do mundo celeste, a criatura mais avançada, a única que se assemelha ao divino, ele passa a atribuir-se um poder e uma dominação sobre os outros seres vivos. Fazendo eco de muitas tradições politeístas anteriores, é exatamente isso que o texto do livro do Gênesis diz, no quadro do pensamento monoteísta nascente:

> Depois Deus disse: façamos o homem à nossa imagem, segundo a nossa semelhança, e que ele domine sobre os peixes do mar, os pássaros do céu, os animais grandes e pequenos, sobre toda a terra, e todos os répteis que rastejam sobre a terra. Deus criou o homem à sua imagem, à imagem de Deus o criou, criou-os homem e mulher. Deus os abençoou e lhes disse: sede fecundos, multiplicai-vos, enchei a terra e dominai-a; submetei os peixes do mar, os pássaros do céu e todo animal que rasteja sobre a terra[153].

---

152. ARISTOTE. *Politiques*, I, 8, 11-12. Paris: Flammarion, 1993, p. 112-113.
153. Gn1,26-28.

A religião cristã e em seguida a muçulmana conservarão esta ideia de que o humano talvez seja a única criatura feita à imagem de Deus, a única a possuir uma alma imortal e, portanto, a única capaz de desenvolver uma espiritualidade ou alguma forma de religiosidade. Deduzimos assim que todas as tradições filosóficas e religiosas da humanidade, à exceção do animismo, explicam o fenômeno espiritual e religioso a partir do que elas pensam ser "o próprio do homem": seu espírito.

2

Uma crença ilusória: a crítica materialista

Mesmo autoafirmando-se crente, Friedrich Hegel (1770-1831) é um dos principais precursores do ateísmo filosófico contemporâneo. Ele pretende libertar o sentido da história e se interessa pela experiência religiosa que evoluiu através das diferentes épocas ao longo dos séculos. Para ele, a sucessão histórica das religiões revela um progresso do espírito. Ele classifica as religiões em três categorias: as religiões da natureza (magia, religiões do Oriente e do Egito), as religiões da individualidade espiritual (judaica, grega, romana) e, enfim, a religião absoluta, revelada (cristã). Para Hegel, esta última é a religião "perfeita", "completa", pois Deus aí se revela tal qual Ele é, em sua "fenomenalidade infinita". Com ela realiza-se a reconciliação entre o ser humano e Deus, pela introdução da noção de amor. Todos os seres humanos ganham em liberdade e em igualdade; não vivem mais no medo de Deus ou com um sentimento de ser ou não ser eleitos, como no judaísmo. Para Hegel, a religião cristã constitui a última etapa da história; ela jamais será superada. E, se a filosofia leva o cristianismo à sua realização manifestando-lhe a verdade, ela não o substitui; antes lhe esclarece a experiência vivida. Ironia do destino: por estas duas ideias – vínculo indissociável entre Deus e o ser humano e evolução histórica das religiões e do espírito humano – Hegel abre uma porta pela qual se embrenhará a maioria dos filósofos ateus e materialistas do século XIX. Eles conservarão a ideia hegeliana de um sentido da história e de um progresso do espírito humano, mas ponderarão que a religião, incluída a cristã, constitui uma etapa infantil da humanidade, que só se tornará adulta com o advento da filosofia das Luzes e a ciência moderna.

Feuerbach: a religião como alienação antropológica

Discípulo de Hegel, Ludwig Feuerbach (1804-1872) é o primeiro grande representante da corrente materialista moderna, corrente que afirma que tudo – incluindo o espírito – é abrangido pela matéria. Na obra *A essência do cristianismo*[154], ele pretende fazer uma crítica radical da religião atualizando sua mecânica. Tomando o cristianismo como exemplo, Feuerbach desenvolve a tese segundo a qual as religiões apenas projetam sobre Deus a própria essência do ser humano. Os atributos divinos seriam na verdade as mais altas qualidades humanas como o amor, a bondade, a sabedoria, a justiça etc.

O ser humano só pode reconhecer as qualidades divinas porque são parte dele mesmo, de sua essência. O ser humano se despoja de suas próprias qualidades para objetivar Deus. Este é o mecanismo de alienação antropológica definido por Feuerbach: o ser humano é despojado, feito estrangeiro de si mesmo, portanto, alienado. "Para enriquecer Deus, o homem deve empobrecer-se; para que Deus seja tudo, o homem não deve ser nada […]. A religião é a cisão do homem consigo mesmo; ele estabelece Deus como um ser anteposto a si. Deus não é o que o homem é, o homem não é o que Deus é. Deus é o ser infinito, o homem é finito; Deus é perfeito, o homem imperfeito;

---

154. FEUERBACH, L. *L'Essence du christianisme*. Paris: Gallimard, 1992 (cf. FEUERBACH, L. *A essência do cristianismo*. 9. ed. Petrópolis: Vozes, 2023).

Deus é eterno, o homem transitório; Deus é plenipotente, o homem impotente; Deus é santo, o homem pecador. Deus e o homem são extremos: Deus é o absolutamente positivo, a soma de todas as realidades, o homem é absolutamente negativo, a soma de todas as nulidades"[155]. Em suma: o ser humano é perverso, mas, pela graça de Deus, se torna bom.

Por que o ser humano é o único animal religioso? Certamente não porque ele possuiria uma alma de origem divina, mas simplesmente porque, contrariamente aos outros animais, ele tem consciência de sua essencialidade. Dito de forma diferente: o animal teria uma vida "simples", ao passo que o ser humano teria uma vida "dupla: "no animal, a vida interior e a vida exterior é uma; o homem possui uma vida interior e uma vida exterior"[156], visto que dispõe da função do pensamento e da palavra. Por ela o ser humano pensa e conversa com os homônimos. Partindo desta constatação, Feuerbach define a essencialidade do gênero humano pela razão, pela vontade e pelo sentimento: "O homem existe para conhecer, para amar, para querer"[157]. Eis as potências que o animam, o determinam e também o limitam. Pois o ser humano precisa alimentar uma relação com um objeto exterior a si mesmo para descobrir sua própria essência. É pelo objeto que ele toma consciência de si: a consciência do objeto é a consciência de si. E a religião, criada pelo ser humano, vem justamente exercer este papel da consciência do infinito que permite ao ser humano revelar-se a si mesmo. Deus é a sensação, pura, ilimitada, livre. Ele é, na realidade, a nossa própria essência projetada sobre outro ser: "O Ser absoluto, o Deus do homem é sua própria essência"[158]. O

---

155. *Ibid.*, p. 130ss. (cf. *A essência do cristianismo. Op. cit.*, p. 77).
156. *Ibid.*, p. 118.
157. *Ibid.*, p. 119.
158. *Ibid.*, p. 122.

objeto religioso, Deus, está alojado naquilo que é mais íntimo junto ao ser humano: em seu interior. É assim que ele coincide muito naturalmente com a consciência de si:

> A consciência de Deus é a consciência de si do homem, o conhecimento de Deus é o conhecimento de si do homem. A partir de seu Deus, conheces o homem, e inversamente a partir do homem, seu Deus: os dois são apenas um[159].

Para sair dessa alienação, o ser humano deve apropriar-se das qualidades que ele projetou sobre a divindade. O ser humano deve descobrir que possui todos estes atributos e que cabe a ele desenvolvê-los. E não terá mais então necessidade da crença em Deus, nem da religião. Inventando o conceito de Deus e prestando-lhe um culto, a humanidade, sem sabê-lo, não faz senão divinizar e honrar o ser humano. Numa perspectiva evolucionista do progresso das sociedades, o filósofo Feuerbach explica que "a religião é a essência infantil da humanidade" que precede o tempo da maturidade filosófica, onde o ser humano se reapropria, enfim conscientemente, daquilo que havia inconscientemente projetado sobre este ser imaginário. A religião representa, pois, uma primeira etapa histórica necessária, que permite ao ser humano descobrir sua própria essência, projetada sobre uma entidade exterior transcendente. O ateísmo seria uma segunda etapa, pela qual o ser humano se liberta desta ilusão e desta alienação. Conservando os valores religiosos tradicionais e os princípios fundamentais do cristianismo, Feuerbach os laiciza a fim de devolver ao ser humano a plena responsabilidade de seu destino. Este ateísmo constitui uma forma de humanismo: a doutrina filosófica que situa a pessoa humana e seu desenvolvimento acima de todos os outros valores. Neste humanismo o ser humano só consegue obter sua salvação ao compreender que o ideal buscado é ele mesmo.

---

159. *Ibid.*, p. 129-130.

Marx: a religião fruto e cúmplice da alienação econômica

Contemporâneo e leitor atento de Feuerbach, Karl Marx (1818-1883) junta-se à análise segundo a qual o ser humano criou fora de si mesmo uma força transcendente que o subjuga: inventou uma versão idealizada de si mesmo, que denomina Deus. A crítica da religião deve permitir-lhe reapropriar-se desta força trazendo-a para a terra. Mas, para Marx, esta análise não basta. Nosso autor vai concentrar-se então na análise histórica e econômica das sociedades que produzem a alienação religiosa, pois, segundo ele, a origem da "miséria" do ser humano é menos psicológica do que material, visto que o ser humano vive em sistemas que apresentam relações políticas de dominação, relações sociais de desigualdade e relações econômicas de exploração.

Num texto célebre publicado em 1844, Marx explica que, por mais ilusória que possa ser, a religião constitui um protesto real contra a opressão socioeconômica: "A miséria religiosa é, por um lado, a expressão da miséria real e, por outro, o protesto contra a miséria real. A religião é o suspiro da criatura oprimida, a alma de um mundo sem coração, assim como ela é o espírito de condições sociais onde o espírito é excluído. Ela é o ópio do povo. A abolição da religião enquanto felicidade ilusória do povo é a exigência que formula sua felicidade real. Exigir que o povo renuncie às ilusões sobre a sua situação é exigir que ele renuncie a uma situação que necessita de ilusões. Na crítica da religião está em germe, pois, a crítica deste vale de lágrimas do qual a religião é a auréola [...]. A crítica do céu torna-se assim a crítica da terra, a crítica da religião em crítica do direito, a crítica da teologia em crítica da política"[160]. Marx pretende, portanto, passar da crítica filosófica da religião para a crítica política e econômica de uma sociedade injusta que pro-

---

160. *Critique de la philosophie de droit de Hegel. In*: MARX, K.; ENGELS, F. *Sur la religion*. Paris: Éditions sociales, 1968, p. 41-42.

duz religião, porque ela causa infelicidade. Ele assume por alvo o capitalismo, pois, segundo ele, a religião se beneficia sobretudo das classes dominantes, confortando seu poder. "O ópio do povo" adormece a capacidade crítica dos cidadãos, impedindo-os de tomar consciência das desigualdades engendradas pelo sistema capitalista. A religião lhes reflete um futuro melhor levando-os a renunciar mais facilmente ao que poderiam adquirir no presente, notadamente os bens materiais. A felicidade ilusória "na vida após a morte" substitui a verdadeira felicidade "no mundo real". Atacando as raízes do mal – a exploração econômica do homem pelo homem –, a ilusão religiosa, segundo Marx, acabará ela mesma desaparecendo com os últimos explorados. O essencial, por conseguinte, é transformar a sociedade. Como o anuncia em 1845 nas *Teses de Feuerbach*, "até agora os filósofos não fizeram senão interrogar o mundo de diversas maneiras; trata-se, doravante, de transformá-lo"[161].

É fazendo parte ativa na vida de grupos revolucionários que Karl Marx encontra na França, em Paris, aquele que se tornaria seu melhor amigo e companheiro de trabalho, o filósofo e sociólogo Friedrich Engels (1820-1895). Muitas vezes no exílio, os dois estiveram juntos na Bélgica, na Alemanha e na Inglaterra. Marx receberá o apoio financeiro de seu amigo, mas, apesar disso, terá dificuldade de prover as necessidades de sua família (perderá três de seus filhos, um dos quais teria morrido de subnutrição). Os dois pensadores estão na origem de uma concepção de materialismo da história (o "materialismo dialético" é a expressão empregada por alguns marxistas), segundo a qual os acontecimentos não são determinados por ideias, mas por relações sociais. Juntos, eles trabalharam na elaboração de várias obras comuns, dentre as quais o *Manifesto do partido*

---

161. *XIe Thèse sur Feuerbach. In*: MARX, K.; ENGELS, F. *L'Idéologie allemande*. Paris: Éditions sociales, 1976, p. 4.

comunista em 1848, e é Engels que, com a morte de Marx, reúne seus rascunhos para publicar integralmente o *Capital*[162].

Desenvolvendo uma análise socioeconômica aprofundada baseada na luta das classes sociais, Marx permanece inscrito, nas sendas de Hegel, numa visão linear e progressista da história. Ele anuncia de maneira profética o advento da revolução proletária (mesmo se a ideia de revolução introduz uma descontinuidade na história) e a implantação de uma sociedade sem classes (o comunismo). Uma sociedade onde nem haverá a necessidade de combater a religião, pois a alienação socioeconômica da qual ela é a expressão terá desaparecido. Deus desfalecerá com o fim das condições históricas que o produziram.

Nietzsche: a religião como alienação teológica em vista de um mundo do além

Friedrich Nietzsche (1844-1900) aparece na continuidade do movimento dos filósofos alemães acima citado. Ele se interessa pela teologia antes de orientar-se para a filologia, e depois para a filosofia, com particular atração pelos pensadores racionalistas e acadêmicos de seu tempo. Ele manifesta um vivo interesse pelas religiões, reconhece alguns de seus benefícios, dentre os quais o impulso decisivo que elas deram à sede de conhecimento do ser humano. Segundo o aforismo 110 de seu livro *Humano demasiado humano* (1878), a religião é útil ao ser humano enquanto lhe oferece a força de viver. Ela ajuda a encontrar um sentido para a existência. Mas Nietzsche vê nela sobretudo os limites e as derivas engendradas pelo dogma e pela norma. Com seu compatriota e mentor Arthur Schopenhauer (1788-1860), outro pai fundador do ateísmo filosófico, ele defende uma concepção da razão totalmente liberta das crenças teológicas e morais do judeu-cristianismo.

---

162. O livro I em 1867, o livro II em 1885 e o livro III em 1894.

Nietzsche vê o pensamento religioso como "niilista", por caracterizar-se pela negação da vida: as religiões condenam este mundo em função de um mundo do além que, segundo ele, não existe. Elas negam a "verdadeira vida" aqui na terra, seduzindo-nos para uma "vida ilusória" no além. Enquanto acredita na vida após a morte e espera a felicidade verdadeira no além, conclui nosso filósofo, o cristão não vive plenamente sua vida. É a falta de desejo pela vida que Nietzsche censura nos crentes. E é igualmente de Spinoza, de cujas obras é fervoroso leitor, que Nietzsche empresta o tema central de seu pensamento ético: o "conatus", força desejante do ser humano que o impulsiona ao crescimento, a prosperar, a agir. Nietzsche batiza esta força com a expressão "vontade de poder". É a razão pela qual ele ataca violentamente todos os filósofos ou as religiões ascéticas que pretendem reduzir ou erradicar o desejo. Diminuir o desejo é diminuir a vida. É negar a vontade de poder que caracteriza a vida e o impulso criador que a acompanha.

> A Igreja combate as paixões pela extirpação radical: sua prática, seu tratamento, é o *castrismo*. Ela jamais pergunta, "como espiritualizamos, embelezamos, divinizamos o desejo?" – Desde sempre ela colocou o peso na exterminação (da sensualidade, do orgulho, do desejo de dominar, de possuir e de vingar-se). – Mas atacar a paixão em sua raiz, é atacar a vida em sua raiz: a prática da Igreja é prejudicial à vida [...][163].

Nietzsche trata essencialmente do cristianismo, que critica de maneira radical. Em 1896, publicou *O anticristo* (que alguns preferem traduzir por "O anticristão", pois Nietzsche critica menos Cristo do que a religião cristã): "Eu denomino o cristianismo a única grande calamidade, a única grande perver-

---

163. NIETZSCHE, F. *Le Crépuscule des idoles*. Paris: Mercure de France, 1908, p. 137 (cf. NIETZSCHE, F. *Crepúsculo dos ídolos ou como se filosofa com o martelo*. Petrópolis: Vozes, 2014).

são interior, o único grande instinto de vingança, para o qual nenhum meio venenoso, clandestino, subterrâneo é pequeno o suficiente – eu o denomino o único e imortal estigma da humanidade"; "o cristianismo promete tudo, mas *não cumpre nada*"[164]. "Estamos no leito de morte do cristianismo", declara nosso autor no aforismo 92 da obra *Aurora* (1881), antes de escrever, um ano mais tarde, no *A gaia ciência* seu mais famoso apóstrofo: "Deus está morto"[165].

A morte de Deus não é, no entanto, tranquilizadora, garante-nos o filósofo, pois ela anuncia o desmoronamento dos valores. A maioria dos seres humanos rejeita esta morte porque ela desorienta, angustia e pode levar até a afundamentos psíquicos. Esta perda de sentido pode inclusive deixar espaço livre para novas crenças, mais cruéis e inflexíveis ainda. Nietzsche duvida tão pouco da vivacidade e da permanência do sentimento religioso no ser humano que ele define este último como um "fabricador de deuses", um animal crente que precisa de ídolos. O filósofo se apresenta como um fervoroso crítico da idolatria que pode assumir perfeitamente outras formas do que aquela da religião: a ciência, a política, e até o ateísmo.

No espírito de Nietzsche, quem seriam os assassinos de Deus? Quem seriam os inimigos da fé cristã? Seriam os homens de outras religiões? De forma alguma! "Fomos nós que o matamos." Nós: os cristãos, os herdeiros. O judeu-cristianismo, após ter matado os deuses antigos em benefício de um Deus único, tornou-se o coveiro de seu Deus. Como tamanha aberração pode ter acontecido? Para o filósofo, foi a mo-

---

164. NIETZSCHE, F. *L'Antéchrist. Essai d'une critique du christianisme*. Paris: La Société nouvelle, 1895, § 62 e 42 (cf. NIETZSCHE, F. *O anticristo – Maldição ao cristianismo*. Petrópolis: Vozes, 2020, § 62 e 42).
165. NIETZSCHE, F. *Le Gai Savoir*. Paris: Mercure de France, 1901, aforismos 108, 125, 343.

ral cristã que, aguçando a sagacidade da consciência dos fiéis, criou as condições do advento do ateísmo moderno. "Vemos o que realmente ganhou a vitória sobre o Deus cristão – explica Nietzsche: a própria moralidade cristã, a noção de veracidade assumida de forma cada vez mais rigorosa, a finura da consciência cristã aguçada pela confissão, traduzida e sublimada em consciência científica, até a clareza intelectual a qualquer custo"[166]. À força de introspecção, de exercício do espírito crítico para consigo mesmo, a consciência cristã aprimorou-se, a razão afiou-se, a ponto de descobrir que Deus não passava de uma ilusão fundada numa concepção antropomórfica. O espírito moderno, que não pôde acomodar-se com um Deus tão insignificante, acanhado, pura projeção do espírito humano, nasceu, portanto, das exigências da moral cristã. Indo até o fim de suas exigências, a moral acabou destruindo o dogma e a crença neste Deus "demasiado humano". Por consequência, o ateísmo é o último avatar e o resultado final do cristianismo; é "a *catástrofe* imponente de uma disciplina duas vezes milenar do instinto de verdade que, em última análise, se proíbe a si mesmo *a mentira da fé em Deus*"[167]. Segundo Nietzsche, o cristianismo está na origem de sua própria morte. Desenvolvendo outros argumentos, o filósofo e historiador Marcel Gauchet diz algo semelhante ao afirmar que "o cristianismo é a religião da saída da religião"[168].

Deus está morto, o que não impede que a busca espiritual e religiosa deixe de florescer aqui e ali. No *Anticristo*, Nietzsche considera que a humanidade pode aderir a uma sabedoria sem

---

166. *Ibid.*, § 357.
167. NIETZSCHE, F. *Généalogie de la morale*. Paris: Mercure de France, 1900, § 27 (cf. NIETZSCHE, F. *A genealogia da moral*. 6. ed. Petrópolis: Vozes, 2022, p. 148).
168. GAUCHET, M. *Le Désenchantement du monde. Op. cit.*, p. 11.

dogma, à imagem do budismo. "Com minha condenação do cristianismo não gostaria de cometer nenhuma injustiça contra uma religião semelhante que, no número de seguidores, até mesmo a supera: o budismo. Ambos se equivalem enquanto religiões niilistas – são religiões decadentes –, mas as duas são separadas da mais singular maneira. [...] O budismo é cem vezes mais realista do que o cristianismo [...]. Ele não afirma mais uma 'luta contra o pecado', mas, antes, fazendo total justiça à realidade, 'luta contra o sofrimento'"[169]. Mais tarde, Nietzsche retornará a esta fascinação e apresentará o budismo como a última tentação dos europeus que não têm mais como ideal senão viver em boa saúde e eliminar todo sofrimento, o que leva, segundo ele, a um novo niilismo, a uma nova negação da vida. No *Assim falava Zaratustra*, Nietzsche já opõe a figura do "super-homem" que afirma plenamente sua vontade de potência, à do "último homem" (*der letzte Mensch*), que representa o estado passivo do niilismo, no qual o homem não deseja mais senão a saúde e regozija-se por sua ausência de ambição.

O niilismo religioso, que recusa o mundo e a vida em nome de um mundo do além, é sucedido, portanto, por uma nova forma de niilismo, desta vez rejeitando a plenitude da vida em nome da saúde, do bem-estar e da segurança. Contra o "desejo fraco", que é ao mesmo tempo consentimento às nossas pulsões e rejeição da vida, Nietzsche defende o "grande desejo", que estimula o domínio de nossas pulsões, um amor incondicional à vida e a superação de si por um constante impulso criador. Zaratustra é assim o profeta de uma nova cultura feita de espontaneidade infantil, de criatividade, de beleza, de adesão apaixonada ao momento criador da vida, e do qual Dioniso, o deus da embriaguez e da dança, seria o símbolo. Num texto

---

169. NIETZSCHE, F. *L'Antéchrist. Essai d'une critique du christianisme. Op. cit.*, § xx.

póstumo datando dos anos de 1880-1881, Nietzsche escreve: "Não é senão após a morte da religião que *a intervenção do divino* poderá recobrar toda a sua exuberância"[170]. Constata-se um fervor místico em Nietzsche, notadamente em sua obra-prima *Assim falava Zaratustra*, que ele mesmo apresenta como o quinto evangelho. Alguns críticos até veem em sua filosofia uma nova forma de espiritualidade. Como o escreve o filósofo Alfred Fouillée: "Sua filosofia é fé sem provas, encadeamento sem fim de aforismos, de oráculos, de profecias, e por isso ainda é uma religião"[171].

Freud: a religião como alienação psíquica

Sigmund Freud (1856-1939) é de uma época em que a narrativa dominante pertence à ciência. Fundador da psicanálise, antes de tudo ele é um médico, um neurologista, que enquanto tal é situado dentre os cientistas. Simultaneamente racionalista e empirista, Freud seguramente se inscreve no quadro de uma concepção materialista do ser humano e do mundo. Convencido de que o espírito procede da matéria, ele acha que qualquer ideia sobre um mundo divino é uma crença supersticiosa. É assim na ciência, à qual ele dá todo o seu crédito, na qual coloca suas esperanças de ver evoluir a humanidade.

De *Totem e tabu* (1913) ao *O homem Moisés e a religião monoteísta* (1938), passando pelo *Futuro de uma ilusão* (1927), Freud desenvolve uma crítica radical à religião, emprestando de Feuerbach a temática do caráter infantil e alienante da atitude religiosa, concebida como projeção do psiquismo humano sobre forças superiores. Ele sustenta que as doutrinas religiosas são

---

170. NIETZSCHE, F. *La Volonté de puissance*. Paris: Gallimard, 1995, t. II, § 581 (cf. NIETZSCHE, F. *Vontade de potência*. 3. ed. Petrópolis: Vozes, 2017).
171. FOUILLÉE, A. "La Religion de Nietzsche". *Revue des Deux Mondes*, 5ᵉ période, t. I, 1901, p. 563-594, citação p. 563.

"implausíveis", cientificamente "indemonstráveis", mesmo reconhecendo que uma ilusão pode ajudar a viver[172]. No *Mal-estar na civilização* (1930), Freud faz efetivamente referência à "doutrina dos instintos" (em alemão *Trieblehre*, ou mais exatamente a teoria analítica das pulsões) do ser humano, cuja tendência natural vai na direção da maldade, da agressão, da destruição e da crueldade[173]. Perante estas constatações, ele reconhece que a religião prestou grandes serviços à cultura humana, domando as pulsões mórbidas e associais do povo e ajudando os indivíduos a suportarem as provações da vida. "As duas conservam sua tripla tarefa: exorcizar os medos da natureza, reconciliar-se com a crueldade do destino – em particular assim como ele se mostra na morte – e compensar os sofrimentos e privações impostos ao homem pela vida em comum na cultura"[174]. Promovendo o amor a si mesmo e ao seu próximo, a religião visa, portanto, diminuir o sofrimento e favorecer a vida em sociedade. Infelizmente, deplora Freud, embora devesse confortar os homens e reconciliá-los com a vida, a religião não tornou a maioria deles mais feliz. Tampouco tornou-os mais morais: "Peca-se e em seguida oferece-se sacrifícios ou faz-se penitência, e na sequência volta a imperar a liberdade de novamente pecar"[175].

Partindo de sua experiência de terapeuta, sua teorização progressiva das leis do inconsciente lhe oferece argumentos para tentar demonstrar o caráter profundamente ilusório da religião, que ele qualifica de "veneno doce-amargo", ou "ideia delirante"[176]. Este caráter ilusório se reveste, segundo as próprias categorias concebidas por Freud, de uma face neurótica e de uma

---

172. FREUD, S. *L'Avenir d'une illusion*. Paris: PUF, 1995, p. 31-32.
173. *Ibid., Malaise dans la civilisation*. Paris: PUF, 1976, p. 75.
174. *Ibid., L'Avenir d'une illusion. Op. cit.*, p. 18.
175. *Ibid.*, p. 39.
176. *Ibid.*, respectivamente p. 50 e 32.

face psicótica. De fato, Freud elabora, por um lado, uma teoria do nascimento da religião seguindo a problemática psíquica do "complexo paterno", isto é, do conflito neurótico típico do filho diante do pai: identificação e desejo de morte do pai, desejo do filho por seu pai que o idealiza após tê-lo matado/assimilado, culpabilidade e medo da castração. Fiel à noção de progresso linear das sociedades humanas, Freud está convencido que, assim como o filho, uma vez adulto, é chamado a resolver seus conflitos psíquicos inconscientes, da mesma forma a humanidade é chamada a superar este primeiro estágio infantil:

> A religião seria a neurose de coerção universal da humanidade; como a neurose do menino, ela seria oriunda do complexo de Édipo, da relação com o pai. Segundo esta concepção, não seria difícil prever que o afastamento da religião deve ser realizado com a inexorabilidade fatal de um processo de crescimento e que hoje nos encontramos no meio desta fase de desenvolvimento[177].

Por outro lado, Freud admite que a analogia com o esquema neurótico não esgota a essência da religião. Em 2 de janeiro de 1910 ele já escrevia ao seu aluno Carl Gustav Jung: "Ocorreu-me que o verdadeiro fundamento da necessidade religiosa é o *desamparo infantil* (*Hilflosigkeit*), bem mais acentuado no homem do que nos animais. Passada a infância, o homem já não sabe mais representar-se o mundo sem pais e então forja para si um Deus justo"[178]. Alargando a problemática à dos pais e não somente à do pai, Freud pretende mostrar que a criança tem necessidade de criar-se uma crença em forças sobrenaturais protetoras para evitar os perigos indeterminados que a ameaçam no mundo exterior. Já não é mais a culpabilidade que está

---

177. *Ibid.*, p. 44.
178. FREUD, S.; JUNG, C.G. *Correspondance (1906-1914)*. Paris: Gallimard, 1992, p. 372 (cf. FREUD, S.; JUNG, C.G. *Cartas de Freud e Jung*. Petrópolis: Vozes, 2023, p. 396).

à origem da religião, mas a angústia. É para fazer frente aos ataques da angústia que o homem inventa simultaneamente "um Deus bom", verdadeiro substituto da proteção parental que ele percebe como deficiente, e a crença na vida eterna. Esta segunda interpretação da gênese psíquica do religioso é de tipo psicótico: a religião é uma fuga para fora da realidade, uma negação do real e do sofrimento, uma incapacidade de superar o medo diante da morte e da incerteza, um estratagema.

Nesta lógica Freud chega a considerar "a gênese psíquica das representações religiosas" como "ilusões, realização dos desejos mais antigos, mais fortes e mais urgentes da humanidade; o segredo de sua força é a força destes desejos. Já o sabemos, a impressão de terror ligada ao desamparo da criança despertou a necessidade de proteção – proteção através do amor – à qual o pai respondeu por seu apoio; o reconhecimento do fato que este desamparo persiste ao longo de toda a vida foi a causa do firme apego à existência de um pai – doravante mais poderoso, de fato. Do fato que a Providência divina governa com benevolência, a angústia perante os perigos da vida é aliviada"[179]. Convencido de que os avanços da ciência vão permitir à humanidade abandonar esta ilusão que é a religião, Freud milita abertamente contra a alienação individual e coletiva que, segundo ele, representa a fé em Deus:

> O ser humano não pode permanecer eternamente uma criança, ele tem que sair para encontrar a vida hostil. É lícito chamar isto de educação para a liberdade. Precisaria revelar-lhe novamente que o único propósito do meu escrito é chamar a atenção para a necessidade deste progresso?[180]

---

179. FREUD, S. *L'Avenir d'une illusion. Op. cit.*, p. 30-31. Preferi traduzir o *Hilflosigkeit* por "desamparo" ao invés do termo "impotência", usado por alguns tradutores da passagem.

180. *Ibid.*, p. 50.

Alguns meses antes de sua morte, Freud tentou voltar à questão religiosa que o perseguiu a vida inteira. Num livro do ponto de vista histórico controvertido, *O homem Moisés e a religião monoteísta*, ele reinventa a história de Moisés, que teria sido morto por seu povo, os hebreus. Nele Freud atribui um valor análogo ao assassinato do pai pela horda originária, composta de filhos expulsos por este último. "Urge levar em consideração também o fato que cada indivíduo do bando de irmãos tinha sem dúvida o desejo de cometer o ato sozinho e criar-se uma posição de exceção e um substituto da identificação com o pai"[181]. Freud afirma também que o monoteísmo tem seu correspondente no narcisismo ordinário, a fascinação exclusiva por uma representação imaginária de si, que, em graus diferentes, acompanha toda a forma neurótica. Ele lança uma ponte que separa a psicologia do indivíduo da psicologia das massas, para chegar à conclusão de que é necessário tratar todos os povos como a neurose habitual. Nesta obra alegórica Freud parece identificar-se com Moisés simultaneamente enquanto pai ameaçado de morte, em plena ascensão do nazismo, pouco antes da Segunda Guerra Mundial, e enquanto filho rebelde desejando regrar suas contas com o seu próprio pai, um homem profundamente religioso. Ele rompeu com o judaísmo para afirmar sua judeidade, sua pertença ao povo judeu fora de qualquer crença religiosa, sem parar de interrogar-se sobre o sentido desta identidade judaica. A obra receberá inúmeras críticas da parte dos intelectuais judeus e ainda hoje é de difícil compreensão.

---

181. FREUD, S. *L'Homme Moïse et la religion monothéiste*. In: LAPLANCHE, J.; BOURGUIGNON, A.; COTET, P. (orgs.). *Oeuvres complètes de Freud. Psychanalyse*, vol. XX. Paris: PUF, 2010, p. 166.

A religião como alienação intelectual: o positivismo de Comte a Dawkins

Emprestando do economista Turgot a teoria dos três estágios da humanidade, o filósofo francês Augusto Comte (1798-1857) afirma em seu *Cours de philosophie positive* (1830-1842) [Curso de filosofia positiva] que o ser humano evoluiu do estágio teológico para o estágio metafísico, em seguida para o estágio científico ou positivista. Sua classificação do progresso da consciência humana responde a uma lógica diferente daquela de Hegel, (mesmo se nele encontramos um primeiro estágio similar); sem ser contraditória, sua classificação pode ser considerada complementar.

Em Comte a cultura aparece desde o primeiro estágio, mas o ser humano ainda interpreta o mundo através de seu imaginário ao recorrer aos mitos, às crenças e às práticas mágicas. No interior deste estágio teológico, Comte distingue ainda três etapas: o fetichismo, o politeísmo e o monoteísmo. O último estágio, metafísico, se caracteriza pelo estímulo da razão crítica e pela abstração: interpreta-se filosoficamente o mundo. Mas é apenas no terceiro estágio que o ser humano cessa de colocar-se enfim a questão infantil do "porquê" para interessar-se pelos fatos e pelo "como" das coisas, que é o específico da ciência. Este estágio positivista só será efetivamente realizado quando todas as atividades humanas – a política, o direito, a moral, a economia – se embasarem exclusivamente no método científico de observação e de experimentação.

A filosofia positivista tem por dever promover uma ciência da sociedade que englobe todas as ciências particulares. Comte a denomina "sociologia", entendida não como uma disciplina particular de análise do funcionamento das sociedades, mas como uma "física social". Esta ciência permitiria aceder a uma sociedade totalmente racional, produtiva e pacífica, governada não mais por um soberano investido pela religião (estágio teológico), ou pelo povo (estágio filosófico), mas por uma elite de cientistas e técnicos positivistas. Nas últimas obras de Comte o positivismo torna-se uma verdadeira religião com seu catecismo, seu culto, seus santos (os eruditos que guiaram a evolução da humanidade), seu papa (Augusto Comte ele mesmo) que pretende substituir Deus pela humanidade e a Igreja Católica pelo positivismo. O filósofo francês torna-se assim a caricatura daquele que recria com nova roupagem o que pretendia evitar.

Dentre os nossos contemporâneos, o inglês Richard Dawkins (nascido em 1941), biólogo e etnólogo evolucionista, perpetua o espírito militante do ateísmo das Luzes e se inscreve como herdeiro do positivismo científico. Convencido de que seu combate pela ciência passa por uma luta contra a religião, é um dos principais críticos do criacionismo, teoria da origem das espécies animais e vegetais segundo a qual cada uma destas teria surgido separadamente (sem saber dos ancestrais) pela vontade divina. Em seu livro *Pour en finir avec Dieu*[182], publicado em 2006, ele opõe ao criacionismo o evolucionismo darwiniano, considerado por ele "a história da libertação da humanidade da ilusão de que seu destino é controlado por uma potência superior a ela". Por conseguinte, com a chegada da teoria de Charles Darwin (1809-1882) e a publicação em 1859 de seu livro *A origem das espécies*, um conflito entre ciência e fé se tornaria inevitável. A teoria da evolução pela seleção natural sugere que todas as espécies vivas estão em perpétua mutação e que, ao longo do tempo e das gerações, elas sofrem modificações tanto morfológicas quanto genéticas. Esta nova hipótese constitui uma revelação sem precedente na história das ciên-

---

182. DAWKINS, R. *Pour en finir avec Dieu*. Paris: Perrin, 2018, p. 17. (Traduzido no Brasil pela Companhia das Letras com o título *Deus um delírio*).

cias, já que esta teoria mexe com as próprias origens da vida, domínio até então reservado à religião. Darwin, que era crente, tornou-se progressivamente agnóstico, antes de entregar-se a uma verdadeira "conversão materialista", implicando uma negação da alma humana e da relação com um Deus criador. A teoria da evolução, hoje unanimemente adotada pela comunidade científica, opõe-se assim diretamente ao que a Bíblia e o Alcorão dizem sobre o nascimento das espécies vivas, e notadamente do ser humano, criado diretamente por Deus, à "sua imagem e à sua semelhança".

Dawkins pretende testar a existência de Deus como uma hipótese científica. Ele afirma que as crenças religiosas podem ser analisadas em virtude de seus efeitos. Dentre estes, elas constituem uma ameaça que destrói a ciência, encorajam o fanatismo e a intolerância, notadamente em relação aos homossexuais, e influenciam a sociedade de diversas maneiras negativas. Dawkins se mostra particularmente escandalizado com o endoutrinamento das crianças. No livro *Deus um delírio* ele aborda as razões pelas quais tendemos a ser religiosos, citando especialmente o psicólogo americano Paul Bloom: a criança tenderia naturalmente a ter uma teoria dualista do espírito. Bloom faz uma distinção fundamental entre o espírito e a matéria. "O dualista crê que o espírito é uma espécie de espírito desencarnado que habita no corpo e que, portanto, poderia logicamente abandoná-lo e viver alhures"[183]. Bloom diz também que a criança teria uma tendência natural a ser criacionista e teleologista, ou seja, tenderia a atribuir uma razão de ser para tudo. O livro de Dawkins vendeu mais de dois milhões de exemplares mundo afora, suscitando muitas controvérsias, inclusive com alguns filósofos ateus que rejeitaram

---

183. *Ibid.*, p. 230.

sua ideia central segundo a qual o verdadeiro conhecimento só pode ser obtido pela ciência, e que o conhecimento científico seria suficiente para resolver os problemas filosóficos. É o caso específico de John Lennox, professor emérito de matemáticas e filosofia das ciências da Universidade de Oxford, na Inglaterra, que participou de debates com Dawkins e escreveu em 2007 um livro em resposta à obra de Dawkins com o título *God's Undertaker: Has Science Buried God?* [*Por que a ciência não consegue enterrar Deus?*]

3
A experiência espiritual

A crítica da religião feita pelos filósofos das Luzes do século XVIII e pelos pensadores ateus do século XIX ao século XXI tem isso em comum: ela considera a religiosidade humana essencialmente sob o ângulo da crença e do dogma. Crença que a crítica denuncia como ilusória, delirante ou supersticiosa. Mas, como o lembram os pensadores românticos desde o início do século XIX, essa crítica esquece que a religião se embasa igualmente, e sobretudo, no coração, na sensibilidade, nas emoções, e que ela é acima de tudo, para muitos indivíduos, fruto de uma experiência interior. "O sentimento é tudo, o nome não passa de som e fumaça", escreve Goethe em seu *Fausto*.

O teólogo Friedrich Schleiermacher (1768-1834), influenciado pelo movimento romântico alemão, publicou em 1799 um *Discurso sobre a religião*, no qual mostra que a religião se embasa acima de tudo no sentimento. Qualquer experiência religiosa contém uma dimensão emocional que toca a alma, muito antes de propor uma dimensão racional e dogmática. Por outro lado, nosso autor lembra que esta experiência pessoal deve poder ser compartilhada coletivamente, justamente pelo fato de que ela se embasa em imagens originárias presentes em todos os seres humanos. Esta ideia muito provavelmente vai inspirar a Carl Gustav Jung, um século mais tarde, sua teoria do inconsciente coletivo e dos arquétipos.

O teólogo e filósofo Rudolf Otto, especialista em religiões comparadas, retoma as teses de Schleiermacher e pretende restaurar a importância da sensibilidade e da afetividade face à primazia da razão imposta pelas Luzes. Conservando a ideia de que a religião repousa primeiramente e acima de tudo sobre um sentimento, ele atribui a este último um objeto que não é Deus, mas o mistério. Confrontado com o mistério do mundo e com o enigma da vida e da morte, o ser humano faz a experiência do *numinosum*, o "numinoso", definido por Otto como uma energia, um sentimento. Este encontro com o mistério tem dois efeitos sobre a alma: o ser humano pode experimentar ao mesmo tempo uma atração irresistível face ao *mysterium fascinans*, o "mistério fascinante", e uma sensação de temor e de tremor face ao *mysterium tremendum*, o "mistério que faz tremer". É esta experiência universal de admiração, de amor e de tremor diante da beleza e da grandeza inefável do mundo que Otto denomina "sagrado". Inspirei-me aqui neste conceito assim definido por Otto para mostrar que a experiência íntima e universal do sagrado está no fundamento de todas as religiões que, por sua vez, vão tentar domesticá-lo e racionalizá-lo pelo rito e pelo dogma.

> Uma coisa é acreditar na existência do suprassensível, outra é fazer dele uma experiência vivida – especifica Otto; uma coisa é ter a ideia do sagrado, outra é percebê-lo e descobri-lo como um fator ativo e operante que se manifesta por sua ação[184].

---

184. OTTO, R. *Le Sacré*. Paris: Payot, 2015, p. 231.

Carl Gustav Jung: reabilitação da experiência interior

Como o lembrei numa obra recente[185], a questão do sagrado, do divino e, de maneira geral, do religioso é um tema onipresente na obra do famoso médico e psiquiatra suíço Carl Gustav Jung (1875-1961). Filho de um pastor protestante, Jung começou afastando-se da religião: "para mim a Igreja é a morte", disse a si mesmo aos 12 anos de idade, quando decidiu abandonar toda prática religiosa. Leitor assíduo de Nietzsche, Jung aderiu à crítica virulenta da religião cristã que este filósofo fez. Sua experiência da psique humana o levou a desenvolver outras críticas. A mais importante diz respeito ao caráter exterior do cristianismo (extensível ao judaísmo e ao islã): Deus é apresentado como totalmente transcendente ao mundo e ao ser humano, fato que levou este último a submeter-se mais a uma entidade exterior do que fazê-lo encontrar em sua alma uma potência interior. O fiel não tem mais acesso a Deus a não ser pela autoridade institucional e pela norma teológica. Disto resulta um moralismo sufocante e um racionalismo dogmático dessecante: "Pode acontecer que um cristão, mesmo acreditando em todas as imagens sagradas, permaneça indiferenciado e imutável no mais íntimo de sua alma, porque seu Deus se encontra completamente 'fora' e não é vivenciado em sua alma"[186]. A este respeito, Jung lembra que a noção de "imitação de Cristo", tal como a ensinava a pregação cristã, dependia desta compreensão exterior da espiritualidade: buscava-se imitar Cristo como um modelo, inclusive reproduzindo os sofrimentos de sua paixão (daí o dolorismo cristão). Ora, para Jung esta imitação mecânica e formal da vida de

---
185. LENOIR, F. *Jung, un voyage vers soi*. Paris: Albin Michel, 2021. Sintetizo aqui as grandes linhas do que desenvolvi mais longamente sobre Jung e a questão do sagrado.
186. JUNG, C.G. *Psychologie et alchimie*. Paris: Buchet-Chastel, 1970, p. 15 (cf. JUNG, C.G. *Psicologia e alquimia*. 6. ed. Petrópolis: Vozes, 2012, p. 23).

Jesus é um engodo. A imitação deve ser interior e não exterior: do mesmo modo que Jesus foi fiel à sua missão interior dando a vida, em igual medida cada ser humano deve compreender qual é a sua vocação profunda, pessoal, singular, que permite que ele se realize plenamente e cumpra livremente o seu destino.

A esta crítica de uma exterioridade demasiado forte, típica do Ocidente, Jung acrescenta a crítica ao caráter projetivo tanto do cristianismo quanto das outras religiões monoteístas: o ser humano projetou sua psique sobre este Deus exterior fazendo-se dele uma representação muito antropomórfica, como já Voltaire, Feuerbach e Freud o mostraram antes dele. Nas sendas de Freud, Jung também destacou a repressão brutal dos instintos da religião cristã, o desprezo pelo corpo e a exaltação mórbida da castidade. Também não deixou de assinalar a cruel ausência da dimensão feminina na imagem arquetípica divina e lamentou que a teologia cristã, desejando apresentar a figura de um Deus de pura bondade, tenha deixado de lado a problemática do mal em seu caráter mais brutal. Apesar destas críticas, com o passar dos anos Jung foi se aproximando da religião de duas maneiras: primeiramente por sua prática psiquiátrica, que lhe mostrava a importância do religioso na psique dos indivíduos, em seguida por suas experiências espirituais pessoais, que o fizeram experimentar o numinoso do qual falava Rudolf Otto.

Seu trabalho, primeiramente numa clínica psiquiátrica em Zurique e em seguida como médico psiquiatra liberal, colocou Jung em contato com milhares de pacientes (ele afirma ter interpretado mais de 80.000 sonhos). Esta experiência o faz afirmar que a religião nos impregna através da história, das ideias, dos ritos e das crenças da civilização à qual pertencemos, e que o nosso inconsciente coletivo é salpicado de mitos, de símbolos e de arquétipos religiosos. Jung relata ter observado pacientes que se diziam totalmente indiferentes ou hostis à religião e que não haviam recebido nenhuma educação religiosa, mas que sonhavam com símbolos religiosos. A partir de então o psiquiatra passou a insistir na necessidade de permanecer espiritualmente enraizado na própria cultura de origem. Ele convenceu-se de que embora possamos tornar-nos ateus, não podemos mudar de religião, pois esta constitui uma dimensão fundamental de nossa identidade, tanto consciente quanto inconsciente. Social e culturalmente Jung se considerava, pois, um cristão, e tinha consciência e tudo quanto devia ao cristianismo. Ele também se reconhecia na mensagem ética do Evangelho, fundado no amor ao próximo.

Mas, para além desta fidelidade aos valores cristãos, Jung afirma ter feito pessoalmente a experiência psíquica de uma transformação emocional relacionada com uma força indefinível. Ele observou o mesmo junto a alguns de seus pacientes e através de muitos testemunhos históricos em todas as culturas do mundo. A leitura das teses de Otto teve um impacto profundo sobre Jung, sobretudo porque elas se juntam às suas próprias experiências e descobertas sobre a existência de uma *função religiosa* no inconsciente. Ele, portanto, apoia-se em Otto para definir o religioso como

> uma atitude da consciência que foi transformada pela experiência do numinoso [...]. Religião é uma acurada e conscienciosa observação daquilo que Rudolf Otto acertadamente chamou de *"numinosum"*, isto é, uma existência ou um efeito dinâmico, que não encontra sua causa num ato arbitrário da vontade [...] e que deve ser atribuído a uma causa exterior ao indivíduo. O *numinosum* pode ser a propriedade de um objeto visível, ou o influxo de uma presença invisível que produzem uma modificação especial na consciência[187].

---

187. JUNG, C.G. *Psychologie et religion*. Vincennes: La Fontaine de Pierre, 2019, p. 17-18 (cf. JUNG, C.G. *Psicologia e religião*. 9. ed. Petrópolis: Vozes, 2011, p. 19).

Jung é levado assim a preferir a antiga etimologia romana do termo "religião", *relegere*, que significa "observar", "perscrutar com cuidado", ao invés daquela mais correntemente adotada desde Santo Agostinho, *religare*, que significa "religar". Pois, se a religião tem uma função de reatar, se ela favorece o viver junto e mantém uma coesão no seio de um grupo humano (que seja uma tribo, um reino ou uma civilização), ela repousa primeiramente e acima de tudo sobre uma experiência do numinoso. É só num segundo momento que a religião se torna uma tradição, que tenta fazer persistir e codificar esta experiência numinosa por ritos, crenças e dogmas, e se torna criadora de vínculo social.

> Eu gostaria de deixar bem claro que, com o termo "religião", não me refiro a uma determinada profissão de fé religiosa – especifica Jung. A verdade, porém, é que toda confissão religiosa, por um lado, se funda originalmente na experiência do numinoso, e, por outro, na *pistis*, na fidelidade (lealdade), na fé e na confiança em relação a uma determinada experiência de caráter numinoso e na mudança de consciência que daí resulta. Um dos exemplos mais impressionantes é a conversão de Paulo. Poderíamos dizer, portanto, que o termo "religião" designa a atitude particular de uma consciência transformada pela experiência do numinoso. As confissões de fé são formas codificadas e dogmatizadas de experiências religiosas originárias. Os conteúdos da experiência foram sacralizados e, em geral, enrijeceram dentro de uma construção mental inflexível e, frequentemente, complexa. O exercício e a repetição da experiência original transformaram-se em rito e em instituição imutável[188].

Existe um fosso, portanto, entre esta concepção da religião que repousa primeiramente sobre a experiência de uma revelação interior e a religião dos teólogos (tanto no judaísmo como

---

188. *Ibid.*, p. 21.

no cristianismo e no islã) que consideram que ela repousa sobre a fé numa revelação exterior. Aliás, a correspondência de Jung abunda em controvérsias com teólogos que o censuram de solapar o fundamento da religião, mas ele permanece inflexível sobre esta questão, pois sua abordagem não é teológica, mas psicológica e empírica. "O problema da religião não é tão simples como o senhor imagina", escreve Jung a um de seus contraditores americanos.

> Não se trata absolutamente de convicção intelectual nem de filosofia ou de fé, mas antes de experiência interior. Reconheço que é uma concepção que parece ser ignorada completamente pelos teólogos, ainda que falem muito dela. Paulo, por exemplo, não foi convertido ao cristianismo por algum esforço intelectual ou filosófico, mas pela força de uma experiência direta e interior. Sobre ela baseava-se sua fé, mas nossa teologia moderna torce as coisas e supõe que primeiro devemos acreditar para, só então, ter uma experiência interior[189].

Desta dupla observação, a da presença de uma marca religiosa universal através do inconsciente coletivo e a de uma possibilidade – igualmente universal – de fazer esta experiência do numinoso, Jung oferece a seguinte conclusão: o ser humano, quer tenha ou não consciência, é um animal religioso: *homo religiosus*. Parafraseando o oráculo de Delfos, Jung fez escrever na padieira de entrada de sua casa, bem como em seu túmulo: "Quer se queira ou não, a questão do divino se impõe". E o médico de Zurique nunca deixou de lembrar que essa constatação provém dos fatos e não de uma teoria qualquer:

---

189. Carta a um destinatário americano anônimo de 2 outubro de 1954. *In*: JUNG, C.G. *Le Divin dans l'homme*. Paris: Albin Michel, 1999, p. 40 (cf. JUNG, C.G. *Cartas*. 2. ed. Petrópolis: Vozes, 2021, vol. 2, p. 353).

> Não fui eu que atribuí uma função religiosa à alma; simplesmente apresentei os fatos que provam ser a alma *naturaliter religiosa* (naturalmente religiosa), isto é, dotada de uma função religiosa: função esta que não inventei, nem coloquei arbitrariamente nela, mas que ela produz por si mesma, sem ser influenciada por qualquer ideia ou sugestão[190].

A partir desta constatação, Jung quis mostrar a utilidade da função religiosa, que favorece a colaboração entre a psique consciente e a psique inconsciente através da experiência do numinoso ou da prática interiorizada dos ritos. Enraizada nos arquétipos do inconsciente coletivo, a função religiosa é de fato uma disposição estrutural da psique humana, que recorre sem cessar aos processos de simbolização, servindo assim a relação do consciente e do inconsciente; daí sua importância crucial para o equilíbrio da psique. Os símbolos que entram nesta dinâmica através da função religiosa são de duas ordens: naturais (imagens arquetípicas fundamentais) e culturais (produtos da cultura e do dogma religioso). Quando os símbolos religiosos aparecem nos sonhos ou através da imaginação ativa, eles têm um poderoso efeito terapêutico: "Meu empenho está em descobrir as situações psíquicas a que se refere a afirmação religiosa. Descobri que, via de regra, quando aparecem espontaneamente conteúdos 'arquetípicos' nos sonhos etc., deles emanam efeitos numinosos e curativos. São *experiências psíquicas primitivas* que reabrem muitas vezes para os pacientes o acesso a verdades religiosas soterradas. Eu mesmo passei por esta experiência"[191]. Jung afirmou ter curado muitos pacientes remetendo-os à prática da religião na qual foram educados, fosse ela qual fosse, e sempre

---

190. JUNG, C.G. *Psychologie et alchimie. Op. cit.*, p. 17 (cf. JUNG, C.G. *Psicologia e alquimia. Op. cit.*, p. 25).
191. Carta a Vera Lier-Schmidt de 25 de abril de 1952. *In*: *Le Divin dans l'homme. Op. cit.*, p. 39; (cf. JUNG, C.G. *Cartas. Op. cit.*, vol. 2, p. 231).

se mostrou empenhado em buscar em seus pacientes "ideias e linguagem"[192] que lhes correspondessem a fim de ajudá-los a restabelecer o contato com o próprio universo simbólico.

Enquanto psicólogo, Jung não se coloca a questão de saber se uma religião é melhor do que a outra, tampouco se o discurso religioso dogmático repousa sobre uma verdade ou sobre uma ilusão. Ele simplesmente constata que o ser humano precisa de uma vida simbólica que permita às necessidades da alma manifestar-se, e que a prática religiosa – inicialmente no sentido primeiro de observação atenta de sua vida, depois no sentido segundo de prática ritual no seio de uma tradição religiosa para os crentes – pode ser fonte de um equilíbrio profundo. Como todo psicólogo, Jung constata os estragos que a religião pode causar em alguns indivíduos. Ele nunca negou a afirmação freudiana segundo a qual a crença religiosa pode ser neurótica. Também ele tem consciência e convencimento de que muitas pessoas acreditam em Deus como um substituto do pai ou reprimem suas pulsões em razão das proibições religiosas. Mas, contra Freud, Jung afirma que a religião também tem uma função positiva, inclusive essencial, ao favorecer o acesso às energias que renovam a vida do indivíduo, tornando-o assim mais completo no plano pessoal e coletivo. Ele também afirma ter observado que as pessoas que viviam experiências religiosas profundas eram geralmente as mais felizes e as mais equilibradas que havia encontrado.

"Existe ainda assim um argumento empírico de peso que não leva a alimentar ideias que não podem ser provadas. É que elas são reconhecidas como úteis", escreve Jung no final de sua vida, na obra *O homem e seus símbolos*.

---

192. Carta ao Padre Victor White de 5 de outubro de 1945. *In*: *Le Divin dans l'homme. Op. cit.*, p. 81 (cf. JUNG, C.G. *Cartas*. 2. ed. Petrópolis: Vozes, vol. 1, p. 388ss.).

> O homem tem uma necessidade real de ideias gerais e de convicções que dão um sentido à sua vida, e lhe permitam encontrar um lugar no universo. Ele pode suportar provações inacreditáveis se estiver convencido de que elas têm um sentido [...][193].

"Deus está morto", anunciava o Zaratustra de Nietzsche. Jung meditou longamente esta palavra já presente no livro *A gaia ciência*, e lhe pareceu mais acertado dizer que não foi Deus que morreu, mas a imagem que tínhamos dele. A imagem do Deus bíblico, exterior ao mundo, onipresente, totalmente bom, que se revela pelos profetas e que responde às orações dos fiéis, não é mais crível pela maioria de nossos contemporâneos do Ocidente. Em contrapartida, como acabamos de ver, Jung está convencido de que a força das energias divinas permanece ativa, e que o ser humano pode reencontrá-la por meio da experiência do numinoso. Mas trata-se aqui de uma experiência inefável. Embora nada possamos dizer de Deus, visto que Ele permanece fora do alcance do entendimento humano, dele podemos fazer a experiência.

Jung nos convida, pois, a abandonarmos todas as representações antropomórficas, limitadas, culturais, que temos de Deus, e abrir-nos a uma experiência do encontro com o divino indizível. Neste particular Jung cita trinta e oito vezes em sua obra um grande místico cristão do século XIV, Mestre Eckhart, que, como o evoquei no capítulo 7, dizia: "Por isso peço a Deus que me esvazie de Deus"[194]. Para Eckhart, a Trindade, à semelhança do Deus bíblico (YHWH), continua uma representação humana, manifestada por uma linguagem antropomórfica e conceitual, de uma realidade incompreensível que

---

193. JUNG, C.G. *L'Homme et ses symboles*. Paris: Robert Laffont, 1964, p. 89.
194. ECKHART, M. *Sermons*. Paris: Seuil, 1974, Sermão 52 (cf. ECKHART, M. *Sermões alemães*. 2. ed. Bragança Paulista: Editora Universitária São Francisco; Petrópolis: Vozes, 2009, vol. 1, p. 291) [Nova edição no prelo].

ele denomina "Deidade" (*Gottheit*). Ora, o que Eckhart diz da Deidade e de seu vínculo com a alma humana corresponde aos conceitos de arquétipos de Deus e de *si-mesmo* desenvolvidos por Jung. Quanto à experiência indizível, perturbadora e transformadora, que a alma faz ao aceitar a Deidade, ela corresponde ao numinoso desenvolvido por Otto e retomado por Jung, mas também, como o veremos ainda, ao misticismo explicitado por Bergson. Eckhart relê sua experiência mística como uma filiação divina: "Por que Deus se fez homem? Para que Deus seja gerado na alma e a alma seja gerada em Deus"[195].

É, portanto, no cruzamento destas duas influências (Eckhart e Otto) que Jung vai desenvolver sua concepção de Deus e da experiência humana do divino: "'Deus' é em primeiro lugar uma imagem mental, dotada de 'numinosidade' instintiva, isto é, um valor emocional confere à imagem a autonomia característica do afeto"[196]. Esta "imagem mental" é o arquétipo de Deus que existe em nossa psique e que Jung denomina *imago dei*. É esta imagem (marca, pegada) de Deus na psique que Jung identifica como símbolo principal do si-mesmo (*soi*).

Enquanto leitor fiel de Kant, Jung toma muito cuidado em especificar que o si-mesmo é um "conceito-limite", sobre o qual não podemos avançar nenhuma afirmação de ordem metafísica: só podemos fazer a experiência dele e, a partir daí, implicar a existência. Jung fala a mesma linguagem dos grandes místicos cristãos defensores de uma teologia apofática. É a razão pela qual, quando perguntado se acredita em Deus, respondeu: "Eu não acredito, eu sei". Esta resposta suscitará muitos mal--entendidos, e o acusarão, muito equivocadamente, de afirmar

---

195. ECKHART, M. *Sermons. Op. cit.* Sermon 38, p. 48 (cf. ECKHART, M. *Sermões alemães. Op. cit.* Sermão 38, p. 223.)
196. Carta a Valentine Brooke de 16 de novembro de 1959. *In*: *Le Divin dans l'homme. Op. cit.*, p. 136 (cf. JUNG, C.G. *Cartas*. Petrópolis: Vozes, 2003, vol. 3, p. 232).

ter um conhecimento metafísico de Deus. Ele não sabe quem é Deus, mas sabe que podemos fazer uma experiência daquilo que comumente denominamos "Deus" através da presença de seu arquétipo na psique humana. O fato de Jung ter decidido conservar o termo "Deus", que as religiões utilizam para falar desta realidade última e indizível e do qual podemos fazer a experiência, também criou mal-entendidos. O mesmo aconteceu com Spinoza, três séculos antes, que fez uma opção similar enquanto o conceito de Deus por ele elaborado não tinha nada a ver com o Deus bíblico. Mas um e outro, embora conscientes dos mal-entendidos, fizeram questão de conservar um termo inscrito na cultura indo-europeia há milênios para evocar esta realidade última, que pretendem redefinir ou evocar.

Quando Jung aplica a Deus a noção de arquétipo, ele nada diz sobre sua natureza própria. Simplesmente reconhece que existe uma imagem de Deus inscrita em nosso inconsciente coletivo da qual podemos fazer a experiência. Mas esta experiência permanece subjetiva e indizível. "Estou sempre pronto a professar minha experiência interior, mas jamais sua interpretação metafísica", especifica Jung ao Professor Bernhard Lang em uma carta escrita em junho de 1957.

> Pois, caso contrário, reivindico implicitamente para esta [experiência] um reconhecimento universal. Devo professar, ao contrário, que não posso interpretar a experiência interior em sua realidade metafísica, já que esta realidade é de natureza transcendente e ultrapassa minhas possibilidades humanas. Claro que sou livre de acreditar no que eu quiser sobre este tema, mas é então o meu preconceito subjetivo com o qual não quero incomodar os outros e do qual, aliás, não posso absolutamente provar a validade universal [...]. Tudo o que os humanos afirmam de Deus é puro palavrório; pois ninguém pode conhecer Deus[197].

---

197. JUNG, C.G. *Le Divin dans l'homme. Op. cit.*, p. 43.

"A psicologia de Jung constitui simultaneamente a última validação da religiosidade humana e sua mais brilhante crítica", escreve com todas as letras John P. Dourley[198]. É a razão pela qual, em vida ainda, Jung, por seus escritos sobre a religião, teve que virar-se contra tudo e contra todos. Os psiquiatras e psicanalistas freudianos o qualificam de "místico" e negam toda verdadeira cientificidade aos seus trabalhos, enquanto que os teólogos, judeus e cristãos, o censuram de reduzir Deus à psicologia e oferecer a visão elitista de uma espiritualidade puramente individualista. Jung se defende dos primeiros devolvendo-lhes o elogio: são eles que demonstram preconceitos e que recusam constatar o caráter profundamente religioso da psique humana, já que isto vai contra as suas convicções materialistas e antirreligiosas.

A Andrew R. Eickhoff, autor do ensaio sobre *Freud e a religião*, que lhe envia seu manuscrito para obter seu parecer, Jung responde:

> A atitude negativa de Freud foi um dos pontos, entre muitos outros, de conflito entre nós. Não importava que fosse uma crença judaica, cristã ou outra qualquer; ele era incapaz de admitir alguma coisa além do horizonte de seu materialismo científico. Fracassei em minha tentativa de fazê-lo ver que seu ponto de vista era preconceito não científico e que sua ideia de religião repousava sobre opiniões preconcebidas[199].

Aos seus interlocutores céticos Jung não se cansa de lembrar que eles confundem crença e experiência. Qualquer crença pode ser discutida, rejeitada ou considerada ilusória, mas o mesmo não pode ser dito da experiência. "A experiência

---

198. DOURLEY, J.P. *La Maladie du christianisme. L'apport de Jung à la foi.* Paris: Albin Michel, 2004, p. 140.
199. Carta a Andrew R. Eickhoff de 7 de maio de 1956. *In: Le Divin dans l'homme. Op. cit.*, p. 518 (cf. JUNG, C.G. *Cartas. Op. cit.,* vol. 3, p. 20).

religiosa é absoluta. Ela é, no seu sentido próprio, indiscutível [...]. Pouco importa sobre o que o mundo pensa da experiência religiosa, quem a faz passa a dispor de um tesouro que é fonte de vida, de significação e de beleza"[200]. De fato, Jung teve que lutar contra a concepção, oriunda das Luzes, de que as religiões seriam ideias nascidas do espírito humano consciente, com o propósito de manipular as pessoas. Ele realça a ingenuidade desta tese e lembra que "a esta opinião opõe-se a realidade psicológica da dificuldade que temos de discernir intelectualmente os símbolos religiosos. Eles não provêm absolutamente da razão, mas de outro lugar. Do coração, talvez, mas certamente de uma camada psíquica profunda, que pouco se assemelha à consciência, de que é apenas uma superfície. Da mesma forma, os símbolos religiosos sempre têm um caráter muito denso de 'revelação', ou seja, em geral são produtos espontâneos da atividade consciente da alma. Eles são tudo o que quisermos, menos invenção do pensamento"[201]. Observação que não contradiz a realidade histórica segunda a qual os homens e as instituições manipulam os símbolos religiosos e buscam o sagrado para fins de poder.

Juntamente com estas críticas emanadas de ambientes psicanalíticos e científicos, Jung teve que enfrentar os ataques igualmente virulentos dos fiéis e dos teólogos chocados com suas teses sobre a religião, e que o acusavam de reduzi-la ao nível do "psicologizante". Ele responde afirmando que nada pode fugir à psique humana, já que ela é a sede de qualquer experiência, o que não significa, no entanto, dizer que o objeto da experiência espiritual seja apenas psicológico. Por exemplo: não é porque Deus é experimentado na alma humana que Ele não possa existir fora dela. Sobre esta questão metafísica Jung per-

---

200. JUNG, C.G. *Psychologie et religion. Op. cit.*, p. 223-224.
201. JUNG, C.G. *L'Énergétique psychique*. Genebra: Georg, 1993, p. 224.

manece agnóstico: ele não sabe. Outra crítica concerne ao caráter elitista de sua compreensão da experiência religiosa, para ele enraizada no numinoso. Nem todos possuem uma natureza mística capaz de viver tais experiências, dizem seus críticos. Jung, no entanto, lembra que é sobretudo em razão do caráter muito racional e exterior de nossa psique ocidental que esta experiência interior do numinoso se nos tornou, de fato, mais difícil. Em outras regiões do mundo, na Ásia, na África ou junto aos ameríndios, a história constatada por Jung é outra. É a razão pela qual ele se diz convencido de que a exploração da psicologia profunda é um meio moderno de entrar em contato com as camadas profundas de nossa psique, onde residem os arquétipos religiosos. Mas ele também guarda lucidez sobre o fato de que muitos indivíduos têm medo da própria interioridade e preferem seguir modelos exteriores.

É por ter plena consciência de que poucos indivíduos podem, sozinhos e com seus próprios instrumentos, ir até o fim da própria busca espiritual e do próprio desejo de realização que Jung considera as organizações religiosas necessárias. E é também por isso, como o vimos, que ele reenvia muitos de seus pacientes à própria comunidade de origem e à prática dos ritos religiosos. Mas, historicamente, Jung também abriu um caminho novo que, a partir dos anos de 1960, estimulou muitas pessoas que estavam em busca da dimensão espiritual e de sentido, não mais encontrável nos caminhos religiosos tradicionais, a orientar-se para a experiência interior.

Viktor Frankl: a experiência do sentido

Viktor Frankl (1905-1997) é um médico psiquiatra austríaco, discípulo de Freud, pouco conhecido na França. Ele viveu uma tragédia pessoal que o levou a situar a questão do sentido da vida no centro de todo o seu processo pessoal de resiliência. Quando os nazistas invadiram a Áustria, em 1938, ele se recusou a praticar a eutanásia aos doentes mentais. Em 1942, ele, sua mulher, seus pais e seu irmão mais novo foram deportados, na condição de judeus, para diferentes campos de concentração. Sobrevivente do campo de Auschwitz, em 1945 Frankl ficou sabendo que todos os seus familiares tinham sido mortos na deportação. E então se deu conta que o que lhe permitiu sobreviver por três anos nos campos da morte é o que ainda o ajuda a não cair na depressão ou no desespero, o ajuda a superar esta nova tragédia e a reconstruir-se: Frankl soube dar um sentido à sua existência e encontrar razões de viver, não obstante o horror desta provação.

"Face ao absurdo, os mais frágeis desenvolveram uma vida interior que lhes abria um espaço para guardar a esperança e questionar o sentido – escreve Frankl [...]. Tivemos que mudar totalmente a nossa atitude em relação à vida. Foi necessário aprender por nós mesmos e, além disso, era necessário que mostrássemos aos que estavam à mercê do desespero que o importante não era o que esperávamos da vida, mas o que a vida esperava de nós. Ao invés de perguntar se a vida tinha um sentido, devíamos imaginar-nos que era a vida que nos questionava, diariamente, e a toda hora"[202]. O que Viktor Frankl nos ensina, é que quem tem um "porquê" pode viver com não importa qual "como". E que este "porquê" está ligado a uma forma de espiritualidade, seja ela religiosa ou não: crença em Deus, na vida eterna, ou engajamento num caminho espiritual, tudo isso vai oferecer razões de viver.

Pessoas portadoras de fé ou que vivem uma vida espiritual profunda geralmente são as que resistem melhor às grandes provações da vida. Isto vale para a história de Etty Hillesum

---

[202]. Dossier "La maladie a-t-elle un sens? De la culpabilité à la responsabilité". *Enquêtes de santé*, n. 2, août-septembre 2010, p. 23.

(1914-1943), jovem mulher holandesa de origem judia, deportada para o campo intermediário de Westerbork, depois para Auschwitz, e que não teve a chance, como Viktor Frankl, de sair viva. Em busca da verdade, ela seguiu os ensinamentos do psicólogo alemão Julius Spier, um discípulo de Jung, e se apaixonou pelos escritos da Bíblia e de Santo Agostinho. Em seu diário íntimo, publicado quarenta anos após a sua morte[203], ela desentranha reflexões profundas e comoventes, que traduzem a força de sua vida interior.

Tanto em Etty Hillesum como em Viktor Frankl, a noção de sentido é capital: "Para sobreviver é necessário cultivar uma razão de viver". Esta é a mensagem que Viktor Frankl transmite na teoria do sentido da vida que elabora, a logoterapia, que a princípio é uma psicoterapia. Ela é considerada a "Terceira Escola Vienense de Psicoterapia", após a de Sigmund Freud e a de Alfred Adler. A logoterapia se preocupa não somente com a "vontade de sentido", mas também com a "vontade de um sentido último, de um suprassentido", como Viktor Frankl o exprime em sua obra *A presença ignorada de Deus*[204]. Para ele, "a fé religiosa, em última análise, é fé neste suprassentido, ato de confiança em relação a este suprassentido". No fim das contas, ela é uma fé num sentido superior: "Se a psicoterapia diz respeito ao fenômeno da fé, não como uma fé em Deus, mas como uma fé mais alargada dos sentidos, então é sem sombra de dúvida legítimo que ela se preocupe e se ocupe do fenômeno da fé".

---

203. HILLESUM, E. *Une vie bouleversée: journal 1941-1943, suivie de Lettres de Westerbork*. Paris: Seuil, 1995.

204. FRANKL, V. *Le Dieu inconscient. Psychothérapie et religion*. Paris: InterÉditions, 2012 (cf., FRANKL, V. *A presença ignorada de Deus*. São Leopoldo: Sinodal – Petrópolis: Vozes, 12. ed., 2007).

Com a logoterapia Frankl pretende incluir a dimensão espiritual no ato terapêutico. Pois, ao se reduzir o ser humano ao corpo e ao psiquismo, ele não seria concebido em sua totalidade. Para englobar essa totalidade, três grandes dimensões – física, psíquica e espiritual – devem estar presentes. Retomando a distinção freudiana de consciente e inconsciente, Frankl separa o inconsciente em dois registros: "o pessoal", reservatório de pulsões caras a Freud (o "id"), e "o espiritual", contendo a vida espiritual não revelada. Em nosso "inconsciente espiritual", Deus seria sempre inconscientemente o objeto de nossa aspiração; teríamos sempre em nós, mesmo que inconscientemente, uma relação intencional com Deus. É a razão pela qual em seu livro Frankl o denomina "Deus inconsciente". Isto significa que nossa relação com Deus pode ser inconsciente, ou seja, reprimida e escondida de nós mesmos.

Embora em muitos aspectos muito próximo das ideias junguianas, Frankl se diferencia de Jung num ponto importante. Em Jung a religiosidade inconsciente vem em grande parte dos arquétipos, pertencendo ao inconsciente coletivo. Em Frankl, ao contrário, a religiosidade não pode vir de nenhum inconsciente coletivo, mas de um inconsciente pessoal, ligado à história singular do sujeito.

Tendo descoberto a atividade do inconsciente espiritual, Frankl conclui que o ser humano não é primeiramente um ser de razão, contrariamente ao que a tradição filosófica de maneira quase unânime afirma. Tomando a devida distância do racionalismo oriundo de Descartes e Kant, Frankl valoriza no ser humano a parte intuitiva, fonte originária do sentido. Nesta perspectiva sua tematização do inconsciente espiritual é entendida como desejo de transcendência. Pois, segundo nosso autor, o ser humano cultiva uma relação pessoal com Deus. Ele tem a intuição de um Deus escondido que espera revelar-se, e com o qual busca entrar em relação. Atrás do "eu" imanente, o "tu" transcendente emerge, a consciência sendo o lado imanente de um absoluto transcendente.

Com a análise existencial, que é a vertente filosófica da logoterapia, Frankl evidencia uma evolução maior em relação à psicanálise freudiana. Hoje, explica Frankl, não se trata mais de debater sobre "o futuro de uma ilusão", para retomar o título de uma obra de Freud, mas de voltar toda a nossa atenção para "a eternidade de uma realidade". A religiosidade do ser humano é uma realidade, no sentido mais estritamente empírico. Esta realidade pode permanecer inconsciente, e ser até mesmo reprimida. Assim, afirma Frankl, não é raro constatar que o indivíduo neurótico apresenta uma deficiência em sua relação com a transcendência. Ao lado das neuroses psicogênicas existem neuroses "noogênicas", expressões de uma verdadeira angústia espiritual em razão de um profundo sentimento de ausência de sentido.

Após fazer um inventário de uma sociedade doente, existencialmente vazia, Frankl conclui que o futuro espiritual do ser humano tece sua trama numa religiosidade pessoal antes que coletiva, "uma religiosidade que permite a cada indivíduo encontrar sua linguagem própria, sua linguagem pessoal, a linguagem que só a ele pertence, ao dirigir-se a Deus"[205].

Henri Bergson e o fato místico

O filósofo francês Henri Bergson (1859-1941), por sua vez, vai tentar mostrar, de outra maneira, que a experiência espiritual, através do fenômeno místico, não pode ser reduzida ao estado de patologia ligada a crenças supersticiosas. Em sua última obra, *As duas fontes da moral e da religião* (1932), Bergson distingue uma religião "fechada" ou "estática", que

---

205. *Ibid.*, prefácio do autor, p. IX.

corresponde perfeitamente à criticada pelos pensadores das Luzes, de uma religião "aberta" ou "dinâmica". A religião "estática" é a das instituições e a das tradições que buscam fazer perpetuar através dos séculos "o fogo sagrado" da experiência inicial dos fundadores e torná-la acessível ao maior número de pessoas, o que leva necessariamente a um empobrecimento e a um enrijecimento. Oriunda da função imaginária – "desta função depende o romance, o drama, a mitologia com tudo o que precede[206]" –, especifica Bergson, ela falsifica a realidade para infelizmente engendrar superstições. Ora, a experiência espiritual dos fundadores pode ser vivificada por outro viés, "de outra fonte de diferente natureza", afirma Bergson. A cada época, alguns seres excepcionais aparecem para reavivar o fogo sagrado da experiência fundadora da tradição para enriquecê-la graças ao êxtase, à mística e à sua ação sobre o mundo. Assim se assenta o que a filosofia denomina religião "mística".

Tomando como exemplo os grandes místicos gregos, cristãos e hindus, Bergson mostra que a experiência dos fiéis pode levá-los a apogeus de humanidade. Seu misticismo, fundado na fé e no amor a Deus, os leva a desenvolver uma verdadeira liberdade interior e a um formidável impulso criador. Para além de uma coesão social puramente racional, a religião também une os indivíduos num fervor emocional, criando assim comunhões humanas fundadas em vínculos de afeto. Atrás da razão revela-se a intuição. "Poderíamos fixá-la, intensificá-la e, sobretudo, completá-la em ação, já que ela se transformou em pura visão que por um enfraquecimento de seu princípio e, se assim podemos falar, por uma abstração praticada sobre si mesma?[207]", pergunta Bergson. Para ele, o misticismo completo

---

206. BERGSON, H. *Les Deux Sources de la morale et de la religion*. Paris: Flammarion, 2012, p. 183.
207. *Ibid.*, p. 284.

é ação: "O grande místico seria uma individualidade que ultrapassaria os limites atribuídos à espécie por sua materialidade, que continuaria e prolongaria assim a ação divina"[208]. Nosso autor define este "grande místico" por sua relação com o impulso vital que leva todos os seres rumo a uma realização.

A experiência mística é um modo de conhecimento experimental e concreto de um Absoluto, diferente dos modos de conhecimento intelectual e racional. Ela se define por três aspectos – o contato, a presença e a fusão –, e por dois tipos de experiências: imanente e transcendente. No primeiro caso, o objeto – o Absoluto – é o próprio sujeito que mergulha em si mesmo em busca de uma Totalidade, seu "si-mesmo" não se diferenciando desta Totalidade: trata-se de uma mística introvertida, portanto, imanente. No segundo caso, o Absoluto é um objeto exterior: esta mística do Outro é transcendente. Assim, a mística vai inserir-se em diferentes sistemas religiosos por estes dois tipos de experiências: imanência da mística do si-mesmo, união com a transcendência de um Deus Uno e criador. Mas esta última experiência também tem uma dimensão imanente, na medida em que o encontro com o divino acontece no mais profundo da alma humana.

Bergson reconhece que o misticismo completo (que une contemplação e ação) só se encontra em raríssimos casos, mesmo se, ao longo da história, aqui e acolá, alguns esboços surgiram. Mesmo vinculando-se à religião estabelecida, os místicos pagãos podiam conter em si alguns acentos místicos. Por exemplo, quando um deus tomava posse da alma de quem o invocava. O mesmo podia acontecer na religião grega. Os mistérios de Elêusis podiam incluir uma parte mística, à imagem do deus Dioniso que suscitava embriaguez e êxtase na alma de

---

208. *Ibid.*, p. 292.

seus fiéis. Mas temos que aguardar Plotino para descobrir uma filosofia marcada pelo misticismo: sua própria experiência o levou ao êxtase, um estado em que a alma se sente na presença de um Uno, embora Plotino não tenha ido além disso: ele não superou a etapa para chegar ao ponto em que "a contemplação, vindo a precipitar-se na ação, faz a vontade humana confundir-se com a vontade divina"[209], lamenta Bergson. O misticismo, da forma como a filosofia o entende, não foi plenamente alcançado pelo pensamento grego.

Sem dúvida as espiritualidades orientais são mais impregnadas de misticismo do que o pensamento helenístico. Em qualquer caso elas continuamente misturam mística e dialética. Os três cultos principais – bramanismo, jainismo e budismo – ensaiarão dois métodos de ação sobre a alma: o recurso à bebida inebriante chamada "soma" (que lembra a embriaguez suscitada por Dioniso) e a prática de exercícios para diminuir a atividade mental, denominada "ioga". Bergson reafirma que "o ioga parece ter sido, segundo os tempos e os lugares, uma forma mais popular da contemplação mística, ou um conjunto que a englobava"[210]. No bramanismo, não é pelo raciocínio que se obtém a convicção espiritual, mas por uma visão interior. Já no budismo, o *nirvana* (ou supressão do desejo) é alcançado graças ao despertar: uma revelação definitiva, transcendente tanto à razão quanto à palavra, que para muitos se assemelha a um êxtase místico. Não obstante isso, Bergson não reconhece o budismo como um misticismo completo, pois "ele não acreditou na eficácia da ação humana. Ele não confiou nela"[211].

Não é na Índia moderna que encontramos um misticismo mais completo. Ramakrishna e seu discípulo Vivekananda,

---

209. *Ibid.*, p. 292.
210. *Ibid.*, p. 295.
211. *Ibid.*, p. 297.

que contribuiu na difusão de seu ensinamento no Ocidente no final do século XIX, são bons representantes. Para Bergson, é a influência de nossa civilização ocidental que lhes permitiu viver um misticismo completo, onde a contemplação desemboca na ação e na transformação do mundo. Aos 20 anos, Ramakrishna relatou ter sentido pela primeira vez a presença do divino por ocasião de um êxtase: "Eu percebi um oceano de espírito, sem limite, deslumbrante. Em qualquer lugar que eu virasse os olhos, eu via chegar enormes ondas deste oceano poderoso. Elas se precipitavam furiosamente sobre mim, me encobriam, me engolfavam. Rolado por elas, eu sufocava. Perdi a consciência, e caí"[212]. Em 1929, o escritor e indianista Romain Rolland relatou a vida e o ensinamento deste grande místico da Índia moderna em seu *Ensaio sobre a mística e a ação da Índia viva*. Nessa obra ele insiste no fato que a mensagem de Ramakrishna é particularmente interessante, pois, por sua experiência, o místico abriu o caminho para uma espiritualidade universal que ultrapassa a clivagem dos dogmas: "Eu uma vez pratiquei todas as religiões, e segui as sendas das diferentes seitas hinduístas. E por toda parte constatei que todas levam ao mesmo deus, embora cheguem a ele por caminhos diferentes"[213]. Por outro lado, diante das crenças dogmáticas, o místico hindu insiste na importância da experiência pessoal: "Não aceitem nada porque eu vos disse. Experimentai tudo por vós mesmos".

Segundo Bergson, o misticismo completo está sobretudo junto a alguns personagens cristãos, como Paulo, Teresa de Ávila, Francisco de Assis, Catarina de Siena ou Joana D'Arc. A personalidade destes santos se evidencia pelo sabor da ação, pela

---

212. ROLLAND, R. *La Vie de Ramakrishna. Essai sur la mystique et l'action de l'Inde vivante.* Paris: Éditions Almora, 2022, p. 43.
213. ROLLAND, R. *L'Enseignement de Ramakrishna.* Paris: Albin Michel, 2005, § 1.465, p. 486.

faculdade de adaptação, pela firmeza somada à flexibilidade, pelo discernimento profético, por um espírito de simplicidade e um elevado bom-senso. Pois, o grande místico não permanece no êxtase, onde Deus está lá, como uma iluminação, onde não há mais distância entre o pensamento e o objeto do pensamento, entre o amante e o amado. Nele o êxtase desemboca no desejo de ajudar os outros e de melhorar o mundo, e isto por uma entrega à onipotência divina, para que ela haja por meio dele, que só deseja ser instrumento de sua ação:

> A alma mística quer ser este instrumento. Ela elimina de sua substância tudo o que não é suficientemente puro, suficientemente resistente e leve, para que Deus a utilize. Ela já sentia Deus presente, já acreditava percebê-lo em suas visões simbólicas, já se unia a Ele no êxtase; mas nada disso era durável, pois tudo isso se resumia em contemplação: a ação reconduziu a alma a ela mesma e a destacou assim de Deus. Agora é Deus que age por ela, nela: a união é total e, por consequência, definitiva [...]; doravante, para a alma, [Deus] é uma superabundância de vida. É um enorme impulso. É uma impulsão irresistível que a lança nas mais imperiosas empreitadas[214].

André Comte-Sponville: uma espiritualidade ateia

Inversamente aos pensadores que acabo de citar, o filósofo contemporâneo André Comte-Sponville (nascido em 1952) é materialista, mas seu pensamento vem cobrir um vazio ao propor um modelo de espiritualidade ateia; pensamento este presente em seu livro, publicado em 2006, intitulado *L'Esprit de l'athéisme. Introduction à une spiritualité sans Dieu* [O espírito do ateísmo. Introdução a uma espiritualidade sem Deus]. Posicionando-se contra qualquer tipo de postura dogmática, ele

---

214. BERGSON, H. *Les Deux Sources de la morale et de la religion*. Op. cit., p. 302-303.

pretende travar uma luta em favor da tolerância, da laicidade, da liberdade de crença e de descrença. Pois, para ele, a religião, assim como o ateísmo, não é nem um dever nem uma necessidade: cada qual deve sentir-se livre de escolher o que melhor lhe convém. Uma vez tendo optado pelo ateísmo, nosso autor diz ter a sensação de viver melhor, "mais livremente, mais lucidamente, mais intensamente". Se, intelectualmente, Sponville diz sentir-se mais próximo ao budismo ou ao taoismo do que ao cristianismo, mesmo assim ele não se desvincula de alguns valores defendidos por este último, e prefere referir-se à tradição que também é a nossa: a de Sócrates, de Jesus, de Epicuro, de Spinoza, de Montaigne ou Kant.

Se André Comte-Sponville renuncia à fé, que implica a crença em Deus, ele não renuncia a fidelidade aos valores – morais, culturais, espirituais – trazidos pela religião cristã, de onde a nossa civilização é oriunda. Ele considera ser um "ateu fiel" a uma história, a uma tradição, e, portanto, aos valores judeu-cristãos e greco-cristãos que construíram a nossa civilização. Seria necessário acreditar em Deus para pensar que a sinceridade vale mais que a mentira, que a coragem vale mais que a preguiça, que a generosidade vale mais que o egoísmo, que a doçura e a compaixão valem mais que a violência e a crueldade, que a justiça vale mais que a injustiça, que o amor vale mais que o ódio? Evidentemente não, responde nosso filósofo. Foi a moral que fundou a religião e não o inverso. De nada serve inventar valores novos; já conhecemos bem os que existem, pois nos foram transmitidos pelas grandes religiões e sabedorias antigas, em seguida pelo espírito das Luzes, que criaram a democracia, a laicidade, os direitos humanos. André Comte-Sponville lembra que, crentes ou não, o amor é o valor supremo: "O que agrega valor a uma vida humana não é a fé, não é a esperança; é o montante de amor, de compaixão e de justiça de que somos capazes"[215]. Não obstante possamos dispensar a religião, não podemos dispensar a comunhão, a fidelidade e o amor.

Enquanto ateu, André Comte-Sponville não pretende *saber* que Deus não existe; ele *acredita* que Deus não existe por várias razões. Primeiramente pela fraqueza das provas (ontológica, cosmológica e físico-teológica), mas também pelas experiências. Se alguns acreditam em Deus, diz nosso autor, é pelo fato de terem experimentado uma presença, um amor, uma comunicação, um intercâmbio. Infelizmente, enquanto filósofo, como tantos outros, Sponville não teve esta chance. Fato que o leva ao ceticismo: Por que Deus se esconderia, com o pretexto de respeitar a liberdade de cada um? Alguns, porém, são inclinados a crer em Deus por outra razão, por exemplo, por "querer explicar algo que não compreendemos – o mundo, a vida, a consciência – por algo que compreendemos menos ainda"[216], isto é, Deus. Mas isto, para nosso autor, equivale a não explicar nada, a não ser através do inexplicável. Para ele, o mistério faz parte da condição humana; e não é um domínio reservado às religiões. Enfim, o problema do mal permanece: Por que um Deus bom teria permitido todos os sofrimentos e atrocidades cometidas no mundo?

Entretanto, nosso autor reconhece que a existência de Deus e a promessa de um grande amor, de justiça, de verdade... lhe parecem particularmente sedutoras, e correspondem aos nossos desejos mais fortes. Tanto que o medo da morte pode ser uma boa razão de crer em Deus. Pois, se o ser humano se aceita mortal, ele reconhece ser impotente diante da morte dos mais próximos: "A força da religião, nestes momentos, não

---

215. COMTE-SPONVILLE, A. *L'Esprit de l'athéisme. Introduction à une spiritualité sans Dieu*. Paris: Le Livre de Poche, 2010, p. 66.
216. *Ibid.*, p. 110.

é outra coisa senão a nossa própria fraqueza diante do nada. É o que a torna necessária para muitos"[217], explica Sponville, admitindo que um ateu lúcido não está livre do desespero. Não obstante tudo, André Comte-Sponville conclui que "Deus é muito desejável por ser verdadeiro; a religião, por sua vez, muito reconfortante para ser crível"[218].

Segundo Sponville, os ateus podem desenvolver "uma espiritualidade da fidelidade antes que da fé, da ação antes que da esperança [...], enfim, do amor, evidentemente, antes que do medo ou da submissão"[219]. A vida espiritual tem a ver, pois, com a mística, com a experiência do ser, do mistério e do desconhecido, reconhece nosso autor. É através da experiência do silêncio antes que da palavra que este mistério pode expressar-se: silêncio da sensação, da atenção, da contemplação. Não se trata de transcendência, mas de imanência, pois estamos dentro dela. Para o filósofo, a experiência da natureza, em sua vasta imensidão, é uma experiência eminentemente espiritual: "É o que cada um pode sentir, à noite, ao olhar para as estrelas. Um pouco de atenção e silêncio é suficiente"[220]. O universo nos envolve e nos ultrapassa. Num sentimento de união indissociável com o Todo, e de pertença ao universal, o ego se apaga, e a paz interior emerge:

> Lá só há o ser, a natureza, o universo, e mais ninguém em nós para ter medo, tampouco para nos tranquilizar, pelo menos nenhuma pessoa, neste momento, neste corpo, para preocupar-se com o medo ou a segurança, a angústia ou o perigo[221].

---

217. *Ibid.*, p. 20.
218. *Ibid.*, p. 134.
219. *Ibid.*, p. 149-150.
220. *Ibid.*, p. 154.
221. *Ibid.*, p. 158.

Não há nenhuma necessidade de crer em Deus para fazer esta experiência mística, visto que, de qualquer forma, a questão desaparece naquele instante: "A sensação oceânica não pertence a nenhuma religião, a nenhuma filosofia, e isso é bom. Não é um dogma, nem um ato de fé. É uma experiência"[222], afirma nosso autor, ecoando o que Jung martelava contra seus detratores racionalistas. Ao longo dessas experiências, o tempo parece abolido; não resta senão o presente. Os pensamentos e a razão se calam, só permanece o real, assegura Sponville. "Há, às vezes, raramente, momentos de graça, onde cessamos de desejar nada além do que é (não é mais esperança, mas amor), ou do que fazemos (não é mais esperança, mas vontade), onde não falta nada, onde não há mais nada a esperar, nem a lamentar, onde a questão da posse desaparece (não há mais o ter; só resta o ser e o agir), e é aquilo que chamo de plenitude"[223]. Não se trata, uma vez mais, nem de uma compreensão nem de uma reflexão, mas de uma experiência, que, segundo Sponville, pode ser vivida praticando o amor, admirando uma obra de arte ou contemplando uma paisagem sublime. Necessariamente ela emergirá, contanto que estejamos plenamente absorvidos pela atividade em questão.

André Comte-Sponville fala de "misticismo ateu", ou de "ateísmo místico". Ora, o místico é reconhecido não pela crença, mas na experiência feita de evidência, de plenitude, de simplicidade, de eternidade... A experiência mística abole a separação entre o eu e o si mesmo, entre o eu e o mundo, entre o interior e o exterior, entre o eu e o tudo. Ela visa a unidade entre o Absoluto e o relativo. Isto significa dizer que o Absoluto não é a finalidade do caminho, mas o próprio caminho, que se

---

222. *Ibid.*, p. 162.
223. *Ibid.*, p. 173.

vive no cotidiano. Este caminho leva naturalmente à aceitação, em seguida à libertação; trata-se de dizer um "grande sim" a tudo ao que é, ao real e à sua verdade, explica nosso autor, parafraseando o sábio indiano Swami Prajnampad, do qual é fervoroso leitor. A vida espiritual é a vida do espírito, mas só a partir do momento em que conseguimos nos libertar da ilusão do "eu" e do ego. "Quando tudo isso desaparece, não há mais prisão nem prisioneiro: não há mais nada além da verdade do que está sem razão e sem mestre"[224]. "É o amor, não a esperança que faz viver; é a verdade, não a fé, que liberta"[225].

---

224. *Ibid.*, p. 196.
225. *Ibid.*, p. 215.

4
Os neurônios da fé

Depois da exploração do macrocosmo e do infinitamente pequeno, o cérebro humano seria sem dúvida um dos últimos continentes misteriosos a descobrir. Nos últimos trinta anos, graças notadamente aos progressos da imagética cerebral e ao desenvolvimento das ciências cognitivas, começamos a conhecer melhor o funcionamento dos neurônios de nosso cérebro e sua interação com a nossa psique. Estas descobertas, que mal começaram seus balbucios, já trouxeram luzes interessantes sobre a questão que nos ocupa aqui: Por que o *sapiens* é um animal espiritual e religioso? Na tentativa de responder a esta questão, eu me apoiarei principalmente em três cientistas franceses, autores de obras recentes sobre o tema: Thierry Ripoll, Boris Cyrulnik e Sébastien Bohler.

Autor do livro *Porquoi croit-on? Psychologie des croyances*[226] [Por que cremos? Psicologia das crenças], Thierry Ripoll é professor de psicologia cognitiva na Universidade d'Aix-Marseille. Ele exibe com honestidade seu ateísmo materialista, o que evidentemente se traduz em algumas de suas interpretações, mas ele sem dúvida oferece uma contribuição muito interessante tanto do ponto de vista das ciências cognitivas quanto das neurociências.

---

226. RIPOLL, T. *Pourquoi croit-on? Psychologie des croyances.* Paris: Sciences humaines Éditions, 2020.

Inversamente a Thierry Ripoll, o neurologista e psiquiatra Boris Cyrulnik se mostra bastante discreto quanto às suas crenças pessoais em sua obra *Psychothérapie de Dieu*[227] [Psicoterapia de Deus], livro que condensa dez anos de trabalho[228]. Considerando que tanto a religião quanto o ateísmo têm a ver com uma forma de crença, Boris pretende abandonar as ideias preconcebidas para dedicar-se objetivamente à crença religiosa, esta função humana essencial que diz respeito a pelo menos sete bilhões de homens e mulheres que habitam o planeta Terra. Mesmo deplorando a carência de trabalhos sobre a psicologia da religião, ele parte em busca das origens do sentimento religioso. Enquanto médico, mas colocando-se aqui na condição de cientista, ele observa como é curioso constatar que os cientistas abstratos, habilidosos em matemáticas, física ou química são nitidamente mais religiosos do que os cientistas das ciências humanas, como, por exemplo, os psiquiatras, os psicólogos e os sociólogos.

Doutor em neurociências, autor de um notável trabalho (*Le Bug humain. Pourquoi notre cerveau nous pousse à détruire la planète et comment l'en empêcher* [2019]) [O erro humano. Por que nosso cérebro nos impele a destruir o planeta e como impedi-lo] sobre o funcionamento de nosso cérebro primário, o *striatum,* Sébastien Bohler, também ele, é discreto quanto às suas crenças pessoais, embora manifeste abertamente suas preocupações ecológicas. Em sua obra *Où est le sens? Les découvertes sur notre cerveau qui changent l'avenir de notre civilisation*[229] [Onde está o sentido? As descobertas sobre o nosso cérebro que mudam o futuro de nossa civilização], ele pretende mostrar como o cérebro humano busca dar sentido, e que o "vazio de sentido" das

---

227. CYRULNIK, B. *Psychothérapie de Dieu*. Paris: Odile Jacob, 2017.
228. *Id.*, "Il faut distinguer religion et spiritualité". *Europe* 1, 25 septembre 2017.
229. BOHLER, S. *Où est le sens? Les découvertes sur notre cerveau qui changent l'avenir de notre civilisation*. Paris: Robert Laffont, 2020.

sociedades europeias atuais é fonte de estresse e de ansiedade. Ao invés de expor de maneira sucessiva as teses destes autores, prefiro reagrupá-las em quatro seções que resumem o essencial de seus trabalhos e que, de certa forma, se repetem: por que cremos?; a força dos rituais; a necessidade de sentido; futuro de uma ilusão ou persistência de uma necessidade fundamental?

Por que cremos?

Para responder esta questão, Thierry Ripoll constrói seu raciocínio observando dois modos de pensamento que coexistem em nós: o sistema intuitivo (ou experiencial) e o sistema analítico. O primeiro, mais antigo, é o cognitivamente menos custoso: ele nos permite responder de maneira rápida e otimizada às situações da vida ordinária. Funcionando à base de associações de sentido, o sistema intuitivo está na origem das crenças e da fé. O segundo, o sistema analítico, exige um esforço mais intenso: ele apela para o raciocínio e solicita a nossa memória laborativa. Embora ambos sejam necessários ao funcionamento psicológico humano, o sistema intuitivo, largamente tributário da dimensão emocional, prevalece sobre o sistema analítico. Logo, quanto mais recorrermos ao sistema intuitivo, menos faremos uso do sistema analítico e, consequentemente, mais propensos estaremos a crenças religiosas ou mágicas.

Thierry Ripoll explica que estes dois modos de pensamento estão na origem de duas concepções de mundo que competem entre si: o dualismo que, por um lado, defende a hipótese de um mundo feito de entidades materiais e imateriais, e o fisicalismo que, por outro, sustenta que nosso universo é puramente material. O dualismo é uma concepção metafísica universal que representa um elemento fundamental da psicologia e da cultura humana. Provavelmente ele emergiu com o aparecimento do *homo sapiens*, antes de propagar-se e tornar-se dominante, visto que, no mais íntimo de seu ser, o ser humano intui algo de imutável: o si-mesmo ou a alma. Este sentimento é totalmente ilusório para Thierry Ripoll, assim como para o psicólogo americano Paul Bloom, que afirma que os humanos são predominantemente dualistas, pois, já que o sistema intuitivo que possuem os induz ao erro, será difícil acreditarem que seu corpo e seu cérebro possam produzir toda a riqueza do psiquismo humano[230].

O "pensamento mágico", que deriva de nossa intuição, nos estimula a pensar que nosso mundo de aparências dissimula um sentido oculto. Por "pensamento mágico" entendemos dizer, especifica Ripoll, que certas ações podem ter um efeito sobre os objetos, sobre os seres vivos ou sobre os acontecimentos, embora não haja relação causal entre estas ações. Um dos elementos essenciais do "pensamento mágico" é a lei da similaridade, que leva a confundir o simbólico e o real, a palavra e a coisa. Os que acreditam nisso veem nas similaridades, nas associações ou nas sincronias temporais sinais enviados pelo universo que pretendem guiar-nos, revelando-nos assim um mundo oculto. O lema, segundo Ripoll, é: "o acaso não existe; tudo está interligado". Componente natural da psicologia humana, o "pensamento mágico" estimula a acreditar na existência de relações entre fenômenos que *a priori* não têm nenhuma relação provada pela ciência. Nisto, Thierry Ripoll se opõe a Jung, justamente por não acreditar nem em sincronicidades (mesmo que reconheça sentir-se às vezes perturbado pela coincidência de dois eventos sem relação causal), nem em poder do pensamento, nem em espíritos imateriais.

Nas sendas de Freud, Ripoll nega em seu conjunto as experiências extrassensoriais (telepatia, clarividência, premunições...), argumentando que não é possível explicá-las pela ciência. Para

---

230. RIPOLL, T. *Pourquoi croit-on? Psychologie des croyances. Op. cit.*, p. 192-193.

ele, considerar que os universos físico, biológico e mental têm propriedades intercambiáveis é uma confusão categorial. Para ilustrar esta confusão, ele cita a experiência de Marjaana Lindeman e seus colaboradores da faculdade de ciências sociais de Helsinki, na Finlândia, que se debruçaram sobre o fenômeno neuronal da onda N400. Eles analisaram a amplitude desta onda em pessoas de fé e em pessoas céticas com três tipos de frases: frases normais ("Esta casa é grande"), frases anormais ("Esta casa fala") e frases que violam as fronteiras categoriais ("Esta casa conhece sua história"). As duas categorias de pessoas não se diferenciaram nas duas primeiras frases. Em contrapartida, na terceira, semanticamente mais complexa, foi observado que as pessoas de fé desenvolveram ondas N400 muito acentuadas. Esta amplitude, segundo os pesquisadores, revela a dificuldade que as pessoas de fé têm em diferenciar a significação metafórica e a significação literal. Esta dificuldade estaria ligada ao fato de que a fronteira entre o físico, o biológico e o mental não é muito clara para essas pessoas de fé, e que, portanto, conclui nosso pesquisador, seriam vítimas de uma confusão categorial.

Thierry Ripoll é do parecer que as crenças e os pensamentos mágicos são um efeito secundário indesejável de nosso sistema cognitivo. Foi observado que as manifestações extremas do pensamento mágico são expressas por temas místicos, religiosos ou paranormais, e que tais manifestações estavam, por um lado, relacionadas a um mau funcionamento do lóbulo médio-temporal e, por outro, da rede dopaminérgica[231]. Assim sendo, uma dose excessiva de dopamina poderia estar na origem das ideias delirantes ou de alucinações, mas também de crenças. Haveria, portanto, uma correlação entre a produção de dopamina e o nível de crença: pessoas que secretam uma

---

231. *Ibid.*, p. 108.

grande quantidade deste neuro-hormônio seriam mais propensas a seguir suas intuições, portanto, a ter fé, e, inversamente, pessoas que produzem pouca quantidade desse neuro-hormônio poderiam desenvolver mais o ceticismo[232]. Por outro lado, experimentos constataram que pessoas céticas produzem muito mais circunvolução frontal inferior esquerda – uma estrutura que exerce uma função na capacidade inibidora que permite ao sistema analítico um bom funcionamento – do que as pessoas de fé[233]. Segundo a tese dos pesquisadores holandeses em psicologia cognitiva Michiel van Elk e André Alleman[234], algumas estruturas neurais, quando alteradas, podem até produzir um aumento de experiências espirituais excepcionais (alucinações, sensações já vistas, sentimentos de transcendência, sensações de sair do corpo etc.). O professor de parapsicologia australiano Harvey J. Irwin observou igualmente esta disposição ao pensamento mágico e às crenças paranormais junto a indivíduos que viveram acontecimentos trágicos na infância[235].

Além disso, Thierry Ripoll afirma que, para compreender como a crença na existência de espíritos sobrenaturais ou deuses se estabelece, é necessário referir-se à "teoria do espírito". Assim nomeada pelos psicólogos em ciências cognitivas, esta é na verdade uma capacidade de compreender os estados emocionais de outrem colhendo deles indícios verbais e não verbais. Dotado de empatia e de compaixão, o ser humano é mestre em emprestar aos fenômenos intensões das quais eles estariam desprovidos. É o que o filósofo das ciências, o americano Daniel Dennett, chama de postura intencional (por oposição à postura física). Esta postura é intuitivamente preferida

---

232. *Ibid.*, p. 147.
233. *Ibid.*, p. 146-147.
234. *Ibid.*, p. 147.
235. *Ibid.*, p. 105.

pela maioria dentre nós, já que, fazendo uso de atalhos cognitivos, ela é mais rápida, menos complexa e até mesmo mais reconfortante. Ora, segundo um estudo de Michiel van Elk, foi observado que as áreas ativadas junto a um fiel que reza são as mesmas ativadas em uma pessoa que explora suas capacidades empáticas: trata-se notadamente do córtex pré-frontal medial, da junção médio-parietal e do sulcus temporo-parietal. E Thierry Ripoll especifica:

> De forma excepcionalmente impressionante, o antropomorfismo, o fato de atribuir estados mentais a fenômenos dos quais são desprovidos, está ligado ao tamanho da junção médio-parietal direita, sugerindo a existência de um vínculo entre antropomorfismo e mentalização[236].

Projetando propriedades do mental sobre objetos materiais, a mentalização está no centro da postura intencional. A consequência direta da postura intencional é a interpretação teleológica: acreditar que as coisas têm uma razão e que há uma finalidade em todas as coisas. Assim como o dualismo, a teleologia é universal e lança raízes na primeira infância. A capacidade de mentalizar é sem dúvida o denominador comum entre dualismo, religião, pensamento mágico e teleológico. "O que torna a religião tão universal, para além de sofisticações teleológicas finalmente pouco essenciais, é ao mesmo tempo sua simplicidade e o fato de ela encaixar-se naquilo que naturalmente o nosso sistema cognitivo pode conceber"[237], conclui Thierry Ripoll. O ser humano teria, portanto, uma dificuldade em adotar um ponto de vista científico em razão de seu caráter contraintuitivo e complexo. Entretanto, como o admite Thierry Ripoll no final de seu livro, os cientistas não recorrem exclusivamente ao sistema analí-

---

236. *Ibid.*, p. 252.
237. *Ibid.*, p. 268.

tico; eles também agem muito por intuição. E assim dispõem da vantagem de praticar o vai e vem crucial entre a etapa intuitiva e a postura analítica. Além disso, o trabalho coletivo que realizam lhes permite garantir a validade de seus trabalhos.

A revelação religiosa não é, portanto, o resultado de uma caminhada intelectual, mas antes o de uma experiência emocional calcada na intuição e motivada por razões existenciais, assinala o nosso pesquisador. Ora, a experiência emocional pode ser tão desconcertante que ela até pode mudar a relação com o mundo da pessoa que vive essa experiência. Ao permitir-lhe fazer frente a acontecimentos muito dolorosos da vida, ela pode ter uma incidência positiva sobre a saúde. Por isso costuma-se afirmar que as pessoas de fé, de fato, teriam uma longevidade maior do que as pessoas ateias[238]. Deus seria, pois, o mais poderoso dos placebos, e a crença religiosa permitiria uma regulação tanto psicológica quanto física. Entretanto, apesar dos inegáveis benefícios secundários, a religião não está livre de inconvenientes, e inclusive de perigos para o fiel: dependência, ausência de espírito crítico, intolerância com outras religiões, rejeição de outras culturas, radicalismos...

Para fundamentar seu estudo, Thierry Ripoll se embasa em várias observações sintetizadas por diferentes pesquisadores. Em primeiro lugar: crianças oriundas de pais crentes teriam mais chances de se tornarem pessoas de fé. Em segundo lugar: quanto mais fraco o PIB [Produto Interno Bruto] de um país, mais chances existem de as pessoas serem crentes. *A contrario*, quanto mais elevados os níveis de educação, de estudo e do cociente intelectual do indivíduo, mais o sistema analítico se sobrepõe ao sistema intuitivo, e menos o ser humano se inclinaria a desenvolver crenças. Enfim, as mulheres, mais propensas a fazer uso do sistema intuitivo, seriam mais "religiosas", segundo alguns dados.

---

238. *Ibid.*, p. 292.

Sobre este tema Boris Cyrulnik concorda plenamente: "O apaziguamento que lhes aporta a relação de ajuda explica a razão pela qual a religiosidade é mais forte junto aos pobres, aos idosos, às mulheres, ou às pessoas de baixo nível escolar e grupos onde um dominador impõe a sua lei"[239]. É como se um indivíduo que sofre uma carência (de dinheiro, de saúde, de juventude, de reconhecimento, de educação ou de afeição) estivesse em busca de uma compensação. As mulheres parecem ter mais fé do que os homens, sem dúvida porque elas se sentiram por longo tempo fragilizadas em comparação aos homens, mas também porque, habitando melhor o mundo das palavras, elas são particularmente tocadas pelos relatos religiosos, de maneira geral. Boris Cyrulnik apresenta uma abordagem menos reducionista do fenômeno religioso que a de Thierry Ripoll, como o veremos ainda.

De onde vem a fé em Deus e o sentimento religioso? Como estes podem agir na alma dos seres humanos e mudar o funcionamento de seu cérebro, de seu espírito, de suas relações afetivas e das organizações sociais? Boris Cyrulnik busca responder a estas questões misturando vários dados a fim de oferecer uma visão holística do sentimento religioso e da crença num invisível que nos ultrapassa:

> A religião é um fenômeno humano maior, que estrutura a visão de mundo, salva um grande número de indivíduos, organiza quase todas as culturas…, mas também provoca grandes desgraças! Para entender esta terrível maravilha, é necessário associar disciplinas diferentes como a psicologia do desenvolvimento, a clínica de cuidados pessoais, as experiências psicossociais e as descobertas recentes sobre o funcionamento cerebral. Estes dados heterogêneos, uma vez harmonizados, criam uma nova afetividade: o apego a Deus[240].

---

239. CYRULNIK, B. *Psychothérapie de Dieu. Op. cit.*, p. 139.
240. *Ibid.*, p. 39.

Apoiando-se principalmente na "teoria do apego", elaborada pelo psiquiatra John Bowlby no final dos anos de 1950, Boris Cyrulnik constrói sua "psicoterapia de Deus": "O bebê pré-verbal se dirige à pessoa que lhe dá segurança (pai, mãe, babá) para buscar e manter uma proximidade protetora. Este sistema de apego, impregnado em nossa memória biológica, em caso de alerta se desperta"[241]. A "pessoa que lhe dá segurança" pode igualmente ser uma divindade. As últimas descobertas em neurociências esclarecem o funcionamento desta capacidade inerente à natureza humana de crer em um invisível: os circuitos emocionais funcionam diferentemente e provocam mudanças neurobiológicas junto às pessoas de fé. Sendo o nosso sistema neurológico passível de modificação, a religião funcionaria como um precioso fator de resiliência. Graças às recentes pesquisas é possível concluir, portanto, que o efeito da crença em Deus é benéfico para o corpo e para o psiquismo, e que é um fator de saúde mental, afirma o nosso neuropsiquiatra. O que não impede de a religião poder causar perturbações culturais (guerras), psicoafetivas (financeiras) e neurológicas (êxtases delirantes ou alucinações).

Para compreender o desenvolvimento do sentimento religioso no ser humano é preciso considerar as interações entre o corpo biológico e o contexto cultural, que remontam à infância. Graças à teoria do apego, Boris Cyrulnik afirma: "A criança tem acesso a Deus porque Ele fala, porque ama os que falam com ela"[242]. O apego ao deus de seus pais começa a tomar forma, portanto, no momento em que a criança passa a impregnar-se de sua língua materna, período em que seus neurônios começam a ser particularmente sensíveis, entre o vigésimo e o trigésimo mês, mas é preciso esperar que ela alcance os 3 anos

---

241. *Ibid.*, p. 53.
242. *Ibid.*, p. 45.

de idade para que possa representar-se Deus em seu mundo verbal. A intensidade do apego aos pais pode determinar que a criança ame a Deus de forma segura, temerosa ou indiferente. Entre os 6 e os 8 anos de idade, período em que ela passa a ter acesso à representação do tempo e da morte, a criança se sente capaz de atribuir uma intenção a uma força invisível. "Quando [...] a maturação do cérebro dá acesso à representação do tempo, a criança se sente capaz de fazer um relato de seu passado e de integrá-lo ao seu futuro. Este caminho a leva à metafísica"[243], especifica nosso neuropsiquiatra. Para a criança, as tradições, através de diferentes relatos, são tutoras de importantes desenvolvimentos; elas oferecem à criança um sentimento de coesão que a torna confiante e a socializa. Na adolescência, que representa um novo período sensível antes da passagem para a idade adulta, as aquisições podem ser remanejadas, e mudanças de crença podem acontecer.

Os estudos científicos sobre a teoria do espírito – que permitem atribuir intenções, desejos e crenças a outras pessoas ou entidades invisíveis – permitem observar a maneira com que um ser humano responde às representações muito distantes da realidade. Ele, o mais frequentemente, apreende a imagem que percebe como sendo o real. Entretanto, acrescenta Boris Cyrulnik, "não nos conscientizamos de quase nada do real, da infinitude de átomos e das forças que organizam o universo"[244]. Graças ao poder do imaginário, nossas narrativas dão vida a um mundo mental que deriva do mundo sensível e, no entanto, experimentado de fato pelo sujeito. A representação verbal que fazemos de um acontecimento age sobre os nossos sentimentos, mas também sobre os sentimentos dos outros indivíduos cujo mundo mental

---

243. *Ibid.*, p. 50.
244. *Ibid.*, p. 70.

influenciamos. E o número das representações é diretamente proporcional ao número de indivíduos. Graças ao nosso cérebro "descontextualizador", e ao poder de nossas palavras, podemos preencher a nossa vida psíquica de representações metafísicas. Experimentamos o sentimento de Deus a partir do momento em que acedemos à teoria do espírito, por volta dos 8 anos de idade, ou seja, ao tornar-nos capazes de atribuir uma intenção a uma entidade invisível. Nossa religiosidade emerge assim como uma consequência de nossas faculdades cognitivas. A pessoa de fé, a partir de uma experiência sensível, sentida como real, constrói uma narrativa sobre a origem do mundo, sobre a ordem do universo, sobre a vida após a morte.

Como já foi dito, a introdução de uma deidade no cérebro de uma criança só é possível no quadro de uma relação afetiva: sua representação do real depende da iluminação verbal enunciada por suas figuras de apego. É assim que a criança adota a religião de seus pais ou de seus substitutos afetivos. Mas se, por infelicidade, a criança não teve nenhuma relação de segurança ou proteção, seu cérebro pode ser fortemente alterado. "Quando os neurônios pré-frontais não são estimulados pelas interações precoces (tato, sorriso, cuidado, brincadeira, fala), as sinapses adormecidas não se conectam, e o lóbulo pré-frontal não consegue mais inibir a amídala rinencefálica (na face profunda do cérebro), que é o substrato neurológico das emoções intensas de raiva ou de pavor"[245], explica Boris Cyrulnik. Como uma criança que sofre de encefalopatia é incapaz de aceder ao mundo das representações invisíveis, ela jamais terá o sentimento de Deus. Ela só poderá responder às estimulações do contexto com uma certa agressividade, à semelhança de uma pessoa afásica (que não tem acesso à palavra) que é incapaz

---

245. *Ibid.*, p. 62.

de conceber Deus, segundo as observações clínicas feitas por nosso neuropsiquiatra. Por outro lado, a partir do momento em que um indivíduo de cérebro sadio passa a viver situações difíceis, a crença em um deus poderá aliviá-lo e dinamizá-lo.

O cérebro humano funcionando em modo dual (pares opostos), as religiões foram naturalmente construídas calcando-se sobre ele a fim de encontrar seu equilíbrio através de vários pares opostos, a começar pela proteção e pela punição. "Quando a proibição é uma estrutura afetiva, a punição torna-se protetora"[246], nos diz Boris Cyrulnik. A punição, regulando as emoções da criança, a impede de ser ansiosa e lhe dá força para sair de sua base de segurança. Na verdade, é antes o medo da punição que a faz obedecer às ordens dos pais e às prescrições divinas, muito embora o castigo alivie sua culpabilidade (voltaremos à questão). E, quando há transgressão, o pecado (da carne, da gula etc.) ou o risco (de cair, de perder etc.) muito frequentemente são objeto de prazer. O mecanismo de um deus que protege e pune permite imaginar um poder invisível que nos vigia, que nos recompensa ou nos castiga segundo as nossas próprias ações. A partir do momento em que tomamos consciência de um Outro, é normal não nos permitirmos tudo. "A proibição do incesto se torna então o marco do homem civilizado"[247], afirma Boris Cyrulnik, ao explicar que o simples fato de nos submetermos a uma representação verbal permitiria inibir a pulsão biológica. Como o ser humano vive num mundo de representações, as palavras têm efetivamente um grande poder de elucidação.

Os interditos estruturam a vida em grupo, tranquilizam e solidarizam os indivíduos. A simples representação verbal de uma proibição pode até provocar uma aversão autenticamente

---

246. *Ibid.*, p. 119.
247. *Ibid.*, p. 130.

sentida pelo corpo. Além de mímicas faciais claramente visíveis, "a neuroimagética torna observável que o correlato neurológico da aversão torna vermelha (sinal de intenso consumo de energia) a parte anterior do cérebro chamada ínsula, a parte anterior da área singular, o córtex temporal inferior, os gânglios da base, o córtex orbitofrontal lateral e, obviamente, a amígdala, núcleo neurológico das emoções intensas"[248], explica nosso neuropsiquiatra. Ao proibir determinados atos, a religião tranquiliza o grupo. É a razão pela qual amamos um deus punidor, já que ele é simultaneamente protetor: ele cuida de nós dizendo-nos como devemos nos comportar para sermos estimados. Segundo Boris Cyrulnik, suprimir os interditos, como tentou-se fazer por ocasião da revolução cultural de 1968, não elimina os sofrimentos psíquicos, mas os intensifica. A ausência de referências desorienta incontestavelmente os jovens, bem como, aliás, os mais jovens ainda.

As religiões, para favorecer o viver-juntos, são construídas a partir de outra dupla oposição: a empatia e a culpabilidade "sadia" (contrária à culpabilidade "mórbida", que leva à convicção de termos cometido um crime). "Algo se inibe em mim, e mesmo quando não há lei, eu não posso me permitir tudo"[249], destaca Boris Cyrulnik. A criança protegida pode desenvolver a empatia e explorar um mundo diferente do seu, mas, em contrapartida, aquela cujo nicho afetivo funciona mal permanece autocentrada, ignorando o mundo dos outros. Mesmo conhecendo a lei, ela não se impede de transgredi-la; ela é uma espécie de vítima de um curto-circuito mental que a impede de antecipar o mal que vai fazer ao outro ao não frear suas pulsões. Eis como a neuroimagética explica o processo:

---

248. *Ibid.*, p. 132-133.
249. *Ibid.*, p. 145.

A emoção torturante provoca um hiperconsumo numa região cerebral composta pelo córtex frontopolar, o córtex orbitofrontal, o córtex dorsomedial e o córtex temporal anterior. Duas regiões profundas se acendem e passam a ficar vermelhas: a amêndoa rinocefálica e a área cingulada anterior. Elas permitem a antecipação e constituem o substrato neurológico das emoções insustentáveis. Elas jamais se acendem quando o lóbulo pré-frontal é danificado por um acidente, nem nas demências frontotemporais onde os neurônios aglutinados não podem mais funcionar. Estes pacientes reagem sem a menor sensação de culpa; podem insultar ou esmurrar as pessoas sem o menor constrangimento, ao passo que, antes de adoecer, se preocupavam com os outros[250].

Para aliviar a sensação de culpa engendrada pela falta de empatia, o ser humano pode recorrer a três grandes soluções enumeradas por Boris Cyrulnik: o dom de si, o sacrifício (ou a autopunição) e a criação mental. Um comportamento de recompra, por exemplo, fazendo uma grande doação (em dinheiro ou doando um objeto importante que implica a renúncia a um prazer) vai, por conseguinte, aliviar o cérebro. Infligir-se uma dor "mais suportável", ou ao menos "diferente" (cenários de expiação, flagelações etc.) do que a engendrada pela sensação de culpa pode igualmente ter um efeito reconfortante sobre o indivíduo implicado. Enfim, e aqui chegamos à tese desenvolvida pelo psiquiatra Viktor Frankl, dar sentido ao ato vivido permite agir sobre o sofrimento tirando dele uma forma de benefício. "A criação mental transforma a maneira como funciona o cérebro e, quando este trabalho é repetido, a estrutura de certas áreas cerebrais é, por sua vez, modificada"[251], destaca Boris Cyrulnik. Este trabalho psíquico pode ser feito a sós, com um psicoterapeuta ou com um sacerdote.

---

250. *Ibid.*, p. 147-148.
251. *Ibid.*, p. 150.

A crença em Deus participa na regulação das emoções e pode ter um formidável efeito terapêutico que permite aliviar o sofrimento, nos explica o neuropsiquiatra: "Uma ressonância magnética nuclear funcional (RMNF) mostrou que a área cingulada anterior (ACA) que produz sinais de aflição em caso de dores físicas ou conflitos relacionais atenua seu funcionamento de alerta quando a pessoa ferida se coloca em relação com Deus por meio dos rituais de sua religião. Uma representação protetora que acalma e dá sentido acaba atenuando a percepção do sofrimento"[252]. O monge beneditino Anselm Grün fala inclusive que o "Jesus terapeuta" nos permite "mudar a imagem que temos de nós mesmos"[253]. Infelizmente a religião pode fechar-se num modo de ver o mundo que leva ao fechamento comunitário. Desta forma, a empatia desaparece, bem como a culpabilidade de fazer o mal àquele que dispõe de um mundo mental diferente do meu. O que explica a razão pela qual as religiões, embora sendo morais, também se tornam perversas. Quando o quadro se enrijece demais, ele pode transformar-se em situação coercitiva. A comunidade então se fecha, e aí surgem as guerras.

A força dos rituais

Thierry Ripoll, Boris Cyrulnik e Sébastien Bohler evocam a importância dos rituais religiosos. Desde a revolução neolítica, lembra Boris Cyrulnik, o ser humano governa a natureza contactando forças invisíveis por meio de diferentes rituais. Sua capacidade de pensar a ausência e de colocá-la em palavras age sobre o real. E a abstração de Deus tem consequências concretas sobre a mente do ser humano, como o mostra a neuroimagética. Ao longo de uma ressonância magnética funcional foi observado que

---

252. *Ibid.*, p. 165.
253. *Ibid.*, p. 154.

o cérebro de um não crente reagia pouco à oração, ao passo que o cérebro do crente emitia uma reação dos dois lóbulos pré-frontais ligados ao sistema límbico, o circuito cerebral que vai buscar lembranças e associar a elas emoções. "Os circuitos cerebrais não revelam nem a área de Deus nem a religiosidade, conclui Boris Cyrulnik, mas eles provam que um ambiente afetivo estruturado por crenças religiosas se impregna biologicamente no cérebro e facilita os reencontros da sensação de êxtase ou de transcendência adquiridas ao longo da infância"[254]. Os rituais exercem assim um papel capital para manter viva a religião e dar vida à representação mental de Deus no cérebro de quem tem fé.

Ao longo do ritual sagrado o ser humano encena um mundo metafísico que lhe permite elevar-se acima da vida cotidiana num edifício específico através de gestos, de palavras, de vestimentas, de obras de arte, de odores de incenso, de cantos, da música: "Os objetos simbolizam o acesso àquele que nos protege, os atos de fé criam o sentimento de pertença, a familiaridade e a fraternidade religiosa curam a angústia do vazio e do não sentido da morte"[255]. No centro desta encenação age um intermediário entre nós e Deus: o sacerdote ou o mestre espiritual, cujo efeito é socializante e protetor. As festas religiosas são sincronizadores emocionais dos corpos e das almas dos fiéis presentes. Através de prazeres ritualizados, elas criam um sentimento de intimidade: a identidade do grupo substitui a identidade pessoal. O quadro ritual permite a vários indivíduos habitar o mesmo mundo, cada um servindo de base de segurança ao outro. Os benefícios do ritual enumerados por Boris Cyrulnik são inúmeros: alívio emocional, desaparecimento das angústias, aumento da autoestima, construção de vínculos, solidariedade de grupo, moralização, deslumbramento de ser.

---

254. *Ibid.*, p. 214.
255. *Ibid.*, p. 184.

O efeito do contágio das crenças, por ocasião dos rituais ou de outros reagrupamentos religiosos, se explica por aquilo que poderíamos denominar "neurologia do estar juntos", tornada observável graças à descoberta dos "neurônios-espelhos". O ser humano possui esta tendência de imitar o mesmo gesto das pessoas com as quais construiu um vínculo de apego. Este fenômeno, particularmente presente junto às crianças, se interrompe com o envelhecimento, dado que o lóbulo pré-frontal começa a inibir-se, explica o neuropsiquiatra. Os "neurônios-espelhos" se ativam quando olhamos alguém executar uma ação, mas também quando imaginamos esta ação; por exemplo: não é necessário ver alguém bocejando para também bocejar; é suficiente representá-lo. Aliás, as gravações de ressonância magnética nuclear funcional (RMNF) confirmam que nossos corpos e nossos mundos íntimos funcionam ecoando. A existência de "neurônios-espelhos", *via* "desejo mimético", é a explicação material do sentimento de pertença a um grupo; o outro se torna reconfortante porque funciona como eu. Quando compartilhamos uma narrativa comum (a mesma língua, os mesmos gestos, a mesma maneira de se vestir, de pensar, de sentir o mundo, de representar-se o real...), isto nos dá segurança. O mito, religioso ou pessoal (pode ser o mito fundador do casal), ilumina a nossa maneira de estar juntos mesmo quando não passa de uma representação do real que omite uma parte desse real.

Para Thierry Ripoll, além do caráter regulador de estresse, os rituais, frequentemente sacrificiais, têm duas funções psicológicas que servem simultaneamente ao indivíduo e ao grupo. Em primeiro lugar, os rituais, por seus atos, psicologicamente marcantes, buscam oferecer uma prova da autenticidade da crença em um Deus para acelerar a transmissão e a estabilização das crenças religiosas. O mártir vai inegavelmente exercer uma função sobre a crença; dando a sua vida, ele terá um impacto psicológico sobre os fiéis. Em segundo lugar, graças à sincronia do gesto e das palavras, e à partilha com uma comunidade de valores, os rituais aumentam a coesão do grupo. Disso resulta um prazer intenso e um equilíbrio psicológico. Infelizmente, o altruísmo desenvolvido no seio do grupo também pode fazer nascer uma hostilidade para com aqueles que não pertencem ao grupo. Assim, a crença religiosa, por seu funcionamento essencialista, pode ser geradora de violências extremas.

Sébastien Bohler, por sua vez, também lembra a importância dos rituais: o ritual é um tranquilizante cerebral, pois nosso cérebro adora a repetição. A mensagem de ordem e de regularidade oriunda do corpo protegeria os indivíduos contra a angústia suscitada por acontecimentos inconsequentes e angustiantes. Trabalhos realizados na Universidade de Harvard mostraram que voluntários levados a cantar diante de um público de especialistas ficavam menos estressados quando recorriam, alguns minutos antes, a "rituais supersticiosos ou religiosos, inclusiva a uma pequena rotina pessoal inventada por eles"[256]. Outro estudo feito por pesquisadores dinamarqueses, tchecos e neozelandeses apontou que situações de estresse e de incerteza incitavam à criação de comportamentos ritualizados. Para reduzir a aleatoriedade ou o estado de desordem, o cérebro agiria sobre o que lhe é mais próximo em seu entorno, ou seja, sobre o corpo. O córtex cingulado é simultaneamente sensível aos rituais que executam um gesto repetitivo e às visões ordenadas do mundo.

No Neolítico, lembra Sébastien Bohler, o ritual tornou-se coletivo em larga escala. O ritual, ao mesmo tempo que acalma a angústia causada pelo encontro com desconhecidos, também reduz o grau de imprevisibilidade nas relações sociais. "Numa

---

256. BOHLER, S. *Où est le sens? Op. cit.*, p. 66.

multidão onde várias centenas ou milhares de pessoas realizam os mesmos gestos e pronunciam as mesmas palavras, o lado imprevisível e angustiante dos comportamentos individuais desaparece bruscamente"[257]. Descobertos nos anos de 1990 por Vittorio Gallese, Giacomo Rizzolatti e seus colegas da Universidade de Parma, os "neurônios-espelhos" se mobilizam em igual medida tanto quando enxergamos uma pessoa realizar um movimento como quando nós mesmos fazemos tal movimento[258]. Graças ao poder de imitação dos gestos, o ser humano ganha em capacidade de aprendizagem e em empatia. Pois, em parte, esta última nasce quando o indivíduo reproduz mímicas de expressão, explica-nos Sébastien Bohler: a ressonância motora implica a ressonância emocional. "É por essa razão que os rituais coletivos, além de reduzir a atividade do córtex cingulado introduzindo nele ordem, sincronização e previsibilidade, favorecem uma partilha de emoções que reforça o sentimento de pertença a um grupo"[259]. Ao criar simpatia entre os indivíduos eles suscitam cooperação.

Do desejo de rituais coletivos resulta naturalmente a necessidade de compartilhar uma mesma visão de mundo em torno de valores comuns. "Os valores morais compartilhados reduzem fortemente a atividade do córtex cingulado, desde que estes valores sejam ancorados numa visão de mundo comum"[260], avalia Sébastien Bohler. Segundo estudos de Harvey Whitehouse, Pieter François e Patrick Savage[261], os sistemas morais sagrados presentes no mundo resultam dos rituais coletivos de grande amplitude, pois a gestualidade acaba se trans-

---

257. *Ibid.*, p. 74.
258. *Ibid.*, p. 75.
259. *Ibid.*, p. 77.
260. *Ibid.*, p. 85.
261. *Ibid.*, p. 89-90.

formando num sentimento. Para serem eficazes, os valores morais são apresentados em textos legítimos por deuses morais, geralmente únicos, que se tornam verdadeiros reguladores sociais. Permitindo antecipar o comportamento de outrem e reduzindo a incerteza, estes valores e estes deuses intervêm como um fator apaziguador para o córtex cingulado. Mas, quando se viola uma norma moral, o córtex cingulado se acende para engendrar uma sensação de culpa.

A empatia cognitiva, especificidade humana que significa a possibilidade de colocar-se no lugar do outro compartilhando os seus sentimentos, é, portanto, duplicada pela imitação. Como o mostram alguns trabalhos científicos, o ritual mimético nos permitiria lembrar melhor do nome, do rosto e dos sentimentos das pessoas que vivem à nossa volta. "Esta sincronia e este mimetismo [agindo nos rituais coletivos] teriam o dom de tornar os humanos mais sensíveis aos desejos e às emoções de seus semelhantes"[262], observa Sébastien Bohler. Além da empatia, eles favoreceriam também a compaixão, ou seja, a percepção da dor de outrem, acompanhada de uma necessidade irresistível de ajuda. "Generalizando o ritual coletivo nas sociedades complexas há uns 5.000 anos atrás, os humanos começaram a atribuir um estatuto de sujeito e uma subjetividade exclusivamente aos outros humanos"[263], conclui nosso neurocientista. Isso representa uma grande ruptura na história da humanidade.

Fundado na sincronização dos movimentos entre indivíduos de uma mesma comunidade, o ritual coletivo em larga escala acompanha todas as religiões morais e humanistas. Apoiando-se numa moral do bem e do mal, elaborada graças à empatia, a redação dos dez mandamentos (não matarás, não roubarás etc.)

---

262. *Ibid.*, p. 90.
263. *Ibid.*, p. 93.

decorre dessa lógica. Cada indivíduo pode referir-se a estas leis, que não são apenas morais, mas também sociais. Como são sagradas e, deste fato, não negociáveis, elas têm a vantagem de permitir uma espécie de predição do comportamento de outrem com grande fiabilidade. Para o neurocientista, elas representam a maior realização de nosso córtex cingulado:

> Esta pequena área cerebral conseguiu engendrar uma entidade fictícia que regula tudo e atenua a desagradável imprevisibilidade humana. Para tanto lhe foram necessários milênios, começando pelos rituais, acrescentando-lhes a cooperação e a entreajuda, em seguida coroando o todo pelo sagrado, pela moral e por um Deus; não obstante tudo o [ser humano] conseguiu chegar lá[264].

A necessidade de sentido

A análise de Sébastien Bohler sobre os rituais se insere numa visão mais global que ele desenvolve a partir da necessidade fundamental de sentido do ser humano, necessidade ligada a uma parte de nosso cérebro: o córtex cingulado. Para construir sua demonstração, Bohler se apoia naquilo que denominamos "neurociências existenciais", que visam a compreender como o nosso cérebro reage diante das questões que dizem respeito à nossa existência (destino, incerteza, morte, sobrevivência). Ao longo de milhões de anos, nossas estruturas neuronais se modelaram ao redor da busca de sentido nascida de nossa necessidade de controle do nosso entorno. Nós somos biologicamente programados para buscar sentido no mundo que nos cerca. O córtex cingulado nos serve simultaneamente para integrar vastos sistemas de representações do mundo e para fazer predições sobre o nosso entorno. Confrontado com a ausência

---

264. *Ibid.*, p. 99.

de sentido, o ser humano entra em pânico e mergulha numa angústia que pode assemelhar-se a uma reação primária de sobrevivência. A incerteza emerge assim como o contrário do sentido. Quando seu entorno se torna indecifrável ou suas predições não se realizam, o indivíduo sofre inúmeras repercussões em seu corpo, a começar pelo córtex cingulado que põe-se em estado de alerta: "O córtex cingulado ativa um circuito nervoso em vários elos que desce até um centro cerebral relacionado com o medo e com a angústia – a amídala –, em seguida as glândulas córtico-suprarrenais situadas nos rins e nos núcleos neurais do tronco cerebral, que liberam hormônios como o cortisol ou a noradrenalina, cujo efeito é colocar o corpo em posição de fuga ou de paralisia e capaz de provocar uma angústia que pode tornar-se existencial"[265]. Embora a sensação seja de difícil localização, ela pode chegar a manifestar-se em palpitações e em sensações de sufocamento.

Para dar sentido à vida, o ser humano constrói sistemas de representações significantes, ordenados e coerentes. Dentre estes sistemas, as divindades, com funções bem-definidas, permitem simultaneamente dar uma visão estável e coerente da realidade e dotar-se de meios para controlá-la. "Pensar que um mundo foi criado segundo um desígnio supõe que este é organizado e que existe um meio de agir sobre ele, se estivermos nas graças de quem o criou"[266], enfatiza Sébastien Bohler. As religiões monoteístas, ditas "do Livro", dizem com todas as letras que o mundo obedece a um plano ordenado, invulnerável ao tempo. Um conjunto de códigos significantes regem a vida, e, no cristianismo, isso vale inclusive para a vida no além. Criar relatos dando um sentido ao mundo e ao universo é um meio de reduzir a entro-

---

265. *Ibid.*, p. 34-35.
266. *Ibid.*, p. 40.

pia. Quando consideramos que a natureza obedece a leis e não é relegada ao caos, a sensação de incerteza diminui e o nível de angústia também. Isto tem um efeito tranquilizador sobre o córtex cingulado. As preocupações do dia a dia se tornam irrisórias diante do desígnio supremo que governa a ordem natural.

Desde o Renascimento uma nova narrativa está em vigor: a ciência questionando a religião. Graças ao poder da tecnologia, a observação e o cálculo prevaleceram sobre a ordem cósmica, assim como sobre a crença em uma ou em várias divindades. O sentido racional responde pela razão a inúmeras questões de sobrevivência (o funcionamento do corpo humano, a previsão do tempo etc.), mas também abre novas incertezas. "A redução da incerteza relativa à ordem material das coisas oferecida pela ciência se duplica numa explosão de incerteza no plano humano"[267], destaca Sébastien Bohler. Se o ser humano é fruto de uma evolução das bactérias dos oceanos primitivos, difícil será crer então que ele foi criado por Deus e, mais ainda, que Deus exista. Isto mergulha o córtex cingulado do ser humano na angústia, pois, como o mostram algumas experiências das imagéticas cerebrais de Toronto[268], o ser humano se sente menos apaziguado pelo pensamento segundo o qual o universo obedece a leis físicas do que por aquele que ele gostaria que respondesse a um plano divino. Segundo Bohler, o ser humano recorre, pois, ao sentido para atenuar seu sentimento de impotência diante de seu entorno.

Em nossa sociedade moderna o mundo tornou-se relativamente controlável ao propor o conforto e a tecnologia a todos, embora tenha perdido muito em estabilidade. Com a globalização, a aceleração à qual o nosso cérebro é submetido

---

267. *Ibid.*, p. 114.
268. *Ibid.*, p. 115.

e a multiplicidade de escolhas a que é confrontado reduzem a sensação de controle sobre o entorno e intensificam os efeitos da incerteza. "A incerteza sobre o mundo torna-se então incerteza sobre si mesmo, e sobre as próprias capacidades de encarar a mudança"[269]. Assim como, para sobreviver, sacrificamos o caminho de um sentido mais elaborado – simultaneamente cultural, moral e espiritual –, da mesma forma alimentamos o nosso córtex cingulado com um sentido mais imediato e prático, construído a partir da nossa necessidade de predição e de obsessão pelo controle: meteorologia, férias, compras, hora de chegada em viagens automobilísticas etc. Nosso cérebro se arranja em pôr ordem naquilo que pode, e principalmente no que diz respeito à alimentação e ao sexo, adotando comportamentos de curto-prazo.

Nosso córtex cingulado faz uso de outra defesa contra a incerteza: a autoestima, da qual muito se fala desde a década de 1960. "[Ela] é a versão autocentrada da verdadeira necessidade, inextirpável, que o ser humano tem de sentir-se aceito e integrado numa comunidade"[270], enfatiza Sébastien Bohler. Isso porque nosso valor também depende da aceitabilidade social. A autoestima é um mecanismo de proteção simples e poderoso. Numa situação de incerteza, nosso córtex cingulado nos estimula à elevação, reforçando certos comportamentos compensatórios (atividade física, intelectual, sucesso profissional etc.). Isto às vezes também pode passar pela aquisição de bens de consumo ou dinheiro. "O dinheiro é o passaporte absoluto para libertar-se da angústia da incerteza. Ele confere um sentimento de autonomia, de controle e de domínio"[271], observa Sébastien Bohler. Seu efeito sobre o nosso córtex cingulado

---

269. *Ibid.*, p. 192-193.
270. *Ibid.*, p. 196.
271. *Ibid.*, p. 203.

sendo semelhante ao do sentido, ele protegeria contra a angústia da rejeição ao grupo, mas também contra a angústia da morte. Outra defesa para apaziguar o córtex cingulado contra a incerteza: a nostalgia. Experiências realizadas pelo neurocientista David Amodio, em 2007, na Universidade de Nova York mostraram que a adesão a uma ideologia conservadora tinha um efeito tranquilizador sobre o cérebro.

Desta forma o nosso cérebro foi programado há milhões de anos para rejeitar a incerteza ligada a informações contraditórias e para fazer predições. Mas será necessário um pouco de tempo ainda para adaptar-se à sobrecarga informacional veiculada pelas tecnologias modernas da informação e da comunicação. Por nosso cérebro não amar a desordem, ele cria sistematicamente uma ordem compensatória para reencontrar o sentido. É desta forma que ele pode fabricar facilmente teorias do complô que são apenas uma maneira de recriar uma disposição lógica de um mundo percebido como confuso, já que demasiadamente complexo. "Compensar a impotência pela percepção de uma ordem é um recurso fundamental do cérebro humano"[272], nos garante Sébastien Bohler. E é exatamente para compensar esta impotência humana diante dos desafios da vida e de seu termo, a morte, que as religiões nasceram. É a razão pela qual a ideia de nossa própria mortalidade vai ativar exponencialmente o nosso córtex cingulado para criar uma situação de denegação. O cérebro humano tem seguramente necessidade de lógica, de controle, de pertença e de sentido.

O desenraizamento que o ser humano viveu ao passar de um ambiente natural para um ambiente urbano pode ser observado no cérebro. O córtex cingulado dos citadinos é mais ativo do que o dos camponeses, justamente por ser muito

---

272. *Ibid.*, p. 276.

estimulado pelo estresse e pela angústia engendrados pelo meio ambiente que não lhe é natural. Ele também estimula outro órgão: a amídala[273], fato que favorece a aparição de perturbações, como a esquizofrenia, cujo número de casos é duas vezes mais elevado nas megalópoles do que nas zonas rurais. Estudos mostram, aliás, que um contato com o ambiente de origem, com a natureza, acalma a atividade da parte do córtex cingulado anterior perigenual e protege contra a depressão. "A natureza fala uma linguagem coerente às nossas células, aos nossos nervos e aos nossos ossos, bem como aos nossos olhos e ao nosso coração"[274], resume Sébastien Bohler. Nosso cérebro, segundo esse autor, é feito não para explorar a natureza, mas para compreendê-la e dar-lhe um sentido: "De todas as espécies nascidas na terra, nós provavelmente somos a única a poder gerar visões do mundo e a organizar mentalmente a nossa realidade"[275].

Nas sendas de Sébastien Bohler, Thierry Ripoll vê na necessidade de sentido uma das causas fundamentais da crença religiosa. Por que temos necessidade de crer, mesmo quando não temos prova alguma daquilo em que cremos? É justamente porque não temos nenhuma explicação satisfatória ao sentido da vida que desenvolvemos toda sorte de crenças, como a de crer "em um Deus criador do universo, atento à nossa existência, e dotado de verdadeiras intenções"[276]. A ausência de controle diante de certas situações e o estresse que elas engendram são duas boas razões de crer num invisível que nos ultrapassa. Não é surpreendente constatar, portanto, que muitos ateus se convertam ao aproximar-se da morte, que é o arquétipo do evento que não podemos controlar. O pensamento mágico e a

---

273. *Ibid.*, p. 349.
274. *Ibid.*
275. *Ibid.*, p. 355.
276. RIPOLL, T. *Pourquoi croit-on? Psychologie des croyances. Op. cit.*, p. 95.

crença religiosa são poderosos ansiolíticos naturais, que ajudam a superar situações psicologicamente complexas. A sensação de ter acesso a um sentido tem um efeito apaziguador sobre a dor física e psíquica. Inversamente, o fato de não compreender – o não sentido – diante do acaso e do caos aumenta o estresse. Por outro lado, Aaron C. Kay e outros pesquisadores canadenses desenvolveram uma teoria da religião como meio de compensar o sentimento de perda de controle: "Os homens não podem viver sem a convicção, seja de ter um controle pessoal sobre a própria vida, ou um controle externo, neste caso atribuído ao próprio Deus ou a qualquer outra instância reguladora superior (um guru, um governo autoritário...)[277]". O engajamento religioso emerge, pois, como uma resposta ao estresse existencial, conclui o psicólogo: ele é o garante do equilíbrio psíquico interno.

Boris Cyrulnik insiste também na questão do sentido: a fé dá aos adultos um sentido às suas vidas, bem como "ao trabalho, aos esforços, ao abandono dos prazeres imediatos para melhor experimentar a felicidade de consagrar-se ao que se ama"[278]. Deus é uma força sobrenatural que protege, que diminui o medo de viver e a angústia da morte, que promulga um código de boa conduta. Ele nos estabiliza e nos dá segurança. O fato de compartilhar uma crença religiosa, por conseguinte, a mesma narrativa, reforça as certezas, a solidariedade, a afeição entre os membros do grupo. A perda de um ente querido, com o luto subsequente, sem dúvida é o evento que mais suscita a necessidade de Deus. "Após uma angústia metafísica, a religiosidade serve para revalorizar a autoestima, controlar a adversidade, oferecer algumas certezas para organizar as condutas e atribuir um sentido ao destino que nos aflige"[279], resume Boris Cyrulnik. Não obstante

---

277. *Ibid.*, p. 284.
278. CYRULNIK, B. *Psychothérapie de Dieu. Op. cit.*, p. 96.
279. *Ibid.*, p. 56.

isso, não nos enganemos, especifica ainda este neuropsiquiatra: alguns crentes não se dirigem a Deus unicamente para aliviar suas angústias existenciais, mas igualmente para dar a Deus e aos outros humanos seu tempo, seu trabalho, seus bens... "A alegria religiosa é um intercâmbio de felicidade"[280].

Futuro de uma ilusão ou persistência de uma necessidade fundamental?

Mesmo que o deplore, Thierry Ripoll pensa que a humanidade permanecerá religiosa, visto que o nosso sistema cognitivo tem propriedades que produzem naturalmente a crença oferecendo múltiplas vantagens em termos individuais: "Ela é um poderoso ansiolítico, oferece um sentido à vida, fornece um horizonte espiritualmente magnífico, garante uma forma de vida após a morte, permite às vezes sentir uma verdadeira relação de amor entre a pessoa e Deus"[281]. Sem dúvida o ser humano tem predisposições psicológicas à crença religiosa, associadas a uma necessidade infinita de espiritualidade. E a crença religiosa também apresenta vantagens em termos coletivos: "Ela é socialmente eficaz ao reforçar a coesão no interior do grupo de crentes e ao instituir um quadro moral coercivo mais necessário à vida em sociedade"[282]. Contrariamente, o ateísmo não propõe nenhuma vantagem tanto individual quanto coletiva. Além de ser contraintuitivo, "ele é conceitualmente complexo, existencialmente insuportável e emocionalmente doloroso"[283], admite Thierry Ripoll. Isto não impediu este professor de psicologia cognitiva de apoiar o ateísmo. Para justificar sua opção, ele afirma que o pensamento religioso nos priva da vi-

---

280. *Ibid.*, p. 301.
281. RIPOLL, T. *Pourquoi croit-on? Psychologie des croyances. Op. cit.*, p. 319.
282. *Ibid.*
283. *Ibid.*, p. 249.

são de um universo complexo e nos oferece uma representação degradante de Deus em razão do antropomorfismo do qual é "emperiquitado". Ele encoraja cada um a desenvolver o seu sistema analítico – portanto, a razão –, a fim de que este supere o sistema intuitivo. "A formação à pesquisa científica é o melhor antídoto ao conjunto das crenças"[284], conclui Ripoll.

Boris Cyrulnik tenciona diferenciar a espiritualidade da religião: a religião é um fenômeno cultural, relacional e social, ao passo que a espiritualidade é um "prodígio íntimo". A religião não está em vias de desaparecer, visto que ela dá uma forma verbal propícia àquilo que fundamentalmente nos preocupa: a nossa filiação, o nosso destino sobre a terra e após a morte. Ela, graças a uma narrativa estruturada, responde à nossa necessidade de sentido trazendo-nos certezas. Ela tem um efeito organizador de grupo e socializador das almas, criando um sentimento de autoestima relacionado à mortalidade. Entretanto, o risco continua – e continuará – a evoluir para um pensamento totalitário quando uma comunidade religiosa considera qualquer outra crença como herética. A religião também pode tornar-se vítima de um profeta ou de um guru em busca de poder. A espiritualidade, por sua vez, é uma experiência da natureza imaterial da alma experimentada no corpo. "Ela emergiu do encontro entre um cérebro capaz de se representar um mundo totalmente ausente e um contexto cultural que deu forma a esta dimensão do espírito"[285]. A espiritualidade é universal, intemporal e intrínseca à condição humana. Boris Cyrulnik constata a emergência contemporânea de uma forma de espiritualidade leiga que permite encontrar Deus ou o sagrado de diferentes maneiras. Aqui, igualmente, permanece o risco de que a espiritualidade se torne presa fácil de diversos grupos. Além

---

284. *Ibid.*, p. 341.
285. CYRULNIK, B. *Psychothérapie de Dieu. Op. cit.*, p. 167.

disso, "essa abertura de espírito fragiliza os vínculos sociais e familiares", afirma nosso neuropsiquiatra. Mas – pergunta-se nosso autor –, seriam os jovens, sobretudo os que não aceitam mais o jugo religioso, capazes de inventar novas maneiras de ligar-se ao sagrado a fim de progredir em consciência e encontrar assim um caminho de crescimento mais pessoal?

As primeiras grandes civilizações integraram o sentido social (ou moral) ao sentido cósmico (ou físico), nos lembra Sébastien Bohler. A capacidade de agir num contexto social, em conformidade com o que pensamos ser o bem, foi adicionada à nossa compreensão das leis da natureza. Os deuses, além de criadores do mundo, se tornaram reguladores dos comportamentos humanos. A estes dois sentidos está juntando-se outro: o sentido ecológico, em parte embasado no conhecimento científico. Para funcionar, ele também deve ser sagrado, afirma nosso pesquisador: "Nenhum sentido coletivo pode existir sem a noção de sagrado"[286]. Como os valores sagrados são simultaneamente inquebrantáveis e indiscutíveis, eles têm o poder de fazer predições que agradam o córtex cingulado. O bem e o mal devem ser definidos segundo a compatibilidade de nossas ações cotidianas com a durabilidade da vida sobre a terra pelos novos especialistas deste sagrado moderno que são os bioquímicos, os climatologistas e outros especialistas do meio ambiente. Suas predições permitirão "restaurar uma lógica, uma causalidade, uma coerência e um vínculo entre as ações de hoje e seus efeitos sobre o amanhã – numa palavra: um sentido"[287], segundo Sébastien Bohler. "A sacralização da terra não pode ser feita sem a edificação de um *corpus* de crenças e de atos rituais codificados"[288], acrescenta o neurocientista. O planeta é o novo

---

286. BOHLER, S. *Où est le sens? Op. cit.*, p. 310.
287. *Ibid.*, p. 316.
288. *Ibid.*, p. 314.

lugar da moral ecológica ou ambientalista que está em vias de desenhar-se, já que ele é o denominador comum a todos os indivíduos e representa o bem mais precioso de todos.

Esta moral deve ser perpassada por valores comuns a todos (justiça social, verdade, beleza etc.), situando no centro o sacrifício: "Viver com menos será a regra imposta pela própria realidade"[289]. Esta injução implica romper com a lógica da rentabilidade econômica, portanto, com a competição entre os indivíduos, e reatar com um sentimento de continuidade e de estabilidade na própria existência (emprego, finanças etc.) a fim de acalmar o nosso córtex cingulado. O sacrifício coletivo só é possível quando embasado numa nova ordem social calcada na pertença e na confiança. Antes que pela tecnologia (já em vigor em nossas sociedades), "o controle dos comportamentos pela moral e o grupo é a versão mais agradável daquilo que nos pode acontecer"[290], afirma o pesquisador.

Estamos diante de uma escolha, segundo Sébastien Bohler: "Destruir o planeta tornando-nos infelizes, ou levar em consideração o funcionamento de nossos neurônios para viver de uma forma mais plena e preservar esta terra"[291]. Para construir esse projeto comum, o neurocientista se apoia na emergência de uma nova espiritualidade fundada não mais na transcendência, mas no deslumbramento diante da ordem subjacente à natureza, diante da riqueza infinita dos seres vivos, diante de sua beleza. "O desafio é religioso em sentido próprio, pois temos de nos maravilhar com algo grandioso para aceitar a presença do sagrado na vida social, a de todos os dias"[292].

---

289. *Ibid.*, p. 317.
290. *Ibid.*, p. 340.
291. *Ibid.*, p. 348.
292. *Ibid.*, p. 325.

Conclusão

Desde sua aparição, o *homo sapiens* se preocupou ou se admirou diante do poder da natureza e, diante de sua própria finitude, se interrogou sobre o sentido de sua própria vida. Deste medo, desse deslumbramento e desses questionamentos nasceram, como vimos, todas as grandes correntes espirituais e religiosas do mundo. Hoje, sobre aproximadamente oito bilhões de seres humanos, existem mais de seis bilhões, ou três quartos da humanidade, que reivindicam sua pertença a uma religião – este número não contempla os incontáveis europeus de cultura cristã que não são mais praticantes, mais inclui um terço da população chinesa que, segundo as estimativas mais modestas, não obstante o comunismo de Estado, pratica ainda o culto aos ancestrais ou rituais budistas e taoistas.

Quaisquer que tenham sido as razões que *sempre* estimularam o *sapiens* a buscar um sentido para a vida, esta necessidade espiritual não parou de sofrer mutações em correlação com as transformações das organizações sociais e da humanidade e a evolução de seus modos de vida. Digo "em correlação com" e não "em função de", pois é difícil saber se são as transformações sociais que engendram uma mutação do sagrado e da espiritualidade, ou se são as evoluções cognitivas e espirituais do ser humano que produzem ou aceleram as transformações das sociedades e os modos de vida. Esta segunda hipótese é defendida, notadamente, pelo arqueólogo especialista em Pré-história Jacques Cauvin, que destaca junto ao *sapiens* uma "revolução simbólica" que precedeu o Neolítico. Ele convida assim os cientistas a "reconstituir, quando os documentos o permitem, o pano de fundo imaginário e 'mítico' das transformações mais visíveis"[293], e afirma que

> o fenômeno cultural pode não somente preceder a mudança econômica, mas provocá-la; que ele é dinâmico, que contém em si uma força de movimento e de transformação do meio social em seu conjunto e, por consequência, do meio natural onde a sociedade está imersa[294].

Seja como for, ao longo desta odisseia do sagrado conseguimos observar quatro grandes mutações ao longo dos últimos dez milênios, nas quais transformações sociais, evolução dos modos de vida, mudanças espirituais e religiosas são estreitamente correlatas: a revolução agrária, paralelamente à aparição do culto aos ancestrais e das primeiras divindades; as civilizações da escrita, marcadas pelo advento das sociedades patriarcais e o nascimento das grandes religiões politeístas; a criação dos impérios, com a revolução espiritual da era axial e o nascimento das religiões de salvação; e, enfim, a modernidade, que vai de mãos dadas com o advento do individualismo, a globalização, o desenvolvimento do espírito crítico e da ciência e uma profunda transformação da religião (declínio e mutação) com o aparecimento de novas buscas espirituais individuais. A questão que se coloca agora é saber se nossa época se situa no simples prolongamento da modernidade, ou se vivemos uma nova grande mutação coletiva, tanto nos modos de vida quanto em nossa relação com o sagrado.

---

293. CAUVIN, J. "L'apparition des premières divinités". *La Recherche*, n. 194, 1987, p. 472-480.
294. *Id. Les Premiers Villages de Syrie-Palestine du IXe au VIIe millénaire avant J.-C. Op. cit.*, p. 140.

Três transformações maiores e inéditas

Desde já o afirmo: estou convencido que hoje estamos vivendo uma nova mutação maior, uma quinta grande mudança antropológica e societária. Mas antes de ver a correlação que essa nova transformação tem com a evolução do sagrado, consideremos rapidamente o que a caracteriza. A longo prazo, parece-me possível destacar três mutações inéditas.

Em primeiro lugar o fato que a humanidade revoluciona pela primeira vez na história os grandes ecossistemas planetários. Alguns cientistas falam inclusive de uma nova era geológica, a Antropocena, que teria tido início quando a influência do ser humano sobre o planeta e sobre os ecossistemas passou a ser efetivamente significativa. Além disso, em razão da crise ambiental e notadamente do reaquecimento climático que resulta deste impacto humano de amplitude inédita, é a humanidade inteira que está ameaçada por um mesmo destino de extinção. Todos estamos no mesmo barco e, se ele afundar, ninguém será poupado. Quando, paulatinamente, o Império Romano ia se afundando, as civilizações chinesas, indianas e pré-colombianas, por exemplo, seguiam tranquilamente o seu próprio curso. Se amanhã, porém, o aquecimento climático se acelerar de maneira exponencial, e se todos os ecossistemas se afundarem, é toda a humanidade que corre o risco de desaparecer. Em segundo lugar, pela primeira vez na história da humanidade o mundo tornou-se uma aldeia onde todos os habitantes, a todo instante, podem conectar-se graças à revolução digital. Estamos na era digital. Em terceiro lugar, a aceleração dos progressos tecnológicos dá ao ser humano uma nova perspectiva: a de transformar radicalmente a sua condição, nomeadamente em seu aspecto mortal, graças ao transumanismo.

Estas três mudanças radicais – crise ecológica planetária, mundo interconectado, projeto transumanista – estão igualmente interligadas ao capitalismo, ele mesmo dinamizado pelos três grandes vetores da modernidade que já analisamos – individualismo, globalização, desenvolvimento da razão crítica e da racionalidade instrumental em contínua aceleração. Esta "ultramodernidade" também engendrou o mundo em que vivemos. Hoje, o dinheiro (deveríamos talvez falar em finanças, já que os intercâmbios econômicos sempre existiram, mas não eram submetidos à regra atual da maximização de lucro) e a tecnologia reinam. Como a crise ecológica é bem conhecida, e que ela já foi evocada por mim em diversas obras[295], gostaria de ater-me aqui, de modo particular, ao projeto transumanista e ao desenvolvimento da inteligência artificial, que constituem o último estágio dessa aliança contemporânea entre ultracapitalismo e ultratecnologia, ponto culminante desse longo processo de racionalização e de domínio da natureza inaugurado pela revolução neolítica, projetos financiados pelas maiores empresas mundiais – como Google, Meta, império financeiro de Elon Musk etc. –, que deles esperam grandes lucros.

A revolução do transumanismo e da inteligência artificial

O que é o transumanismo? Wikipédia dá uma boa definição: "O transumanismo é um movimento cultural e intelectual internacional que defende o uso das ciências e das tecnologias a fim de melhorar a condição humana pelo aumento das capacidades físicas e mentais dos seres humanos e pela supressão do envelhecimento e da morte"[296]. O termo "transumanismo"

---

295. LENOIR, F. *Le Temps de la responsabilité*. Paris: Fayard, 1991; *La Guérison du monde*. Paris: Fayard, 2012; *D'un monde à l'autre*. Paris: Fayard, 2020 (elaborada com Nicolas Hulot e Julie Klotz).
296. https://fr.wikipedia.org/wiki/Transhumanisme

remonta aos anos de 1950, mas sua popularização data dos anos de 1990, quando os pesquisadores começaram a discernir o caráter promissor da convergência NBIC: as nanotecnologias (N), a biologia (B), a informática (I) e as ciências cognitivas (C) progridem, e sua colaboração não cessa de acelerar este progresso. Apesar de seu caráter eminentemente progressista, que defende o aprimoramento da condição humana, o transumanismo se vincula ao Iluminismo, mas ele vai mais longe: ele aspira a um aperfeiçoamento, a uma otimização do ser humano *via* tecnologia, objetivando torná-lo amortal (retardando o máximo possível a morte), e mesmo imortal (suprimindo-a definitivamente). É importante compreender bem esta distinção entre o projeto das Luzes de aperfeiçoamento da sociedade e da condição humana pelo desenvolvimento de uma razão esclarecida (daí o termo "Luzes", ou "Iluminismo"), que não seria mais obscurecida pelas tendenciosidades e pelas crenças religiosas, e o projeto transumanista, que não consiste em melhorar a condição e a natureza humana, mas superá-la e instaurar a era pós-humana. Uma coisa é querer melhorar a condição humana, outra é buscar modificar a natureza humana a ponto de superá-la. É perfeitamente possível fazer uso de implantes ou de próteses para permitir que um ser humano funcione mecanicamente ou biologicamente como deveria se não fosse portador de "deficiências orgânicas" inatas ou adquiridas. Neste caso a ciência e a tecnologia ajudam a encontrar a sua natureza intrínseca. É o caso, por exemplo, do implante coclear, que permite crianças e adultos com surdez e cegueira graves ouvir e ver quase normalmente. Não devemos confundir, pois, o progresso das ciências e das técnicas postas ao serviço do ser humano e o projeto transumanista, em seu aspecto mais radical. Só podemos regozijar-nos com o projeto que ajuda o ser humano, graças à tecnologia, a sofrer menos, a envelhecer com dignidade, a curar certas doenças e a permanecer vivo e em boa saúde o máximo de tempo possível. Mas podemos legitimamente nos perguntar, e até nos preocupar com o projeto que consiste em tirar o ser humano de sua condição biológica e fusionar o humano e a máquina.

Na verdade, o movimento transumanista é plural, e nem todos os seus adeptos compartilham dessa visão pós-humanista, que vai de vento em popa nos Estados Unidos e na Coreia do Sul. Assim, a Associação Francesa Transumanista (AFP) defende mais uma continuidade antropológica entre o humano e o pós-humano do que uma ruptura radical, e critica as teses mais radicais. Ela forjou o termo "tecnoprogressismo" para qualificar sua visão do transumanismo. O filósofo francês Luc Ferry, autor de um livro sobre o tema, também se situa nesta perspectiva: "O que quer que se diga para tranquilizar-se sobre a longa velhice acaba em catástrofe se a morte não nos levar antes. A biologia contemporânea mal começa a compreender o processo desta caducidade programada e o projeto transumanista nos permite remediá-la, obter um dia a idade sem velhice, a experiência sem a senilidade. Quem poderia seriamente não almejá-la?[297]" Esta concepção "moderada" do transumanismo, que se inscreve antes em linha com o progressismo das Luzes e que defende um ser humano reforçado pela técnica, é apenas uma etapa para os defensores de um transumanismo radical, cujo objetivo último é fusionar o homem e a máquina, após ter subtraído a humanidade do envelhecimento e da morte. Esta é, em todo caso, a ambição abertamente pregada pelo papa do movimento transumanista, o americano Ray Kurzweil. Em sua obra *The Singularity Is Near* (2005) [A singularidade está próxima], ele propõe o conceito de "singularidade tecnológica"

---

297. FERRY, L. "Bien vieillir? Le projet transhumaniste". *Le Figaro*, 19 abr. 2023.

para qualificar o momento de ruptura que constituirá o advento de uma "superinteligência" ou "inteligência artificial geral", quando o cérebro humano se fusionará com o dos computadores mais avançados e que o homem será enfim livrado de sua condição mortal. A revolução transumanista, pressionada ao extremo por sua lógica, é assim levada por uma ideologia pós-humanista que me parece muito preocupante, tanto mais que ela dispõe de meios ilimitados. Ray Kurzweil foi contratado em 2013 pelo Google para continuar suas pesquisas, e Neuralink, uma das sociedades de Elon Musk, igualmente acelerou os trabalhos para encontrar a maneira de religar o cérebro humano a computadores independentemente de qualquer conexão material, tendo por objetivo confesso substituir a inteligência humana pela inteligência artificial da máquina, considerada muito mais eficaz.

E aqui se coloca também a questão da dependência do ser humano da tecnologia. Tomemos dois exemplos: o digital e a inteligência artificial. Há mais de trinta anos, a revolução digital fez entrar em nossas casas os computadores, em seguida a internet. Posteriormente chegaram os smartphones e os tablets: o digital entrou em nossos bolsos e em nossas mãos, para acompanhar-nos onde formos. Depois apareceram os relógios conectados, tipo Apple Watch: o digital tornou-se a nossa segunda pele. E agora os dispositivos em 3D (Apple lançou em 2023 seu Apple Vision Pro, ultrassofisticado) conectam o digital ao cérebro de uma maneira mais poderosa. O sonho dos transumanistas é fazer deles uma parte integrante do ser humano. Esta é a próxima etapa.

O que se percebe é que a cada novo limiar ultrapassado, tornamo-nos cada vez mais dependentes de instrumentos tecnológicos. Hoje, se perdermos o smartphone, entramos em pânico, nos sentimos amputados de uma parte de nós mesmos. O que acontecerá quando estivermos viciados à realidade virtual ou à inteligência artificial? Como, em sã consciência, não aprovar a inteligência artificial quando ela nos aporta respostas rápidas a questões pontuais ou a necessidades práticas, ou quando ela dispensa as fastidiosas operações contabilísticas? Urge impedir, no entanto, que ela substitua a nossa capacidade de discernimento ou nos desvie da indispensável aprendizagem intelectual. Um estudante que manda fazer sua dissertação por ChatGPT certamente terá uma boa nota, mas nada de durável terá aprendido e, sobretudo, não desprestigiou o esforço intelectual que lhe teria permitido progredir. A inteligência é um músculo que se cultiva questionando, conceitualizando, argumentando, e, se não oferecermos mais nenhum esforço ao aprendizado e à reflexão, permaneceremos ignorantes, incapazes de pensar, totalmente dependentes dos instrumentos digitais para manter um discurso "inteligente". É algo um pouco semelhante ao sentido da orientação: embora as predisposições de cada um sejam diferentes, este sendo cresce, no entanto, pelo esforço que cotidianamente fazemos para nos orientar, tanto no espaço como num mapa. Mas o uso sistemático do GPS, embora nos simplifique grandemente a vida em nossos deslocamentos, ele também diminui consideravelmente a nossa capacidade de orientar-nos por nós mesmos. Sem o GPS ficamos totalmente desorientados! Fato que leva a este outro problema mais geral: dependência da tecnologia. Um ser humano inteiramente dependente dos aparelhos e de robôs para viver perderia sua autonomia, e não seria ousado imaginar o que seria dele se estes instrumentos viessem a não mais funcionar ou lhe fossem suprimidos.

Além disso, a história da filosofia mostra que as questões mais essenciais – o sentido da vida, a moral, a felicidade, o contrato social e político etc. – são objeto de debate permanente.

Como uma máquina poderia responder de maneira unívoca a estas questões? Eu mesmo constatei que o ChatGPT dá respostas diferentes à mesma questão segundo a maneira como ela é feita, ou se insistirmos várias vezes. E isto é bastante lógico: este "chatbot" não faz senão pesquisar, na soma de todos os conhecimentos acumulados na internet, as respostas possíveis. Sempre devemos recorrer, portanto, ao nosso discernimento e à nossa capacidade de julgar por nós mesmos para aceitar ou não a resposta oferecida pela inteligência artificial. Não me oponho, absolutamente, em si, à inteligência artificial, conquanto ela não substitua nosso esforço de reflexão. É lícito, no entanto, perguntarmo-nos se a tendência natural do ser humano de economizar suas forças – uma das partes mais arcaicas de nosso cérebro, o striatum, nos estimula a obter as coisas que desejamos ou das quais necessitamos dispensando a menor energia possível – não corre o risco de levá-lo a confiar totalmente nas máquinas para lhe oferecer respostas a todos os problemas que ele precisa resolver para sobreviver. Mas o sagrado, o sentido da vida, a ética também são outras questões essenciais às quais nenhuma máquina poderá fornecer respostas feitas.

Quer se adira ou não às suas ideias, os transumanistas nutrem um debate indispensável sobre os desafios tecnocientíficos do século XXI. E suas teses sobre a vida e morte, a natureza humana e o sagrado não deixam ninguém indiferente. O próprio nascimento de um movimento como este só pode ser concebido em sociedades que saíram não somente do religioso, mas igualmente da ordem natural. É este duplo movimento de separação da religião e da natureza, típico de nossa ultramodernidade, que favorece o desenvolvimento de tais ideologias. Em suas formas mais radicais, o transumanismo preocupa todos os que valorizam a dimensão espiritual do ser humano e consideram que seu espírito não é uma máquina, que sua consciência não é reproduzível ou transferível para um universo digital. É o meu caso. Não tenho nenhum receio face ao progressismo tecnológico, conquanto seja enquadrado numa reflexão ética. O transumanismo radical, porém, está aos antípodas dos valores que nutro, daquilo que me parece mais importante – e que vale para mim, portanto, como sagrado. Pois, por trás da ambição declarada de melhorar a vida cotidiana da humanidade dos transumanistas escondem-se o projeto híbrido de tornar caduca a natureza humana bem como o desejo de racionalizar, de dominar e de controlar tudo. Fato que significa rejeitar a fragilidade, a imperfeição, o aleatório, a emoção (enquanto causadora de vulnerabilidade e imprevisibilidade), e obviamente a morte. Em suma, o ideal buscado é um robô humano ou um humano robô: um ser imortal, o mais sofisticado, eficaz, racional e previsível possível. Um ser privado de liberdade interior, que não se interroga mais sobre a ordem espiritual ou metafísica que o venha perturbar. Como argumenta com razão o sociólogo canadense Nicolas Le Dévédec, "a urgência não é buscar inutilmente emancipar-se dos vivos, mas livrar-se desse imaginário prometeico tóxico do controle sobre o qual repousa fundamentalmente o transumanismo"[298].

Recuso categoricamente a ideia desse novo humano modificado geneticamente, inebriado de substâncias químicas e de nanopartículas, acrescido de chips eletrônicos, submetido à inteligência artificial, e que não seria, em última análise, senão um sucedâneo de máquina. A esse projeto de ser humano robotizado, de *cyborg*, prefiro um humano frágil, mas livre; imperfeito, mas capaz de maravilhar-se diante de um pôr do sol ou do nascimento de uma criança; mortal, mas ciente de gozar

---

298. LE DÉVÉDEC, N. "Le transhumanisme n'est pas un humanisme – Carte blanche à Nicolas Le Dévédec". *In*: *Perspectives et dangers du transhumanisme – Dossier Cairn*, https://www.cairn.info/dossiers-2023-13- page-1.htm

cada instante maravilhoso que a vida lhe pode propor – qual Montaigne buscando compreender a brevidade dessa existência pela intensidade do prazer que dela sorve. Faço há mais de dez anos oficinas de filosofia com crianças (de 10 a 12 anos) e com frequência lhes proponho a seguinte questão: "É melhor ser mortal ou imortal?" A esmagadora maioria responde: "Mortal", inversamente aos panegiristas do transumanismo. Por quê? "Porque se fôssemos todos imortais, seríamos demasiadamente muitos para viver juntos no mesmo planeta!"; "Porque os malvados continuariam fazendo o mal para sempre!"; "Porque se fôssemos imortais adiaríamos para depois as coisas importantes". Em suma, a sabedoria das crianças me parece mais pertinente do que a proposta daqueles que, sob pretexto de boas intenções para com a humanidade, só têm por único foco a própria imortalidade. Uma imortalidade puramente corporal, já que não acreditam absolutamente na existência da alma (a maioria dos promotores do transumanismo se declara materialista e ateu). Esta ideologia transumanista é, pois, o ponto de chegada de um mundo sem Deus e sem alma – e por que não, finalmente –, mas também sem poesia, sem liberdade, sem imprevistos, sem emoções, sem deslumbramento. Um mundo que recusa o fraco, o perecível, o incontrolável. Este mundo é, a meu ver, a porta aberta para as piores ditaduras e para a mais profunda desumanização. Pois, o que faz a beleza do ser humano é também suas fragilidades, que demandam entreajuda; suas falhas, que deixam entrever a luz do inesperado; suas imperfeições, que o tornam humilde; suas emoções e seus sentimentos às vezes incontroláveis, que criam o sal da vida; e até mesmo sua finitude, que o leva a interrogar-se sobre o sentido da existência e a fazer com que o essencial não seja sem cessar ameaçado pelo insignificante, reproduzindo as palavras de René Char.

A experiência coletiva que vivemos na pandemia da covid-19 mostrou-nos que a natureza jamais será dominada, e que muitas outras catástrofes naturais ou epidemias (por exemplo, as que não deixarão de provocar o derretimento do permafrost) são suscetíveis de facilmente colocar por terra todos os progressos tecnológicos. Em suma, quer queiramos ou não, somos insignificantes diante da natureza, e nenhuma tecnologia conseguiria compensar nossa vulnerabilidade. Portanto, o sonho transumanista, levado às suas últimas consequências em seus desenvolvimentos extremos, é ilusório. É sem dúvida a razão pela qual os mais fervorosos transumanistas, como Elon Musk, também desenvolvem programas espaciais a fim de viver, com o tempo, no espaço. Mas quem teria o desejo de viver – e para sempre – numa estação espacial?

A questão da morte, de fato, é central para compreender a religiosidade, e não é por acaso que suas primeiras manifestações surgiram com os rituais funerários, há mais de 150.000 anos. Hoje, nas sociedades ocidentais largamente secularizadas, buscamos responder à angústia de nossa finitude mais pelo sonho transumanista do que pela fé na imortalidade da alma. Muitos esperam que a ciência e a tecnologia possam proximamente permitir ao ser humano viver sobre a terra o mais longamente possível, e até indefinidamente. E, em última análise, por que não? Antes disso, porém, precisamos nos perguntar se a terra será habitável no próximo século – o que não é tão certo assim –, e, se for esse o caso, que as condições de vida sejam suportáveis, pois, para que serve viver mil anos se, para tanto, tivermos que viver à base de antidepressivos num mundo violento e desumano, num meio ambiente totalmente degradado? É a razão pela qual muitos ocidentais, dentre os quais me incluo, não se deixaram seduzir pelo projeto transumanista radical e preferem investir numa busca espiritual de transformação de si, a fim de ir sempre mais ao encontro da humanidade, e num engajamento solidário e ecológico para melhorar o mundo.

Desencantamento e reencantamento do mundo

O sociólogo alemão Max Weber mostrou que, ao menos desde o advento das civilizações, um "processo de racionalização" estava em curso, produzindo um "desencantamento do mundo"[299]. Dito de outra forma: quanto mais a razão lógica e analítica progredia, mais o mundo perdia sua "aura mágica" para tornar-se um ambiente, um quadro de vida ao serviço do ser humano. Esta tese de 1905 me parece muito pertinente, embora eu faça remontar o processo de racionalização ao Neolítico, e até mesmo à revolução cognitiva que caracterizou o surgimento do *homo sapiens*, que começou a querer entender e a explorar o mundo. De alguma forma, desde o Neolítico, todas as mudanças significativas foram acompanhadas de uma maior racionalidade e de um desencantamento mais profundo do mundo. Em cada mudança houve alguma ruptura, e algo se perdeu em nosso vínculo com o mundo e com o sagrado: a primeira ruptura, no Neolítico, foi com a natureza; a segunda ruptura foi com o feminino, por ocasião do nascimento das civilizações (advento do patriarcado); a terceira diz respeito a uma nova ruptura com a natureza e com a intuição ao longo da era axial (instauração de uma separação radical entre Deus e a natureza, e substituição progressiva de nossa relação intuitiva com o mundo pela razão lógica); a quarta ruptura tem a ver com intensificação de todas as rupturas precedentes, com o advento da modernidade e a revolução cartesiana (o homem é "mestre e dono da natureza"). Enfim, em nossos dias, ao menos no Ocidente, nos encontramos diante de uma ampliação dos grandes vetores da modernidade (razão crítica, individualização e globalização) e, portanto, de uma progressão do desencanta-

---

299. WEBER, M. *L'Éthique protestante et l'esprit du capitalisme*. Paris: Flammarion, 2000, p. 166.

mento do mundo, mas também de uma aspiração profunda de reencantar o mundo, que se traduz por um desejo de reatar com o que foi perdido, etapa por etapa, desde a revolução agrária. Ou seja, reatar o nosso vínculo com a natureza, devolver o lugar da mulher na sociedade e devolver a parte feminina ao nosso ser, e, enfim, revalorizar a dimensão intuitiva de nossa mente.

A aspiração de reatar com a natureza é perceptível não apenas na luta ecológica para salvar os ecossistemas e a biodiversidade, gravemente ameaçados por nossas sociedades consumistas, mas também através do desenvolvimento, no Ocidente, de uma "ecoespiritualidade" de tipo neoxamânica. Esta ecoespiritualidade considera a natureza um organismo vivo com o qual o ser humano tem um vínculo ontológico, e não apenas como um reservatório de recursos a saquear. Trata-se de tentar comunicar-se com as florestas, com as plantas, com os animais, vistos como seres dotados de sensibilidade e de interioridade, antes que explorá-los e coisificá-los. Esta aspiração contemporânea se junta, muitas vezes sem sabê-lo, às tradições panteístas (não existe dualidade entre Deus e a natureza) ou panenteístas (a dualidade se situa em Deus, entre a transcendência de sua essência e a imanência de sua existência) do Oriente e do Ocidente, que afirmam a presença de um princípio divino imanente na natureza. Esta aspiração também se inscreve na linha do movimento romântico, que se desenvolveu a partir do final do século XVIII. Movimento filosófico europeu, constituído em reação contra o monopólio da razão lógica estabelecida pelas Luzes e pelo capitalismo, o romantismo defende a harmonia entre o ser humano, a natureza e o divino. Aos olhos dos românticos, a civilização materialista e mecanicista ocidental, que privilegia uma abordagem cartesiana da natureza, objetivável e quantificável, virou as costas para tudo aquilo que faz sentido: à fria visão *mecânica*, preferem uma concepção *orgânica* do mundo. Desta forma eles desenvolvem uma *Naturphilosofie*, que pretende mostrar que o mundo é atravessado por fluxos e forças invisíveis dando-lhe sua unidade para além da matéria visível e quantificável. Através do recurso ao Oriente, à poesia – "A poesia é o real verdadeiramente absoluto", escreve Novalis em 1797 –, ou ainda, através do interesse pelo folclore (como a coleção de fábulas populares dos irmãos Grimm), os românticos pretendiam reabilitar o imaginário e reencantar o mundo. Embora tenham falhado em neutralizar o desenvolvimento da sociedade capitalista, foram os primeiros a denunciar a "mecanização" e a "mercantilização" do mundo. O desenvolvimento de uma religiosidade alternativa holista junto a muitos ocidentais, já evocada no final da primeira parte deste livro, situa-se na esteira do romantismo. As pesquisas sociológicas mostram que a concepção que muitos de nossos contemporâneos têm de Deus se inscreve nesta tendência, oriunda do romantismo: não num Deus enquadrado em definições dogmáticas, mas num princípio divino mais indizível e impessoal, que alcança uma forma de espiritualidade cósmica, como a reivindicada por Einstein: "Creio no Deus de Spinoza que se revelou na harmonia de tudo o que existe"[300].

Até o cristianismo, não obstante parcialmente responsável pelo desencantamento do mundo – na medida em que, nas sendas do judaísmo, separa Deus da natureza –, recentemente abriu-se para uma visão mais respeitosa da natureza, como o testemunha o engajamento do Papa Francisco, primeiro soberano pontífice a ter publicado, em 4 de maio de 2015, uma encíclica sobre a questão ecológica: a *Laudato Si'*, cujo título faz referência às primeiras palavras do *Canto das criaturas* de Francisco de Assis[301], o mais ecólogo dos grandes personagens

---

300. Telegrama de Albert Einstein ao grande rabino de Nova York Herbert S. Goldstein, publicado no *New York Times*, em 25 de abril de 1929.
301. Cf. *supra*, p. 223s.

do cristianismo. Papa Francisco defende uma "conversão ecológica", que está no centro da ecoespiritualidade cristã. O teólogo jesuíta François Euvé vai mais longe ainda ao questionar o dualismo radical entre Deus e o mundo, e a separação entre o ser humano e a natureza:

> A deriva materialista do Ocidente moderno deve ser criticada a partir do interior pelas tradições espirituais [...]. O cristianismo tomou muito cuidado em destacar-se de qualquer forma de panteísmo visto como um paganismo, mas talvez seja necessário revisitar um pouco esta questão. Será que não poderíamos ver na ideia de uma natureza animada e habitada a noção de imanência divina? Colocamos tão fortemente o acento na transcendência divina, em termos de exterioridade, de distância espacial, de dominação, que esquecemos que a Bíblia também fala de imanência de Deus pelo Espírito Santo no mundo. A meu juízo, este pode ser um ponto de diálogo com os que se dizem panteístas. É necessário evitar uma rejeição sistemática. Existe algo a ser entendido nesta herança que, aliás, está presente nos Padres da Igreja ou em Francisco de Assis[302].

Assim, sob diversas formas, no centro ou à margem das religiões, ressurgiu um anseio por religar-se ao cosmos vivo, habitado por forças invisíveis, da forma como eram manifestadas pela religiosidade humana antes da separação entre o ser humano e a natureza, entre Deus e a criação.

Outra grande tendência contemporânea é a tentativa de sair do patriarcado que há vários milênios impregna todas as civilizações: luta pela igualdade entre homens e mulheres, mas também desejo de reabilitar os valores femininos arquetípicos (relação, proteção da vida, colaboração, interioridade), face aos valores tipicamente masculinos (dominação, exploração, com-

---

302. Entrevista com François Euvé (por Maurice Page), "L'écologie est la science des relations", publicada em *cath.ch*, 3 octobre 2019, https://www.cath.ch/newsf/231996/

petição, exterioridade), que regeram nossas sociedades desde o nascimento das civilizações. Muitos crentes monoteístas passam igualmente de uma crença num Deus tipicamente masculino (juiz severo ou Deus guerreiro) para um Deus mais feminino e materno (bom e protetor). Lembramos igualmente o espetacular desenvolvimento, desde o século XIX, da devoção marial junto aos católicos, manifestando um desejo de religar-se a uma potência feminina, o que não deixa de lembrar o culto da Grande Deusa, que precedeu o dos deuses masculinos – percebemos, aqui também, uma volta às fontes primeiras do sagrado.

Enfim, diante da valorização exclusiva da razão lógica e analítica, percebemos em nossos dias uma tendência em reabilitar o imaginário, o pensamento mítico e intuitivo. O sucesso das sagas planetárias como *O senhor dos anéis*, *O alquimista*, *Harry Potter* ou *Star Wars* é revelador dessa necessidade de dar novamente ao mundo sua aura mágica e de conectar-se a ele não apenas pela razão analítica, mas também pela intuição e pelo imaginário. Os trabalhos, há mais de um século, de Carl Gustav Jung, e em seguida, notadamente, os do filósofo francês Gilbert Durand mostraram com clareza como os ocidentais progressivamente se desligaram dessa dimensão essencial de seu espírito, e as consequências nefastas decorrentes dessa lógica.

De maneira mais geral, é a espinhosa questão da racionalidade que conviria explorar. Ao longo desta *Odisseia do sagrado* quis recordar a necessidade da razão. Ao mesmo tempo, é claro que a experiência espiritual, na diversidade de suas modalidades e formas de expressão (xamânicas, animistas, mágicas, esotéricas, místicas, artísticas…), não é substancialmente racional. O vemos claramente, por exemplo, estudando os testemunhos dos que viveram experiências espirituais particulares, tentando decodificar a significação das obras artísticas ou literárias (de um desenho do Paleolítico a um poema visionário, passando por um texto sagrado). Qualquer tentativa de compreender o sentido profundo do sagrado, e, portanto, o núcleo não racional da experiência espiritual, exige uma abordagem racional da experiência espiritual, nem que seja apenas para poder transmitir as hipóteses formuladas. A "prova", a demonstração argumentativa, necessita efetivamente de um distanciamento crítico e o uso da razão. Entretanto, em qualquer tentativa de descrição racional da experiência espiritual, grande é o risco de passar à margem do vivido singular, daquilo que é experimentado, daquilo que acontece realmente na interioridade da pessoa implicada. Podemos, e em determinados casos devemos, descrever o que é objetivável na experiência, e a razão nos oferece os instrumentos que nos permitem realizar essa análise. Aliás, é o que tentei fazer neste livro, apoiando-me em fontes oriundas da história das religiões, da filosofia, da antropologia, da sociologia, da psicologia etc. Mas uma questão permanece: seria a razão capaz de compreender o que não é objetivável na experiência espiritual, daquilo que foge às descrições conceituais, quantitativas e formais? Em suma, poderia a razão ser a via rumo ao núcleo não racional da experiência? E, se é impossível compreender o núcleo da experiência espiritual, será que ela existe?

Vimos, na segunda parte deste livro, que Marx ou Freud – ou hoje alguns biólogos ou neurocientistas – avaliavam que a experiência espiritual não era uma realidade "objetiva", mas um fantasma alienante, um produto da imaginação. Com esta hipótese, a questão é facilmente resolvível: esta pseudoexperiência pode ser analisada de ponta a ponta pela razão, já que ela não passa de uma farsa, de uma ilusão. Nada nela é mistério ou realidade última. Vimos também que muitos psicólogos, filósofos e cientistas reconhecem a existência de uma dimensão misteriosa do mundo e uma experiência espiritual: assim como é possível descrever a existência do sagrado, ou seja, sua manifestação através das crenças, dos ritos e das expressões culturais e sociais, da mesma forma a essência do sagrado e a experiência íntima que o ser humano pode fazer dele situam-se num nível que parece fugir eternamente da razão. Eis o que talvez separe fundamentalmente razão e fé. Mas estou persuadido de que é possível encontrar uma terceira via para evitar o duplo impasse de uma recusa de conhecimento em nome da fé, que não seria senão subjetiva, e de um conhecimento racional rejeitando em bloco o mistério da experiência espiritual. Esta terceira via, defendida há vários decênios por muitos pesquisadores e artistas, depende do conceito de "transdisciplinaridade", cuja ambição é alargar a noção de racionalidade e superar todo reducionismo. De 2 a 6 de novembro de 1994 houve, em Portugal, sob o patrocínio da Unesco, o primeiro Congresso Mundial da Transdisciplinaridade, que resultou na redação, pelo pintor Lima de Freitas, pelo antropólogo Edgar Morin e pelo físico Basarab Nicolescu, da Carta da transdisciplinaridade[303]. Deste texto de referência citamos, em particular, o artigo 2: "O reconhecimento da existência de diferentes níveis de realidade, regidos por lógicas diferentes, é inerente à atitude transdisciplinar. Qualquer tentativa de reduzir a realidade a um único nível regido por uma única lógica não se situa no campo da transdisciplinaridade". Ou, ainda, o artigo 5: "A visão transdisciplinar é decisivamente aberta enquanto ultrapassa o domínio das ciências exatas por seu diálogo e sua reconciliação não somente com as ciências humanas, mas também com a arte, com a literatura, com a poesia e com a experiência interior".

Eu me inscrevo inteiramente neste processo de reconciliação que ajuda a superar a segmentação entre o racional e

---

303. Charte de la transdisciplinarité, Centre international de recherches et études transdisciplinaires (Ciret), 6 novembre 1994, https://ciret-transdisciplinarity.org/chart.php

o não racional, e que igualmente permite evitar o recurso a esta noção vaga que é "o irracional", verdadeira arma polêmica utilizada pelos partidários de um racionalismo absolutista e sectário. De fato, existem duas vias de racionalidade: uma que percebe os fenômenos numa descrição quantitativa, estatística e formal; e outra que os considera numa perspectiva global e multidimensional, simultaneamente quantitativa e qualitativa. É a distinção proposta por Edgar Morin entre a "razão fechada" e a "razão aberta"[304]. Esta pode ser aproximada da "razão sensível" de Michel Maffesoli[305] ou da "razão poética", noção usada por muitos críticos literários e escritores. Para a filosofia transdisciplinar, não se trata absolutamente de escolher um campo contra o outro, mas de caminhar em direção à superação deste dualismo. Urge assumir simultaneamente Aristóteles e Heráclito, Tomás de Aquino e Mestre Eckhart, Descartes e Goethe, para ater-me tão somente à história da filosofia ocidental.

A própria transdisciplinaridade se inscreve numa corrente mais antiga, devida aos fundadores da física quântica, que tiveram acesso ao vocabulário da espiritualidade oriental para tentar prestar conta da revolução quântica numa linguagem filosófica. Desta forma eles inauguram um diálogo apaixonante (infelizmente ignorado) entre ciência e espiritualidade. Mas, para compreender o desafio, comecemos evocando o trabalho fundamental do físico, epistemólogo e historiador das ciências, o americano Thomas Kuhn (1922-1996). Já bem no finalzinho da década de 1940, ele era estudante na Universidade de Harvard, onde preparava uma tese no curso de física. A universidade lhe pediu que ministrasse um ensino nesta matéria, mas para um público de não cientistas. Os anos subsequentes mobilizaram então este pesquisador no campo das ciências so-

---

304. Cf. MORIN, E. *Le Paradigme perdu, la nature humaine*. Paris: Seuil, 1973.
305. Cf. MAFFESOLI, M. *Éloge de la raison sensible*. Paris: Grasset, 1996.

ciais e da pedagogia. E a partir de então ele passou a dar-se conta que a prática da ciência sempre se inscreve num contexto social particular, num quadro cultural, de ideologias em ação na sociedade. A história das ciências não se reduz, pois, à história dos eruditos e de suas descobertas, mas é também uma história social e cultural. Assim, em sua obra *A estrutura das revoluções científicas* (1962), Thomas Kuhn se prende à noção de "paradigma", oriunda do grego antigo. Segundo nosso autor, a história das ciências não é apenas um processo linear ao longo do qual os dados sobre o mundo se acumulam. De forma periódica, a ciência atravessa "revoluções científicas" ao longo das quais se operam mudanças de paradigmas, ou seja, mudanças de concepções da realidade, de quadros de pensamento. Assim, entre a metade do século XVI e a primeira metade do século XVII, Galileu, Bacon, Gassendi, Descartes elaboraram o que vai tornar-se o paradigma da ciência moderna, a saber, a abordagem mecanicista, o lugar central da experiência e o reducionismo metodológico. Neste paradigma, a espiritualidade, Deus, a alma, as forças invisíveis não têm mais espaço. Na primeira metade do século XX, porém, uma nova mudança do pensamento científico teve lugar, notadamente em física e em cosmologia, e esta mudança paradigmática abriu um espaço de diálogo entre ciência e espiritualidade. Vários fundadores da mecânica quântica, como Niels Bohr, Werner Heisenberg, Erwin Schrödinger, Julius Robert Oppenheimer se engajaram, a partir dos anos de 1920-1930, num longo intercâmbio com os filósofos espirituais do Oriente. A fim de superar a insuficiência conceitual, metodológica e lógica do antigo paradigma, estes cientistas se abriram ao Oriente, na esperança de nele encontrar algo que fertilizasse a sua própria linguagem. Desta forma tiveram acesso a sistemas de lógica não dual, a representações "energéticas" da realidade física, a abordagens globais, "holísticas" desta realidade, por exemplo, através da problemática da interdependência dos fenômenos. Citemos Oppenheimer: "As descobertas da física atômica não nos ensinam sobre o entendimento humano nada de totalmente estranho, novo ou inédito em si. Estas ideias têm uma história mesmo dentro da nossa própria cultura e, no pensamento budista e hindu, elas têm um lugar mais considerável e mais central. Nestas descobertas, encontraremos uma aplicação, um reforço e um aprimoramento da antiga sabedoria"[306]. O dinamarquês Niels Bohr abriu-se à sabedoria chinesa, em particular ao taoismo e ao pensamento do *yin* e do *yang*. O alemão Werner Heisenberg dialogou com o filósofo e poeta indiano Tagore, ao passo que o austríaco Erwin Schrödinger revelou seu vínculo com o hinduísmo em sua obra *Minha concepção do mundo. O veda de um físico* (1951). Os cientistas da geração seguinte prolongaram este diálogo espiritual com o Oriente, como o britânico David Bohm (que fez longas entrevistas com Krisnamurti e o dalai-lama); o austríaco Fritjof Capra (autor do famoso *Tao da física*) com o vietnamita Trinh Xuan Thuan; o chileno Francisco Varela... E dezenas de colóquios foram organizados no mundo inteiro ao redor das confluências entre ciência e espiritualidade – Córdoba (1979), Veneza (1986), Vancouver (1989) etc. A Unesco exerceu um papel importante na difusão deste novo paradigma científico. Também podemos vincular a este movimento simultaneamente científico, filosófico e espiritual o trabalho realizado numa parceria de mais de vinte anos entre Carl Gustav Jung e Wolfgang Pauli (Prêmio Nobel de Física em 1945) ao redor da noção de sincronicidade. Para eles, os acontecimentos sincronizados constituiriam a prova empírica de uma unidade indissolúvel entre psiquismo e matéria. Este universo unitário, Jung o nomeará *unus mundus*, retomando uma noção cara aos

---

306. *Apud* CAPRA, F. *Le Tao de la physique*. Paris: Sand, 1985, p. 18.

alquimistas. As sincronicidades parecem revelar que o mundo interior sabe algo sobre o mundo exterior e vice-versa, fato que permitiu propor uma nova visão do universo no interior do qual haveria uma interconexão constante entre matéria e espírito[307].

É, portanto, no equilíbrio destes dois polos de sua razão que o ser humano pode encontrar seu pleno desenvolvimento individual e societário, bem como uma justa relação com o mundo e o resto dos seres vivos. A razão analítica nos trouxe muitos benefícios: filosofia, ciência, progressos técnicos, secularização e modernidade política. Mas ela é incapaz de responder a todas as necessidades fundamentais do ser humano: amor, espiritualidade, sentido, arte etc. Ela pode igualmente servir a uma causa muito nobre, como a medicina, mas também a uma causa destruidora, como a indústria armamentista ou uma organização econômica predadora e destruidora do planeta. Quanto à nossa razão mais global e intuitiva, ela nos permite viver das experiências espirituais, nos possibilita levar uma existência poética, contemplar a beleza do mundo e conectar-nos a ele e aos outros com amor. Entretanto, sem o suporte da razão lógica, ela pode virar ilusão, confusão, fanatismo religioso ou delírio místico. Assim, urge que implementemos estas duas dimensões fundamentais de nosso espírito. É possível agir no mundo cuidando dele. É possível privilegiar a colaboração sobre a competição e a entreajuda sobre a dominação, permanecendo perfeitamente racionais. Da mesma forma que podemos ser simultaneamente cientistas e religiosos, filósofos e espirituais.

É nesta via elevada, ou neste "caminho do meio", para retomar a expressão de Buda, que particularmente busco manter-me há muito tempo. Nisto, não faço senão colocar meus pés numa estrada já trilhada por muitos pensadores, que se recusaram a amputar o ser humano de uma metade de seu es-

---

307. Sobre este tema, cf. LENOIR, F. *Jung. Un voyage vers soi. Op. cit.*, p. 296ss.

pírito. Nesta lógica, para Sócrates não havia nenhuma contradição entre ouvir a voz do interior de seu *daímōn* e continuar filosofando de maneira racional. Assim como para Spinoza, este panegirista da razão crítica, que não hesitava em afirmar que o modo mais elevado de conhecimento não é a razão lógica, mas sua oitava superior, a intuição, e que é graças a ela que "sentimos e experimentamos que somos eternos"[308]. Hoje, o dalai-lama, longe de ser um puro racionalista, como alguns zeladores ocidentais do budismo gostariam de fazer-nos crer, nos dá o exemplo de um justo equilíbrio entre conhecimento lógico e conhecimento intuitivo: entre dois encontros com os prêmios Nobel de Física ou de Química para evocar as últimas descobertas da ciência, ele consultava seu oráculo e seu astrólogo! Um dos maiores pensadores desta modernidade reencantada é meu mestre e amigo Edgar Morin, hoje, com 102 anos, várias vezes citado neste livro, e a quem gostaria de render homenagem. Ele me ensinou, no início de minhas pesquisas universitárias (foi um dos membros do júri da banca de minha tese), que somente uma abordagem pluridisciplinar poderia tentar prestar conta da complexidade do real. É a razão pela qual meus trabalhos, dos quais esta obra é um bom exemplo, se servem tanto da filosofia, da psicologia, da sociologia quanto das neurociências ou da história. Mas o que Edgar Morin me transmitiu de mais precioso é esta visão global e não redutora do ser humano, que precisa fazer uso das duas dimensões de seu espírito, dos dois hemisférios de seu cérebro, para religar-se ao mundo da maneira mais completa e justa possível. É, a meu ver, o que muitos contemporâneos tentam atualmente fazer, e este é um real progresso.

Após um longo período de predileção pela intuição e pelo pensamento mágico, em seguida quase exclusivamente pela razão

---

308. SPINOZA, B. *Éthique*, "De la Liberté humaine", Proposição 26. *In*: *Oeuvres complètes. Op. cit.*, p. 884.

lógica e analítica desde Descartes, o tempo de um pensamento reunificado parece ter enfim chegado. Dele depende não apenas o futuro de nossa relação com o sagrado, mas também o da civilização planetária, que está em vias de emergir debaixo de nossos olhos e que é confrontada com o maior desafio de toda a história da humanidade, pois sua própria sobrevivência está em jogo. Depois das grandes narrativas mitológicas, que faziam apelo apenas à intuição e ao imaginário, após as narrativas das grandes ideologias políticas, que criaram novos mitos laicos, após as narrativas do cientismo e do capitalismo, que pretendiam apoiar-se apenas na razão analítica e instrumental, o tempo de uma nova narrativa chegou: o de um humanismo autêntico, de uma reconciliação entre o ser humano e a natureza, e de uma humanidade desenvolvendo todos os polos e dimensões de seu espírito.

Urgência do caminho interior e da espiritualidade

Em nossos dias, no Ocidente, os partidários e artífices do "reencantamento do mundo" ainda são obviamente minoritários. Sem dúvida a maioria dos ocidentais está mais preocupada com um consumo sempre maior e fascinada com as novas tecnologias do que com o desejo de encontrar um vínculo sagrado com a natureza ou estabelecer um diálogo entre ciência e espiritualidade. Não obstante isso, o sucesso planetário do desenvolvimento pessoal, das sagas míticas e iniciáticas, ou ainda o entusiasmo de dezenas de milhões de pessoas pela meditação ou pelas obras de espiritualidade e filosofia existencial são sinais fortes de uma evolução de consciência. Vozes sempre mais numerosas se fazem ouvir, nos mais diversos ambientes, reivindicando um retorno à espiritualidade e ao sagrado. Assim, na França, o "coming out" espiritual do famoso humorista Gad Elmaleh, em seu filme *Reste un peu* [Fique um pouco mais], que surpreendeu muita gente. Ou ainda o da jornalista política Sonia Mabrouk, autora de um ensaio recente sobre o sagrado, que se conclui com estas palavras: "Nossas sociedades precisam reencontrar o gosto pela transcendência, pela energia da verticalidade, pela consciência das imagens filosóficas, pela marca do mistério, pela beleza da contemplação, pela graça de um caminho interior, pela permanência dos ritos, pela busca da verdade. De fato, é hora de reconquistar o sagrado"[309]. Estes novos "buscadores espirituais", no entanto, situam-se principalmente entre as camadas mais cultivadas da população, que o sociólogo americano Paul Ray denomina "criativos culturais"[310], e somariam entre 20 e 30% dos adultos das sociedades desenvolvidas. Mas também os encontramos junto aos menores de 20 anos, de todas as camadas socioculturais, o que deixa antever uma oscilação possível, a médio prazo, de uma maioria da população ocidental voltando-se para esse novo paradigma que eu denominaria "reconciliação". Reconciliação, como acabamos de ver, entre o ser humano e a natureza, entre o masculino e o feminino, entre a razão lógica unidimensional e a razão intuitiva multidimensional. Mas reconciliação também entre nossa ação sobre o mundo e nossa ação sobre nós mesmos, entre exterioridade, à qual consagramos tanto tempo e energia, e interioridade de nossas vidas. Nosso poder de transformação do mundo, notadamente pela ciência e pela tecnologia, deve ser acompanhado de uma elevação de nossa consciência moral e espiritual. Rabelais o dizia já no século XVI em sua obra *Gargantua*: "Ciência sem consciência não é senão ruína da alma". Isto é cem vezes mais verdadeiro em nossos dias, e é o futuro de nosso mundo que depende disso.

O acesso à felicidade individual está igualmente em função da qualidade de nossa vida interior e espiritual. Este acesso depende

---

[309]. MABROUK, S. *Reconquérir le sacré*. Paris: Éditions de l'Observatoire, 2023, p. 128.
[310]. RAY, P. *L'Émergence des créatifs culturels*. Gap: Éditions Yves Michel, 2001.

da atenção que dedicamos às nossas emoções, à nossa capacidade de acolher o silêncio, a solidão, o inesperado, e de beneficiar-nos deles; depende da alegria que podemos experimentar na contemplação de uma paisagem, no brilho de um olhar, na capacidade de meditar um pensamento profundo ou poético; depende da capacidade de ver em cada acontecimento, mesmo que desconcertante e doloroso, uma ocasião de alargar nosso olhar ou de abrir mais nosso coração; depende igualmente da capacidade de compreender, nas sendas de Sêneca, que "viver não é esperar que a tempestade passe, mas aprender a dançar debaixo da chuva", e dizer, com Nietzsche, um "grande sim sagrado à vida"; enfim, depende de amar a vida de modo incondicional, como se ama uma criança, e, importante, não apenas quando tudo vai bem, ou quando ela coincide com as nossas expectativas.

Ser gratuidade antes que lamento. Regozijar-se com a felicidade dos outros antes que alimentar ciumeiras. Descobrir que há mais alegria em dar do que em receber. Reconciliar-se consigo mesmo e perdoar os detratores. Aprender a fazer com que a vida seja vitoriosa antes que simplesmente almejar ter sucesso na vida. Olhar a morte como parte integrante da vida, e, para alguns, esperar que ela não seja apenas uma passagem para um novo estado de ser e de consciência. Buscar sempre a verdade e libertar-nos das injunções e dos condicionamentos culturais que nos aprisionam. Descobrir que a liberdade é tanto interior quanto política e resistir à nossa tendência de consumir sempre mais e a nos medirmos com os outros. Lutar pela justiça e compartilhar nosso supérfluo. Ter tempo para amar, para maravilhar-se, para viver. Experimentar o sagrado contemplando a beleza do mundo ou a de um rosto. Eis algumas experiências espirituais e de vida interior que todos podemos tentar cultivar. É assim que estaremos em paz conosco mesmos, com o outros e com todos os seres vivos. Não estaria aí o essencial?

Agradecimentos

Um muito obrigado a meu editor, Francis Esménard, que desejou que este projeto ambicioso pudesse vir à luz e que teve a paciência de esperá-lo alguns anos. Obrigado igualmente por suas preciosas observações sobre o texto, bem como a Hélène Monsacré, que o releu com esmero e o enriqueceu com sua grande competência, notadamente para o mundo antigo.

Obrigado também de todo o coração a Julie Klotz por sua ajuda muito preciosa na pesquisa documental e por seu apoio ao longo da redação da obra. Obrigado ainda ao meu amigo Mohammed Taleb, com quem intercambiei sobre estes temas por duas décadas, e que me ofereceu observações muito pertinentes.

Finalmente, um pensamento comovido por meu amigo, o sociólogo e historiador das religiões Yves Lambert, que cito com frequência nestas páginas, que havia iniciado um projeto similar, mas prematuramente interrompido por sua morte em 2006.

Conecte-se conosco:

 facebook.com/editoravozes

 @editoravozes

 @editora_vozes

 youtube.com/editoravozes

+55 24 2233-9033

www.vozes.com.br

Conheça nossas lojas:

www.livrariavozes.com.br

Belo Horizonte – Brasília – Campinas – Cuiabá – Curitiba
Fortaleza – Juiz de Fora – Petrópolis – Recife – São Paulo

EDITORA VOZES LTDA.
Rua Frei Luís, 100 – Centro – Cep 25689-900 – Petrópolis, RJ
Tel.: (24) 2233-9000 – E-mail: vendas@vozes.com.br